吴林伯学术论文集

吴林伯 著

弟子 易中天 敬署

湖北省社会公益出版专项资金
Hubei Special Funds for Public Service Publications

崇文書局
長江出版傳媒

圖書在版編目(CIP)數據

吴林伯學術論文集 / 吴林伯著．—武漢：
崇文書局，2021.5
ISBN 978-7-5403-5696-5

Ⅰ．①吴…
Ⅱ．①吴…
Ⅲ．①文史－文集
Ⅳ．①C53

中國版本圖書館CIP數據核字（2020）第270432號

吴林伯學術論文集

責任編輯　陶永躍　樊静怡　李慧娟
責任校對　董　穎
裝幀設計　甘淑媛
責任印刷　田偉根
出版發行　長江出版傳媒　崇文書局
地　　址　武漢市雄楚大街268號出版城C座11層
電　　話　027-87680797　　郵　編　430070
印　　刷　湖北新華印務有限公司
開　　本　880mm×1230mm　1/32
印　　張　11.625
字　　數　300千
版　　次　2021年5月第1版
印　　次　2021年5月第1次印刷
定　　價　79.00元

在伏案工作

與學生方銘（左一）、趙仙泉（左三）、曹耘（右二）、陶佳珞（右一）一起

參觀莒县《文心雕龍》研究資料陳列室

與同事、學生一起
後排左起：吴林伯先生，周大璞先生，胡國瑞先生，易中天，傅生文
前排左起：毛慶，何念龍，李中華

在東湖

在宜昌西陵峽口

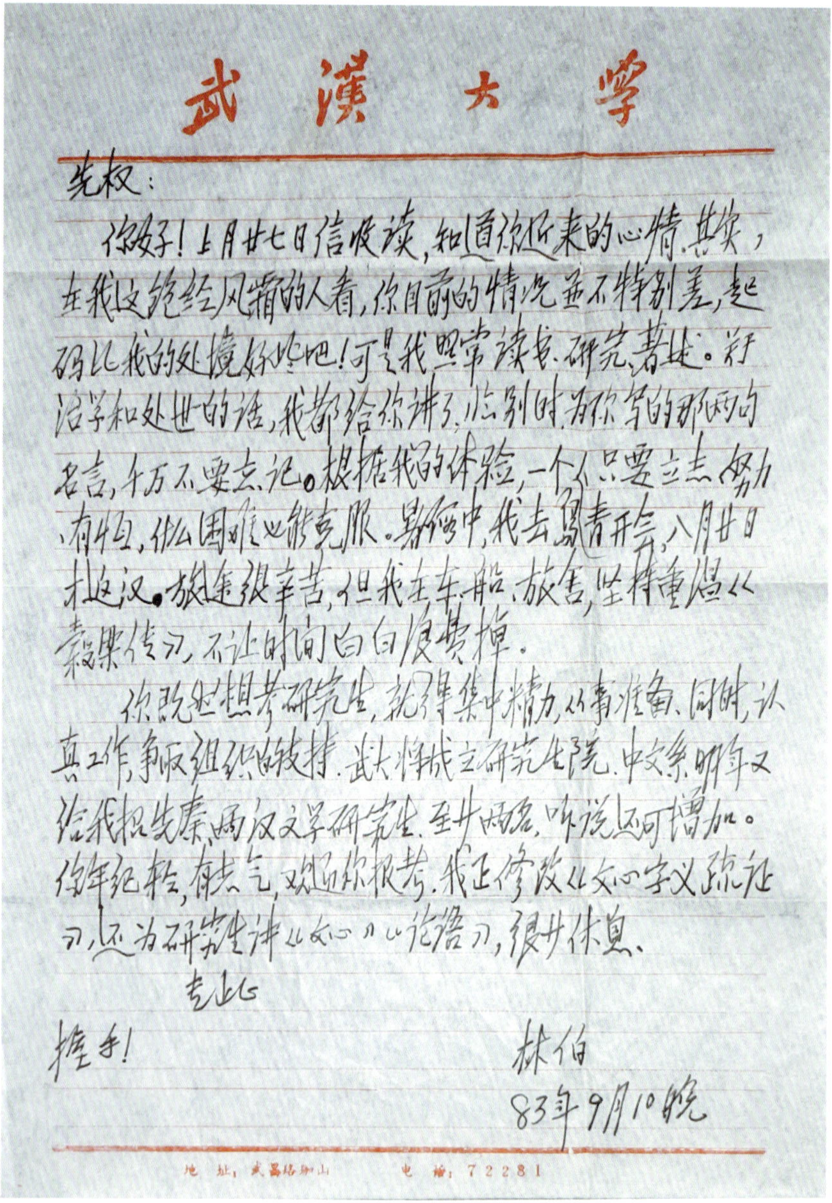

武漢大學

先权：

你好！上月廿七日信收读，知道你近来的心情。其实，在我这饱经风霜的人看，你目前的情况并不特别差，起码比我的处境好些吧！可是我照常读书、研究、著述。对治学和处世的话，我都给你讲了，临别时为你写的那两句名言，千万不要忘记。根据我的体验，一个人只要立志、努力、有恒，什么困难也能克服。暑假中，我去西青开会，八月廿日才返汉。旅途很辛苦，但我在车、船、旅舍，坚持重温《穀梁传》，不让时间白白浪费掉。

你既然想考研究生，就得集中精力，从事准备。同时，认真工作，争取组织的支持。武大将成立研究生院，中文系明年又给我招先秦两汉文学研究生，至少两名，听说还可增加。你年纪轻，有志气，欢迎你报考。我正修改《文心字义疏证》，还为研究生讲《文心》《论语》，很少休息。

专此

握手！

林伯

83年9月10晚

地 址：武昌珞珈山 电 話：72281

致弟子趙先權（仙泉）手札

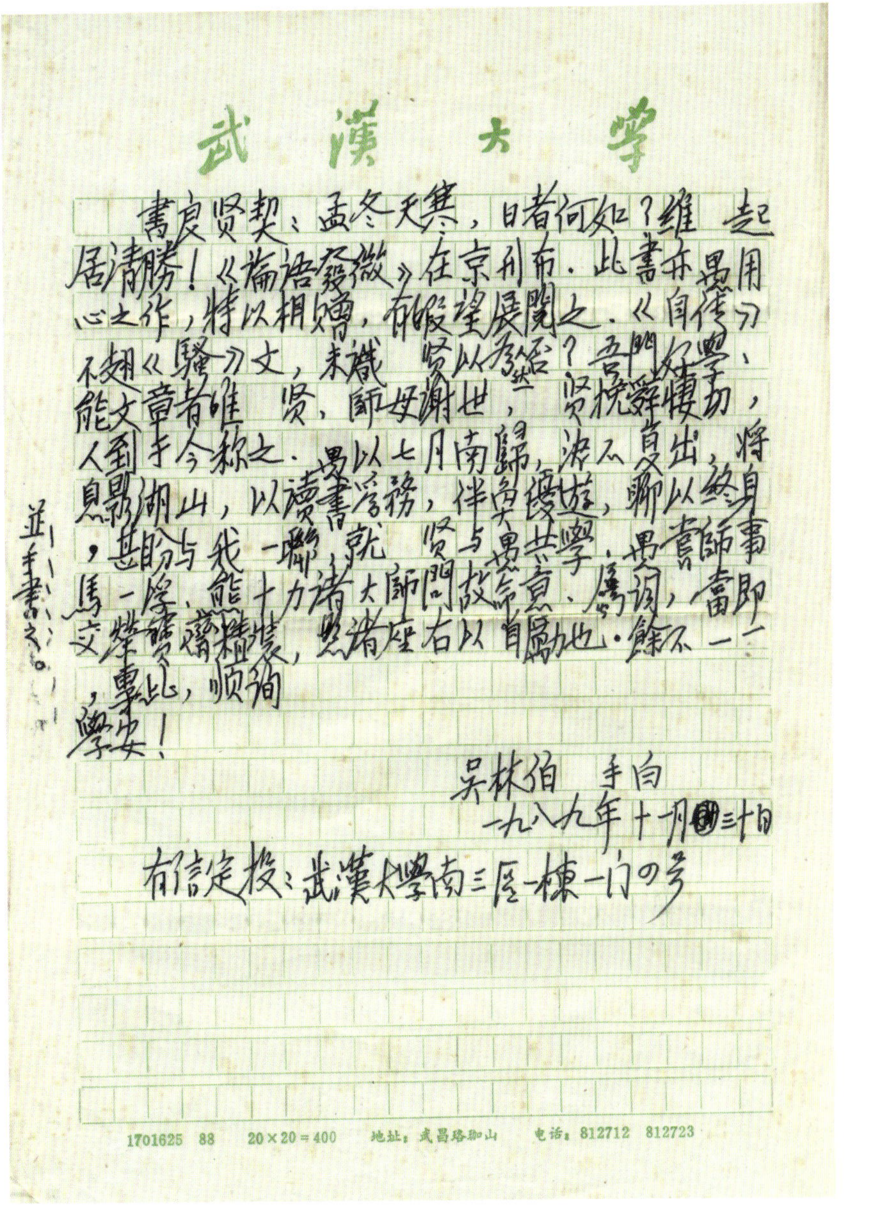

武漢大學

書良贤契：孟冬天寒，日者何如？维起居清胜！《論語發微》在京刊布，此書亦愚用心之作，特以相赠，希暇望展閱之。《自傳》不刊《騷》文，未識贤以為然否？吾門好學、能文章者唯贤，師母謝世，贤挽辭悽切，人到于今称之。愚以七月南歸，决不复出，将息影湖山，以讀書寫作為務，伴侣優遊，聊以終身，甚盼与我一聯，就贤与愚共學。愚昔師事馬一浮、熊十力諸大師，問故求意、質詞，當即文學謹贊精義，書諸座右以自勵也。餘不一一，專此，順詢

學安！

吴林伯 手白

一九八九年十月三十日

有信寄校：武漢大學南三區一棟一门四号

並手書之。

1701625 88 20×20=400 地址：武昌珞珈山 电话：812712 812723

致弟子陳書良手札

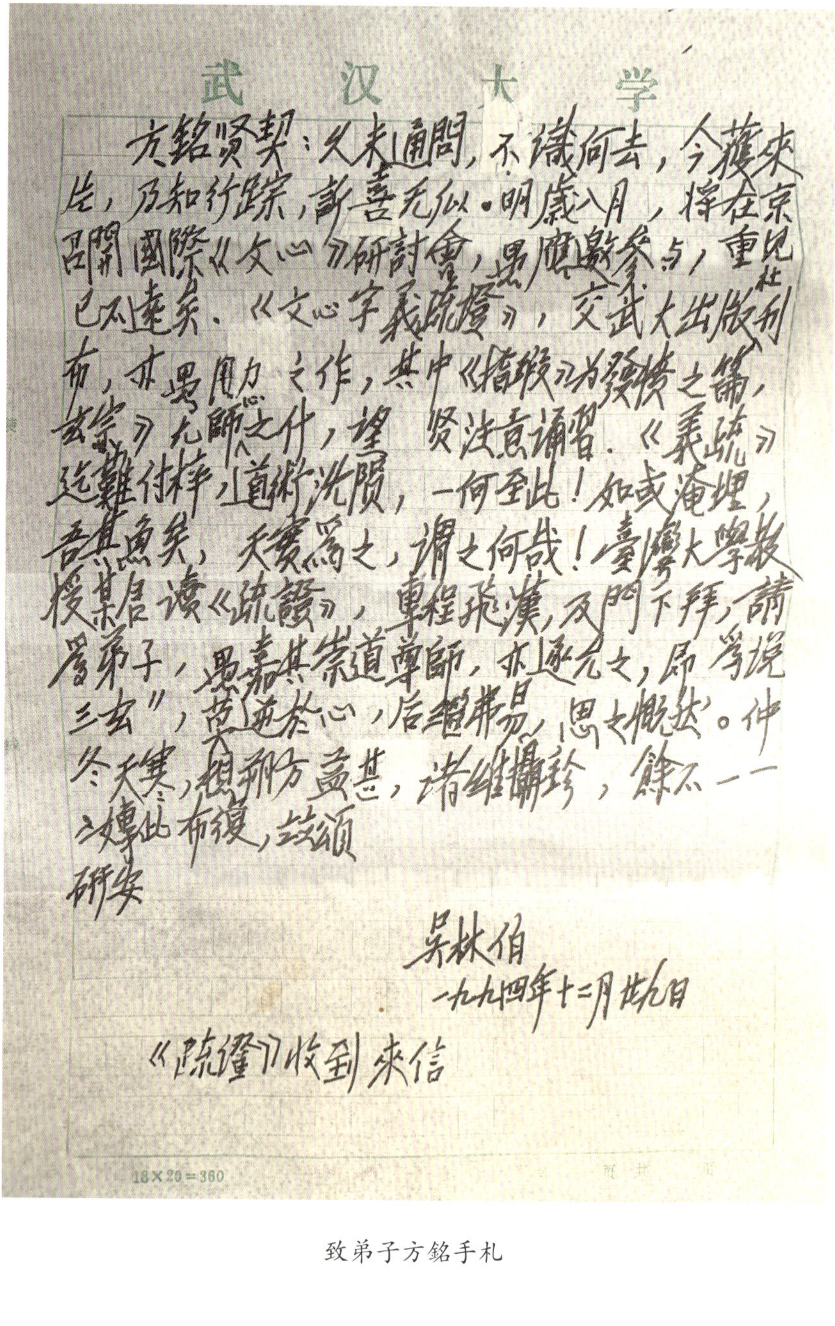
武汉大学

方銘贤契：久未通問，不識何去，今獲來告，乃知行蹤，欣喜无似。明歲八月，擬在京召開國際《文心》研討會，愚應邀參与，重見已不遠矣。《文心字義疏證》，交武大出版社刊布，亦愚思力之作，其中《情采》為發憤之篇，《宗經》尤師心之什，望賢注意誦習。《義疏》迭難付梓，道術沉晦，一何至此！如或淹埋，吾其魚矣，天實為之，謂之何哉！臺灣大學教授某君讀《疏證》，專程飛漢，及門下拜，請為弟子，愚嘉其崇道尊師，亦遂允之，屏學境三玄"，莫逆於心，信靈帶易，思之慨然。仲冬天寒，想那方益甚，諸維攝珍，餘不一一。文輝此布復，並頌
研安

吴林伯
一九九四年十二月廿九日

《疏證》收到來信

18×20=360

致弟子方銘手札

出版説明

吴林伯(1916—1998),湖北宜都人,武漢大學中文系教授,著名學者。早年考入國立師範學院,向鍾泰、駱鴻凱等名師問學,後師從大儒熊十力、馬一浮,治學博涉先秦群經諸子、漢魏六朝文獻,而尤以《文心雕龍》研究名重學林,有《論語發微》《老子新解》《莊子新解》《文心雕龍字義疏證》《文心雕龍義疏》等著作行世。

爲便於學術界較爲全面瞭解吴林伯先生的治學成績,我們將其重要學術論文結集出版,統一體例,施以校訂,命名爲《吴林伯學術論文集》,以饗學林。

本論文集共收録論文 22 篇,其中 16 篇與《文心雕龍》相關,涉及《文心雕龍》學術淵源、《文心雕龍》與《文選》《詩品》等典籍的關係以及《文心雕龍》思想、藝術、訓詁等豐富内容。另外 6 篇則集中反映了吴林伯先生的治學旨趣和方法。這些論文多已發表於《武漢大學學報》《文史哲》《古漢語研究》《文心雕龍學刊》等刊物,《〈周易〉與〈文賦〉》《〈文心雕龍校注拾遺〉補正》兩篇則據手稿録入。

附編收入吴林伯先生及門弟子陳書良、易中天、方銘、趙仙泉、陳桐生、陶然的紀念文章,以便讀者知人論世。

《吴林伯學術論文集》的出版得到吴林伯先生家屬的鼎力支持,吴門諸賢始終關心和支持此書的出版,我們表示由衷感謝,並致以深深敬意!

崇文書局

二〇二一年四月

《吴林伯學術論文集》序

一

先師吴林伯先生（1916—1998）是二十世紀重要的國學家，是行走在社會和學術邊緣的純粹的學者。他憑藉自己深厚的文史功底，縱横馳騁，將《文心雕龍》研究推向了一個新高度，在經子之學方面的建樹亦爲世所推重。吴先生生前寂寞，而今其樸學學術研究方法，以及獨立特行的學術精神，正日益爲海内外學術界所重視。武漢崇文書局此次推出《吴林伯學術論文集》，亦即先師已出版的專著以外撰寫的學術論文的結集。

崇文書局領導命我作序，我不敢爲，亦不敢不爲。不敢爲者，先師學術淵深，殿堂巍巍，小子何敢饒舌？不敢不爲者，1977年，國家撥亂反正，整頓教育，恢復了高考。1978年，我以一介搬運工人考取武漢大學，與易中天兄一起成爲了吴先生的最早的研究生。以後吴門鼎盛，我們兩人忝列“大師兄”。服其勞當然是份内之事，又何敢推辭呢？故就弟子所知，略叙先師學行及本集内容，以作紹介，以寄緬懷。

二

先師治學的特點是堅持樸學。

七十年代後期，武漢大學剛剛結束“文革”動亂，百廢待興；這時，吴先生鮮明地提倡樸學。這也招致了一些人的非議和詰難，甚至還有人因此嗤笑我和中天。

“樸學”一詞當然出自《漢書·儒林傳》，諸儒注釋，明明白白。而吴先生提倡之樸學，我以爲内涵有二：一是强調從經學入手。這一點吴先生恪守他的本師馬一浮先生的教導。1957 年春，馬一浮先生至曲阜闕里朝孔，先生與同門高贊非請見，馬一浮先生問曰：“相别三年，汝治何學?”先生回答説：“研精《論語》。”馬一浮先生曰：“汝得讀書之次矣。”二是重在訓詁，實事求是。先師認爲“樸”之言實，實則不浮。如《文心雕龍義疏》是先師一生心血之最重要的結晶，其獨創的義疏體例，就體現了樸學之風。他説自己撰述《文心雕龍義疏》是“屬辭比事，能研諸慮，觀瀾以索源，援古以證今，樹骨於典訓，選言於宏富，術極數殫，終焉守故，而理物日新，必超前轍。”試讀《義疏》確實是以訓詁爲本，援古索源，下足了樸學功夫。

先師嘗自謙云唐以後的文學書籍，他衹讀杜甫和魯迅，實際上他博極群書，兼治佛道經典。有些人借機説他不准學生讀唐以後詩文，是誤解了他恐怕學生分心，强調先秦魏晋的良苦用心。其實先生是很通達的。1980 年末，我在吉林《社會科學戰綫》上發表了一篇對李商隱《無題》詩的箋釋，起初我還擔心先生會不高興，孰料先生讀完論文後，説：“你對義山詩‘滄海月明珠有泪，藍田日暖玉生烟’釋爲上句寫女，下句寫兒，都是悼亡常用，没有扯上那些莫名其妙的美學意象，這就對了。”他高興地告訴其他老教授，還獎勵我一套乾隆年間精印東柯草堂刻本《李義山集箋注》。

先師一生勤奮，著述甚豐。著作範圍包括經學、諸子，以及

《文心雕龍》研究，而以《文心雕龍》研究爲重點。已成書稿包括《周易正義》等二十七種，其中《論語發微》《文心雕龍字義疏證》《莊子新解》《老子新解》《文心雕龍義疏》在先師生前和去世後先後出版。

先師生活儉樸，治學以勤，每日必健行數里，而後閉門讀書，手不釋卷。其《文心雕龍義疏》一百餘萬言，竟用毛筆小楷抄寫，有七稿之多，積稿達兩尺，此係我親眼見之，當時心靈震撼。在八十年代初期，他在給弟子趙仙泉的信中還説："暑假中，我去青島開會……旅途很辛苦，但我在車船、旅舍，堅持重温《穀梁傳》，不讓時間白白浪費掉……"因我與中天兄都是受"四人幫"殘酷迫害之一代人，經術淺薄，先生就多次以自己三十餘歲始知學問之不易，而辭去南開中學教職，負書擔囊，徒步行至樂山烏尤寺復性書院晋謁馬一浮先生之事教導我們，"爲山不虧一簣，窮理止諸自足"，宜"以高度韌性自勵"，以期學有所成。

先師於學術之勤力，使其研究工作充滿真知灼見，而這些真知灼見又散見於其著作之中。以先師最重要的著作《文心雕龍義疏》爲例，其對"太極"爲"太古"的訓解，解决了近世學者受黑格爾學説的影響，牽强地將"太極"釋爲"絶對精神"乃至"上帝""造物"的訛誤，旁徵博引，還中國古代學者以"太極"作爲時間至早的表述的實際。又比如《辨騷》"酌奇而不失其真"之"真"，唐寫本改"真"爲"貞"，以求訓正，使奇正對舉。先師引《文選·古詩十九首》李善注"識曲聽其真"曰："真，猶正也"，實不煩改字。又如《通變》"志合文則"，元本"則"作"財"，先師引郭璞《爾雅圖贊》"時維文則"，判斷"文則"乃陳詞，其意即修辭之規律。凡此種種，不勝枚舉，是先師著作閃光之處，亦是先師見大功力處，亦是先師勤奮所得處。

七十年代末師母謝世，八十年代後期先師又罹鼻疾，身心失調，而治學勤奮如故。他曾在《文心雕龍義疏·自序》中說：“不懼我書與糞土同損，烟燼俱滅；亦不冀君山復出，以爲絶倫必傳，好學修古，實事求是，鞠躬盡瘁，死而後已。”我以爲，這也是先師高尚學者生涯的寫照。

三

先師一生坎坷，以生許學，視權勢爲異途，棄名利如敝屣，一般校外的會議他很少參加，除教學以外，全部精力沉潛於撰寫專著，很少寫論文。因此崇文書局此次蒐集的二十二篇論文是頗爲難得的，也是頗具學術含金量的。

從這二十二篇論文的内容來看，先師始終是從經學入手，堅守一家之學的。先師的“一家之學”，就是《文心雕龍》研究。在討源方面，有《〈周易〉與〈文心雕龍〉》《孔子的語言藝術對劉勰文論的影響》《孔子文質觀的發生及其影響》；在析流方面，有《檢論〈文賦〉》《〈文心雕龍〉與〈詩品〉》《〈文心雕龍〉與〈文選〉》《中國古代文論家論作者修養》；在《文心雕龍》本體研究方面，有《〈文心雕龍〉正詁十二則》《試論劉勰文學批評的現實性》《試論〈文心雕龍〉著作年代及其主導思想》《〈文心雕龍〉諸家校注商兑》《評〈論《文心雕龍》的綱〉》《〈文心雕龍校注拾遺〉補正》；此外，還有《憶十力師》《馬先生學行述聞並贊》《老、莊異同論——爲紀念先師熊十力先生誕辰100周年而作》《檢論鄭玄訓詁成就及其影響》《兩漢學風述聞》諸篇，弘揚樸學，傳承師法。總之，這二十二篇論文表現了先師洞徹的學術眼光，深厚的國學根底，閃爍着真知灼見，與先師的學術專著一樣，具有深遠的學術價值。

本書後附吴門諸弟子易中天、趙仙泉、陶然、陳桐生、方銘、陳書良的回憶文章，表達了對先師的景仰與緬懷。

四

1981 年底，我回長沙供職。1989 年歲末，我接到先生從山東曲阜來諭，云："吾門好學、能文章者惟賢，師母謝世，賢挽辭凄切，人到於今稱之。愚以七月南歸，决不復出，將息影湖山，以讀書爲務，伴奂優游，聊以終身。甚盼與我一聯，就賢與愚共學，愚嘗師事馬一浮、熊十力諸大師問故命意屬詞，當即交榮寶齋精裝，懸諸座右以自勵也。"讀信之餘，我體味出先師所處之逆境，幾次捧誦，泫然涕下。然而，由於冗務種種，我竟至今没有交出先師之命題。這也成爲了我的終生之憾。此次崇文書局命我作序，算是略略補償而已。

四十年來，師訓一日不敢忘，師恩一日不敢忘。無論多麼闊氣的、名蓋宇内的大師向我招手示意，我都謝辭行弟子禮，因爲我的先生衹有一人，那就是宜昌吴林伯教授。謹爲序。

陳書良

先生教我做學問

——《吴林伯學術論文集》序

先師吴林伯先生的學術論文集即將由崇文書局出版，編輯囑我説幾句話。作爲先生的親炙弟子，此事似乎責無旁貸。但我並未能够繼承衣鉢，愧對先師，又何敢贊一言？也只能追憶些往事。

1978 年，繼頭一年恢復高考制度之後，又恢復了招收研究生。只讀過高中的我以同等學力考入武漢大學中文系，開始了讀綫裝書的生活。由於是十年之後的首屆，學校上上下下對我們這些研究生極爲重視，各系各專業都派出最好的教師。中文系的古代漢語專業，是周大璞先生講訓詁，李格非先生講音韻，夏渌先生講文字，皆爲一時之選。古典文學專業，則由胡國瑞、吴林伯、王啓興、劉禹昌、蘇者聰、吴志達、毛治中諸先生組團，共同擔任導師，堪稱豪華陣容。更重要的是，兩個專業都要到 1981 年才招第二屆。也就是説，這麽多導師三年間就衹帶我們幾個徒弟，現在想來真是覺得太奢侈了！

講《文心雕龍》的，就是吴林伯先生。

先生是湖北宜都人，早年畢業於國立師範學院國文系，後入復性書院，師從馬一浮、熊十力諸大師。由是之故，先生於群經諸子造詣極深，對劉勰的《文心雕龍》更是付出了畢生精力。所著《文心雕龍義疏》百萬字，在先生去世四年後的 2002 年由武漢大學出版社出版，而這部巨著在當年却是我們的教材。

教材是油印的。所謂“油印”就是用鐵筆和鋼板，一筆一畫，一個字，一個字地刻在蠟紙上，然後用油墨印刷。這樣的課本現在是看不到了，我們上課就用這個。課畢，先生提着飯籃，和我們一起穿過操場，到對面小山包上的教工食堂去買飯。先生一輩子吃食堂，茹素，因此我總懷疑他老人家營養不良。後來每次回武漢，便總要請先生到寶通禪寺吃素宴。又故意多點些，打了包讓先生帶回，多少算是改善。

先生對生活要求很低，對學術要求很高。成爲我的指導教師後，第一件事就是要我用毛筆在宣紙上把《文心雕龍》五十篇抄一遍。然後到他家裏，當面用朱筆點斷。那時住房條件很差，給我的待遇是在先生的書桌旁放一張方凳，算是小書桌，然後坐在小板凳上讀書。書，主要是兩本，一本是范文瀾先生的，即《文心雕龍注》；一本是吴林伯先生自己的，即《文心雕龍義疏》。那時《義疏》還没有出版，只有油印本和手稿。但先生爲我開小竈，准許我讀，准許我用，不怕我偷，也相信我不會偷。這樣，直到先生認爲過關，才回到宿舍寫論文。所以我的學問，不是坐“冷板凳”而是坐“小板凳”做出來的。

論文的撰寫也有一個漫長的過程。先是寫提綱。先生看過，提出意見，改；再看，再提意見，再改。如是者三。然後成文。仍是先生審閲，提出意見，改；再審，再提意見，再改。又如是者三。吴林伯先生通過後，又請胡國瑞先生和王啓興先生審看，提出意見，再改。最後才是打印出來，正式送審，提交答辯。

也許，正是由於先生們的認真指導和嚴格把關，我的碩士論文《〈文心雕龍〉美學思想論稿》不但通過答辯，而且在 1988 年 8 月由上海文藝出版社出版。

現在想，八十年代的風氣實在是好。評審專家中，山東大學的牟世金先生跟我的導師吴林伯先生，學術觀點是有分歧的，兩人也不同門派。但牟先生對我的論文仍給予很高的評價，毫無門户之見。1983 年在青島召開《文心雕龍》研討會，牟先生還發函邀請吴先生和我與會，坐而論道。武漢大學哲學系的劉綱紀先生，在某些學術問題上也跟吴先生意見不同。論文答辯時，我跟綱紀先生當面争論，針鋒相對，面紅耳赤。旁邊同學看了都捏把汗，劉先生却不以爲忤。最後投票時，給我的成績也是優等。

顯然，牟先生和劉先生的態度是：我不管你哪門哪派，也不管你跟我的觀點是否相同，只管你論文做得好不好。因此，哪怕我堅決反對你的意見，只要你説得够水平，我就給你打高分！相反，則不通過。

這就是老一輩學人的風範！

這樣的風範，我覺得很需要弘揚。

易中天

目　　録

正　編

附　編

正　编

《文心》討源

《周易》與《文心雕龍》

晚年仍然努力學《易》的孔子，他在暗引《易・恒》九三爻辭“不恒其德，或承之羞”兩語以後，講了一句極爲準確的話：“不占而已矣。”①孫卿同然一詞：“善爲《易》者不占。”②治《易》不爲占卜，而在領會其中的哲理。

我們就卦、爻及其經、傳考索，知道《易》的作者，深入自然，並且通過長久、細緻的觀察，發掘萬物發生、發展的根本規律——樸素的辯證法，被後代學者稱爲“入神”的“精義”③。阮籍盛贊《易》爲“往古之變經”④，絶不是偶然的。

不難想象，原始人没有文字，曾以複雜的圖畫表意，可是總感覺不方便，於是相傳伏戲，根據大衆的需要，改作比較簡單的圖畫——八卦。《易緯》云：“卦者，挂也，言懸挂物象，以示於人，故謂之卦。”如果誦讀《説卦》，便曉得八卦都象徵物質的東西。所以乾☰爲天，坤☷爲地，震☳爲雷，離☲爲火，巽☴爲風，兑☱爲澤，坎☵爲水，艮☶爲山。

以上的八種卦象，正體現它們所包藴的“精義”。莊子論《易》：

①《論語・子路》。 ②《荀子・大略》。 ③《周易・繫辭》。 ④阮籍《通易論》。

“《易》以道陰、陽。”①肯定《易》用陰、陽明道，和《繫辭》“一陰一陽之謂道”觀點一致，“道”之言規律也。而陰、陽兩類性質殊分的氣體構成萬物的規律係彼此依賴和制約的。《穀梁傳》莊三年：“獨陰不生，獨陽不生。”陰、陽務必和合，萬物纔能化育。試看八卦的爻，不外⚋、⚊，則⚋者陰也，⚊者陽也。那末，⚋、⚊恰好意味陰、陽的交錯。《素問·陰陽應象大論》乾脆把陰、陽比作萬物變化、滋生的“父母”，因此，《説文》解釋“雷”曰：“陰、陽薄動生者也。”由此可見萬物離開陰、陽的“參伍”，就無從出現，借用揚雄的話説，這就是百世不易的“自然之道”②。

恩格斯强調指出，自由不在於幻想中擺脱自然規律而獨立，而在於認識這些規律，並且根據這種規律，能够有計劃地使自然規律爲一定的目的服務。

這是顛撲不破的真理，舉凡明智而有志氣的思想家、政治家都注意認識、闡述、實踐《易》的“精義”，對哲學領域的影響，學者言之詳矣，自不待重贅。不過揚雄的《太玄》，却有難能可貴之處，即首先叙列陰、陽的對立統一，以爲萬物的成長，一定要“陽交於陰，陰交於陽”，倘若“陽去其陰，陰去其陽，物咸倜倡”；其次將陰、陽的功效伸延於文論，揚言萬物都有文、質，而“陰斂其質，陽散其文，文質班班，萬物粲然”。乃如辭章，則“文以見乎質，辭以睹乎情，觀其施辭，則其心之所欲者見矣”。作者屬篇，應當做到文、質相稱，表裏一體。

不可否認，在文論裏大量繼承《易》之“精義”的，畢竟是劉勰。

《文心雕龍》的作者劉勰是經古文學家，他論文宗經，品經以《易》爲首。因《法言》舊談“《易》惟談天”，如其稱道孔子作《春秋》，

---

①《莊子·天下》。 ②揚雄《法言·君子》。

能以“一字見義”，贊其“精義致用”，一如前修；兼習諸子，通《道德經》，諷名家集，考《易》之本義留意其“自然之道”，洋溢於文論的字裏行間。我們敢斷言，《文心雕龍》是文論的經典，也是哲學的要籍，這決非持之無故的偏見。

列寧指出，辯證法的實質是統一物之分爲兩個部分以及對它的矛盾着的部分的認識。而辯證觀者，就是要把這些事物當做對立面的統一來認識，它們的發展是對立面的鬥争。

《易》之《剥・彖》：“君子尚消息、盈虚，天行也。”《豐・彖》：“日中則昃，月盈則食，天地盈虚，與時消息。”“盈虚”，盛衰也；“消息”，進退也。這兩則《彖》傳講事物的變化，總沿着盛衰、進退的辯證規律。劉勰讀《易》，抓住《易》的要害或“精義”曰：“陰陽盈虚，五行消息，變雖不常，而稽之有則也。”[①]陰、陽的變化，雖然無窮無盡，然而考究一下，却有盛衰、進退的辯證法則，與《易》義若合符節。

《文心雕龍》開宗明義第一篇《原道》，便以《易》之《賁卦》立説。《賁卦》釋文，曰“天文”，曰“人文”。劉勰以爲“天文”“人文”是“文”這個物的對立面，而這兩面的發生，有其先後，“天文”發生於“人文”之先。所以開頭就以“文”的功能，“與天地並生”。唯恐讀者誤會，緊接指出他就“天文”而言，“天文”就是天地間萬物——日、月、山、川的光輝、形象。這種“自然美”供人欣賞、利用。但“文”不就此静止。原來，人類的情志日新月異，需要用來表達的語言工具——“人文”，這種應運而興的藝術美，不能因爲它是“天文”的對立面而不相干。説穿了，“人文”憑藉“天文”的特色——“自然”塑造。《原道》自“天文”以至“人文”，曰“天文斯觀，民胥以效”，作者行文，都宜效法“天文”，做到“自然會妙，譬卉木之耀英華”[②]。無庸諱言，主張辭章

①《文心雕龍・書記》。 ②《文心雕龍・隱秀》。

的“自然”，反對“雕削取巧”①，並不廢棄修飾，“古來文章，以雕縟成體”②，則藻采的“自然”與人工，也是對立面的統一。

隨人工而來的創作問題，不一而足。

《易》之“精義”使劉勰意識到創作有其“自然之道”，曰：“心生而言立，言立而文明。”③“心”謂“情”也。作者以文抒情，總先有了“情”，然後提煉鮮明的“文”，故曰“情固先辭”④。“夫綴文者情動而辭發”⑤，“爲情而造文”的原因是“理定而後辭暢”，譬如“經正而後緯成”⑥。“情”與“文”是對立面的統一物，具有先後的次第。孫子荆除婦服詩，王武子“覽之凄然”，增伉儷之情，感染力强烈，就是子荆吟咏，遵循了“情”與“文”在創作中的“自然之道”，以致詩有“文生於情”的優點⑦。

《易》之“精義”還使劉勰意識到詩歌、辭賦、散文……和其他事物相同，它們都有自己的形式和内容，這是哲學家所公認的辯證法的重要範疇之一。《文心雕龍》的《情采》是文論裏的形式與内容的專論，它以“情”與“采”爲作品的形式與内容這兩個對立面的因素，而别名之曰“文質”，兩者統一性的具體表現爲“文附質”，“質待文”，彼此制約、依賴，實際是《易》之《賁卦》的講疏。“賁”有修飾的意思。此卦泛論百物都有“文質”，而且相生、相成，文必沿質而製，不能浮華。《賁卦》的上九爻辭：“白賁，無咎。”“白”者，質也。上九是最後的一爻，象徵修飾到達高峰，爻辭的作者要求修飾不要過分，好像孔子説的“文勝質”⑧，不與“質”匀稱⑨，破壞修飾的藝術性。劉勰異口同聲地説：“《賁》象窮白，貴乎反本。”⑩“窮”，終也。“反”，同返。劉勰爲了糾正文壇形式主義頽風，假《賁卦》之旨，叫作者修“文”，而不

①《文心雕龍·隱秀》。②《文心雕龍·序志》。③《文心雕龍·原道》。④《文心雕龍·定勢》。⑤《文心雕龍·知音》。⑥《文心雕龍·情采》。⑦《世説新語·文學》。⑧《論語·雍也》。⑨《文心雕龍·情采》。⑩《文心雕龍·情采》。

忘“質”,創作處理好“文質”的矛盾,若孫卿“象物名賦”那樣地“文質相稱”①,“理正而後摛藻,使文不滅質,博不溺心”,而無“繁采寡情,味之必厭”的瑕疵。

《易》之“精義”又使劉勰意識到任何事物的性質,都有剛、柔的區别,而這兩個對立面的統一性,爲歷來有識者所肯定,和劉勰同時,嘉許《文心雕龍》“深得文理”的作家沈約,便本《説卦傳》,以人的“性靈”内部有“迭用”的對立物——剛、柔②。劉勰因之曰作者的“氣有剛柔”③;他從“古來”的作家、作品,肯定這對矛盾的必然存在,甚至作出科學的結論:“剛、柔雖殊,必隨時而適用。”④换句話説,“剛、柔”這兩個對立的物必須統一,所有文士,都得見機而作,不然,將犯創作的“自然之道”的謬訛⑤。

《易》之“精義”另使劉勰意識到一切事物要不僵化,有生命力,便非隨時變化不可。《繫辭》裏有三句名言:“窮則變,變則通,通則久。”“變”與“通”因果相關,誰也不能否認“變”是“通”的前提。因此,陸機《漢高祖功臣頌》云“在變則通”。不變就不能“通”,“通”者,順利成長也。解決“窮”與“通”的矛盾,只能采取“變”的手段。《文心雕龍》的《通變》,類似《繫辭》“窮變、通久”的傳箋,以爲文學史啓示人們,文學是社會的歷史範疇,各種體裁的作品,“變則其久,通則不乏”。凡屬通行而有活力的詩文,都按着“自然之道”變化,而變化充分體現其複雜性:

變是有條件的。《易》的《屯卦》:“元、亨、利、貞。”《彖辭》:“屯,剛、柔始交而難生,動乎險中,大亨,貞,雷、雨之動滿盈。”卦辭、彖辭所詮解的都是卦、爻的意象。《屯卦》䷂爲《震》《坎》兩卦

①《文心雕龍·才略》。②《宋書·謝靈運傳論》。③《文心雕龍·體性》。④《文心雕龍·定勢》。⑤詳見拙著《文心雕龍字義疏證·剛柔》。

的重合，而《震》下《坎》上。“屯”，難也。“元”，始也。“亨”，通也。“貞”，正也。《震》爲“雷”，《坎》爲“雨”。前者性剛而動，後者性柔而静。“剛”“柔”開始交感，不免艱難，暗示萬物起初産生，勢必鬱結，而不通暢；但是像雷一般地震動，不畏險危，與艱難抗争，艱難就能轉化爲通暢，而生意盎然，無不便利、正常，人之處世亦如之。人與物的矛盾轉化，要創造一定的條件。《文心雕龍》的《明詩》："若妙識所難，其易也將至；忽之爲易，其難也方來。”“難”與“易”是詩人創作中的一對矛盾。倘使詩人認識“難”“易”轉化的“自然之道”，知“難”而進，“難”將被克服，則“難”轉化爲“易”；要是疏忽矛盾轉化的條件，和對“難”“易”的正視，缺乏主觀的能動性，“易”將轉化爲“難”。

變是曲綫式的。事物在其變中有波折，矛盾的轉化，不走直路。比如“窮”轉化爲“通”，“屯”轉化爲“亨”，不就此停止，一成不變。變若長河，恒久不已，永遠按照“凡物極必反”①的規律，不是一帆風順。“無平不陂，無往不復”②，是不可掩蓋的現象。所以事物“泰”極轉化爲“否”，“剥”極轉化爲“復”，《易》的六十四卦，就這樣地顯白事物正反交織地變而不窮，末兩卦由《即濟》而《未濟》，借以突出這個觀念，劉勰以看文學語言的變。戰國屈原以其發憤抒情的需要，變《詩經》的四言爲雜言的騷體，“驚采絶豔，難與並能”③。然而屈原死後，宋玉的賦《高唐》等，變其“豔逸”④爲“淫麗”⑤。漢賦家大抵“祖述楚辭”⑥，而司馬相如、揚雄所“祖述”的主要是宋玉“淫麗”的一面，清人何焯遂視長卿的《子虛》《上林》爲“宋玉嫡派”⑦，子雲壯而悔其少作的“雕篆”⑧；馴致張衡、班固，踵事增華，變本加厲，

①王弼注《易·大畜》九二象辭。 ②《易·泰》九三。 ③《文心雕龍·辨騷》。 ④《文心雕龍·定勢》。 ⑤《文心雕龍·詮賦》。 ⑥《文心雕龍·時序》。 ⑦何焯《子虛賦》批語。 ⑧揚雄《法言·吾子》。

一言以蔽之曰“侈”①。爾後,趙壹的《刺世嫉邪賦》,王粲的《登樓賦》,都尚易簡,變“侈”爲約,不也是正反交織地變而不窮嗎?

變的正、反不是平列的。誠然,《易》之經、傳,反復叙述了“夫物極必反”的規律。代表性的文句,已見前引。我們應該提到的是《繫辭》論變化的特徵道:“變化者,進、退之象也。”事物的變化,不是有“進”無“退”,也不是有“退”無“進”,而有“進、退”對立的兩面,綜覽全局,却以“進”爲總的趨勢,决非“進、退”平列,正、反循環,事物爲此停滯不前,我們千萬不能疏略《易》之“精義”的這一内涵。《大畜卦》的《彖辭》强調事物“篤實光輝,日新其德”,《繫辭》也稱“日新之謂盛德”;《禮記》的《大學》“湯之《盤銘》曰‘苟日新,日日新,又日新’”,真可移作《易》之“日新”義的注脚,何况《繫辭》的作者有着形象的描繪:“古者,包羲氏之王天下也……作結繩而爲網罟,以佃以漁,蓋取諸《離》;包羲氏没,神農氏作,斲木爲耜,揉木爲耒,耜、耒之利,以教天下,蓋取諸《益》;日中爲市,致天下之民,聚天下之貨,交易而退,各得其所,蓋取諸《噬嗑》;神農氏没,黄帝、堯、舜氏作,通其變,使民不倦,神而化之,使民宜之。《易》窮則變,變則通,通則久,是以‘自天祐之,吉無不利’。黄帝、堯、舜垂衣裳而天下治,蓋取諸《乾》《坤》;刳木爲舟,剡木爲楫,舟、楫之利,以濟不通,致遠以利天下,蓋取諸《涣》;服牛乘馬,引重致遠,以利天下,蓋取諸《隨》;重門擊柝,以待暴客,蓋取諸《豫》;斷木爲杵,掘地爲臼,臼、杵之利,萬民以濟,蓋取諸《小過》;弦木爲弧,剡木爲矢,弧、矢之利,以威天下,蓋取諸《睽》;上古穴居而野處,後世聖人易之以宫室,上棟下宇,以待風、雨,蓋取諸《大壯》;古之葬者,厚衣之以薪,葬之中野,不封不樹,喪期無數,後世聖人易之以棺椁,蓋取諸《大

①《文心雕龍·通變》。

過》；上古結繩而治，後世聖人易之以書契，百官以治，萬民以察，蓋取諸《夬》。”

顯然，《繫辭》以《易》之十三卦説明人類社會的生産、貿易、交通、政治、喪事、文化、生活……都在新變、進化；劉勰的文學思想没有兩樣，陸機所謂爲文“怵他人之我先”①，爲他所信奉；而韓愈所謂“惟古於詞必己出”，褒贊樊紹述之作“不襲蹈前人一言一句”②，教李翊“惟陳言之務去”③，勸劉正夫不師古人之辭，“能自樹立，不因循”④的見解，是彦和之義的支裔；他論文“宗經”的意圖是“矯訛翻淺”⑤，非黜今復古，要文章回到“五經”去，他作《文心雕龍》，語言形象、生動，爲自成一家風格的駢文，與經典之辭迥異；他以著“封禪”文，“恒久不刊”⑥之“道”可“終然相襲”，而辭采必務“日新”，能“超前轍”⑦，“新”爲上升、提高，《離騷》爲“宗經”的典範，就因爲它“自鑄偉辭”，以得未曾有的“豔逸”見長；潘岳哀辭之美，就在其“體舊而趣新”⑧；作品的“意氣”，要有“新”的光輝；歷代歌謡的藻辭，如“黄歌《斷竹》”之“質”，“唐歌《在昔》”之“廣”⑨，“虞歌《卿雲》”之“文”，“夏歌《雕牆》”之“縟”，“商、周篇什”之“麗”，都“因宜適變”⑩，具備時代的新色；命意屬文，要“該舊而知新”⑪，“後進”的作者，“因”“借”《詩》《騷》寫景抒情的“奇、巧”，一定要“善於適要，則雖舊彌新”⑫；諸如此類，難道是與《易》之“精義”——“日新”背反而“復古倒退”嗎？

變非突如其來的。科學的認識，不是從天而降，或專家杜撰，無不沿着繼承與創新對立統一的規律發生、發展。

---

①陸機《文賦》。 ②韓愈《樊紹述墓誌銘》。 ③韓愈《答李翊書》。 ④韓愈《答劉正夫書》。 ⑤《文心雕龍·通變》。 ⑥《文心雕龍·宗經》。 ⑦《文心雕龍·封禪》。 ⑧《文心雕龍·哀弔》。 ⑨《文心雕龍·通變》。 ⑩陸機《文賦》。 ⑪《文心雕龍·練字》。 ⑫《文心雕龍·物色》。

列寧説，馬克思的學説是人類在十九世紀所創造的優秀成果——德國的哲學、英國的政治經濟學和法國的社會主義的當然繼承者。

這恰好幫助我們辨别認識事物的"推陳出新"。《易》之"精義"的内涵没有明顯地談到繼承與創新這兩個對立面的統一性，終於被揚雄的"因革"論（已見前文）揭示出來。值得注意的是《序卦傳》集中講了事物的"因""革"，它叙六十四卦的前後相承，曰："《泰》者，通也，物不可以終通，故受之以《否》……《睽》者，乖也，乖必有難，故受之以《蹇》；《蹇》者，難也，物不可以終難，故受之以《解》……《艮》者，止也，物不可以終止，故受之以《漸》；《漸》者，進也……"雖然有的牽强，畢竟寓有無繼承或"因"，便無創新或"革"之可能的要義。劉勰鋪陳歷代文辭之"革"，繼之以楚、漢、魏、晋之"因"，反對枚乘的《七發》、司馬相如的《上林賦》、馬融的《廣成賦》、揚雄的《校獵賦》、張衡的《西京賦》，"夸張聲貌"、"莫不相循"、"因而不革"，於是指出"參伍因革"爲文辭"通變之數"①。自古以來的"辭人"，"莫不參伍以相變，因革以爲功"②，優秀的作者，他們没有不是從"因革"結合的變化立功的（詳見拙著《文心雕龍字義疏證・因革》）。

變是"奇""偶"錯雜的。《繫辭》内明言"奇""偶"這兩個對立的概念："陽卦奇，陰卦偶。"其實卦的爻⚊爲"奇"，⚋爲"偶"，"陰、陽""剛、柔"之變，不能割裂"奇""偶"對立的爻。劉勰讀書、觀物，感覺"造化賦形，支體必雙"。"雙"猶"偶"也，指眼、耳、手、足，而口又爲"奇"。文辭也"自然成對"，"對"猶"偶"也。它不特散行，而散，猶"奇"也。因此，"詩人偶章，大夫聯辭"，都"奇偶適變"，文辭之變，必

①《文心雕龍・通變》。 ②《文心雕龍・物色》。

須"奇偶"對立面的"迭用"①,而且要平衡。像劉宋初年以謝靈運爲代表的山水詩,上師兩漢揚、馬、班、張辭賦之"侈"②,"儷采百字之偶"③,而"偶"勝於"奇",公然"穿鑿取新","反正""適俗",一變"詩人""大夫"之"迭用"而爲"詭勢"④,不可爲訓。《文心雕龍》文辭之多"奇"語,不同當世形式主義作者"非對不發","職成拘制"⑤者,良有以也。

變是"奇""正"並行的。事物的複雜性,往往表現於"奇""正"。用現代的話説"正"是一般,"奇"是特殊,换個名稱,"奇""正"即"經""權"。《韓詩外傳》:"常謂之經,變謂之權,懷其常道,而挾其變權,乃得爲賢。"賢士掌握"經""權"或"奇""正"的對立統一,纔能把工作做好。《易》無"奇""正"之名,而有其實。《明夷卦》䷣《離》下《坤》上,《離》爲日,《坤》爲地。以日入地中,象徵社會的黑暗,人們怎樣活下去?《彖辭》的回答,不是正常的鬥争,而是權變的回互:"内文明而外柔順。"在腐朽勢力面前,不針鋒相對,也不與世傾邪,内心保持"文明",外部僞裝"柔順"。又《睽卦》䷥《兑》下《離》上,《離》爲火,《兑》爲澤。以火炎上、澤潤下,暗示世事的乖隔,人們如何生存?初九爻辭的回答,也不是正常的鬥争,而是權變的回互:"見惡人,無咎。""惡人"來會,心所痛惡,相見以免怨咎。這兩種手段,都是"奇"的策略。不如此,便難免遭禍,無從實現理想。劉勰生於南齊季末,人命危淺,他作《文心雕龍》,不翅"劉伶著《酒德頌》",率"意氣所寄"⑥。而他所"寄"的"心"基本是與"愛奇"的"浮詭"文風辯論,尤其是當代的;他隱以孟子辟揚、墨"異端"自喻,曰:"豈好辯哉,不得已也。"⑦有時,怒氣勢不可遏,態度却很冷静。大抵評論古代作者,

①《文心雕龍・麗辭》。 ②《文心雕龍・通變》。 ③《文心雕龍・明詩》。 ④《文心雕龍・定勢》。 ⑤《南齊書・文學傳論》。 ⑥《世説新語・文學》。 ⑦《文心雕龍・序志》。

用“正”或“經”的方式，“何晏之徒，率多浮淺”①；“陸機才欲窺深，辭務索廣，故思能入巧，而不制繁”；“相如好書，洞入夸豔，致名辭宗，然覆取精意，理不勝辭”；“桓譚著論，富號猗頓，宋弘稱薦，爰比相如，而《集靈》諸賦，偏淺無才，故知長於諷論，不及麗文也”②；皆指名道姓，直言不諱；品題“皇齊”之辭，則以“奇”或“權”的方式。有的泛論，曰“今才穎之士，刻意學文，多略漢篇，師範宋集，雖古今備閱，然近附而遠疏矣”；有的正言若反，曰“唐、虞之文，其鼎盛乎”！實鄙齊文，而推尊若斯；有的有托而逃，曰“鴻風懿采，短筆敢陳，颺言贊時，請俟明哲”③，亦厭齊作，而“皮裏陽秋”，蘊而莫宣；有的陳古刺今，曰“楚、漢侈而豔，宋初訛而新”④，均爲齊之“流弊”，乃陳以爲刺，以遠恩怨。

變是隱、顯同現的。事物之變，有隱、顯對立的兩面。《易》的《象辭》和其他譬喻，都以隱著，然有深造自得其義者，是隱之與顯並，若《左傳》稱《春秋》體例“微（隱）而顯”（成十四年），故《史記・司馬相如傳》“《易》本隱之以顯”。劉勰則以《易》“言中事隱”⑤，“隱”不單行，所以文王的“繇辭”用“複隱”而又“炳曜”（顯）之辭表達“堅深”的“精義”⑥，以爲文采之變，“顯”不能離開“隱”而獨見，曰“隱以複意爲工”⑦，“複意”，隱意也。“夫隱之爲體，義主文外”，“隱”是文意的含蓄，“餘味曲包”，耐人玩賞，加强藝術性；倘“晦塞爲深”⑧，讀者百思莫解，係“隱”與“顯”分的惡果。

變有不變的。《易緯・乾鑿度》：“《易》一名而含三義。”其中有“不易”者何也？“自然之道”是也。事物的自然而然，不以人們意志爲轉移的客觀規律不變，和事物的臨機應變，構成對立統一的兩面。

①《文心雕龍・明詩》。 ②《文心雕龍・才略》。 ③《文心雕龍・時序》。 ④《文心雕龍・通變》。 ⑤《文心雕龍・宗經》。 ⑥《文心雕龍・原道》。 ⑦《文心雕龍・隱秀》。 ⑧《文心雕龍・隱秀》。

劉勰從此悟會，藝術技巧内部不變的爲創作原則，喻之以“規矩”[①]，世代相傳，故曰“舊規”[②]或“舊式”[③]，而用之之術，則變動不居，不可授受，須作者在實踐中去體會，“神而明之，存乎其人”，“良難以辭逮”[④]，其猶“伊摯不能言鼎，輪扁不能語斤”，唯有自己“至精而後闡其妙，至變而後通其數”[⑤]。故曰：“夫設文之體有常，變文之數無方。”[⑥]“體”，本也，“規矩”也。“方”，“常”也，不變也。“無方”，變也。藝術技巧的内部因素，正是變與不變的統一。

《文心雕龍》從《易》之“精義”——樸素的辯證法所派生的對立統一的概念，不止我們涉及的那些。乃如文辭的“繁略”，都要斟酌得“繁而不可删”，“略而不可益”[⑦]，使“繁約得正”[⑧]，無“駢拇、枝指”般的“蕪穢”[⑨]；評價作家、作品，要見優、劣，切忌偏頗，反對“東向而望，不見西墻”[⑩]，一以求全爲貴；“聖文”的“雅麗”，本在“銜華而佩實”[⑪]，綴文當“舒華布實”[⑫]，若馬融的“華、實相扶”[⑬]；擬議事物的“名實”，要求調和，“名實相課”，“斷理”方可允當[⑭]；作者的“才”“學”，自有主、次，曰“文章由學，能在天資”，“才爲盟主，學爲輔佐”，但“文章”之“霸”，要在“主、佐合德”[⑮]，不蔽於一曲；作品體勢的完整之美，决定於“首、尾”的“周密”[⑯]，“圓合”[⑰]，“順序”而不“顛倒”[⑱]；物之與情，仿佛本之與末，“睹物”而後“興情”[⑲]，物移而後情遷[⑳]，所以開展想象，提煉藝術“意象”以前，宜窺鑽風景，令“神與物游”，不徒托臆測，失於玄虚。限於篇幅，兹姑略引端緒。

“《易》之爲書，廣大悉備”[㉑]，微言奥義，共曉爲難，解者數千餘

①《文心雕龍・徵聖》。 ②《文心雕龍・風骨》。 ③《文心雕龍・定勢》。 ④陸機《文賦》。 ⑤《文心雕龍・神思》。 ⑥《文心雕龍・通變》。 ⑦《文心雕龍・鎔裁》。 ⑧《文心雕龍・章表》。 ⑨《文心雕龍・鎔裁》。 ⑩《文心雕龍・知音》。 ⑪《文心雕龍・徵聖》。 ⑫《文心雕龍・鎔裁》。 ⑬《文心雕龍・才略》。 ⑭《文心雕龍・議對》。 ⑮《文心雕龍・事類》。 ⑯《文心雕龍・附會》。 ⑰《文心雕龍・鎔裁》。 ⑱《文心雕龍・章句》。 ⑲《文心雕龍・詮賦》。 ⑳《文心雕龍・物色》。 ㉑《周易・繫辭》。

家。自漢之京、孟逮於虞、荀，各有所推闡，或出緯候，其書亦缺不具。王輔嗣始申其哲理，其後言象數的浸流於方伎。直到程頤，方復依仿王氏而爲傳，學者多宗之。我們初步探索其“精義”，真感“百物不廢”①。近來，不少同志，把《易》之研究，納入醫學、歷史、科技諸領域，開拓新局面，這確是極好的現象。

《武漢大學學報》1984 年第 6 期

①《文心雕龍・物色》。

《周易》與《文賦》

古人著述，往往以全書大義標名，《周易》正是如此。《易傳》裏有一句最精辟的話，那就是作《易》的"聖人"，"立象以盡意"（《繫辭》）。這明確地闡述劉勰所謂原始"人文"（《文心雕龍·原道》，以下省稱《文心》）的全部内容，使我們不難想象"太古"没有文字，當時的人民只好利用簡單的形象——八卦來表達他們對客觀事物的認識。隨着人民智慧的增長，八卦演而爲六十有四，形象由簡單到複雜，認識從淺近到深刻，於是世間的研究者先後撰寫經、傳，加以解釋，輯而爲書，名之曰《易》，鄭玄指出"易"函簡易、變易、不易三義（《世説新語·文學》劉峻注引鄭玄《易贊》）。事實上，鄭玄對《易》義的綱領性的論斷，乃是《易傳》和《易》學家觀念的高度概括。所以《繫辭》肯定宇宙的一切事物，總是"變動""不居"的，而且只有"變動"，才能適時地生存，有活力。阮籍就"變動"着眼，直稱《易》爲"往古之變經"，特别是他探賾索隱，發現《易》卦"終於《未濟》"，象徵"變動"，永無"窮盡"，"終"則又"始"，"始"非復舊，而爲新的開端（《通易論》）。早在莊周，便知道萬物的成長，"始終相反乎無端，而莫知其所窮"（《莊子·田子方》）。

而"終始""反覆運轉"的要害是"不守故"，能"變化日新"（郭象注），這完全可以移作《繫辭》"變化""趨時""日新"的注脚。那末，萬物變化的規律是什麽呢？《繫辭》給了回答："一陰一陽之謂道。""道"之爲言規律也。萬物總根據陰、陽和合的規律發生、發展。因此，陰陽二氣，仿佛萬物"變化之父母"(《内經·素問·陰陽應象大論》)，荀卿同然一詞："天地合而萬物生，陰陽接而變化起。"(《荀子·禮論》)這兩句互文見義，實謂天地陰陽二氣交接而起變化，産生萬物，陰、陽就這樣"大化"，使"萬物各得其和以生"(《天論》)；而這個變化的規律，確是不變的；與此同時，我們懂得，變化的决定因素，不外陰陽二氣，雖然非常簡易，可是萬物變化之"理"，因之而"得"(《繫辭》)。顯然，《易》義至近，學者不舍近求遠，就會感覺親切，而不神秘、幽玄。儘管"《易》之爲書，廣大悉備"(《繫辭》)，而其指歸，無非"三義"，百姓日用不匱，真是"百物不廢"(同上)，滲透到文化的各個領域，班固深識奥鑒，志"六藝"，則以《易》爲首，蓋以爲義理之源，不是偶然的。

一九四五年秋，我去四川樂山烏尤寺内復性書院學習，先師馬一浮先生教我讀《易》，曰："《易》所包蘊的'精義'，在於'致用'，而'致用'多途，汝善自擇之。"又云："通《易》談何容易！孔子治六經，自以熟矣，然晚年尚欲假年學《易》，讀之，韋編三絶，而有'無大過'之言，其嚴謹若斯，學者其可輕言已聞耶！"長期以來，我恪遵師訓，諷味羲經，心存目想，嘗以《易》的"三義"，鑽研秦、漢、六朝的文論，而側重《文賦》《文心》的考究，乃覺以《易》義論文，秦、漢已然，不過全以"三義"，則權輿於《文賦》，而發揮於《文心》，我將另爲專論，兹姑舉一例。《易》之《賁卦》，講萬物文采的修飾，然文采必依附本質；揚雄仿《易》作《太玄》，緣《賁卦》而爲《飾》篇，以爲"無質先文"，"飾"將"失貞"，則其《玄瑩》聯繫修辭，曰："故文以見乎質，辭以睹乎情，觀其施辭，則其心之所欲者見矣。"此特《易·乾·文言》"修辭立其誠"，《繫辭》"聖人之情見乎辭"之義疏，而"三義"究未之見也。

《晋書·陸機傳》稱機"服膺儒術"，試觀他的詩、文，都以儒家思想爲宗祖，《文賦》殊無二致；故篇中强調作者綴文，必"頤情志於

《典》《墳》”——三《墳》五《典》，爲儒家所傳頌的三皇五帝之書，孔子據以刪訂六經的歷史文獻，從中“頤”養的“情志”，非儒家的思理而何？（《文心・宗經》）不僅如此，《文賦》還要求文士“漱六藝之芳潤”。“六藝”，六經也，李善注誤。吸取六經的精華，豈不是摭拾其高妙的辭意？不僅如此，《文賦》又“嘉麗藻之彬彬”，盛贊孔子“文質彬彬”（《論語・雍也》）之旨！不僅如此，《文賦》聲言“伊兹文之爲用”，在“濟文武之將墜”，推尊“布在方策”的“文武之政”，讀者只要遍覽李善注，便發現《文賦》徵引《詩經》《周易》《左傳》《尚書》《論語》《禮記》及孔安國、毛萇、杜預等儒家經典、傳注的辭意，則《文賦》一以貫之的，無疑是儒家思想。

不可否認，《文賦》間用老、莊的詞彙，但都加入新的内容，比如“佇中區以玄覽”的“玄覽”，見於《道德經》，是説作者站立在天地之間，深遠地觀察萬物，不是老子的“虚静”玄默，以求泯絶知巧。《文賦》稱作者開展想象，“皆收視反聽”，是“不視聽也”；“耽思傍訊”，是“静思而求之也”；李善注審諦，但要曉得，儒家都重“静”，與老、莊的“静”以求其虚無不同，是《禮記・大學》“静而後能安，安而後能慮，慮而後能得”的“静”，是促成專心構思求知的條件；《漢書・藝文志》列於儒家的荀卿，更揚言人心不“静”，就不能以思定然否，凡“未得道而求道者”，就要“虚壹而静”（《荀子・解蔽》），也就是虚其雜念，使心安静，專壹思考問題，纔能有所得；劉勰以爲作者“陶鈞文思，貴在虚静”的“虚静”，亦如之。《文賦》運用莊子《大宗師》的“天機”，則“天”，自然也；機，心情也；蓋指作者睹秋葉、春條所興起的、自然而不造作的悲喜心情，不是莊子的與外物無涉的“天然機神”。古漢語中詞同義異之例，不一而足。孔子曰：“無爲而治者，其舜也與！夫何爲哉，恭己正南面已矣。”這兒的“無爲”，不能視爲道家“任其自然”的“無爲”，而是有爲的一種手段，荀卿解釋得好：“傳曰：‘農分田而耕，賈分貨而販，百工分事而勸，士大夫分職而聽，建國諸侯之君分土而守，三公總方而議，則天子共己而已矣。'"天子使臣、民各安其位，盡其職責，而他自己就無所勞苦，此之謂"無爲"，以致"勢至重而形至佚"(《荀子·正論》)。儒家陸賈也對孔子的"無爲"作了訓詁："夫道莫大於無爲，何以言之？昔虞舜治天下，彈五絃之琴，歌《南風》之詩，寂若無治國之意，漠若無憂民之心，然天下治，故無爲也。"(《新語·無爲》)天子任賢授能，百事俱興，唯是安閑，若無所爲，而實有爲；韓非稱主上之道曰："虚静無爲……動之，溶之，無爲而改之。"天子以其神秘之"術"，潛御群臣，使皆就列陳力，事無不修，而己清虚寂静，無有作勞，而天下治(《韓非子·揚權》)，這也是"無爲"而無不爲。所貴好學深思，以意逆志，不以辭害意，務正學以言，使是非昭明。儒家昌言夫"禮"，而老子以"禮者，忠信之薄，而亂之首也"，故深惡痛絶之，陸機博文約禮，布乎四體，"非禮不動"(《晋書》本傳)，醇然儒者，怎會以道家思想論文？

現在，我們檢論《文賦》的《易》之三義。《晋書》本傳没有提到陸機作《文賦》的事。可喜的是李善的《文賦》注所引臧榮緒《晋書》講得明白："(機)天才綺練，當時獨絶，新聲妙句，係蹤張、蔡，機妙解情理，心識文體，故作《文賦》。"這表示陸機是個"識文體"的傑出作家，《文賦》是論文章之"體"的專論。"體"是什麽？一般解爲體裁，非也。因爲《文賦》講的並非文章的體裁，他繼承曹丕以體裁爲文章風格形成的因素之一説，於是《文賦》論風格，則師範曹丕，以詩、賦等十種體裁，参驗體裁不同，風格隨異。而與陸機同時的摯虞《文章流别論》，纔是偏於體裁論的專書。《文心·總術》："昔陸氏《文賦》，號爲曲盡，然汎論纖悉，而實體未該。"在劉勰看來，《文賦》極爲豐富的内容，都屬於"文體"論，而"體"的涵義，他没有講清，需要學者體察。衆所周知，古籍裏的"體"字，爲用多途，我們緊扣"文體"設想。孟子言事物的“大體”(《孟子·告子》),韓非因著《大體》之篇(《韓非子》)。《内經·素問·異法方宜論》亦稱治病之“大體”,《移精變氣論》易曰“大則”,是“大體”猶“大則”也。《續晋陽秋》:“自司馬相如、王褒、揚雄諸賢,世尚賦頌,皆體則風騷。”“體則”連文,爲同義複詞。《爾雅·釋詁》:“則,法也。”準前所引,“法”的詞性,約有動、名兩種。若《詩經·豳風·伐柯》“伐柯伐柯,其則不遠”、《大雅·烝民》“天生烝民,有物有則”、《魯頌》“敬慎威儀,維民之則”、《大雅·皇矣》“不識不知,順帝之則”、《莊子·人間世》“願以所聞思其則”、《國語·周語》“昭明物則以訓之”的“則”,舊注皆訓“法”,《蒼頡篇》所謂“法度”(《文選》陸機《演連珠》李善注引),都爲名詞。則陸機所“識文體”之“體”,“則”也,“法度”也,修文之原則也。《文賦序》以作者“操斧伐柯,其則不遠”,以喻放言遣詞的“則”或“法度”,最爲切近,人病不求耳,求則得之;陸機心誠求之,故能識之,而《文賦》又以其所識之“體”曰“文律”或“辭條”。如果沿波討源,便知道陸機的“文體”論,其來有自。孟軻以爲製造任何器物,都有技巧,哪怕“離婁之明,公輸子之巧,不以規矩,不能成方員”(《孟子·離婁》);因此,“大匠誨人必以規矩,學者亦必以規矩”(《告子》),“規矩”是製器的原則,高明的工人一定要用它教訓徒弟,徒弟一定要向師傅學習這種原則。

值得注意的是孟軻用《易》的“不易”和“變易”二義,肯定“梓匠輪輿,能與人規矩,不能使人巧”(《盡心》),强調指出,製器的原則,固定不變,爲技巧的關鍵,應儘先學習,普遍應用,可以言傳;至於如何應用它,把器物製造得巧妙,自然也有方法,但千變萬化,多種多樣,恰好與“規矩”相反,則不固定,不能言傳,必須工人在實踐中去領會,神而明之,存乎其人。與孟軻並生的莊周,他同老聃,都是通曉《易》義的思想家。所以他以《易》的“變易”義,稱製車輪工人,“有數存焉”,而“數”“得於手而應於心,口不能言”(《莊子·天道》),貴在工人臨機應變,靈活掌握,"雖在父兄,不能以移子弟"(《典論·論文》)。關於創作技巧内部變與不變的觀念,陸機空前移植到文論中來,他鄭重告訴讀者,"蓋所能言者,具於此云",李善注對了:"蓋所言文之體者,具此賦之言。"凡固定而能言傳的"文體",《文賦》都談了。"若夫隨手之變"的"數","良難以辭逮",真難於言傳,譬如文章的"豐約之裁,俯仰之形",莫不"因宜適變,曲有微情","是蓋輪扁所不得言,故亦非華説之所能精"。總之,《文賦》只能講不變的"文體",不能講變的"文數";然而"體""數"却相互依賴、制約,"體"無"數",則無以呈其效;"數"無"體",則無以見其本。劉勰同兹"舊談"(《序志》),言作賦的原則,曰"大體"(《詮賦》);論著文的原則,曰"規矩"(《徵聖》);説製檄的原則,曰"要";稱爲奏的原則,曰"體";其義一也。而"體"的特徵,劉勰標志之曰:"夫設文之體有常。"(《文心·通變》)"常",不變也。"數"與"體"對立,故曰:"變文之數無方。"《禮記·檀弓》鄭玄注:"方,猶常也。""無方",猶"無常",變也。故"名理相因","名理","體"也(同上)。以其恒久不刊,故謂之"舊規"(《風骨》)或"舊式"(《定勢》)。夫文成以"體",而構思固"無定檢"(《物色》),"檢","體"也。惟其"無定",則必"變易","夫裁文匠筆,篇有小大;離章合句,調有緩急",作者務必"隨變適會",而"莫見定準"(《章句》),應變之"數",微妙玄通,"言所不追,筆固知止","言""筆"無法形容,誰要明了,只有自己"至精而後闡其妙,至變而後通其數",以求其"變"而"精"之,以致於極至,真像"伊摯不能言鼎,輪扁不能語斤"(《神思》)似的。陸機還以《易》的"變易"之義論文辭之"多變",作者的形"體""屢遷",有着萬變之殊,而變實原於情理;情理以外物推移,有着"悲、喜"之分異,所以舒布情理之文辭,相應而變;且情理爲文辭的本質,曰"理扶質以立幹",據情理以立文辭的本質,不翅樹夫木之根幹;若爾然者,表裏周密,外内圓合,"率爾""操觚”，文、情未有不並茂而美麗者也。

難能可貴的，陸機進一步參驗《易》的“變新”之義。《易》以事物非隨時變化不可，《繫辭》裹有三句名言：“窮則變，變則通，通則久。”“變”與“通”因果相關，而“變”是“通”的前提，無“變”就不能“通”，不易之道也。不過，“變化者，進退之象也”（《繫辭》），“變化”交織“進退”，不能有“進”無“退”，也不能有“退”無“進”，而有“進退”對立的兩面，綜覽全局，畢竟以“進”爲總的趨勢，决非“進”“退”平列，正反循環，事物爲此停滯不前。因此，《易》之《大畜卦》的彖辭昌言事物的“篤實輝光，日新其德”。而“變”之“新”，又非突如其來，必有所因，因而革之，則以“去故、取新”（《序卦》）。核而論之，《序卦》確有“因革”之義，而明言之者，其惟《太玄·玄瑩》：“夫道有因有循，有革有化；因而循之，與道神之；革而化之，與時宜之；故因而能革，天道乃得；革而能因，天道乃馴；夫物不因不生，不革不成。故知因而不知革，物失其則；知革而不知因，物失其均；革之匪時，物失其基；因之匪理，物喪其紀。”揚雄這段剖析，無異《序卦》的傳箋，他以事物“因”“革”的統一，是其推陳出新的自然規律。陸機以爲事物“在變則通”（《漢高祖功臣頌》），從“變”到“通”，不“變”，就不能通。作者對辭、意的修煉，有如女工之“杼軸”，曰“怵他人之我先”者，反對有“因”無“革”，一味守舊，而不自樹立也；至於掠人美辭，迥非“因”而爲盜，愆傷“廉”“義”，“雖愛必捐”者，非廢“因”也。文辭的“唯變所適”（《繫辭》），必“襲故而彌新”，“襲”，“因”也。必“因”與“革”合，方能“新”而又“新”，若天之行健，日進前而不息，是文之善者，可被之金石，施之樂章，流諸管弦，爲世人歌誦。陸機誠履而行之，《文賦》即“因”前論而“革”之，饒有新味。劉勰也同玆“舊談”，更以旁通發揮，觸類引伸，《文心》的《通變》，是《繫辭》“變通”之義的枝葉；它聯繫文學史，具體辨明文學是社會的歷史範疇；自太古以來，文學殆如水之東逝,不舍晝夜,亦若林之無静樹,以其變動不居,不斷出現新色,變固不徒陳陳相因而已。漢初“夸張聲貌”的辭賦,如枚乘的《七發》、司馬相如的《上林》、馬融的《廣成》、揚雄的《校獵》、張衡的《西京》,“此並廣寓極狀,而五家如一,諸如此類,莫不相循”。“循”,“因”也,“循環相因”,不知所以“革”之,故“變”而不“適”,不“新”,不“通”,但以“侈”爲累,作者應該看到,作品的“文、情”,都“環流無倦”(《時序》),“情以物遷”(《物色》),亦“與世推移”(《時序》),導致“辭采”的“九變”(同上),“變”的結果,是“日新其業”(《通變》),“玄聖”的“神理”(《原道》),雖“終然相襲”,而“采”之“變”則“超前轍”(《封禪》);“變”的法度或“體”,不外“參伍因革”(《通變》)。“古來”的“辭人”,他們“異代接武”,没有哪個不是“參伍以相變,因革以爲功”(《物色》),文之“變”的功績,根於“因革”的“參伍”、結合,屈原“因”《詩經》的《風》《雅》而“革”,“取鎔經意,亦自鑄偉辭”,創造“驚采絶豔,難與並能”的《離騷》(《辨騷》)。不可否認,劉勰無論論文或屬辭,無往而非《易》的“變易”之義的體現。前者已如上述,後者可得而尋。陸機自以行文,“恒患意不稱物,文不逮意”,頗感知易行難,其弟雲以機文病“多”(《與兄平原書》),劉勰以機“思能入巧,而不制繁”(《才略》),然彦和則不然,《文心》是文論的經典,也是文學的要籍。藻辭囿於時尚,雖爲“麗辭”,而“奇偶迭用”,似“高下相須”,以駢語説理,猶能昭晰、爽朗,生動有致,發軫高驤,度越凡庸。

很清楚,《文賦》没有“易簡”的字眼,可是“易簡”之義,形乎文辭,它以孔子作《春秋》的“微而顯”(《左傳》成十四年)的詞例,托寓文外重旨,讀者“本隱以之顯”,則斷然可識。夫《易》所謂“易簡”,自文辭觀之,蓋收斂而不恣縱,是謂之正,否則“邪”矣。所以文辭必須美麗,美麗一定要“文質彬彬”,凡“文勝質”的“史”,“質勝文”的“野”(《論語·雍也》),皆失正而“邪”,美麗以淫,過與不及,與“易簡”的適中背反。正常的“麗藻”，“辭達理舉，不取冗長”，辭取達意而止，不以煩濫爲工；寫物，則“窮形盡相”，“言以知物”（《左傳》昭元年），表裏周密，巧言切狀，瞻文足以見貌，言有實而不枝。故“極無兩致，盡不可益”，情理造極，精妙而一之；辭采至盡，而不能增益；斯“易簡”矣。然此非一蹴而就，其必有所以致之者。《繫辭》：“將叛者其辭慚，中心疑者其辭枝，吉人之辭寡，躁人之辭多，誣善之人其辭游，失其守者其辭屈。”文辭的風姿，一決於人之情質，孔子深入弟子中去，“無行而不與二三子”（《論語・述而》）共之，同他們生活在一起，以爲子羔“愚”——知不足而樸厚有餘；曾子“魯”——鈍；子張“辟”——行動少誠實；子路“喭”——粗鄙；都一言以蔽之，而語中肯綮，這固然與孔子通明《易》的“易簡”之義，出言以“簡易爲上”（《孔叢子・居衛》）有關，而決定因素畢竟是深識弟子，“達心，則其言略”（《公羊傳》僖二年），“略”猶“易簡”也。是以陸機以作者“天機之駿利”，是心之“達”，則其辭不“紛”而“理”，“易簡”而不繁雜，“操觚”“率爾”而“寡尤”，執筆輕易而少過失；“及其六情底滯”，則“理翳翳而愈伏”，“岨峿而不安”，心將亂而無章，更無論“易簡”，含毫“竭情而多悔”誤，此其一。文章要做，做者錘煉。孔子謂爲“辭命”，始而“草創”，既而“討論”“修飾”“潤色”（《論語・憲問》），無非以錘煉求其“易簡”而已。陸機以世之作者，鮮能無病，“或仰逼於先條，或俯侵於後章，或辭害而理比，或言順而意妨”，文辭的“理”“意”前後失調，倘欲“離之”而“雙美”，則必“考殿最於錙銖，定去留於毫芒”，“銓衡所裁”，“固應繩其必當”，語無散漫、煩污，省净純粹；或有“離衆絶致”，餘言難以“爲係”，似“綴《下里》於《白雪》”，不翅“榛楛之勿翦”者，以其“亦蒙榮於集翠”，盛道極妍之詞的作用巨大，作者宜勤力雕畫，非以文之不純亦可；不然，機何以怪辭“混妍蚩而成體”之駁耶！劉勰謂“《文賦》以爲‘榛楛勿剪’，庸音足曲，其識非不鑒，乃情苦芟繁”(《文心·鎔裁》),是欲棄而惜,不忍割愛,千慮之一失,此其二。

劉勰也同玆“舊談”,講得比陸機詳審、明顯,因爲他直指劉向情性“簡易”(《文心·體性》),高興“自晋來用字,率從簡易”(《練字》),欣賞《尚書》僞《畢命》“辭尚體要”的論點,並以“體要”者“體於要”(《序志》)。《廣雅》:“要,約也。”故“約”者,語言之約束;或“要約”連文(《情采》),謂“易簡”也。“體”,本也。文辭所尚,在以“要約”或“易簡”爲根本。於是他肯定“文約爲美”(《銘箴》),“約以正辭”(《議對》),文辭美麗的特徵是“要約”,而“要約”是端正文辭的手段;只有這樣,才能防止文辭的“煩濫”(《風骨》)。“聖人”作“經”,總“簡言以達旨”(《徵聖》);孔子著《春秋》,則“一字見義”(《宗經》);“詩人”體物,則“以少總多”(《物色》);“易簡”的規格是“辭約而旨豐”(《宗經》)。言簡而意該,要求作者做“文質彬彬”的“君子”(《情采》),“必有其質,乃爲之文”(《淮南子·本經訓》),“文著於質”(《春秋繁露·玉杯》),而“質以文美”(張衡《應間》),亦即“文以美質”(《説苑·修文》),高明的作者,都“雖有内質,不離外文”(《説苑·反質》),從而“體之以質,彪之以文”(張華《勵志詩》),斯“文質相濟”(陸機《五等諸侯論》)矣。劉勰多識前言、古義,揚言“文附質”“質待文”的血緣關繫(《情采》)。準此,作者“情動辭發”(《知音》),“爲情造文”(《情采》),能“要約寫真”(同上),以“易簡”之辭,舒其精誠之思,原情以立本,因内而符外,楚、漢“豔侈”之“冗長”,荀卿“文質相稱”(《才略》)之“易簡”,胥於是乎判。以此而推,文辭“易簡”,首以作者對事物體察切至,“理得而事明”,“心敏而辭當”(《附會》);惟是彦和斷言“精論要語,極略之體;游心竄句,極繁之體”(《鎔裁》);實以論精而後語要,故體勢極爲“易簡”;心游而後句竄,故體勢極爲“冗長”。當然,“易簡”不徒生於作者對事物的認識;其次,還要“總術”,“術”,“文術”也。苟“棄術任心”(《總術》),“而委心逐辭,異端叢至,駢贅必多”(《鎔裁》),其何“易簡”之有哉！是以作者之於“鎔、裁”,或“規範本體”,以求義之精;或“剪截浮辭”,以求文之約(《鎔裁》),自有待於作者的匠心刻鏤,斟酌文質之際,“捶字”“結響”,以致“不滯”“難易”(《風骨》),“善删”,則“字去而意留”;“善敷”,則“辭殊而意顯”,不少一字,不長一言,而句義完善,若謝艾之“繁而不可删”,王濟之“略而不可益”(《鎔裁》),無“駢拇枝指”(《鎔裁》),而“繁約得正”(《章表》),“易簡”之至也。劉勰居簡而行簡,故其搦筆發議,叙“九代咏歌”之演進,以爲自“黄歌”之“質”,而“唐歌”之“廣”,而“虞歌”之“文”,而“夏歌”之“縟”,而“商周篇什”之“麗”(《通變》);述建安之“詩章”,以爲“雅好慷慨”,“故梗概而多氣”(《時序》);稱文士之專擅,以爲“嵇康師心以遣論,阮籍使氣以命篇”(《才略》);道楚漢苑囿之流失,以爲“侈而豔”(《通變》)。“約文舉要”(《銘箴》),可謂“簡而深”而已。

《周易》義精,通天道以明人事,衣被後代,影寫異區,先秦文論,曾已有之,順流而作,信興漢而盛晋矣。吴滅,陸機與弟雲退居勤學,酌理富才,以作者論文,故圓鑒通貫,旁搜遠紹,作爲《文賦》,或以體制拘限,“泛論”“文體”,確有“未該”;然“三易”之義,首尾相援,承先起後,惟《文心》敷衍獨多,而“文體”益備。故治《文賦》必通《周易》,治《文心》必通《文賦》,自然之勢也。邇者,以《易》義治文論者蓋寡,爰抒管窺,其亦野人之獻曝與!

1987年11月21日上午11時5分於闕里

檢論《文賦》

先秦文論，衹有片言；兩漢以後，碎語以外，尚有專篇，但都限於一文、一書、一體的評議。唯獨曹丕的《典論・論文》，品藻建安七子的短長，能自樹立，内容由狹而廣，殆爲原始的文學概論，出現文論發展的新起點，影響最爲深遠。再到西晋，皇室不靖，争奪相殺，名士少全，重以詩人“稍入輕綺，力柔於建安”①，於是知幾之士，有逃而逃，或咀嚼文義，假論文以寄心。像陸雲的《與兄平原書》即詮叙前哲、時賢的文章得失；傅玄的《七謨序》、左思的《三都賦序》，也考鏡詩賦源流崇卑。至於摯虞的《文章流别論》更説解文體的名義法度，結合實際，語不虚設。然而完整無缺，師範《論文》，擴而充之，以達文論高峰者則爲《文賦》，衣被後代，《文心雕龍》其尤著者也。

杜甫《醉歌行》：“陸機二十作《文賦》。”此曰“文賦”，當爲篇名，非“文”與“賦”。夫以機之才，未有二十始作是二者也，《晋書・陸機傳》不稱機作《文賦》，不得據以斷言《文賦》非機之作，蓋史家爲人作傳，或録其作之首出者，次焉者缺而不録，故司馬相如著《凡將篇》，揚雄撰《訓纂篇》，《漢書・藝文志》皆録，而《傳》具不見，是其明證。如前所述，蕭統直以機之《文賦》爲“論文”之賦，亶其然乎！

印度釋氏説法，特重因緣，我國學者亦如之。則於著作年代之考訂，不可忽視。今人對《文賦》年代，曾多差池。殊不知李善注《文選・文賦》，摘引臧榮緒《晋書》，早已顯白之矣，曰：“機，字士衡，吴

①《文心雕龍・明詩》。

郡人。祖遜，吴丞相。父抗，吴大司馬。機少襲領父兵，爲牙門將軍，年二十而吴滅，退臨舊里，與弟雲勤學，積十一年。譽流京華，聲溢四表，被徵爲太子洗馬，與弟雲俱入洛。司徒張華，素重其名，相見如舊相識，以文呈華，天才綺練，當時獨絶，新聲妙句，係蹤張、蔡。機妙解情理，心識文體，故作《文賦》。"

按這段文字，辭意爽朗，共曉爲易，余嘗試析之，機雖"天才"不凡，又爲世臣之子，夙有一定教養；但從小入仕，無暇專心學問，惟年既"二十"，國亡里居，與弟雲長期共學，切磋琢磨，"鎔鑄經典之範，翔集子史之術"①，校練附辭會意之規矩，行復幽思屬文，討論修飾，杼軸獻功，竟成鴻筆，以致"當時獨絶"，"譽流京華"，而權臣張華之徒，皆知名作者，賞其文而"重其名"，遂以徵之，猶韓非以其《説難》《孤憤》之論，長卿以其《子虚》之賦，見知於秦皇、漢武而承召也。然則，自曹丕、劉勰諸氏觀之，必能文而後能論文，自然之道也。機呈張華之文，公然"係蹤張、蔡"；"張、蔡"，賦之巨匠也，而機踵之，故擅於賦，以賦論"心識"之"文體"，則《文賦》爲論文之賦，義已明矣。張華亦常論文②，而機"入洛"所呈之文，不無《文賦》，而《文賦》爲"入洛"前作，臧榮緒《晋書》，正在昭著是旨，以理推度，固無疑也。何焯讀書得間，曰："此賦殆入洛之前所作。"③吾嘗嘆此達言，以爲美談。然焯怪"老杜云'二十作《文賦》'，於臧書稍疏"，其百慮之一失歟？夫何氏所謂於臧書之"疏"，以其斷機於"二十"之年作《文賦》，嫌過早耳。苟泥文立論，機以二十吴亡，始與弟雲勤學而未精，即作"妙解情理"之《文賦》，似不可信；然弗以辭害意，而以意逆志，求之古文成法，則"二十"實爲牽就句式，以言成數，猶《詩》三百五篇，而曰"三

①《文心雕龍·風骨》。 ②《世説新語·文學》及劉孝標注。 ③《文選·文賦》眉批。

百"[1];萬二千五百人爲軍,大國三軍,合三萬七千五百人,而曰"三萬"[2];左思十年賦《三都》,而曰"左思練《都》以一紀",爲與上句"張衡研《京》以十年"[3]相偶,而易以"一紀","一紀",十二年也。則"老杜"曰"二十"非實數,斷可識矣。况機忠吴,吴滅,嚴於君臣之義,仇晋,誓不事二姓,要以藏器待時,有所作爲;每以祖、父有大勛於江表,深惡庸主孫皓舉而棄之,遂作《辨亡論》,以論皓之所以亡,並斥晋師爲"强寇",兼述祖、父之功業;反晋悼吴之憤,見乎文辭。抑機鑒蔡伯喈著《祖德頌》,因以述作欲褒揚祖考爲先,於是作《述德》《祖德》二賦,《文賦》雖以論文爲宗,亦首言之,與二賦相應,庾信所謂"陸機之辭賦,先陳世德"[4]者,倪璠爲注,輒以"世德"指《文賦》所云;故機序《文賦》,稱"慨然投篇命筆",微露《文賦》爲被迫暫隱,心緒悲傷時作也。

且機入洛仕晋以後,適天子失權,封王犯上作亂,四海蕩然,機、雲敵晋之心如故,知復國不能,仍擬"匡世難",不願東返,權事異朝,參與賈謐二十四友,轉徙諸王之間,仿佛大乘"菩薩行於非道,是爲通達佛道"[5],孔子應佛肸之召,能"磨而不磷,涅而不緇"[6],雖不無以文發其背叛司馬氏之情,然洞悉人或疑其有"異志",故恒如臨深履薄,慄慄危懼,唯危行言遜,外柔順以避咎,其所賦者,亦衹《懷土》《嘆逝》《思歸》,豈敢借論文頌"先人""世德"之"清芬""駿烈"以招禍哉!

或以陸雲《與兄平原書》曰:"文賦甚有辭,綺語頗多。"而此《書》又稱"張公父子亦語雲","洛中匆匆少暇",明爲入洛之作,便以其"文賦"爲篇名,斷以《文賦》是機入洛後之製,誤矣,何以知其然? 蓋

---

①《論語·學而》。②《詩·魯頌·閟宫》。③《文心雕龍·神思》。④《哀江南賦序》。⑤《維摩經》。⑥《論語·陽貨》。

此云“文賦”者，泛指當世之“文”與“賦”也。“甚有辭”者，“辭”之“淫侈”①，不免爲“綺語”也。《大乘起信論》戒修行者“不綺語”。郗超《奉法要》：“何謂綺語？文飾巧言，華而不實。”這本西晋文士通病，《文賦》造語篤實，文質相稱，没有“綺語”，而機其他“文”“賦”間或有之。故其弟雲反復以書相告，曰：“兄文方當日多，但文實無貴於多。”曰：“兄文之高遠絶異，不可復稱言，然猶皆欲微多。”②張華見機文章，以爲“篇篇稱善”，猶譏其作文大冶，謂機曰：“人之作文，患於不才；至子爲文，乃患太多也。”③“冶”猶“多”者，文辭不清省而“冗長”爲綺語，雲、華皆病之，惟雲曰“微”，華曰“太”，主善爲師，我從華説，劉勰同乎舊談，亦譏機“思能入巧，而不制繁”④。諸如此類，皆斥機“文”“賦”體勢不純，瑕瑜互見，孫綽所以謂“陸文若排沙簡金，往往見寶”⑤也，然則，雲《書》“文賦”非《文賦》，亦昭昭若日月之明矣。

衆所周知，《文賦》研究者分歧最大的是理論的主導因素。老子説他立“言有宗”⑥，任何理論家都有始終貫串的“宗”或起主導作用的因素，不弄清這一點，就不可能通達他的理論，這是毫無疑義的事實。《晋書·陸機傳》稱機“服膺儒術”，一言以蔽之而準，我們遍覽士衡的詩、文，都以儒家思想爲主導，《文賦》殊無二致。所以篇中强調作者綴文以前，必須“頤情志於《典》《墳》”，而《典》《墳》即三《墳》五《典》，爲儒家所傳頌的三皇五帝之書，孔子據以删訂六經的歷史文獻，作者的“情志”，一定要從中“頤”養；不僅如此，《文賦》還要求作者“漱六藝之芳潤”，“六藝”，六經也，李善注未諦。吸取六經的精華，而喻之以“芳潤”，豈不是拾取其高妙的辭意；不但如此，《文賦》

①《文心雕龍·情采》。②《與兄平原書》。③《世説新語·文學》及劉孝標注。④《文心雕龍·才略》。⑤《世説新語·文學》。⑥《道德經》。

又“嘉麗藻之彬彬”，盛贊孔子“文質彬彬”之旨；不僅如此，《文賦》聲言“伊兹文之爲用”，在“濟文、武之將墜”，推尊布在方策的“文、武”之政。我們從李善注裏，便發現《文賦》的辭意吸收了《詩經》《周易》《尚書》《論語》《禮記》及孔安國、毛萇、杜預等儒家經典傳、注的指歸。

不可否認，《文賦》有時運用老、莊的詞彙，但都加入新的内容。比如：“佇中區以玄覽”的“玄覽”，見於《道德經》，是説作者站立在天地之間，深遠地觀察萬物，從而致知，不是老子的“虚静”玄默，泯絶知巧；“方天機之駿利”的“天機”，出於《莊子・大宗師》，“天”有自然的意思，是説作者目睹“秋葉”“春條”所興起的、自然而不造作的悲喜心情，不是莊周的與外物無涉的“天然機神”。古漢語内詞同義異之例，不一而足。孔子曰：“無爲而治者，其舜也與？……恭己正南面而已矣。”[①]這兒的“無爲”，不能視爲莊周的任其自然，而是有爲的一種手段，荀卿解釋得好：“傳曰：‘農分田而耕，賈分貨而販，百工分事而勸，士大夫分職而聽，建國諸侯之君分土而守，三公總方而議，則天子共己而已。’”[②]天子使臣、民各安其位，盡其職責，而他自己也就無所勞作，若無所爲，而實有爲，以致“勢至重而形至佚”[③]有爲。顯然，此等“無爲”，與莊子的“無爲”異趣，不可同日而語。孔子之道的核心爲仁，仁之爲用是禮，教人博文約禮，履而行之；陸機崇儒“非禮不動”[④]，醇然儒者，怎會以道家思想論文？

陸機説他“每自屬文，尤見其情，恒患意不稱物，文不逮意，蓋非知之難，能之難也”[⑤]。《周禮・考工記》鄭玄注：“稱，等也。”合也。“逮”，及，謂達也。我們領會陸機這六句話，應該注意“患”字，他根

①《論語・衛靈公》。 ②《荀子・王霸》。 ③《荀子・正論》。 ④《晋書》本傳。 ⑤《文賦序》。

據自己的創作實踐，認爲屬“文”命“意”，很難與“物”“意”相符合，如實地表達出來。事實證明，有這種“患”或毛病的人，自古而然，春秋、戰國社會的變通，宜先任武，而孟子“迂遠”，游説齊、梁，乃述唐、虞、三代之文，不切於時勢，“意”之“不稱物”也；韓非主以氣力相争，偃文任武，爲秦皇所重，“意”之“稱物”也。張融作《海賦》，以示顧凱之，凱之曰：“卿此賦實超玄虛，但恨不道鹽耳。”融即求筆注曰：“漉沙構白，熬波出素。積雪中春，飛霜暑路。”①添此四句，則“意稱物”，而“言”始“逮意”了。陸機表示他之所“患”，亦爲由衷之言。魏以腐敗，晋滅之，自然之勢也。東吴猶與晋敵對，主昏國亂，晋亡之，以一四海，人心所向，而機以晋爲“寇”②，冒天下之大不韙，“意”之“不稱物”也。陸雲以機之《祠堂頌》“了不見出語”，讀之，“了無所識”③，“文”之“不逮意”也。夫作者“睹物興情”④，則“情”所以寫物見物深，寫“物”之“情”與“物”合而精，發之於言，則“言以知物”。劉宋山水詩以詩人平時“窺情風景之上，鑽貌草木之中”，有以觀其會通，發言爲詩，則“巧言切狀”，“功在密附”，使讀者“能瞻言而見貌，印字而知時”⑤，正是“意”之“稱物”，“文”之“逮意”，而“言”足以“知物”。《淮南子·主術訓》：“出言以副情。”“副”，猶“逮”也，“不逮”，則“文”失實，允爲大病。所以王充在其《論衡·物勢》裏寫道：“文不稱實，未可謂是也。”“文”“意”若是，確非易事，總之，陸機之言有中，顯而易見。

可是孫月峰以“文不逮意”，自“言不盡意”來，於是有的人以“文不逮意”與魏、晋玄學家“言不盡意”的論題有關，就大謬不然了。因爲玄學家曰“言不盡意”是説“言”有不能“盡意”的局限，而機曰“文

---

①《世説新語·文學》。②《辨亡論》。③《與兄平原書》。④《文心雕龍·詮賦》。⑤《文心雕龍·物色》。

不逮意”恰好相反。孔子說:“辭,達而已矣。”辭取達意而止,辭的最高造詣爲達意,學者多從其說,《墨子·經説上》:“執所言,而意得耳。”《吕氏春秋·離謂》:“夫辭者,意之表也。”《太玄·玄瑩》:“是以文以見乎質,辭以睹乎情,觀其施辭,則其心之所欲者見矣。”如此等等,可謂以“辭”達意傳箋,而陸機居之不疑,因此,他要求作者行文,必文與質稱,不以辭勝“冗長”爲病,以“辭達理舉”爲準繩,相信《文賦》中有“文不逮意”之“患”,而“他日殆可謂曲盡其妙”,也就是“文”能“逮意”;我們完全可以肯定,陸機決無背孔子“辭達”之義而雷同玄學家“言不盡意”之心。我們很自然地聯想“言不盡意”一語,最初出於孔子之口,《周易·繫辭》的作者唯恐世人曲説,便因孔子的話提問:“然則,聖人之意,其不可見乎?”孔子知“聖人”指作《易》者,則援卦、象作答:“聖人立象以盡意,設卦以盡情,繫辭焉以盡其言,變而通之以盡利,鼓之舞之以盡神。”孔子以爲“聖人”設立“卦、象”,以“盡”萬物的“情、意”;而後來學《易》者“繫”聯,“盡”發其言,能將“卦、象”所“盡”萬物“變通”“鼓舞”的“神、利”或“情、意”體現,而曰“盡”者,謂無遺也,這與“辭達”的命題,若合符節,無出言自相矛盾之嫌。

也許有人質問:“孔子明言‘言不盡意’,你如何處置?”我的回答:我們讀書會意,都得用孟軻説《詩》的方法:“不以文害辭,不以辭害志,以意逆志,是爲得之;如以辭而已矣,《雲漢》之詩曰‘周餘黎民,靡有孑遺’,信斯言也,是周無遺民也。”如果死摳“文辭”,拘文牽義,勢必誤會周宣王時大旱肆虐,人民死得一個也不留,殊不知詩人實以夸飾的手法,極言死人之多。孔子云“言不盡意”,可以等量齊觀,曰“不盡意”,極言以“言盡意”之難,而難非不能,《繫辭》孔子之言“聖人之情見乎辭”,斯豈非“言盡意”乎!“夸飾在用,文豈循檢”①!“夸飾”在修辭上的運用,總不循守常規,而以特殊的語言藝

①《文心雕龍·夸飾》。

術;孔子經常這樣。爲了讀者的信服,我們不妨再舉幾例。"(魯)哀公問:'弟子孰爲好學?'孔子對曰:'有顔回者好學,不遷怒,不貳過,不幸短命死矣,今也則亡,未聞好學者也。'"①決不能"以辭害志",認爲孔子以當時真無"好學"者,孔子不是以"好學"②自居,又盛贊孔文子"敏而好學"嗎!朱熹"以意逆志",注曰:"既云'今也則亡',又言'未聞好學者',蓋深惜之,又以見真'好學者'之難得也。"孔子見顔回"聞一以知十",乃告子貢,曰:"弗如也,吾與女弗如也。"③重言"弗如",以見顔回悟性之强,決不能"以辭害志",認爲孔子以己與子貢真"弗如"顔回;"宰予晝寢,子曰:'朽木不可雕也;糞土之墻,不可杇也,於予與何誅?"極言宰予之惰而痛責之,愛之深,責之嚴,決不能"以辭害志",認爲孔子喻"晝寢"以"朽木""糞土",將不可救藥而棄之。孔子之於弟子,至爲涵容,子路嘗陵暴孔子,孔子設禮稍誘子路,子路後儒服委質,因門人請爲弟子,孔子許之④,孔子精心教誨子路,終成七十有二高弟之一,則孔子徒以"晝寢"而棄宰予,萬無是理也;老子云君子"常善救人,故無棄人",又曰"不善人者,善人之資","人之不善,何棄之有"⑤,其孔子之謂歟!王充不察,曰:"晝寢之惡,小惡也;朽木糞土,敗毁不可復成之物,大惡也,責小過以大惡,安能服人?"是不"以意逆志"之訛也。抑彦和崇儒通經,曾以專篇標夸飾"喻真""不誣"之要⑥,昌言"言不盡意,聖人所難"⑦,其信然矣,"言"之盡意,誠然知言,玄家之論,不可爲訓,識者不與,故歐陽建應機以《言盡意論》駁之,而"言、意"之辨興,王導南渡,"道言盡意"⑧,舍人因之,曰:"夫綴文者情動而辭發,觀文者披文以入情……世遠莫見其面,覘文輒見其心。"以"言"之"盡意"反玄家之妄言,離

①《論語·雍也》。②《論語·公冶長》。③《論語·公冶長》。④《史記·仲尼弟子列傳》。⑤《道德經》。⑥《文心雕龍·夸飾》。⑦《文心雕龍·序志》。⑧《世説新語·文學》。

離如星辰之行矣。

我們只要細心揣摩，就不難發現《文賦》的主導思想源於《周易》。鄭玄以《周易》有簡易、變易、不易三義①，是《易傳》和《易》學家觀念的高度概括。所以《繫辭》以宇宙的一切事物“變動不居”，務必“變動”，才能適時地生存、有活力，阮籍乃以《易》爲“往古之變經”，《易》卦終於《未濟》，象徵“變動”永無窮盡，終則又始，始非復舊，而爲新的開端②，事物從而趨時、日新。那末，“變動”的規律是什麽？《繫辭》曰：“一陰一陽之謂道。”“道”之爲言規律也，萬物總以“陰、陽”二氣的合和的規律發生、發展，而“陰、陽”仿佛萬物“變化之父母”③，這個萬物化生的規律，確是這樣的，而且非常簡易，换句話説，萬物化生的規律的特點是簡易，“易則易知，簡則易從”，“故旁通而無滯，百姓日用而不匱”④。《易》之爲書，廣大悉備。而其指歸，無非“三義”，真是“百物不廢”⑤，滲透到文化的各個領域。

現在，我們要以《易》之“三義”來剖析《文賦》的主導思想。要是“沿波討源”，儘先以《易》的“不易”“變易”二義論文的是曹丕，《典論·論文》曰：“夫文本同而末異。”“文”的“本、末”具體指什麽，《論文》以音樂比方，曰：“譬諸音樂，曲度雖均，節奏同檢。”《蒼頡篇》：“檢，法度也。”（《文選·演連珠》李善注引）“均”，猶“同”也，避重而變，“曲度”二句，互文見義，實以樂人演唱歌曲，調劑“節奏”的抑揚，有着共“同”的法度，此之謂“本”；至於樂人用“本”“引氣”的法則，臨機應變，多種多樣，却不“齊”一，此之謂“末”。“本”則作者之所共循，故曰“不易”；“末”則乘勢而異，故曰“變易”。《文賦》始以“三易”之義暢論文章，臧榮緒稱陸機“心識文體”，《文賦》是論“文體”的專

①《世説新語·文學》及劉孝標注。②《通易論》。③《内經·素問·陰陽應象大論》。④《周易·繫辭》。⑤《周易·繫辭》。

論。“體”,一般解爲體裁,非也,因爲《文賦》講的並非文章的體裁,《論文》以文章的風格隨體裁而異,《文賦》同此“前論”①,以詩、賦等十種體裁,參驗不同,風格有别。與陸機同時的摯虞《文章流别論》纔是體裁論的專書,《文心雕龍·總術》:“昔陸氏《文賦》,號爲曲盡,然汎論纖悉,而實體未該。”在劉勰看來,《文賦》的内容極爲豐富,而“文體”之“論”畢竟不完備,核實而言,“體”即《論文》所謂“本”。考古籍裏的“體”字,爲用多途,我們姑就“文體”設想,孟軻言事物的“大體”②,韓非著《大體》以論政。《爾雅·釋詁》:“則,法也。”《淮南子·本經訓》高誘注:“體,法也。”故“大體”,即“大法”,係動作的基本原理,臧榮緒省之曰“體”,以謂陸機“心識”的修辭準繩,如綱之綱,衣之領,作者執以修辭,無異伐木者“操斧伐柯”③,不可須臾相離。我們觀瀾索源,便知早在孟軻,曾以製造任何器皿,都有技巧,哪怕“離婁之明,公輸子之巧,不以規矩,不能成方員”④;因此,“大匠誨人必以規矩,學者亦必以規矩”⑤,“規矩”是製器皿的“大體”,高明的工匠一定要掌握,並用它教訓徒弟,徒弟也一定要向師傅學習這種“大體”。

值得注意的是孟軻以《易》之“不易”“變易”二義,肯定“梓匠輪輿能與人規矩,不能使人巧”⑥,强調製器皿的“大體”,固定不變,應先學習,普遍使用,可以言傳;至於使用它把器皿製得巧妙的法則,恰好與“規矩”相反,則不固定,不能言傳,必須工匠在實踐中去領會,神而明之,存乎其人。與孟軻並生的莊周,他和老聃都是通《易》的思想家,也以《易》的“變易”之義,稱造車輪的工人,“有數存焉”,而“數”“得於心而應於手,口不能言”⑦,貴在工人臨機應變,靈活操

①《文心雕龍·序志》。②《孟子·告子》。③《文賦序》。④《孟子·離婁》。⑤《孟子·告子》。⑥《孟子·盡心》。⑦《莊子·天道》。

持，雖在父兄，不能以移子弟。關於修辭技巧，以《易》義而言“變易”“不易”的觀念，權輿於曹丕，陸機又從而引伸之。他鄭重告訴讀者，“蓋所能言”之“體”，“具”於《文賦》，李善注對了：“蓋此言文之體者，具此賦之言。”“此賦”，《文賦》也，凡固定而能言傳的“文體”，《文賦》都談了；“若夫隨手之變”的“數”，“良難以辭逮”，真難於言傳；譬如文章的“豐約之裁，俯仰之形”，莫不“因宜適變，曲有微情”，“是蓋輪扁所不得言，故亦非華説之所能精”。總之，《文賦》只能講不變的“文體”，不能講變的“數”。然而“體”“數”這對矛盾是統一的，兩者相互依賴、制約，“體”無“數”，則無以呈其效；“數”無“體”，則無以見其本，曹丕、陸機都“體”“數”並舉，就是這個緣故。劉勰同此“舊談”①，他言作賦的準繩，曰“大體”；説爲奏的準繩，曰“體”；他辨“體”“數”之别，曰：“夫設文之體有常。”②“常”，不變也；又曰：“變文之數無方。”《禮記·檀弓》鄭玄注：“方，猶常也。”“無方”，猶“無常”，變也，故“名理相應”③，“名理”，“體”也，以其恒久不刊，故謂之“舊規”④。他以文成以“體”，而以“體”修辭，固“無定檢”⑤，“檢”，法也，惟其無定，則必“變易”；“夫裁文匠筆，篇有小大，離章合句，調有緩急”，作者必“隨變適會”，而“莫見定準”⑥；是以應變之“數”，微妙玄通，“言所不追，筆固知止”，“言”“筆”無法形容，誰要明白，衹有自己“至精而後闡其妙，至變而後通其數”，真像“伊摯不能言鼎，輪扁不能語斤”⑦似的。

難與並能的，陸機還以《易》的“變異”之義論文章的“多變”，作品的形勢“屢遷”，有其萬變之殊，而變實根於情理，情理隨外物推移，有其“悲、喜”之分，文章相應而變，據情理以“立文”⑧，不翅於扶

①《文心雕龍·序志》。②《文心雕龍·通變》。③《文心雕龍·通變》。④《文心雕龍·風骨》。⑤《文心雕龍·物色》。⑥《文心雕龍·章句》。⑦《文心雕龍·神思》。⑧《文心雕龍·情采》。

植樹的根幹，若爾然者，表裏相資，外内圓合，文、情未有不並茂而美麗者也，可喜的是陸機深識奥鑒，更以《易》的“變新”之義，楷定文章以變而新，變雖爲“進退之象”①，“進”究爲總的趨勢，事物的篤實、光輝，職是之故；而變之新，又非突如其來，必有所因，因而革之，則以“去故取新”②，陸機知其如此，他信奉揚雄的名言“夫物不因不生，不革不成”③，曰作者放言遣詞，“怵他人之我先”者，防有“因”而無“革”也，文章猶其他事物，“在變則通”④，“變”爲“通”的前提，故自“因”而“革”，而“通”而“新”，善於適變者，必“襲故而彌新”，若天之行健，日前進而不息，是文之精者，可被之金石，施之樂章，流諸管絃，爲世所重。劉勰同此“舊談”，更以旁通發揮，《文心雕龍》的《通變》，是《繫辭》“變通”“趨時”的義疏，它聯繫文學史，説明文章是社會的歷史範疇，自太古以來，文章殆如水之東逝，不舍晝夜，亦若林之無静樹，唯變所適，不斷出現新色，而變不徒陳陳相因而已。漢代的辭賦，像枚乘的《七發》、司馬相如的《上林》、馬融的《廣成》、揚雄的《校獵》、張衡的《西京》，都承漢初的“夸張聲貌”，“廣寓極狀，而五家如一，莫不相循”⑤，不知所以“革”之；故變而不適，不新不“通”，但以“侈”爲累。而作者應該看到，文章的情、辭，都“環流無倦”⑥，“辭以情發”，而“情以物遷”⑦。“辭采九變”，而變的結果是“日新其業”⑧，“玄聖”之“道”，雖“終然相襲”，而“辭采”之變，則“超前轍”⑨，以“體”而變的法則，不外“參伍因革”，不蔽於一曲，“古來”的“辭人”，他們“異代接武”，没有哪個不是“參伍以相變，因革以爲功”⑩，而文章之變的功績，在於“因革”的“參伍”結合，屈原“因”《詩經》的《風》《雅》而“革”，用能“取鎔經意，亦自鑄偉辭”，創造“驚采絶豔”的

①《周易·繫辭》。②《周易·序卦》。③《太玄·玄瑩》。④《漢高祖功臣頌》。⑤《文心雕龍·通變》。⑥《文心雕龍·時序》。⑦《文心雕龍·物色》。⑧《文心雕龍·通變》。⑨《文心雕龍·封禪》。⑩《文心雕龍·物色》。

《離騷》,允爲辭賦之祖。

很清楚,《文賦》没有"易簡"的字眼,可是"易簡"之義,却形乎辭表,自文章着眼,"易簡"蓋謂收斂而不恣縱,是之爲正,否則邪矣。所以文章必須美麗,美麗必須"文質相稱"①,凡"文勝質"的"史","質勝文"的"野"②,都失正而邪,美麗以淫,與"易簡"背反。正常的"麗藻",則"辭達理舉,無取冗長",寫物則"窮形盡相"而止,不以煩濫爲工。然此非一蹴而就,其必有以致之者。《繫辭》:"將叛者其辭慚,中心疑者其辭枝,吉人之辭寡,躁人之辭多,誣善之人其辭游,失其守者其辭屈。"文章的風姿,一決於人之情質,孔子深入弟子,無行不與二三子共之③。由於同弟子生活在一起,知之深,而言之切,以爲子羔"愚",曾子"魯",子張"辟",子路"喭",皆以一字,而中肯綮,這固然與孔子通明《易》的"易簡"之義,出言以"簡易爲上"的觀念有關,而決定因素是熟悉弟子,"達心,則其言略"④。"略"者,"易簡"也,故陸機以作者"天機之駿利",是"心"之"達",則其辭不"紛"而"理","易簡"而不繁雜,下筆"率爾"而"寡尤";"及其六情底滯","理翳翳而愈伏",心以不"達",亂而無章,無論"易簡",含毫"竭情而多悔"誤,此其一;文章要做,做者錘煉,是《易》之"賁"飾,孔子由是而言修辭"草創"之後,必繼之以"修飾""討論""潤色"⑤,以錘煉求其"易簡"。陸機以世之作者,鮮能無病,"或辭害而理比,或言順而意妨",文章的"理""意"失調,而蕪穢叢至,倘欲"離之"而"雙美",則必"考殿最於錙銖,定去留於毫芒","銓衡所裁","固應繩其必當",使語無疣贅,省净而純粹。

劉勰也同此"舊談",言之視陸機詳晰。他直指劉向情性的"簡

①《文心雕龍·才略》。②《論語·雍也》。③《論語·述而》。④《穀梁傳》僖二年。⑤《論語·憲問》。

易”①，高興“自晋來用字，率以簡易”②；欣賞《尚書》僞《畢命》“辭尚體要”的論點，並以“體要”者，“體於要”也，《廣雅》“要，約也”，“約”者，語言之約束，故或“要約”連文③，謂“易簡”也。文辭所尚，在以“要約”或“易簡”爲法度，“文約爲美”④，“約以正辭”⑤，文辭的美麗、正常是“要約”。“聖人”作經，則“或簡言以達旨”⑥；孔子著《春秋》，則“一字見義”⑦；詩人體物，則“以少總多”⑧，“易簡”的規格是“辭約而旨豐”⑨，言簡而意賅。而“易簡”的條件，首先是作者對事物認識的切至，“理得而事明”，“心敏而辭當”⑩，因此，劉勰斷言“精論要語，極略之體；游心竄句，極繁之體”⑪。這兩句爲對偶，辭有顛倒，實以作者的“論精”而後“語要”，故“體”勢“極”爲“要”約。“心游”而後“句竄”，游，認識疑而不定；竄，語言漂蕩散亂，故體勢“極”爲“繁侈”。文辭的“繁”“要”，一决於認識。其次是作者對“文術”的掌握，劉勰不滿某些作者，雖“欲練辭”，而“莫肯研術”，“棄術任心”⑫，“而委心運辭”，“駢贅”以“多”，而不“易簡”，何以治之？曰唯“鎔裁”，或“規範本體”，以求義之精；或“剪裁浮辭”，以求文之約⑬。於是“捶字”“結響”⑭，斟酌繁略，不少一字，不長一言，若謝艾之“繁而不可删”，王濟之“略而不可益”⑮，無“駢拇枝指”⑯，而“繁約得正”⑰，斯可謂“易簡”之至，而“易簡”不以篇幅之短長而决，以辭義之愜洽而定，亦文外重旨。

《武漢大學學報》1991 年第 4 期

①《文心雕龍·體性》。 ②《文心雕龍·練字》。 ③《文心雕龍·情采》。 ④《文心雕龍·銘箴》。 ⑤《文心雕龍·議對》。 ⑥《文心雕龍·徵聖》。 ⑦《文心雕龍·宗經》。 ⑧《文心雕龍·物色》。 ⑨《文心雕龍·宗經》。 ⑩《文心雕龍·附會》。 ⑪《文心雕龍·鎔裁》。 ⑫《文心雕龍·章句》。 ⑬《文心雕龍·鎔裁》。 ⑭《文心雕龍·風骨》。 ⑮《文心雕龍·鎔裁》。 ⑯《文心雕龍·鎔裁》。 ⑰《文心雕龍·章表》。

孔子的語言藝術對劉勰文論的影響

《周易》的作者，平時深入自然，從而仰觀俯察，探賾索隱，只用八卦，就能推見萬物的發生和演變，而且廣大悉備，包蘊宏富，使人們因象知意，以簡御繁。後代學者揚言《易》特崇尚百事的“易簡”（《繫辭》），亦即“簡易”，鄭玄把它當做《易》的三義之一。晚而好《易》，讀之韋編三絶的孔子，肯定人們的言行，“以約失之者，鮮矣”（《里仁》）。“約”謂收斂而不放縱，實猶略或“簡易”，泛指禮儀、情欲、賦税、飲食、學習，以至語言。因此，孔子又説：“辭達而已矣。”“達”，表現。“已矣”，止於此。文辭取於如實表現萬物，令人們因“言以知物”（《左傳》昭元年）而止；過此以往，勢必煩冗而不“簡易”。不難想象，無論誰的舉止，都得“行簡”，但是“太簡”，不免粗疏，又不可以（《雍也》）。

在孔子看來，没有過與不及的“簡易”，則首先要求作者心地通達。《公羊傳》僖二年，根據他的意見寫道：“達心，則其言略。”范甯注云：“達心，明達之人，言則舉綱領。”這樣，便略而不煩。而孔子作《易傳》，更明確指出：“將叛者其辭慚，中心疑者其辭枝，吉人之辭寡，躁人之辭多，誣善之人其辭游，失其守者其辭屈。”（《繫辭》）其中“吉人”心“達”“辭寡”而“簡易”，其餘各有心病，也就不“達”，以致出言“枝”“多”“慚”“游”“屈”，煩濫。其次要求作者注意“修辭”（《易·乾·文言》）。“草創”之後，務必繼之以“討論”“修飾”“潤色”（《憲問》），從事藝術加工，孔子確能實踐這兩者。他認識古今社會，緣魯史作《春秋》以“見意”(班固《典引》)、“辨理”(《文心雕龍·宗經》)、“一字見義”(同上)、“得道理之實”(《論衡·定賢》)。試看《春秋》:“僖二十七年,楚人、陳侯、蔡侯、鄭伯、許男圍宋。”楚爲南蠻而賤之,故獨貶之曰“人”。而非陳、蔡、鄭、許不攘夷,從楚伐宋的貶意,亦寓於言表;又“隱五年,冬,宋人伐鄭,圍長葛”,伐國不逾時,而此言“圍”,以貶其伐;諸如此類,所在多有,真“簡言以達旨”(《文心雕龍·徵聖》)。孔子自稱無行不與二三子共之(《述而》),和學生接觸,熟悉他們的性情,有時品題,便曰:“柴也愚,參也魯,師也辟,由也喭。”(《先進》)一人一字,切中肯綮,要言不煩。全部《論語》,記録孔子與弟子、時人問答,往往依經作解,高度概括,難於損益,可謂語言巨匠。

劉勰崇儒、尊經,盛贊孔子爲“生民未有”的“聖人”(《文心雕龍·序志》),論文强調“宗經”(《宗經》),“建言修辭”,唯獨如此而後“懿”(同上)美。很自然地導致他放言遣詞,師範孔子删述的“六藝”,特别欣賞《尚書·畢命》中的兩句名言:“辭尚體要,弗惟好異。”還以“體要”爲“體於要”(《序志》),“體”者,本也。《淮南子·主術訓》高誘注:“約,要也。”荀悦《申鑒·雜言》:“辭約謂之要。”所以劉勰有時稱作品語言的“簡易”而不“煩濫”爲“要約”(《文心雕龍·情采》)。“辭尚”云云,是説重視文辭以“要約”爲根本,决不能一味追逐詭異——“淫侈”(同上)。因此,“體要所以成辭,辭成無好異之尤”(《徵聖》)。“修辭必甘”(《祝盟》),甘之言美也。文學語言一定要美,而美的首要條件是“要約”,故曰“文約爲美”(同上)。“自晋來用字,率從簡易”(《練字》),乃是良好的轉變。劉勰目擊漢來“辭人”“言貴浮詭”(《序志》)的反常現象,及時著書論文,名曰《文心雕龍》,用多文采的龍比喻辭采,以爲文士用心作文,固然要像工人雕刻龍文似的修煉、塑造藝術之美,可又不能如騶奭那樣的過分做作,流於

“淫麗”（同上），竟以繁冗爲病。大凡“摛文”，“必簡而深”（《銘箴》），“要約”總得深刻，否則膚淺，“文不逮意”（《文賦》），不可爲訓。那末，相應而來的是怎樣使“要約”或“簡易”與深刻結合的問題，劉勰所見，比孔子詳密。事實上，他沿《公羊傳》“心達言略”之旨，剖析“張湯擬奏，虞松草表”所以“再却”“屢譴”，主要由於“理事之不明”，形式“辭旨之失調”；當“倪寬更草，鍾會易字”，則“漢武嘆奇，晋景稱善”，歸結“心敏而辭當”（《附會》）。“敏”，猶“達”也。無疑，心之“達”是文辭“簡易”的决定因素，而文辭的“簡易”和“煩濫”存在不同的根源。顯然，“精論要語，極略之體；游心竄句，極繁之體”（《鎔裁》）。“精論”句，猶云“論精而後語要”，作者的議論精微通達，語言就“要約”成爲極“簡易”的形體；“游心”句，猶曰“心游而後句竄”，作者的認識游蕩不定，文句便浮亂，成爲極“煩濫”的形體，進一步闡明“心達”與“言略”的血緣關繫，這是第一點。

劉勰是孔子“修辭”的信奉者，他發覺“古來文章，以雕縟成體”（《序志》），作者鎔鑄文辭的目的是“芟繁剪穢”，削去無異“駢拇枝指”“附贅懸疣”的“浮詞”（《鎔裁》），力求文辭的“精要”，“意少一字則義闕，句長一言則辭妨”（《書記》），鋪采舒華，以就於“奇”，正待“雕畫”（《風骨》），“黼黻之美，在於杼軸”（《淮南子·説林訓》），語言的原材料，好比織布的麻，而麻經過“杼軸”，可以産生文采鮮美的布（《神思》），這是第二點。

劉勰斷言塑造文辭的“簡易”，必須掌握“文術”，而世間“多欲練辭，莫肯研術”者甚衆（《總術》），他們“術不素定，而委心逐辭”，則“駢贅必多”（《鎔裁》），這是第三點。

劉勰肯定作者窺情風景，鑽貌草木，流連萬象，摹寫不平均用力，而《詩》《騷》所標，並據要害，不同照相，用能“以少總多”，蕪穢不生（《物色》），雖“兩字”“一言”，足以“窮理”“窮形”（同上），着墨不多，而“簡易”爲優，這是第四點。

很清楚，劉勰恰好運用這種觀念，撰著《文心雕龍》，文辭以“簡易”爲能，不以“煩濫”爲巧。評議一代文苑的風姿，則曰建安“慷慨以任氣”，江左“溺乎玄風”；評議歷世文章的利病，則曰“虞、夏質而辨，商、周麗而雅，楚、漢侈而豔，魏、晋淺而綺，宋初訛而新”（《通變》）；評議夸飾的準繩，則曰“夸而有節，飾而不誣”（《夸飾》）；評議作品的情采，則曰“文附質”，“質待文”（《情采》）；評議四時所興之情，則曰春爲“悦豫”，夏爲“鬱陶”，秋爲“陰沉”，冬爲“矜肅”（《物色》）；評議作者之篇章，則曰賈誼的“賦清”而“議愜”，司馬相如的賦“夸豔”，“理不勝辭”；“嵇康師心以遣論，阮籍使氣以命詩”（《才略》）。莫不抓住“要害”，語無枝蔓，得以三萬餘言，暢談“古今文體，引而次之”，極“簡易”之能事（《梁書・劉勰傳》）。

最早出於老子之口的“自然”（《道德經》）一詞是自然而然，後來，揚雄所謂“有生者必有死，有始者必有終，自然之道也”（《法言・君子》），王充所謂“自然之道，非或爲之也”（《論衡・自然》），應休璉所謂“夫皮朽者毛落，川涸者魚逝，春生者繁華，秋榮者零悴，自然之數”（《與侍郎曹長思書》），向子期所謂“口思五味，目思五色，感而思室，饑而思食，自然之理也”（《難〈養生論〉》），程曉所謂“春榮冬枯，自然之理”（《文選》顔延年《秋胡詩》李善注引《女典》）的“自然”，都是這個意思。大凡萬物的生長和人類的活動，一任“自然”，而不矯揉生造，才能篤實正常。歷來文論家每每以“自然”衡量文采的高下，非偶然也。

孔門弟子及時人盛贊孔子學問的“博”，是他精讀文字的、社會的、自然的三部書，看他誦習六經，詳玩而深體之；每到一國必熟悉當地的政治、風俗；注視“春、秋、冬、夏、風、雨、霜、露”（《禮記・孔子閒居》）的形象、變化；難能可貴的是孔子還知道文字的書爲社會、自然的反映。因此，他論道講書，總密切聯繫客觀存在“出言有章”(《詩經·小雅·都人士》)，而“章”則“自然”，脱口而出，清省足珍。古人聯辭結采，慣用典實，包括故事、成語。孔子説話，常用成語，毫不改易，與自己的言詞融貫，若合符契，真“用舊合機，不啻自其口出”(《文心雕龍·事類》)。學者忽視這一卓出的語言技巧，不妨就《論語》作出必要的參證。比如《爲政》:“子曰:‘《詩》三百，一言以蔽之曰思無邪。’”“思無”句見《詩經·魯頌·駉》;《八佾》:“孔子謂季氏，八佾舞於庭，是可忍也，孰不可忍也！三家者以《雍》徹。子曰:‘相維辟公，天子穆穆，奚取於三家之堂！’”“相維”二句，見《詩經·周頌·雍》;《子罕》:“衣敝緼袍，與衣狐貉者立，而不耻者，其由也與！‘不忮不求，何用不臧！’子路終身誦之。子曰:‘是道也，何足以臧！’”“不忮”二句，見《詩經·邶風·雄雉》;《子路》:“子曰:‘南人有言曰:“人而無恒，不可以作巫醫。”善夫！‘不恒其德，或承之羞。’”“不恒”二句，見《周易·恒》九三;《憲問》:“子擊磬於衛，有荷蕢而過孔氏門之者，曰:‘有心哉，擊磬乎！’既而曰:‘鄙哉，硜硜乎，莫己知也，斯己而已矣。深則厲，淺則揭。’子曰:‘果哉，末之難矣。’”“深則”二句，見《詩經·衛風·匏有苦葉》，此可見暗引陳語而自然者，亦別有人，惟不若孔子之多耳。《顔淵》:“子張問崇德、辨惑，子曰:‘主忠信，徙義，崇德也;愛之欲其生，惡之欲其死，既欲其生又欲其死，是惑也;誠不以富，亦祇以異。’”讀者若不識這些陳語的出處，將誤爲孔子之言。

劉勰的語言藝術，實受《周易》《論語》的影響，他的專著《文心雕龍》的語言，確爲這兩部經、傳的支與流裔。衆所周知，匡正漢魏以降詩賦文章的艱澀而不“自然”的流弊，是他搦筆論文的目的之一。五十篇的形式，雖然囿於時尚，仍屬“儷采”(《明詩》)，畢竟生動流暢，獨具風格，特別是他空前地發明語言的“自然”論。《文心雕龍》

開宗明義第一篇《原道》，便因《周易》的《賁卦》立説。《賁卦》約分文爲“天文”“人文”兩種。“天文”是天地之間的萬物——日、月、山、川等的光輝，它發生於“人文”之先。曰：“傍及萬品，動、植皆文，夫豈外飾，蓋自然耳！”顯白“天文”的特色是“自然”。“天文斯觀，民胥以效”，後出“人文”的創作，應該模擬“天文”的“自然”。一者創作要按“自然之道”（以上《原道》）進行，“爲情而造文”（《情采》），則“情動而辭發”（《知音》），唯獨“意得則舒懷以命筆”（《養氣》），這是自然而然的、確乎不拔的規律；二者萬物的形體，曾有奇、偶，文士因以屬辭，隨時適用，既不孤立，也不偏勝，《周易》《尚書》，都不“營麗辭”，類似“高下相須，自然成對”（《麗辭》）；三者駢文講究聲律、對仗，不便徵引，這就迫使劉勰師範孔子，常常“用人若己”（《事類》）：用《周易・繫辭》“形而上者謂之道，形而下者謂之器”言“道”“器”的區别（《夸飾》）；用《國語・晋語》“物有其容”論萬物都有形狀（《物色》）；用蕭統《答晋安王書》“睹物興情”説賦家的情感從外物生起（《詮賦》）；用《莊子・養生主》“生也有涯”稱人的生命有限（《序志》）。綜覽全書，俯拾即是。《顔氏家訓・文章》：“邢子才常曰：‘沈侯文章，用事不使人覺，若胸臆語也。’”其亦孔子、劉勰之謂歟！

醫生對症下藥，察顔觀色，所以知病以藥之；佛家引度“衆生”，造論必乘因緣，維摩詰教人説法，要先瞭解“衆生”心之所求，“無以穢食置於寶器”（《維摩詰經》）；孔子應機施教，有的放矢，最爲突出，也就重視語言的對象、環境，爲的是因勢利導。夫孝以“敬”爲宗，而“養”次之，今之孝者，“養”而不“敬”，故假“子游問孝”以正之；孟孫不曉“孝”的“無違”“生事”與死葬、祭之“禮”，故因其“問孝”以告之（《爲政》）。魯國的上卿季康子爲政不能以身作則，孔子答其“問政”，直指政之言“正”，爲民上者自正，則民莫“敢不正”；季康子縱其私欲，刻剥於民，民亦化之於上，馴致於盗，孔子答其“患盗”之“問”，喻以自無私欲，則民將“不竊”；季康子欲一以殺使民就範，孔子以其“問政”，揚言重在德化，殺者不得已而用之(《顔淵》)。一人三病，孔子分别爲治。他以爲“學而不思則罔，思而不學則殆”，主張“學、思”結合(《爲政》)。可是當他眼見“思”而不“學”的偏差時，却又説：“吾嘗終日不食，終夜不寢，以思無益，不如學也。”(《衛靈公》)這不是觀念的矛盾，朱熹注一言破的：“此爲思而不學者言之。”《禮記·檀弓》裏有一段寶貴的記載：“有子問於曾子曰：‘問喪於夫子乎？’曰：‘聞之矣。喪欲速貧，死欲速朽。’有子曰：‘是非君子之言也。’曾子曰：‘參也聞諸夫子也。’有子又曰：‘是非君子之言也。’曾子曰：‘參也與子游聞之。’有子曰：‘然。然則，夫子有爲言之也。’曾子以斯言告於子游，子游曰：‘甚哉！有子之言似夫子也。’昔者，夫子居於宋，見桓司馬自爲石椁，三年而不成。夫子曰：‘若是其靡也，死不如速朽之愈也。’死之欲速朽，爲桓司馬言之也。”孔子作《春秋》，命意有“經、權”，“經”者一般，“權”者特殊。其實，他以行事皆然。人之死也，一般不欲速朽，見桓司馬爲石椁侈靡之特殊情況，則曰“死欲速朽”以相斥。有子終亦悟乎此，乃以爲“有爲之言”，真得孔子之用心。《抱朴子·喻蔽》：“昔諸侯訪政，弟子問仁，仲尼答之，人人異辭。蓋因事托規，隨時所急，譬猶治病之方千百，而針灸之處無常，却寒以温，除熱以冷，期於救死存身而已。”孔子語言之爲事而不泛，非虚談也。

劉勰博覽六藝經、傳，又“依沙門僧祐，與之居處積十餘年”(《梁書》本傳)，成爲佛學家，“遂博通經、論”(同上)，達練僧徒，孔子語言應機的特點，於是根據因緣發議，《文心雕龍》大都是“有爲之言”，而非徒托空論。他憎惡“近代辭人”(《定勢》)，“言貴浮詭，將遂訛濫”，迴爲“異端”，“乃始論文”，强調文辭“貴乎體要”(《序志》)，而“體要”之道無他，“宗經”而已矣。他以孔子爲作者之“師”(《徵聖》)，孔子“刪述”的六經，允爲“文章奥府”，“文能宗經”，便有“情深而不詭，風清而不雜，事信而不誕，義直而不回，體約而不蕪，文麗而不淫”的六個優點（《宗經》），可以“矯訛翻淺”（《通變》），而世之作者，“建言修辭，鮮克宗經”，出現“楚豔漢侈”的“流弊”。倘要“正末歸本”，以求文辭的“懿”（《宗經》）美，就必須“還宗經誥”（《通變》），乃以“宗經”的綱領品藻藝文。他以屈原作《離騷》，發憤抒情，固然是繼“變風”“變雅”之後的“奇文”“偉辭”，可謂“宗經”的典型；然而它有“異乎經典”的“夸誕”之旨，而短、長迭見，當“辨”以明之（《辨騷》）；他以“聖人之情見乎辭”（《周易·繫辭》）則“辭以情發”（《物色》），“情動而言形”（《體性》），“原情”以“立本”（《新語·道基》），斯“表、裏一體”（《附會》），“文、質相稱”（《才略》），即使古之作者“世遠莫見其面，覘文輒見其心”（《知音》），故爲“動人”的“精誠”之辭（《莊子·漁父》）；然而魏、晋以來，詩、賦浮僞，“遠棄《風》《雅》”，“故體情之製日疏，逐文之篇愈盛”，“言與志反”，“文”不“足徵”，“惡文太章”，故“貴乎反本”（《情采》），“本”者情也。他以辭之“夸飾”，自古而然，聊“喻”事物之“真”，《詩》《書》以此“風格（法度）訓世”，作者宜奉爲“憲章”。然而司馬相如之賦，“夸飾”“詭濫”已甚，揚雄尤而效之，每下愈况。“夸過其理，則名、實兩乖”；但“若能酌《詩》《書》之曠旨，翦揚、馬之甚泰”，棄邪而采正，仍可有“夸而有節，飾而不誣”（《夸飾》）之妙。他“瞻彼前修，有懿文德”，德高而文超；然而兩漢、魏、晋辭人，無行敗德，司馬相如、揚雄、馮衍、班固、馬融之徒“瑕累”滋多，故歷舉而品之（《程器》），類此而求，餘不難見，讀者自省之可也。

任何事物，都有隱、顯兩面，語言決不例外。孔子作《春秋》的五個辭例之一即“微而顯”（《左傳》成十四年）。“微”，隱也。這表示隱、顯的結合。用現代的話説，隱是含蓄，顯是明白。語言的含蓄，一定要使人明白它的意義，而不晦塞叵測。《周易》和《春秋》一樣，語言也有隱而顯的特點，讀者能“本隱以之顯”（《漢書·司馬相如傳》)。

至於隱的方式,主要有三。或曰回避。《論語·陽貨》載陽貨指責孔子不仕,孔子回答:“諾,吾將仕矣。”孔子果“將仕”乎,非也。孔安國注深得其旨:“以順辭免害也。”當時魯國三桓專政,公室微弱,孔子確擬勘難,非不欲仕,但不屑仕於季氏家臣陽貨,又不便嚴辭拒絶,所以隨順其辭,曰“將仕”,以回避“免害”。傅玄《叩頭蟲賦》:“仲尼唯諾於陽貨,可以解紛而免尤。”此因孔注而云然耳!《論語·衛靈公》記:“衛靈公問陳於孔子,孔子對曰:‘俎豆之事,則嘗聞之矣;軍旅之事,未之學也。’明日遂行。”劉寶楠《正義》:“昔衛靈公問陳,孔子言俎豆,賤兵而重禮也。”以孔子“賤兵”,不答衛靈公軍旅之問,非也。何以知其然?蓋軍旅之事,亦儒家所重,《尚書·洪範》:“八政……八曰師。”“師”,戎也。戎爲國之大事,有國者必重之。《春秋穀梁傳》襄二十五年:“古者雖有文事,必有武備。”爲人臣者必文、武兼擅,詩人稱尹吉甫有文有武(《詩經·小雅·六月》)。孔子對於軍旅,一是子貢問政,則以“足食、足兵”並舉,以兵不足,不可以爲國;二是昌言教戰,曰:“以不教民戰,是謂棄之。”(《子路》)人主要百姓打仗,得先教他們學習戰爭;三是强調“慎”戰(《述而》),“慎”者,兵以義動,師出有名,於以禁暴除害,非爲争奪相殺;四是自己練武。《史記·孔子世家》:“冉有爲季氏將師,與齊戰於郎,克之。季康子曰:‘子之於軍旅,學之乎?性(生)之乎?’冉有曰:‘學之於孔子。’”《禮記·禮器》:“子曰:‘我戰則克。’”這證明孔子不但自己通達武事,善於戰争,而且所教的學生,和他一樣。他講未學軍旅,不是“賤兵”,而是托詞。《莊子·則陽》:“衛靈公飲酒湛樂,不聽國家之政,田獵畢弋,不應諸侯之際。”《論語·憲問》:“子曰:‘衛靈公之無道也。’”自孔子觀之,衛靈公是個昏君,他問軍旅之事,可能準備發動非正義的戰争,因此,見機假托“未學”以回避之,猶齊宣王問儒家所賤的霸主"齊桓、晋文之事",孟子不願作答,假托"未聞",轉論王道以回避之(《孟子·梁惠王》)。"明日遂行"者,惡之甚而去之速也。《左傳》哀十一年,季孫欲以田賦,使冉有訪於仲尼,仲尼曰:"丘不識也。"此亦孔子惡季孫厚斂虐民,假托"不識"以回避之也。

或曰互舉。孔子有時將一個完整的觀念,散布在不同的處所,讀者彼此合看,方可體察其全貌,杜預謂之"互舉其義"(《左傳》桓三年)。孔子曰:"無友不如己者。"(《學而》)皇侃《義疏》:"'無友不如己者',又明凡結交取友,必令勝己,勝己,則己有日所益之義;友不如己,則己有日損。"此囿於此而不知彼之過也。殊不知孔子又曰:"道不同,不相爲謀。"(《衛靈公》)孔子取友,以道爲準,唯道同者,始可爲友;則"不如己者",謂道之異乎己者也,荀卿心識其意,曰:"友者,所以相有也;道不同,何以相有也!"(《荀子·大略》)孔子曰:"見義不爲,無勇也。"(《爲政》)然則,勇何必"見義"耶?孔子又嘗言之矣,曰:"君子義以爲上,君子有勇而無義爲亂,小人有勇而無義爲盜。"合此二章觀之,則君子、小人之勇,皆必以義之故已明矣。孔子曰:"行有餘力,則以學文。"(《學而》)然則,孔子以"學文"必因"行"之"餘力"爲之,而"行"先於"學"耶?"子路使子羔爲費宰,子曰:'賊夫人之子。'子路曰:'有民人焉,有社稷焉,何必讀書,然後爲學?'子曰:'是故惡夫佞者。'"(《先進》)朱熹注:"言子羔質美而未學,遽使治民,適以害之。"合此二章觀之,孔子以學與行並,始學而後行,復行而後學。子路以行即學,而學不必讀書,故孔子斥其言之"佞"也。

或曰泛指。孔子曰:"古之學者爲己,今之學者爲人。"(《憲問》)孔安國注:"爲己,履而行之。爲人,徒能言之。"孔子惡夫世之言而不行者,雖有所見,而特以"今"泛指之。《述而》:"子曰:'蓋有不知而作之者,我無是也。'"包咸注:"時人多有穿鑿妄作篇章者,故云然也。"孔子憎彼時人之妄作,當有所遇,亦但泛指之。

劉勰身爲寒庶，又逢齊末紛亂，人命危淺，往代智者處世之回避，自然不容忽視。他論“近代”，尤其是當世之文，不似嵇康臧否人物之昭灼，也不類葛洪爲“無毁譽之怨”，只撮作者“所得之佳者，而不指摘其病累”（《抱朴子·自叙》）。顯然，他評議先秦、兩漢、魏、晋的作家、作品，開門見山，昭昭若日月之明；而於劉宋，只言初年，齊則不言，這爲什麼？清紀昀曰：“闕當代不言，非惟未經論定，實亦有所避於恩怨之間。”（《時序》眉批）他人之心，紀氏忖之而審。然所謂“不言”，不質直其辭，非存而不論。戰國齊威王沉湎不治，國且危亡，在於旦暮，左右莫敢諫，淳于髡説以反語（《史記·滑稽列傳》），劉勰之貶齊文如之，曰：“今聖歷方興，文思光被……唐虞之文，其鼎盛乎！鴻風懿采，短筆敢陳。”（《時序》）“敢陳”，不敢陳也。把齊文比之唐虞，非反語而何？實以齊文“浮詭”“訛濫”，“風采”並不“鴻懿”。唯不敢直陳，而正言若反耳！

不僅如此，劉勰論齊文，還以泛指，曰：“今才穎之士，刻意學文，多略漢篇，師範宋集，雖古、今備閲，然近附而遠疏矣。”（《通變》）“今”自指齊，怪齊之作者，甘心效宋初之“訛”，擯棄“漢篇”中如賈誼文、賦之“愜”“清”（《才略》），此又非孔子之泛指而何？劉勰論文，泛指者甚衆，故“齊梁文藻，日競雕華”（紀昀《原道》眉批），他則“標自然以爲宗”（同上），以爲文辭要像動、植物與日、月、山川文采的“自然”，能“自然會妙，譬卉木之耀英華”，不以“雕削取巧”（《隱秀》）爲工；“齊、梁間風氣綺靡，轉相神聖，文士所作，如出一手”（《通變》紀昀眉批），他則以爲文辭“日新其采”（《封禪》），必“變通以趨時”（《鎔裁》）；齊、梁文辭，内竭而外侈，“豐藻克贍，風骨不飛”（《風骨》），他則以爲作者“駿爽”的“意氣”，將形成遒勁的風骨；魏、晋人好標榜清高，儼然陶潜之“不慕榮利”（《五柳先生傳》）者，寥寥無幾，影響創作，不惜以文辭欺人，迨至南朝猶然。連蕭子良也稱“屬愛外物”

(《行宅詩序》);蕭衍也想"卧游千載,田漁百氏"(《與何胤書》);上行下效,以經國爲務的王儉詩亦云"尚想濠梁"(《侍太子九日宴玄圃詩》),他則以爲屬辭比事,必"因内而符外"(《體性》),文如其人,言不實乃不祥;齊、梁音學巨興,滲透文苑,聲律"務爲精密",反"使文多拘制,傷其真美"(《詩品序》),他則以爲聲律要調和,而無"滯""礙"(《聲律》);諸如此類,又皆泛指也。

劉勰受駢文的束縛,對若干内容豐富的觀點,不便在一處暢發,只好用孔子的互舉法,曰:"自近代以來,文貴形似。"此就劉宋山水詩説。"形似"是褒是貶,學者所見不一。惟讀者串通上下文,可見劉勰已給"形似"下注脚,即詩人寫物"深遠""密附",而有"巧言切狀"之功,因令讀者能從詩之"言""字","瞻""見"景象的形貌和季節;則"形似"謂描繪之真實,其爲褒義無疑矣。然劉勰論文,並見"優劣"(《知音》),故又曰:"宋初文咏,體有因革,莊、老告退,而山水方滋,儷采百字之偶,争價一句之奇。"(《明詩》)"儷采"二句,恰好指斥劉宋山水詩因漢來形式主義之浮豔,過分追逐字句之對偶、新奇,則"形似"之外,别有貶義,亶其然歟! 劉勰談作者修養,曰:"夫才有天資,學慎始習。"(《體性》)"才""學"雙提,究非平列,曰:"文章由學,能在天資。"又云:"才爲盟主,學爲輔佐,主、佐合德,文采必霸。"(《事類》)"天資"爲"才"之異名。"才"既不可孤立,亦自有主、次,以"才"爲"主",抑亦劉勰之天才决定論也。劉勰稱"效《騷》命篇者,必歸豔逸之華","豔逸",文辭之美麗而出衆也;然劉勰又稱"楚豔、漢侈,流弊不還"(《宗經》),"楚、漢侈而豔"(《通變》),此皆謂楚辭之"豔"而不"逸"者,其準歟? 屈原《離騷》,"豔溢錙毫"(《辨騷》)。唐寫本"溢"作"逸"是也。然則,"豔逸"指屈原之文。而劉勰曾厭宋玉賦之"淫麗"(《詮賦》)。班固曰:"大儒孫卿及楚臣屈原,離讒憂國,皆作賦以風,咸有惻隱古詩之義;其後,宋玉、唐勒,漢興,枚乘、司馬相如，下及揚子雲，競爲侈麗閎衍之詞，没其風諭之義。"(《漢書·藝文志》)。劉勰同此"舊談"(《序志》)，則"楚豔"之"弊"專指宋玉之賦；然玉賦之主要者，仍爲"豔逸"，故復"屈、宋"並舉。而怪漢後辭人"莫追"其"逸步"也。

一切思想家和作者，都有左右其文辭的道與情。老子的《道德經》第一章則申其"道"，並以其"言有宗"。"五千言"論"道"，教人清虚自守，卑弱自持，斯之謂"玄"，學者以爲"玄宗"，以"玄"爲"宗"也；詩人咏其要情，"言之不足，故再言之"(《毛詩序》)；孔子告曾參："吾道一以貫之。""貫"，融通也。孔子與人言，無非論道，而不離宗，則"道"之體爲"仁"，其用爲"禮、樂"及"義"，原始要終，以是爲綱；佛家以人世污穢，不宜生活，心向"彼岸"，稱其宗師爲"釋迦牟尼"，即以仁心引導"衆生"於清静寂默，而無繫縛之"净土"。唯是而有度量寬弘之"大乘"，鋭意普度衆生，以"經""論"説法，語重心長，不憚辭費，如《般若波羅蜜經》，篇幅不小，而首尾所及，但求"衆生"以布施、持戒、忍辱、精進、定息爲舟，以智慧爲導；導則漸入"净土"，心無諸法，絶有相之流，到無相之"彼岸"，斷盡煩惱，萬行具足，便成爲佛。詩人、孔、老文辭之反復，所以彰著其道、情，與讀者以深刻印象。劉勰循兹詞法，他不滿"近代"辭采之"詭巧"(《定勢》)、"訛新"(《通變》)，係孔子説的"文勝質"之"野"，而"文質彬彬"(《雍也》)爲反"野"之綱領，《文心雕龍》由是而行，其情激揚，不怨反復，全書總斯"毛目"(《序志》)，而不視爲"冗長"(陸機《文賦》)。是以《情采》集中體現"文質相稱"(《才略》)而不偏勝之理，其他篇章，多爲之作傳，無異枝葉波瀾。故《原道》以"玄聖""素王"之"創典""述訓"，"莫不原道心以敷章"。"原"，本也；"道心"，"質"也；"章"，"文"也；"敷"，布也，本内在之"質"，以布外見之文，從"質"生"文"，"唯務折中"(《序志》)，"文"始"典雅"(《定勢》)；類此而推，則先"質"而後"文"，是自然次序，不可顛倒，故曰“情固先辭”，“情”“辭”，“文”“質”也。而作者“吐納英華，莫非情性”（《體性》）。“英華”，喻“文”也；“情性”，言“質”也，夫放言遣詞，亦未有不以“文”被“質”也。故曰“情理設位，文采行乎其中”（《鎔裁》），亦未有不以“質”修“文”也。凡“聯辭結采”（《情采》），要後於“情”，也就是“文”後於“質”。“聖文”之“雅麗”，端在“銜華而佩實”（《徵聖》）。“華”“實”，比“文”“質”也。“聖文”，“文”“質”兼具，了無偏勝，可爲準的。以論文士，若陸機文“不制繁”（《才略》），“文勝質”也；馬融“華、實相扶”，“文”“質”匀均而“精雅”也（同上）。全書終如一體，“綱領”舉而萬目張。

《臨沂師專學報》1995 年第 1 期

孔子文質觀的發生及其影響

“文質”一詞最早出於孔子之口。但物質世界有本有末。《禮記·大學》云“物有本末”。《樂記》鄭玄注:“質猶本也,文猶末也。”本末即文質,文質即本末,兩者同義,都源於萬物。萬物由本起末,由質而文,先後承續,互相制約。

殷周經籍《周易》,揚雄曾云“説天者莫辯乎《易》”。天即自然。《易》的原始作者深入自然,仰觀俯察,發現萬物變化而多采,起源於陰陽之道、文質之和諧。《易·序卦》云:“賁者,飾也。”萬物之本質必修飾文采方可顯示。而文采定要與本質匀稱相諧,不過又不遜。故修飾終於“白”即素樸。劉勰《文心雕龍·情采》云:“賁象窮白,貴乎反本。”程頤替《賁·上九》“白賁”作《傳》:“賁飾之極,則失於華僞;所謂尚質素者,非無飾也,不使華没實耳。”華實亦文質也。

孔子苦學歷史文獻,自稱長期研治《周易》(《莊子·天運》),“韋編三絶”,老而彌篤。只要檢閱《論語》,便知他曾繼承、發展前代文質對立統一的觀念。

《公冶長》:“子曰:‘臧文仲居蔡,山節、藻梲,何如其知也?’”居,藏。蔡,大龜。節,柱頭斗拱。藻,有文采的水草。臧文仲是魯國的大夫,他建築藏蓍龜的房室,以爲節、梲的本質樸素,於是在節上刻山,在梲上畫藻,使有文采。孔子指責他不明智,並非反對用文采修飾本質,而是不滿他僭用天子的廟飾,違背上下、貴賤的等級、秩序。

《雍也》:“子曰:‘質勝文則野,文勝質則史;文質彬彬,然後君子。'"本章以高度概括的語言表達了孔子文質觀的綱領。包咸注："野，如野人，言鄙略也。史者，文多而質少也。彬彬，文質相半之貌。"包注精審，我們從而領會"文勝質則史"，謂文比質多，便像史官傳記的華侈。而史官記言載事，以信爲本，孔子稱他著史，"及史之闕文"（《論語・衛靈公》），揚雄贊《史記》爲"實録"（《法言・重黎》），孔子蓋爲衰世史官之失實者言之。范甯斥："左氏豔而富，其失也巫。""巫"謂多叙鬼神之事，預言禍福之期，韓愈因以爲"浮夸"，不同《春秋》之"謹嚴"（《進學解》）。到了戰國，大抵史官華侈者益盛，韓非乃以"繁於文采，則見以爲史"（《韓非子・難言》）。這樣的文采，怎能顯示本質呢！舊注對孔子文質必須"彬彬"的辯證成分，確有所闡明。孔子批評關於文質的兩種流弊，一者質比文多，質有餘而文不足，則失於鄙略；二者文比質多，文有餘而質不足，則流於華侈；故歸結爲"文質彬彬"。否則，便不成其爲君子。君子爲有德者的名號，由此可見本章的文質，屬於倫理範疇。

再者，文質涵義的詮釋，主要在於質的差池。清李塨注本章云："質，質樸。文，文采。皆指行禮之威儀、言辭言也。"顯然，李氏以爲文質都爲君子外行的概念，未諦君子有德、有行，德在内而行在外。《韓非子・解老》："夫德者，内也。"劉向《説苑・反質》："君子雖有外文，必不離内質矣。"這可移作孔子文質的注脚。王元長《三月三日曲水詩序》稱太子"内積德本，外發英華"，也是同樣意思。

值得注意的，孔子不只就倫理談文質的對應，還從其他方面深化文質觀。

《八佾》："子曰：'周監於二代，郁郁乎文哉，吾從周。'"這從禮制方面論文質的變化。《禮記・坊記》："子云：'禮者，因人之情而爲節文。'"禮制有情有文，情之言質也。禮制的文從情質派生，情質沿時代推移，文將跟隨變化。周武滅商建周，功成制定禮儀，監視夏、商二代，由於情質的增長，禮儀較夏、商繁盛，相爲内外、表裏，無不對應，故孔子喜而從之。

《衛靈公》："子曰：'辭，達而已矣。'這是從辭令方面論文質的對應。孔子肯定辭令的文質要對應，就得在文上下苦工夫，始而"草創"，既而"討論""修飾""潤色"（《憲問》），直到文足以表達質爲止。過此以往，則文勝質，而文冗長，與質不對應。孔安國注云："辭達則足矣，不煩文豔之辭。"陸機《文賦》推演孔子之旨曰："要辭達而理舉，固無取乎冗長。"真是"先聖""後賢"，其義相得益彰。

《八佾》："子夏曰：'巧笑倩兮，美目盼兮，素以爲絢兮'，何謂也？子曰：'繪事後素。'曰：'禮後乎！'"馬融注："倩，笑貌。盼，動目貌。絢，文貌。"素，粉底，質也。"巧笑"三句，前二句見《詩・衛風・碩人》，末句逸詩。子夏不懂這三句詩，請問老師。孔子教人重視啓發，往往不一一道出。答子夏問，只解末句，餘讓子夏自悟。他以末句講繪畫的事，而繪畫要在粉底或質上進行。"後素"即"後於素"，"繪事"在"素"或質的後面，必先有"素"或質，而後有"繪事"；這樣，"繪事"纔有所依附。子夏聽了孔子的解答，自悟前二句，以爲女人以"倩""盼"表現"巧笑""美目"，而"巧""美"之文，從其"笑""目"之質産生。爲了防止文的淫蕩，要有禮的節制。故曰"禮後"者，禮後於"巧""美"之文，令文不邪辟，這從繪畫和女人的姿態論文質的次第。

《左傳・襄公二十五年》："仲尼曰：'《志》有之："言以足志，文以足言。"不言，誰知其志。言之無文，行之不遠。'"這從辭令方面論文質的依賴。辭令是表達情志或質的工具，要是辭令没有文采，就不能完成它的任務。比如一個有質無文的使臣，就難以到遠方去辦好外交。

孔子處於禮制敗壞、人言巧令、德行鄙陋的亂世，昌言文質，自然有其現實意義，爲弟子信奉。衛國的大夫棘子成曰："君子質而已矣，何以文爲？"（《顔淵》）子成爲匡正時人"文勝質"之病云然，類似人死不宜速朽，而孔子見宋國桓司馬作槨三年不成，厭其奢侈，乘曾子問喪，乃曰"死欲速朽"，非真不要文的"有爲之言"（《禮記·檀弓》）。子貢不識語言環境，誤會子成之意，爰本師説反駁："文猶質也，質猶文也，虎豹之鞹，猶犬羊之鞹。"聲言虎、豹、犬、羊都以毛美化和表現皮的特徵。如果它們的皮去掉毛，就不能給人以美感和識别。他是把事物的文質等同起來，以質代文，二而一之。子貢的反駁雖然不合子成之用心，然而在理論上，却具體指陳文表現質的作用以及文質的同一性。

有人説與孔子同時的老子，没有提及文質，此非通方之論。《道德經》："絶聖棄智，民利百倍；絶仁棄義，民復孝慈；絶巧棄利，盗賊無有。此三者以爲文不足，故令有所屬，見素抱樸，少私寡欲。"廢棄聖智、仁義、巧利三事雖爲文不足，然見素抱樸，質有餘地。"見素"二句，質也，所以濟文之過也。此實文質之辨，特以質爲樸素，雖與仲尼異趣，而其文質之相稱，又所同也。《道德經》又云："美言不信。""信"，真實。"美言"，猶孔子所云"巧言"（《論語·學而》），若今人曰"花言巧語"，鄭玄謂之"出言虚僞"（《詩·小雅·巧言》箋）。陸賈《新語·輔政》："美言似信，聽之者惑。"劉勰善學，不思辭害意，他鑽玩五千言，知其文采"精妙"，"則非棄美"（《文心雕龍·情采》）。老子反對"文勝質"的"美言"，可贊同"文質彬彬"的美言。

莊周之學原於老氏，他以季世德衰，小人道長，馴致"文滅質，博溺心"（《莊子·繕性》），外文繁博，滅溺心情，不免"文勝質"之訛謬。與此同時，《莊子·列禦寇》有個關於文質的故事："魯哀公問乎顔闔曰：'吾以仲尼爲貞幹，國其有瘳乎？'曰：'殆哉圾乎，仲尼方且飾羽而畫，從事華辭。'""華辭"，"文勝質"的浮侈之辨也。修辭浮侈，文質不對應，喪失自然之美，仿佛鳥的羽毛，本有文采，而再在它上面修飾、繪畫一般。

荀卿以孔子爲"大儒"，能順利地接受孔子的文質觀。其《禮論》："禮者，以貴賤爲文。"又《禮賦》以禮"順理成章"，"理"，情也，質也。禮因情質而成貴賤之文，而文質互相備。又《非相》："觀人以言，美於黼黻文章；鄙夫反是，好其實，而不恤其文。"楊倞注："但好其質，而不知文飾。""鄙夫"，猶野人也。"實"，猶質也。"恤"，愛也。語言有文采而後美；倘若單好質而不愛文，則爲"質勝文"之鄙略，劉勰譽荀卿咏物五賦"文質相稱"（《文心雕龍·才略》。以下凡引《文心雕龍》的文字，只注篇名），真篤論也。

韓非是荀卿的弟子，他因循法家申不害、商鞅的政治思想，但文論却與其師略同。《韓非子·解老》："禮爲情貌者也，文爲質飾者也。夫君子取情而去貌，好質而惡飾。夫恃貌而論情者，其情惡也；須飾而後質者，其質衰也。夫物之待飾而後美者，其質不美也。"

這段文字，集中反映了韓非的文質觀。他以禮立論，第一次明白地叙列文采修飾事物本質的功能。他斷言情是質，爲禮的内容。禮稱情而立文，而情須用文采修飾，情質和文采不能孤立。但他緊接爲何説君子好質惡飾（文）？是爲下文解釋老子所厭棄的僞禮，此猶如孔子的"有爲之言"，以拯救"文勝質"之瑕累。

韓非反對僞禮，相應地輕蔑浮漂的辯詞。《韓非子·外儲説左上》："楚王謂田鳩曰：'墨子者，顯學也，其身體則可，其言多不辯，何也？曰：'昔秦伯嫁其女於晋公子，令晋爲之飾裝，從文衣之媵七十人，至晋，晋人愛其妾，而賤公女。此可謂善嫁妾，而未可謂善嫁女也。楚人有賣其珠於鄭者，爲木蘭之櫃，薰以桂椒，綴以珠玉，飾以玫瑰，輯以羽翠。鄭人買其櫝，而還其珠，此可謂善賣櫝矣，未可謂善鬻珠也。今世之談也，皆道辯説文辭之言，人主覽其文而忘其用。

墨子之説，傳先王之道，論聖人之言以宣告人。若辯其辭，則恐人懷其文，忘其直，以文害用也。此與楚人鬻珠、秦伯嫁女同類，故其言多不辯。”原來，辯説之辭浮漂，則“文勝質”，有害於事，和秦伯嫁女、楚人鬻珠，都因文勝而女賤、珠還無別。韓非用兩個寓言，説明文質不對應的害處，固然批評辯士“以文害用”的短缺，也被劉勰用來非議作者“文浮於理，末勝其本”的劣點(《議對》)。

漢代崇儒尊經，孔子的文質論容易傳播、發展。一是文質的理論比先秦深湛。董仲舒《春秋繁露・玉杯》：“禮之所重者在其志。志爲質，文著於質，質不居文，文安施質？先質而後文。”禮的情志是質，文爲表現質的形式，則質是文的根據，没有質，文自無所依附；没有文，質就不能顯露。文質一定要兼具，從質到文有其先後的順序。

劉向雖與董仲舒異派，可是他對文質觀，也是孔子教義的信奉者。他憎惡“文勝質”的反常現象，著《説苑》，特立《反質》專篇，沿《周易・賁・上九》“白賁，無咎”之旨，以質爲本，以文爲末，振本末從，隱顯無間。世俗竟捨本而逐末，棄質以趨文，文與質離，詐僞以生，争鬥隨興；正俗端在節欲，“抑文抗質”，使人“反(同返)質”。

與劉向並生的揚雄，是依仿司馬相如的大賦家，他早歲作賦，“雕蟲篆刻”，以文勝質，及壯而悔。其《法言・吾子》稱有人問雄，某某講他：“姓孔而字仲尼，入其門，升其堂，伏其几，襲其裳，可謂仲尼乎？”雄答：“其文是也，其質非也。”某某有孔子之文，而無其質，不得謂之仲尼。那人又問質，雄再答，“羊質而虎皮，見草而説，見豺而戰，忘其皮之虎矣”，羊披上虎皮仍是羊；它看見草便喜悦是正常的，可是看見豺狼就想同它們鬥，忘記自己是羊，會被豺狼吃掉。文質乖忤，其害甚矣。

二是文質運用的範圍，開始擴大到文學創作和批評領域。我國古代文壇的形式主義權輿於賦。宋玉的《高唐》，始以“侈麗”(《漢書・藝文志》)爲病。長卿踵事增華,變本加厲,揚雄順流而作,識者譏之。故改進文風,師範屈、賈,雄作《太玄》《逐貧》諸小賦,以情緯文,體被文質。且將文質用於文論。就賦史分賦家爲"詩人""辭人"兩類,評議其得失:"詩人之賦麗以則,辭人之賦麗以淫。"(《法言・吾子》)"麗以則"者,文質對應之美也;"麗以淫"者,文勝質之惡也。

東漢形式主義熾盛,劉勰指斥"漢侈"。張衡之《二京》《南都》,"侈"迹彰著。後學揚雄悔悟,當仕不得志,慨然欲去,舉筆抒懷,而賦《歸田》,情深文明,與其大賦相比,高下以判。其賦由寫物之巨制至發憤之短篇,係從"文勝質"到"文質相稱"之過程。其《應間》曰:"質以文美,實以華興。"主張文質的依賴,正是對"漢侈"的貶責。

班固以文質論文,褒贊《史記》:"善叙事理,質而不俚,其文直,其事核。"(《漢書・司馬遷傳》)是《史記》與馬、張賦迥異,文質交融,了無"侈"也。

建安文學興起,曹丕檢論"七子"短長,獨指孔融"不能持論,理不勝辭"(《典論・論文》),實以理爲質,怪融"文勝質"。曹植文論遜丕,惟其《前録序》以文質論寫作曰:"君子之作也,質素也,如秋蓮;摛藻也,如春葩。"摛藻,修文也。君子篇章,有文有質,如秋蓬之質樸、春花之美妙,則相諧和悦矣。

晋代不少作者、批評家都提到文質。西晋温嶠《舉荀崧爲祕書監表》:"夫國史之興,將以明得失之迹,謂之實録,使一代之典,焕然可觀,今之祕書著作是也。散騎常侍崧,文質彬彬……宜掌祕奥,宣明史籍。"國史要真實,"文質彬彬",是决定因素,荀崧堪任史職即緣於此。

陸機心識文理,二十作《文賦》,内容較《典論》豐富,開以賦品文之漸,爲貶形式主義而作。鍾嶸責其"通而無貶"(《詩品序》),誤也,實則"通而有貶"。看它通篇貫串"文質彬彬"論點,序文揚言"嘉麗藻之彬彬”，即辭采文質而“彬彬”。形式主義要害是“文勝質”的“冗長”，這連晋武帝也不取，他詔張華：“卿才綜萬代，博識無偏，然記事采言，亦多浮妄，宜加删剪，無以冗長成文。”《文賦》强調修辭“禁邪制放”，力主“辭達理舉”，故云“無取乎冗長”，此非通而有貶耶！

陸雲文論見其《與兄平原書》，也貫串“文質彬彬”論點。他於前代作者蔡邕、王粲之徒，多所銓品，而於時人，則對張華、成公綏、崔君苗之輩，並多品題。於兄機之作，更能以其詩、賦衡量。張華譏機“作文大冶”（《世説新語·文學》劉孝標注引《文章傳》），陸雲然之，於信中勸其兄“方當日多，但文無貴於多”，宜爲“文質彬彬”之“清者”。

西晋末葉，面臨覆亡，世貴虛談，以至南渡，玄風獨扇，以孫綽、許詢爲代表之玄言詩賦，不啻漆園、柱下之旨歸、義疏，而“辭意夷泰”（《時序》），建安風力殆盡，故“質木無文”（《詩品序》）。惟郭璞賦游仙，“乖遠玄宗”（《詩品》）；劉琨遭厄運，吟咏“雅壯多風”（《才略》）；二氏之詩，文質相稱，挺拔爲俊。

晋、宋之際，形式主義如故，“田園詩人”陶潛，“常著文章”（《五柳先生傳》），其《感士不遇賦序》云：“夫導達意氣，其惟文乎！”顔延年製誄稱其“文取旨達”。鍾嶸稱其“文體省净，殆無長語”（《詩品》）。陶詩語不“冗長”，能“禁邪制放”（《文賦》），故“省净”而無“文勝質”之失。

劉宋山水詩人代表謝靈運，寫物圖貌，“巧言切狀”，工爲“形似”之言（《物色》），但也“儷采百字之偶，争價一字之奇”（《明詩》）。他作《山居賦》以“詩人之賦麗以則”爲出發點，以防“文勝質”，故自稱“文質咸其常”。“常”者，文質不偏勝也。鮑照云：“謝詩如初發芙蓉，自然可愛。”梁簡文帝曰：“謝客吐言天拔，出於自然。”然謝詩有的“自然”，“彬彬”可觀；有的則追逐偶對、奇詭，或佯言恬淡，與其用世之心不侔，故顧炎武稱他公然“以文辭欺人”（《日知録》）。其詩内竭外侈，文有餘而質不足，確有病疵。

南朝文學，空前衰微，氣象日益凋耗。齊梁衆作等於蟬噪（韓愈《薦士詩》）。劉勰痛恨“辭人”“浮詭”，造成“文體解散”（《序志》），於是搦筆論文，集孔子以來文質觀之大成而發揚光大之。

劉勰對文質觀的繼承、發展，首先是他從文學的各方面，形象深刻地闡述文質彼此的依賴性。《情采》裏説：“夫水性虚而淪漪結，本體實而花萼振，文附質也。”《初學記》：“水波如錦文，曰漪。”“結”，形成，産生。《釋名》：“淪，倫也。”“倫”，條理也。《左傳·文公十六年》杜預注：“振，發也。”“體”“性”互文見義。“質”指水、木的體性，從體性産生淪漪、花萼，亦即從質産生文，以喻從情産生采，則文對質，采對情，確有依附關繫。所以文質相生，先後不可顛倒。《淮南子·本經訓》：“必有其質，乃爲之文。”恰好是“文附質”的訓詁。

《情采》又説：“虎豹無文，則鞹同犬羊；犀兕有皮，而色資丹漆；質待文也。”“鞹”同“鞟”，解見前。《爾雅》：“犀，似牛。兕，似豕。”犀、兕兩獸的皮堅厚，古人用作兵甲。“資”，需要。“虎豹”兩句，互文見義。虎、豹、犬、羊的皮，都有自己的文，倘把它們呈現文的毛去掉，皮就没有差别，可見文有表現皮的差别的效力；至若犀兕，雖然有皮，可是缺乏文，故須丹漆。此段總結質需要文，以比情需要采。

其次是他堅持文質互相制約，指出荀卿“象物名賦”的難能可貴之處爲“文質相稱”。而兩漢以來作家多“文勝質”，相如之賦所以“寡用”，端在“理不勝辭”（《才略》），而文不免“詭濫”，覆蓋文士的“心理”，故曰“繁采寡情，味之必厭”（《情采》）。若曰“豐藻克贍，風骨不飛”，“瘠義肥辭，繁雜失統”（《風骨》），則正是對訛濫之文的批評。

又其次是他論文質的變易：“夫三皇辭質，帝世始文”（《養氣》），

"黄歌《斷竹》,質之至也;虞歌《卿雲》,則文於唐時"(《通變》)。文質隨着時代的變易而變易。因此,"時運交移,質文代變",文質似水之"環流無倦",辭采"沿時""九變"(《時序》)。"而日新其采者,必超前轍焉"。與"道"之"終然相襲"(《封禪》),必"恒久""不刊"(《宗經》)。文質不斷推移、日新,"變而通之"(《周易·繫辭》),斷可識矣。

又其次是他擴大文質的涵義。《情采》云:"《孝經》垂典,喪言不文,故知君子常言未嘗質也。"人子在服喪期間,心情悲傷,講話質而不文,平時却有質有文。這兒的文質,與前引之"文附質""質待文"不同,而與下文"文質附乎情性"相同,均指從内容情性派生之文質,爲形式概念,則文爲華麗,質爲樸素,兩者皆係形容詞。以樸素訓質,本爲古訓。《爾雅·釋鳥》以"素質"形容鳥羽,《禮記·仲尼燕居》鄭玄注:"素,猶質也。"荀悦《經籍論》以"質樸"形容士子性格,葛洪《抱朴子·鈞世》以"質樸"形容古書之語言,《文心雕龍》如之。其《諸子》:"墨翟、隨巢,意顯而語質。""語質"即語言樸素也。《奏啓》:"觀王綰之奏勛德,辭質而義近。""辭質",辭采樸素也。

《養氣》:"漢世迄今,辭務日新,争光鬻采,慮亦竭矣,故淳言以比澆辭,文質懸乎千載。""質"指上文"三皇""帝世"的"淳言",樸素也。"文"指上文"戰代""漢世"以至"今"世的"澆辭",浮華也。樸素與浮華對立,後者爲貶義詞無疑也。

又其次是他沿《周易》對文論中文質之文進行品類。《情采》所稱水的"淪漪",木的"花萼",虎、豹、犬、羊的毛,都是天生的"文";犀、兕皮上所涂的丹漆,都是人爲的"文"。《周易·賁卦》叫做"天文"和"人文"。《周易·序卦》:"有天地然後有萬物;有萬物然後有男女。"地球上的人類,産生在萬物以後,自然科學肯定地球在没有也不可能有人類的情况下就已存在,與地球同時存在的無機物景象——"天文",必先人類而出現,劉勰意識到了。《原道》:"文之爲德也大矣,與天地並生者何哉?日月叠璧,以垂麗天之象;山川煥綺,以鋪理地之形。""德",作用。與天地同時産生的"文",是"天文"——日月山川的景象。他講"文"不就此止步,還發現"天文"與"人文"的血緣關繫。從"天文"談到"人文",要求作者效法"天文",創作"人文"。他讀書、觀物、體察自然,感覺"林籟結響,調如竽瑟;泉石激韻,和若球鍠"(《原道》)。"天文"不但有燦爛的光輝,而且有協調的聲韻。諸如此類,千差萬别,可有其共同的特點:"夫豈外飾,蓋自然耳!"(同上)"天文"都是自然而然,"人文"效法它,决不是搞自然主義,而是要像"天文"那樣"自然",不矯揉造作。修辭"自然會妙,譬卉木之耀英華"。而形式主義的"雕削取巧,雖美非秀"(《隱秀》)。一句話,修辭要以"天文"的"自然"爲準繩。

有的人曲解劉勰心目中的"自然",以爲他不强調文辭的修飾,那是大錯特錯。他以"文心雕龍"名其論文之書,主張人們用心綴文,要像工匠雕刻龍的文采似的修飾辭采,他毫不含糊地指出:"古來文章,以雕縟成體。"(《序志》)辭采的美麗依靠作者不違"自然"地修飾。所謂"雕畫奇辭"(《風骨》),"刻鏤聲律"(《神思》),"寫物圖貌,蔚似雕畫"(《詮賦》),都是比方辭采的修飾。"在日常生活中,我們固然常説美的顔色,美的天空,美的河流,以及美的花卉,美的動物……不過我們可以肯定地説藝術美高於自然。因爲藝術美是由心靈産生和再生的美,心靈和它的産品,比自然和它的現象高多少,藝術美也就比自然美高多少。"(黑格爾《美學》)很清楚,藝術美比自然美高的根本原因,就在人的加工——修飾。《情采》最後希望作者"追琢其章",非强調文辭的修飾而何?當然,修飾要受"文質彬彬"的限制。

經過劉勰大發展的文論中的文質觀,雖未糾正齊、梁文壇"文勝質"的頹風,但影響很大,在梁代,蕭統與鍾嶸就是深受其影響者。

“好文學”的蕭統，勤學能文，其《答湘東王求文集及詩苑英華書》：“夫文典則累野，麗亦傷浮；能麗而不浮，典而不野，文質彬彬，有君子之致。”這與舍人的文質觀，若合符節。鍾嶸作《詩品》，評論漢到齊梁的詩人。它品曹植詩：“情兼雅怨，體被文質。”“體”與“情”對言，“體”自爲形式。植詩的形式有華麗、樸素即文質之美。它品曹丕詩：“率皆鄙質如偶語。”“鄙質”爲形容詞，屬形式範疇。丕詩有“質勝文”之瑕。它品張欣泰、范縝詩：“並希古勝文。”“古”謂“質”也。張、范詩也有“質勝文”之累。

根據先秦到南朝文質範疇的產生、演化，可以看出，孔子的貢獻是他爲之立下名號，尤其是針對流俗，初步陳其辯證特色，並運用到倫理、政制、辭令等領域。後代思想家和文論家受其影響，而補充、加深的大功，不得不歸於劉勰。他的卓越著作《文心》曾就歷代文學、文論參驗，廣泛、詳實，由抽象到具體，誠信而有徵，使人們感覺文質是各個時期藝苑演化的要害。掌握它們，則綱舉目張，足以旁通無滯，日用不匱，此亦本文撰寫目的所在。

《齊魯學刊》1985 年第 4 期

《文心》旁通

《文心雕龍》與《文選》

南齊劉勰著作的《文心雕龍》(以下稱《文心》)和蕭梁昭明太子編纂的《文選》,具有互相印證、補充、修正的作用,因此,有的學者稱爲姊妹書,是完全正確的。

劉勰在《文心》裏用自己的觀點評議先秦、兩漢、魏、晋、南朝的文學,有的放矢,語無虚設,由於他博聞强識,聯繫的典籍非常多,不少已經殘佚,可在《文選》裏發現一些,比如他詮衡的辭賦,就大都保存在《文選》内,倘若不讀《文選》,《文心》的若干觀點,便難於具體理解。

昭明太子明顯地表達他的文學觀點的書辭,只留下《文選序》及其文集的佚本,但其文學觀是可以從《文選》本身去探索的。凡屬對文學自有主張的作家,往往借選古人的文章,寄寓個人的意見。他們泛覽群書,采其合於個人意見的爲一集,讀者能就選本的體例、篇目,得到選者的觀點。

事實告訴我們,昭明太子常與當時名家討論篇籍,尤其是"愛接"劉勰①,企圖通過著述,品題古、今文壇風尚。不難想象,《文心》

---

①《南史·劉勰傳》,中華書局1957年版。

《文選》交流了二人的文學觀點,不過,反映的方式不同。

過去,《文選》的影響比《文心》大,由曹憲至李善、杜甫,或者詳其訓詁,或者明其義理;馴致趙宋,乃有景文,小名"選哥",手抄《文選》三過,流傳"《文選》爛,秀才半"的諺語,莫不摘英獵豔,鋭精辭章。諸如此類,並非《文選》研究的所有方面。在我看來,還必須考求它所包蘊的文學理論及文學史的因素,本文將從事這樣的嘗試。

曹丕察覺文學的社會功能,論文盛贊文章爲"經國之大業"①,應璩因而愧其"文章不經國"②。《文心》開宗明義,聲稱作品要"經緯區宇……發揮事業……鼓天下之動"③。所以"丈夫學文",務必"達於政事","摛文"總得關繫"軍國"④。則"辭以治宣,不爲文作"⑤,以文"奏劾",當"不畏彊禦","筆鋭干將","無縱詭隨"⑥,"文章之用",一定要側重文、武的"炳煥"⑦,不等於蟬噪的花月吟弄。

昭明太子未顯白文學的社會功能,但就他對作家的欣賞,知道他和劉勰所見一致。像陶淵明之在晋末,與阮籍之在魏末略同,恰逢易代的時候,都能知機避咎,外表没有什麽慷慨的表現,而"咏懷""述酒",憤懣寓諸言表;有時不免恬淡只爲消去一時煩悶。昭明太子好學深思,心知其意,"愛嗜其文,不能釋手"⑧,觀物造質,乃識淵明身在田園,心存魏闕,"常著文章自娱,頗示己志"⑨,形隱而心不逸,悼國傷時之情,每每見乎文辭;志士以酒銷憂,淵明則詩、酒參會,於是詩竟"篇篇有酒",而"意不在酒",誠"亦寄酒爲迹",讀者能遣其"馳競之情",袪其"鄙吝之意",所謂田園詩人,不曾超於政治,而渾身静穆,以詩言志,"有助於風教"⑩。可見昭明太子十分注意

①《文選·典論論文》,世界書局出版。 ②《文選·百一詩》。 ③《文心雕龍注》,人民文學出版社1958年版。(以下引用此書,只注篇名) ④《程器》。 ⑤《議對》。 ⑥《奏啓》。 ⑦《序志》。 ⑧《陶淵明集·陶淵明集序》,中華書局1957年版。 ⑨《陶淵明集·五柳先生傳》。 ⑩《陶淵明集·陶淵明集序》。

文章的思想性。而《文選》載録張衡憂懼讒邪的《四愁詩》，曹植痛恨兄弟相殘的《贈白馬王彪詩》，應璩譏切時事的《百一詩》，王粲悲傷亂離的《七哀詩》，阮籍常恐罹謗遇禍的《咏懷詩》，左思厭惡士族抑人的《咏史詩》，劉琨哀憤國破家亡的《答盧諶詩》，郭璞滓穢塵網的《遊仙詩》，確有其理論根據。可是，與謝靈運齊名的顔延年眼力不如昭明太子遠甚；看他品藻人物，東望不見西墻，褒讚淵明，有異昭明太子，盛道棄官從好，幽居超曠的一體，忽其苞桑思危的要害①。

與劉勰同時的沈約，空前明朗地講到文學的起源："歌咏所興，宜自生民始也。"②自從有了人類，便有了口耳相傳的歌謠，然而劉勰講得比沈約更詳實。他意識到三皇之世，就興起歌咏③。《文心》的第一篇《原道》指出："人文之元，肇自太極。""太極"是産生天地的物質實體，那末，"太極"時期，既無天地，尚無人類，哪有文學？應知劉勰將"太極"轉爲太古，亦即原始社會，那時，雖然没有文字，却已開始口頭創作，歌謠是主要形式。隨着人類智慧的增長和生活的需要，表現情感的工具，從語言變爲圖畫，則"《易》象爲先，庖羲畫其始"。通過人工塑造的圖畫，就是庖羲首先描繪的八卦，成爲《易》以示意的形象。人類再向前進，則"鳥迹代繩，文字始炳"，"人文"的工具，又變爲結繩，最後變爲文字。

《文選序》發端曰："式觀元始，眇覿玄風，冬穴夏巢之時，茹毛飲血之世，世質民淳，斯文未作，逮乎伏羲氏之王天下也，始畫八卦，造書契，以代結繩之政，由是文籍生焉。"文，與質相對，《廣雅》："文，飾也。"質，樸素也。書契，文字也。很清楚，昭明太子與劉勰的論述，若合符契，他也認爲原始人類，性情淳樸，表情全憑語言，没有采飾，直到伏羲，才畫八卦，發展爲結繩，以至於文字，出現有采飾的書籍。

①《文選·陶徵士誄》。②《宋書·謝靈運傳》，中華書局1958年版。③《明詩》。

莊周、荀卿都言天、人，而天與人反。天者自然，人者造作。《易·賁·象》分文爲“天文”“人文”，劉勰以論文的演化，説“天文”爲日、月、山、川的景色，有天地、萬物，就有這種文采，故曰“天文”“與天地並生”。“人文”的體勢和“天文”的不同，不但有圖畫、結繩、文字，而且有典章制度等。由“天文”到“人文”的次第，確不可拔①，昭明太子在這一點上，無甚叙列，而談“天文”“人文”的效驗，他倆都因循《賁·象》之辭：“觀乎天文，以察時變；觀乎人文，以化成天下。”人們能從“天文”“人文”觀察時節及教化的改變與成就。

作家情感從何而來？劉勰對這個認識論的根本問題，用他自己的話説，那就是“同乎舊談”②。《荀子·天論》：“形具而神生，好、惡、喜、怒、哀、樂臧（同藏）焉，夫是之謂天情。”人一旦有了形體，便産生精神，藴藏好、惡、喜、怒、哀、樂六種情感，所以叫做“天情”，因爲它們都是人“所受於天”③的。换言之，它們都由天賦。《禮記·禮運》：“何謂人情？喜、怒、哀、懼、愛、惡、欲，七者弗學而能。”顯然，這是荀子“天情”的翻版。劉勰同然一詞：“人禀七情。”④肯定人有天賦的情感。

《禮記·樂記》：“凡音者，生人心者也……是故治世之音安以樂，其政和；亂世之音怨以怒，其政乖。”音樂所表現的情感，隨社會的治、亂轉移，劉勰也同然一詞：“歌謡文理，與世推移。”⑤歷代歌謡的文辭、情感，隨社會變化，仿佛風吹動水面，波浪跟着震動似的。

《禮記·樂記》：“人心之動，物使之然。”陸機《文賦》：“悲落葉於勁秋，喜柔條於芳春。”外界的景物使人内心摇動，悲、喜的情感産生於春、秋的不同氣候，劉勰也同然一詞：“情以物興。”賦家登高觀察景物，會興起情感，詩人“情以物遷”，春天的是“悦豫”，夏天的是“鬱

①《原道》。②《序志》。③楊倞注。④《明詩》。⑤《時序》。

陶”，秋天的是“陰沉”，冬天的是“矜肅”，情感隨景物的變化而變化。①

昭明太子説了與劉勰相同的語：“覩物興情。”他也以爲作者觀察景物，興起情感，“更向篇什”②，從事創作。又和劉勰一樣，稱自然形象爲“物色”，“物色不同，序事或異”③。《文選》的賦，特立“物色”一類，輯録宋玉的《風賦》、潘岳的《秋興賦》、謝惠連的《雪賦》、謝希逸的《月賦》，隱喻這些賦家，都以景物所産生的情感作賦，爲情造文。

情感的社會來源，昭明太子未明言，而他表示排列選文，“各以時代相次”④，暗示作品的情感，因“時代”而别，按其先、後的次第，就便於讀文論世，披文輒見作家適時之心。

至於天賦的情感，昭明太子意識到，他以爲釋氏“承稟實能仁”⑤，是説釋氏承受資稟，實際能够布施仁恩，有若孟子所謂人皆有“固有”而非“外鑠”的“仁、義、禮、智”⑥，正以人有天賦的觀念，發動而爲情感，作家的高、下，與此相關，晋安王創作“佳”勝，以其“有天才”⑦，而“詞人”之中，本有“才子”⑧，猶陸機云“才士”⑨，“才”係孟子“非天之降才爾殊也”⑩的“才”，無疑指天賦，“詞人”所以“名溢於縹囊”，就因爲有天賦的情感。

不可否認，昭明太子評論作家，首先提到“天才”，這和劉勰“文章由學，能在天資”，“才爲盟主，學爲輔佐”⑪的觀念一致。核而論之，人的天賦與情感不無關繫，可是决定條件畢竟是教養。西歐的洛克早已批判笛卡爾的“天賦觀念”，我國古代的哲學家、文論家，絶

①《物色》。②《全梁文·答晋安王書》，中華書局1958年版。③《全梁文·同泰寺僧正講詩序》。④《文選序》。⑤蕭統《東齋聽講詩》。⑥《孟子·告子上》（《諸子集成》本）。⑦《全梁文·答晋安王書》。⑧《文選序》。⑨《文選·文賦》。⑩《孟子·告子上》（《諸子集成》）。⑪《事類》。

大多數未能跳出"天才論"的窠臼。

天地間的一切事物,各個局部都必須擺正,使其整體和諧,足以發揮其效能,文學藝術不例外。《易·艮》的爻辭裏有一句名言:"言有序。""序"者,文從字順,"若網在綱,有條而不紊"[①]。語言精妙的特徵之一是有自然的秩序,完整而不錯亂。

李充認爲木玄虛的《海賦》"壯則壯矣,然首尾負揭……亦將由未成而然也"[②];葛洪稱或人認爲"五千文雖出老子,然皆泛論較略耳,其中了不肯首尾,全舉其事,有可承按者也"[③];南齊高帝子曄厭薄謝靈運"放蕩,作體不辨有首尾"[④];鍾嶸怪謝朓屬辭,"善自發端,而末篇多躓"[⑤]。一言以蔽之,上述作家的共同毛病是作品缺乏系統、完整之美。

劉勰針對這種情況,"言爲文之用心"[⑥],撰《附會》專篇,揭露文士"製首以通尾"的"蓋寡","尺接以寸附"的"甚衆",以致"文章解散",不能"按部整伍"[⑦];於是强調裁文匠筆,務"總綱領","統首尾"[⑧],"原始要終,體必鱗次"[⑨],"首尾相援","使衆理雖繁,而無倒置之乖;群言雖多,而無棼絲之亂"[⑩]。

昭明太子詮叙篇章,也以完整之美爲準繩,他以爲晋安王詩之所以爲"佳作",端在"首尾裁净"[⑪];嘉許《玄圃園講頌》之所以可爲"佳作",以其"首尾可觀"[⑫]。

《禮記·大學》:"物有本末。"孔子易"本末"爲"文質",以論道德、禮儀,從質生文,表裏相資,彼此"彬彬",包咸釋曰"相半"[⑬],猶之對稱,不得偏勝。漢魏六朝文論家,或以臧否藻辭,劉勰集其大

---

①《尚書正讀·盤庚上》,中華書局1964年版。 ②《文選》李善注引李充《翰林論》。 ③《抱朴子·釋滯》,世界書局出版。 ④《南史·齊高帝諸子列傳》。 ⑤《詩品注》,人民文學出版社1958年版。 ⑥《序志》。 ⑦《總術》。 ⑧《附會》。 ⑨《章句》。 ⑩《附會》。 ⑪《答晋安王書》。 ⑫《答玄圃園講頌啓令》。 ⑬《論語正義》,商務印書館出版。

成，擴充"文質"涵義，約而爲三：曰情理與文采，曰華麗與樸素，曰浮華與淳樸[①]。綜觀《文心》，殆一以貫之。而《情采》要求世之作者，都領會"文附質""質待文"，做到"文質彬彬"，痛恨"近代辭人""文勝質"的"詭巧"[②]。

昭明太子的"文質"觀，不翅劉勰，他在《答湘東王求文集及詩苑英華書》裏寫道："夫文典則累野，麗亦傷浮；能麗而不浮，典而不野，文質彬彬，有君子之致，吾嘗欲爲之，但恨未逮耳！"

這是昭明太子的切至之論，由衷之言，他也感覺齊、梁藝苑的流弊是"文、質"的不協調，或質勝文而失之"野"，或文勝質而流於"浮"，藥之之道無他，求其"文質彬彬"而已矣，真與劉勰唱一個調子，然此談何容易？陸機力主"辭達理舉"，"無取冗長"，終以知之非難，能之維艱[③]；其弟雲乃以機文病"多"[④]，劉勰亦以機作"不制繁"[⑤]；晋武帝詔"短章清暢"[⑥]的張華，"記事采言，亦多浮妄，宜更删截，無以冗長成文"[⑦]；蕭綱非裴子野學謝靈運，"則不届其精華，但得其冗長"[⑧]。今檢昭明太子之文，不免淫麗之嫌，惟劉勰之作《文心》，奇、偶迭用，自然麗辭，生動有致，成一家風格。

阮籍直指《易》爲"往古之變經"[⑨]，講萬物的"變"是《易》的要害，《繫辭》所謂"入神致用"的"精義"，正從"變"體現。《文心》的樸素辯證法，恰好是這種"精義"的傳箋[⑩]。全部《文心》，始終滲透"變"的觀念，不把文學當作静止的東西。而且"變"非形而上學的演易。事物隨時變化，才能通利有生命力，此之謂"變而通之以盡利"[⑪]。劉勰爲此談文學的"通變"或"變通"的目的，是讓文學不斷

①《〈周易〉與〈文心雕龍〉》(《武漢大學學報》1984年第6期)。 ②《定勢》。 ③《文賦》。 ④《全晋文·與兄平原書》，中華書局出版。 ⑤《才略》。 ⑥《才略》。 ⑦《全晋文》。 ⑧《全梁文》。 ⑨《全三國文·通易論》。 ⑩《〈周易〉與〈文心雕龍〉》。 ⑪《周易·繫辭》，中華書局出版。

上升“日新”①,“日新其采者,必超前轍焉”②。

無庸諱言,昭明太子也繼承《易》之“變”的“精義”。《易》的《隨卦》集中論斷天下事物隨時成長,贊賞“隨時之義遠矣哉”,而“隨時變改”的文學,譬如“增冰爲積水所成,積水曾微增冰之凛”,“踵事增華,變本加厲”③,决不滞留原有狀態。

當然,劉勰領會《易》的“日新”之“變”,乃就總的傾向着眼,而曲綫式的“變”充分呈現其複雜性,主要不外正、反相生,主次分明。因此,鋪陳每個時代的文學,視野不能局限在正或反的一邊,主或次的一隅。司馬相如的《上林賦》、枚乘的《兔園賦》、王褒的《洞簫賦》、班固的《兩都賦》、張衡的《二京賦》、揚雄的《甘泉賦》、王延壽的《魯靈光殿賦》等寫物大賦,左右兩漢,爲當時賦的主流,故劉勰“詮賦”,哪怕備舉,以爲“辭賦之英傑”,究非盡善、盡美,而有“侈”之病④。而和此類賦相反的抒情小賦,雖然居於次要地位,要爲漢賦的組成部分,亦略而言之。至若《離騷》,劉勰之“辨”復如之,推尊屈原之文而主之,譽之爲“奇文”“偉辭”,而宋玉、唐勒、景差之賦,是楚辭之次焉者;三人之中,以玉爲最,與原相比,玉又爲次,而獨崇原創《騷》之功;且玉所賦,見其優、劣,而優實居上,仍“屈宋”並稱⑤,怪漢代賦家,不能追逐二氏“逸步”⑥,苟云玉賦之劣,則“淫麗”是已⑦。

昭明太子同意劉勰的觀點,有的默而不言,而用選文隱射。於是漢世寫物大賦,迭劉勰所“詮”者,同樣列於首要地位;抒情小賦,選賈誼的《鵩鳥賦》、張衡的《歸田賦》、相如的《長門賦》,給人以附庸的印象。《騷》選屈者獨多,玉只選其《九辯》《招魂》;而玉賦之“淫麗”者,僅選《高唐賦》,“麗則”者,選《神女賦》《風賦》《登徒子好色

①《通變》。②《封禪》。③《文選序》。④《宗經》。⑤《辨騷》。⑥《辨騷》。⑦《詮賦》。

賦》。很清楚，讀者可於選文通曉其文論，這是不容忽視，而又必須開拓的領域，以下不妨另舉幾例。

劉勰以西晋玄言詩興，江左玄風愈甚，詩、賦無異老、莊的“旨歸”“義疏”①，遂令“辭意夷泰”②，而“力柔於建安”③，昭明太子則於玄言之製，唯選孫綽《天台山賦》、孫楚《征西官屬送於陟陽候作詩》，聊備詩、賦史之全、真而已。

劉勰以魏、晋賦“游仙”者，不一而足。有的傾心松、喬，一往不返，神志沉廢；有的息影山林，寄志中區，意氣“挺拔”④。昭明太子則選“長懷慕仙類”和“詞多慷慨，乖遠玄宗”⑤的何敬祖、郭景純内容背反的《游仙詩》，以見斯體的正、變。

劉勰以一作家，自有短、長，論之標其所長；是以“嵇康師心以遣論”⑥。叔夜的詩雖亦不凡，而遜於論，論蓋師心獨見，與舊説對立，不蹈襲前人，而度越庸流。昭明太子則選其否定秦、漢方士長生不死説，賴營、衛延年益壽的《養生論》，以著其思想的通脱，而其《幽憤》《贈秀才入軍》諸詩亦入選，不蔽於一曲。

劉勰以劉宋山水詩盛，刻畫出“形似”逼真者，固然“巧言切狀”，讀者“能瞻言而見貌”⑦；可是體勢“訛新”⑧者，“崇盛麗辭”⑨，“儷采百字之偶，争價一句之奇”⑩，迷戀字句的對仗、詭巧。昭明太子則着重選兼玆利、病的代表詩人謝靈運的篇章，以供學人參驗。

劉勰以屈原創造《離騷》，宋玉之徒順流而作。《文心·辨騷》省稱《離騷》曰《騷》⑪，而“辨”却包括《楚辭》各篇，增廣其内涵。昭明太子則選屈原的《離騷》《九歌》《九章》《卜居》《漁父》，宋玉的《九辯》《招魂》，以至西漢劉安的《招隱士》，而統名之曰《騷》。

---

①《時序》。②《時序》。③《明詩》。④《明詩》。⑤《詩品注》，人民文學出版社出版。⑥《才略》。⑦《物色》。⑧《定勢》。⑨《麗辭》。⑩《明詩》。⑪《辨騷》。

不僅如此，昭明太子也用選文暗示自己的觀點，他以漢來的隱有大、小兩種形式；像東方朔"陸沉於俗"，避世宮殿中以全身，是"隱朝市"的"大隱"也；陶潛辭禄歸耕，優游田園以自適，是"隱陵藪"的"小隱"也。[①] 故《文選》的"招隱"一類，則選左思尚"小隱"的《招隱詩》、王康琚貴"大隱"的《反招隱》，以彰隱的方式的矛盾。

昭明太子還以魏樂府詩用舊題寫新事，饒有生氣，而晋來或以舊題寫舊事，"屋下架屋，不免儉狹"[②]。後者劉勰不取，存而不論；昭明太子也不謂然，《文選》立《雜擬》一類，以明歌詩發展過程中的屈折。

天地有高卑，江河有淺深，"物之不齊，物之情也"[③]，"情"之爲言實也，萬物同異的對立面，是不可掩蓋的。"君子"總抵制莊子齊一萬物、泯絶同異的妄見，承認"以同而異"[④]的真知。所以我們可從《文心》《文選》發掘劉勰、昭明太子文學觀點的大同和小異。

昭明太子强調，創作必"事出於沉思，義歸乎翰藻"[⑤]。這兩句互文見義，實謂作品的内容，要有"事""義"而不空洞；形式要有文采而不質木，也就是劉勰説的"文質相稱"[⑥]。昭明太子進一步要求作家"綜緝辭采，錯比文華"[⑦]，不輕棄文辭的藝術加工，也得劉勰心之所同然。彦和以"雕龍"名書，比方文辭的修飾，要像工人雕刻龍文那樣，指出"古來文章，以雕縟成體"[⑧]，成功的作家，都能"雕畫奇辭"[⑨]，説明文辭之"奇"異，在於"雕畫"或錘煉。

難能可貴的是劉勰以發展的觀點和各種文體的特徵看待辭采。經典、諸子、史傳、詩、賦的體裁、時代不同，不宜用一把尺子去衡量。《文心》肯定"四部"及蘇、張策士説詞的辭采，就是這個緣故。然而

①《文選・反招隱》。②《世説新語・文學》，世界書局出版。③《孟子・滕文公上》。④《周易・睽・象》。⑤《文選序》。⑥《才略》。⑦《文選序》。⑧《序志》。⑨《風骨》。

昭明太子以齊、梁詩賦"綺穀紛披"①的美學觀點品題歷代文體，他口頭稱經典爲"聖人"之作，不能"芟夷""剪截"，内心以其文之不美而不入選；老、莊、管、孟之書，文、義並重，各有特色，恰如劉勰所説②，而他以諸子"宗意"，而不重文，文不美而不見搜；"賢人""忠臣""謀夫""辨士"的"辭""語"，劉勰不擯諸文藝之外，而他以其文不佳麗，托異"篇章"而不相收；記事、繫年的史傳，劉勰以爲文之一類，而他假其不同"篇翰"而遺之；他抽録史傳的"贊""評"，以其有華采；賈誼《新書》，《漢書・藝文志》列於子部，本他所不搜，《過秦》上、中、下三篇，他以上篇文美，題加"論"字，編於"論"門；他對個人偏袒的美學觀點的堅持，亦可見矣。

劉勰懂得文辭的"奇正雖反，必兼解以俱通"③，原來文辭内部"奇""正"這對矛盾，互相依賴、制約；而有的"辭人"，公然"逐奇而失正"，造成文辭的"反正""適俗"，不惜"顛倒文句"④。故曹操《祭橋玄文》，把"心想目存"顛倒爲"心存目想"，潘岳《寡婦賦》同。與劉勰同時的江淹，《梁典》稱其"愛奇"，作《恨賦》，把"孤臣墜涕，孽子危心"，顛倒爲"孤臣危涕，孽子墜心"；著《别賦》，把"心驚骨折"，顛倒爲"心折骨驚"；劉勰斥之曰"怪體"⑤。昭明太子録此二賦，若爲昭宣時弊，無可非議，而實没斯意，因他自作，尤而效之，曰"心遊目想"⑥，透露消息，其佚文有無是累，不可得而尋矣。

孔子講禮制的"因"與"損益"⑦，揚雄引而伸之，泛論事物"不因不生，不革不成"⑧。夫"損益"者，"革"也。從"因"到"革"，是事物繁榮滋長的規律。劉勰以論文學的"通變"，必"參伍因革"⑨，故"賦自詩出"⑩，賦"因"《詩經》的"六義"之"賦"，"革"而爲獨立的文體。

①《金樓子》。②《諸子》。③《定勢》。④《定勢》。⑤《定勢》。⑥《文選序》。⑦《論語・爲政》。⑧《太玄》，中華書局出版。⑨《通變》。⑩《詮賦》。

則由《詩經》派生之詩先於賦,《離騷》爲賦之雛型而先之,"昭昭若日月之明"①。昭明太子對事物辯證之"變"的理解,不如劉勰,他於選文的排列,"各以時代相次"的原則,未徹底實踐,而賦先於詩,《騷》後於賦,不亦顛乎!

宋玉含才負俗,曲高和寡,意不自得,假與楚襄王對問以抒憤,劉勰稱其"始造《對問》,以伸其志"②,自是之後,東方朔向漢武帝上書,陳農、戰强國之計,終不見用,假客難其安守貧賤,以爲問答,名之《答客難》;漢哀帝時,丁傅、董賢專權,附和之者,皆起家飛聲,揚雄獨立不懼,寂寂無聞,假人嘲其玄默,即爲作解,號之《解嘲》;班固篤志博學,假賓譏其無功勞於世,固輒應之,謂之《答賓戲》;劉勰以三者均《對問》支裔③。又東方朔以坎坷不遇,歷年無成,假吴王問以答之,是爲《非有先生論》。王褒爲益州刺史王襄作《中和樂職宣布詩》,又爲之作傳,假與三客之問答以明其意,題爲《四子講德論》。這五篇文章,都以虚構、問答論事,窺測劉勰之意,宜合於"對問"或"設論",不必分爲二類。昭明太子不然,辨體不似彦和的精簡,亦可見其端倪。

《武漢大學學報》1986 年第 5 期

①《宗經》。 ②《雜文》。 ③《雜文》。

《文心雕龍》與《詩品》

鍾嶸是蕭梁著名的文學批評家，他自己也能寫作。李唐李延壽《南史》本傳稱嶸任衡陽王元簡的記室，“專掌文翰”。當時居士何胤“築室若邪山，山發洪水，漂拔樹石，此室獨存”。元簡便命嶸作《瑞室頌》，“辭甚典麗”；又“著《良吏傳》十卷”，今佚。清嚴可均輯《全梁文》，載嶸《上言軍官》，詩、賦無留傳者。他所保存到現在的完整而有價值的著作是《詩品》。作於南齊末年的《文心雕龍》不見論述。《詩品》“不録存者”，它評議的對象是“其人既往，其文克定”（《詩品序》）的死者，無在位的梁代帝王，而有曾在齊末鑒賞《文心雕龍》，至梁而卒的沈約，乃知它作於梁世，將受到《文心》的影響。

日本興膳宏先生的見解，恰好相反。他在其《〈文心雕龍〉與〈詩品〉在文學觀上的對立》（以下簡稱《對立》）一文（八二年《文藝理論研究》第二期）裏指出劉勰、鍾嶸兩位批評家“不但在批評的對象和方法上有異，而且在文學理論的若干問題上，也是互相對立的”。甚至指出鍾嶸對“前輩批評家劉勰的理論是懷着敵愾的”。我們試就《對立》的論點來談談《文心雕龍》對《詩品》的影響。

《對立》在徵引《文心雕龍》的《明詩》篇“若夫四言正體，則雅潤爲本；五言流調，則清麗居宗；華、實異用，唯才所安”，和《詩品序》“夫四言文約意廣，取效風騷，每苦文繁而意少，故世罕習焉。五言居文詞之要，是衆作之有滋味者也；故會於流俗，豈不以指事造形，窮情寫物，最爲詳切者耶”兩段文字以後，説“鍾嶸斷言在詩型方面，五言詩較具有古老傳統的四言詩爲優，劉勰則認爲可根據各自的特色，分别使用，無所謂詩型的優劣問題”。因此，兩家“對立”，其實不然。

西晋摯虞的《文章流别論》：“古之詩有三言、四言、五言、六言、七言、九言。古詩率以四言爲體，而時有一句、二句雜在四言之間，後世演之，遂以爲體……然則，雅音之韻，四言爲正，其餘雖備曲折之體，而非音之正也。”古詩，指《詩經》。《詩經》以四言爲多，其中夾雜少數非四言的文句，後代各自演化成篇，畢竟以四言爲“正體”。

劉勰在他的那段文字裏，講了兩層意思。他論文“宗經”，以經典爲古代文章的“奥府”(《宗經》)，舉例多用經典。那末，他論詩型，自然采納摯説，也以《詩經》的四言爲“正體”，所不同的，是他强調文章隨時變化，纔能通行，有生命力(《通變》)；同時，這種變化不是循環的，作品“日新其采，必超前轍”(《封禪》)，模擬經典的文章，將勝過經典。《對立》稱劉勰以“後世堪憂的文學上的弊病，都可以用‘回到經書去’的立場的辦法來加以矯治”，把“宗經”當做復古倒退，實迥異其趣。試看劉勰贊許“宗經”的“奇文”《離騷》風格“豔溢”(《辨騷》)；而他的“宗經”的《文心雕龍》，奇、偶互出，生動有致，自成風格；都與經典有别，便是鐵的證明。他以《詩經》的四言，雖爲“正體”，究非至高無上，一成不變。詩型的歷史啓示他，使他在肯定四言爲“正體”的同時，指出五言爲“流調”。劉宋顔延年《庭誥》云：“五言流靡。”“流靡”謂五言的風格流利、靡麗，而“流調”言五言的發展。“流”與“演”義一，如東漢班固《兩都賦序》“賦者，古詩之流也”的“流”。“賦自詩出”(《詮賦》)，《詩經》的“賦”演化爲獨立的文體——辭賦，如水的流動；同樣的，《詩經》的四言演化爲五言的辭調，也如水的流動，是大勢所趨，爲詩型的進步。《文心雕龍》的《明詩》篇陳述詩型，由漢初的四言而五言，而建安五言的興起；《章句》亦稱“詩頌大體以四言爲正”，而各種詩型的先後出現却是“情數運周，隨時代用”，誰也不能阻擋這一潮流，則後生的五言優於四言，不言而喻，此其一。劉勰以四言的風格“雅潤”，五言的風格“清麗”；“實”指“雅潤”，“華”指“清麗”。作者借鑒舊文的風格，各取所好，故東漢的張衡取了“雅”，曹魏的嵇康取了“潤”，西晉的張華取了“清”，張景陽取了“麗”(《明詩》)，雖然五言比四言高妙，但都給後代作者以營養，此其二。

鍾嶸的那段文字實承劉勰而發。我們在解説以前，先詮釋“流俗”一詞。西漢司馬遷《報任安書》：“若望僕不相師，而用流俗人之言。”戴聖《禮記·射義》：“不從流俗。”“流俗”，世俗，此貶義也。戰國孫卿《荀子·不苟》：“畏法流俗。”李唐楊倞注：“法，效也，畏效流移之俗。”鍾嶸這兒所謂“流俗”，爲變動的習尚，無貶義。會，合也。劉勰尊四言爲“正體”，鍾嶸因之，譽曰“文約意廣”，猶《文心雕龍》的《物色》曰“以少總多”，故四言精要，但這不意味它不須提高了；因此，鍾嶸沿劉勰的發展觀點，更明確地以五言視風騷的雜言卓越，理由是“指事造形，窮情寫物，最爲詳切”，表達力比四言强，於是作者認爲是許多詩型中“有滋味”的一種，也就合乎流動的、適時的習尚，被後代作者運用。

所以劉勰和鍾嶸都以詩型與世推移，而後來者居上。他倆的論點都涉及四言和五言的優、劣問題，不過劉勰説詩型的推移，一言蔽之曰“流”，引而未發，鍾嶸不啻作其義疏，相得益彰，不得謂之“對立”。

《對立》以較大篇幅論證《文心雕龍》與《詩品》在用“奇”字上的“對立”，斷定鍾嶸的“奇”字是“贊辭”，和“劉勰的‘奇’在概念和價值評定都是大相徑庭的”。誠然，《文心雕龍》和《詩品》都多次用過“奇”字，而涵義不完全相同。鍾嶸用“奇”的目的是對詩辭的褒揚，像品建安劉楨,曰:“仗氣愛奇,動多振絶。”品劉宋謝靈運,曰:“一章之中,自有玉石,然奇章秀句,往往警遒。”品蕭梁任昉,曰:“但昉既博物,動輒用事,所以詩不得奇。”品虞羲,曰:“子陽(羲字)詩奇句清拔。”品南齊王巾、卞彬、卞録,曰:“王巾、二卞,並愛奇嶄豔。”品張華,曰:“其體華豔,興托不奇。”這些“奇”字的訓義,都同《説文》:“偉也。”自爲“贊辭”。《文心雕龍》“奇”字的訓義,若《正緯》:“事豐奇偉。”《辨騷》:“奇文鬱起。”“馬、揚沿波而得奇。”《麗辭》:“若氣無奇類,文乏異采。”《附會》:“鍾會易字,而漢武嘆奇。”《風骨》:“雕畫奇辭。”這些“奇”字,都有“偉”的意思,故或“奇偉”連文。又若《正緯》:“今經正緯奇,倍擿千里。”《史傳》:“然俗皆愛奇,莫顧實理。”《練字》:“若依義棄奇,則可與正文字矣。”《序志》:“辭人愛奇,言貴浮詭。”這些“奇”字,都有詭異的意思。又若《書記》:“兵謀無方,而奇正有象。”《定勢》:“奇正雖反,必兼解以俱通。”《知音》:“是以將閲文情,先標六觀……四觀奇正。”這些“奇”字,是説軍事、創作的法則,用現代的話説,軍事的“正”是常規戰,“奇”是伏擊、偷襲;創作的“正”是造語按語法常規,“奇”顛倒,餘此類推。《麗辭》:“迭用奇偶。”“偶”是對句,“奇”是散語。

漢語往往一字多義,《文心雕龍》用“奇”字的目的,而有五種涵義,兼褒、貶而兩之。《詩品》用“奇”字的目的只有褒揚一種。如果鍾嶸另有指斥的目的,而用“奇”字,一定會有貶義。不能以《文心雕龍》與《詩品》“奇”字涵義的多寡、同異,決定兩書的“對立”。

我們不妨擴大視野,《陶淵明集》的《移居》:“奇文共欣賞。”《讀山海經》:“瑾瑜發奇光。”《感士不遇賦》:“病奇名之不立。”這些“奇”字與《詩品》的“奇”字的涵義同,全集無“奇”字餘義,不能作爲《陶淵明集》與《文心雕龍》“對立”的憑藉。《史記·陳平列傳》:“平凡六出奇計,其奇秘世莫得聞。”“奇”之爲言秘也。《文心雕龍》和《詩品》,

都無此義,也不能作爲《史記》與《文心雕龍》《詩品》"對立"的根據。

《對立》從劉勰論文"宗經",以《離騷》爲《詩經》的《風》《雅》以後的"奇文"(《辨騷》)講到楚辭與經書本質的"對立",以爲楚辭與經書之間"的確存在着本質的不同,可以説,楚辭是闖入文學世界的非經書要素的元祖,後世非經書要素,大抵在某種意義上追溯到楚辭","包含着劉勰所討厭的異端的要素"。

我們知道,劉勰的《辨騷》,一開頭便以《離騷》所以是"奇文"的原因,是它直接繼承了《詩經》的《風》《雅》,爲經書的支裔。毫無疑問,劉勰把屈原著《離騷》,作爲綴文"宗經"的典範,而"宗經"無非取經之意,摹經之辭。因此,劉勰一方面説:"屈、宋屬篇,號依詩人。"《離騷》師範經書而爲。又説:"自《離騷》代興,觸類而長。"(《物色》)《離騷》代替《詩經》興起,不是一味因循,而形式變《詩經》的四言爲雜言,又多用比體,辭采易經書的"典雅"爲"豔溢",這就是《對立》所謂"楚辭開辟了經書所不備的、嶄新的、文學的可能性,所以它能成爲與經書相異的另一種規範",劉勰因而稱道屈原"自鑄偉辭"(《辨騷》)。東漢王逸《離騷章句序》:"夫《離騷》之文,依托五經以立義焉。"這是《文心雕龍》以前肯定楚辭的本質(内容的思想意識)要素與經書相同的論點,劉勰不異"前論"(《序志》),另一方面説《離騷》"取鎔經意"(《辨騷》)斯乃信而有徵。楚辭以爲人主必"舉賢授能"(《離騷》),這是經書"選賢與能"(戴聖《禮記·禮運》),"推賢讓能"(《尚書·周官》)之意;人主又必"德澤章只"(屈原《大招》),這是經書"德明光於上下"(《尚書·洛誥》)之意;人主又必"存孤寡"(《大招》),這是經書"能保惠於庶民,不敢侮鰥寡"(《尚書·無逸》)之意;楚辭稱屈原表示"豈余身之憚殃兮,恐皇輿之敗績"(《離騷》),王逸注:"皇,君也。君輿之所乘,以喻國也。"屈原不顧個人的禍患,恐怕君國的傾危,這是經書"赫赫宗周,褒姒滅之"(《詩經·小雅·正月》),詩人惶懼西周幽王淫惑褒國女子,不自爲政,卒勞百姓,以亡其國之意;楚辭又稱屈原宣誓:“雖體解吾猶未變兮,豈余心之可懲”(《離騷》),而屈原至死不變改良祖國政治的心志,這是經書稱志士“戴仁而行,抱義而處,雖有暴政,不更其所”(戴聖《禮記·儒行》)之意;楚辭“發政獻行,禁苛暴只”(《大招》),這是經書“禁詰奸慝,刑暴亂”(《尚書·周官》)之意;楚辭“賞罰當”(《大招》),這是經書“畢協賞罰”(《尚書·康王之誥》)之意;楚辭“先威後文”(《大招》),這是經書“偃武修文”(《尚書·武成》)之意;楚辭“彼堯舜之耿介兮,既遵道而得路;何桀紂之猖披兮,夫維捷徑以窘步”(《離騷》),這是經書“祖述堯舜”(戴聖《禮記·中庸》),而非桀紂之意。這些楚辭的本質要素,都根源於經書的本質要素,不存在“對立”,與戰國孟軻所辟的“異端”——楊朱、墨翟的道術,不可同年而語。《史記·屈原列傳》:“《國風》好色而不淫,《小雅》怨誹而不亂,若《離騷》者,可謂兼之矣。上稱帝嚳,下道齊桓,中述湯、武……”不是説楚辭所闡明的本質要素即經書的本質要素嗎?

不可否認,楚辭有劉勰“所討厭的異端要素”——“詭異之辭”,“譎怪之談”,“狷狹之志”,“荒淫之意”(《辨騷》)。然而劉勰認爲是白璧一瑕,而瑕不掩瑜,他没有蔽此一曲,總斷楚辭的本質要素非經書的本質要素。他强調形式從内容派生(《情采》),要是楚辭的本質要素以“異端”爲主,他就不會贊美《離騷》的風格“豔溢”,“驚采絶豔,難與並能”,怪作者不追逐屈原、宋玉創作的“逸步”(《辨騷》)。何况劉勰“所討厭的異端要素”,完全是誤會。什麽“詭異之辭”“譎怪之談”,都是藝術的虚構,如《詩經·魏風·碩鼠》的作者所向往的“樂國”,《大雅·后稷》的作者所歌頌的后稷初生的靈異是也。“狷狹之志”,是經書裏所有的忠君、死諫之旨,此不待舉證,而衆所周知也。“荒淫之意”,是屈原對楚宫腐朽生活的披露,不是“指以爲樂”,

“舉以爲歡”，也是經書裏本有的。戴聖《禮記·曲禮》：“男女不雜坐。”禮教規定男、女雖坐，也有區别。《詩經·大雅·蕩》假托周文王諫商紂王，曰：“天不湎爾以酒。”《尚書·酒誥》：“罔敢湎於酒。”古人飲酒，以成宴禮，不沉湎而亂。楚辭的《招魂》曰：“士(男)女雜坐，亂而不分些。”曰：“娭酒不廢，沉日夜些。”諸如此類，都與經書之義悖反，屈原爲此披露“淫欲侈靡，不顧國政”(西漢劉向校録《戰國策·楚策》)的楚襄王。以上四點，都是經書的本質要素，劉勰以爲“異乎經典”(《辨騷》)，怎麽不是誤會呢？

《對立》以爲“在齊、梁文壇的音韻理論，以及在堆砌詞藻的文章使用典故的問題上，劉勰雖亦把四聲八病的格律，置之度外，但看待他們的態度還是比較積極的；鍾嶸却是給與完全消極的價值。因此，在觸及詩型的音韻、典故等具體問題時，就出現了明顯的“對峙”。

是否“對峙”？我們姑且先就《對立》所根據的《詩品序》和《文心雕龍》的《事類》來辨析用典問題。

《詩品序》云：“夫屬辭比事，乃爲通談。若乃經國文符，應資博古；撰德駁奏，宜窮往烈。至於吟咏情性，亦何貴於用事？‘思君如流水’，既是即目；‘高臺多悲風’，亦惟所見；‘清晨登隴首’，羌無故實；‘明月照積雪’，詎出經、史！觀古今勝語，多非補假，皆由直尋。顔延、謝莊，尤爲繁密，於時化之。故大明、泰始中，文章殆同書鈔。近任昉、王元長等詞不貴奇，競須新事，爾來作者，寖以成俗。遂乃句無虚語，語無虚字，拘攣補衲，蠹文已甚，但自然英旨，罕值其人。”

鍾嶸的這番話論作者運用典故，界限很分明。修辭“比事”，是爲“通談”，可是在實際用典的過程中，却以文體而異。比如“經國”“撰德”的“文符”“駁奏”，都應着重用典印證。至若吟咏情性的歌詩，就不以用典爲“貴”者，不像“文符”“駁奏”的多用。當用則用，見機而作。因此,歌詩有的像“思君如流水”“明月照積雪”都是“直尋”,而不用典,仍不失爲“勝語”。《詩品》列於上品的詩人曹植、阮籍、陸機、潘岳、左思、謝靈運等的篇章,都有“直尋”的,也有用典的,未因用典而降低他們的等第。我們還可以推論,鍾嶸以散文除去“文符”“駁奏”外,用典要如歌詩。他有無詩、賦,文獻無徵,而保存的散文可誦者爲《詩品序》,它用典真和歌詩一樣,語多“直尋”,用典不多,且出自常見書。“動天地,感鬼神”“吟咏情性”,都見《詩大序》;“掎摭利病”,見曹植《與楊德祖書》;“攀龍托鳳”,從西漢揚雄《法言·淵騫》“攀龍鱗,附鳳翼”省略;“朱紫相奪”,從《論語·陽貨》“惡紫之奪朱也”概括;“踵武前王”,從《離騷》“及前王之踵武”蜕化;“有婦人焉,一人而已”,從《論語·泰伯》“有婦人焉,九人而已”生出,特易“九”爲“一”。這些典故的特點之一是暗引而無做作,不愧爲“自然英旨”。

我們細玩《事類》,就知道鍾嶸的用典理論,權輿於劉勰。《事類》是用典專論,它以爲作者有其“據事以類義,援古以證今”的修辭手法。他們“略舉人事以證義,全引成辭以明理”,文辭所用的典故,包括古代的事實和語言兩種,都在證明今天的義理,是聖、賢作“經籍”的“通矩”“鴻謨”。再者,參閱《文心雕龍》的其他篇什,還曉得劉勰要求作品的典故不要過多或偏僻、生湊,做到“用人若己”,“不啻自其口出”(《事類》),自然、不露痕迹,仿佛沈約的“文章用事,不使人覺,若胸臆語也”(北朝顔之推《顔氏家訓·文章》引邢子才語)。

總之,鍾嶸像劉勰那樣,並不籠統地取消用典。他反對的是近代任昉、王元長、顔延之一流人,不貴修詞之“奇”,而争用事之“新”(生僻),像延之“喜用古事”,任昉“動輒用事”,典故重叠,“文章殆同書鈔”,反使文辭“彌見拘束”而“不得奇”,少見“自然英旨”(《詩品》)。這種用典的反常現象,劉勰當也察覺到,而他倆主張用典的自然，乃是有爲之言。

我們再就《對立》所根據的《詩品序》和《文心雕龍》的《聲律》篇來辨析音韻問題。

《詩品序》云："古曰詩頌，皆被之金竹，故非調五音，無以諧會。若'置酒高堂上''明月照高樓'，爲韻之首。故三祖之詞，文或不工，而韻入歌唱，此重音韻之義也，與世之言宫商異矣。今既不被管弦，亦何取於聲律耶？齊有王元長者，嘗謂余云：'宫商與二儀俱生，自古詞人不知之。惟顔憲子乃云律吕音調，而其實大謬，惟見范曄、謝莊，頗識之耳。'嘗欲進《知音論》，未就。王元長創其首，謝朓、沈約揚其波。三賢咸貴公子孫，幼有文辯。於是士流景慕，務爲精密，襞積細微，專相陵架。故使文多拘忌，傷其真美。余謂文製，本須諷讀，不可蹇礙，但令清濁通流，口吻調利，斯爲足矣。至平、上、去、入，則余病未能；蜂腰、鶴膝，閭里已具。"

我們詳審鍾嶸的這番論述，没有任何理由説它與《文心雕龍》的《聲律》篇旨義"對峙"。博學多識的鍾嶸，一向精研富於聲律的歌詩，絶對不會否定歌詩的藝術特點——聲律。因爲没有聲律，就不成其爲歌詩，他的論述，説明他對這個問題進行過全面的探索。《文章流别論》："夫詩雖以情志爲本，而以成聲爲節。"哪怕原始人類的口頭創作歌謡，也有和諧的音節，而且由於人的協調，不是自然而然的。直到先秦的書辭——《尚書》《詩經》《周易》《楚辭》及諸子，都有聲律——雙聲、叠韻、平、仄，則聲律運用，擴大到一切文學作品。不過當時的作者對於聲律的協調都是自發的。至於有意識地發掘，從而形成理論，乃以音樂爲首。《尚書·舜典》："詩言志，歌永言；聲依永，律和聲。"是説詩與音樂結合，而音樂有其聲律。春秋末葉，孔子删詩，被諸管弦，在正音樂的聲律。屈原《九歌》的《東君》："展詩兮會舞，應律兮合節。"是説詩與樂舞結合，而樂舞的聲律和諧。聲律究竟是什麽？隨着藝術的前進，逐漸明確。戰國韓非《韓非子·外儲説右上》："教歌者，先揆以法，疾呼中宫，徐呼中徵。"是説音樂的聲律因宫、徵之音，而有疾、徐之分。

漢代聲律發掘的範圍，從音樂伸延到語言文字。東漢何休注春秋公羊高《春秋》莊公二十八年傳"《春秋》伐者爲主，伐者爲客"，於上句云："伐人者爲客，讀伐長言之。"於下句云："見伐者爲主，讀伐短言之。"則語言文字的聲律有短、長之别。又高誘注秦吕不韋《吕氏春秋·慎行》："闔，闘也，闔讀近鴻，緩氣言之。"又注西漢劉安《淮南子·本經訓》："蛩，沇州謂之螣，螣，讀近殆，緩氣言之。"又注《墬形訓》："旄，讀近綢繆之繆，急氣言乃得之。"則語言文字的聲律，還有緩、急之分。

曹魏的"三祖"——武、文、明都重音樂，好以詩入樂。上行而下效。於是"三祖之詞"和曹植、阮瑀之文，都"重音韻"。鍾嶸既以音樂不調五音，"無以諧會"，入樂的詩不能忽視聲律，"三祖"、曹、阮文詞的"韻入歌唱"，無可非議。但在鍾嶸看來，現今的詩既不入樂，不"被管弦"，聲律就不必像入樂的嚴格。

魏晋之際，語言文字的聲律的發掘，空前盛行，李登著《聲類》，以五聲命字；吕静著《韻集》，分宫，商、角、徵、羽爲一篇；而文論之言聲律，只陸機《文賦》"暨音聲之迭代，若五色之相宣"云云，概乎言之。東晋葛洪答人問曰"清音貴於雅韻克諧"(《抱朴子·辭義》)，亦一言蔽之。而語言文字的聲律，却與日俱進。劉宋王玄謨與謝莊問答雙聲、叠韻，而斯二者之名立。南齊李季節撰《音韻》《決疑》，沈約集其大成，分五音於文字，作《四聲譜》，以宫、商爲平聲，徵爲上聲，羽爲去聲，角爲入聲，自謂入神之作，語言文字的聲律，乃昭明於世。南齊武帝永明五至六年間，沈約撰《宋書》，其《謝靈運傳論》承《文賦》的文學聲律論曰："夫五色相宣，八音協暢，由於玄黄律吕，各適物宜。欲使宫羽相變,低昂互節,若前有浮聲,則後須切響,一簡之內,音韻盡殊;兩句之中,輕重悉異,妙達此旨,始可言文。"沈約以音樂的聲律談文學的聲律,言外,文學的聲律要和音樂的聲律一樣。曰"低、昂",曰"輕、重"的交錯、變化,即五音、四聲或平、仄的協調。於是文學的聲律説興。永明末年,沈約、謝朓、王融、周顒用來作文,倡言詩的"四聲、八病",聲律過於嚴格。

梁武帝素不好"四聲",屬詞"不甚遵用"。鍾嶸力辟聲病説,可是不否定文學的聲律。"余謂文製"六句,是他的文章聲律論的綱領,以爲作品要能"諷讀",就非有聲律不可。要是不然,語言"蹇礙",便念不上口。詩是藝術,朱光潛同志説:"藝術這個詞在西文裏本義是'人爲或人工造作'。"(《談美書簡·文學作爲語言藝術的獨特地位》)鍾嶸心目中的"令"字,表示文學的聲律要加人工,人工使聲律的"清濁"配合得"流通",辭采才能"調利",而不"蹇礙",合乎"諷讀"者的"口吻"。聲律的藝術美,止足於是,過此以往,則"文多拘忌,傷其真美"。

還值得注意的,鍾嶸有時從聲律的角度論詩,他品古詩曰:"清音獨遠。"品西晋張協曰:"音韻鏗鏘。"品東晋顧長康曰:"長康能以二韻答四首之美。"品顔延之曰:"氣調警拔。"這是他贊成詩的正常聲律的見證。

鍾嶸的聲律論非突如其來,必有所因。因者何?《文心雕龍》的《聲律》篇是也。劉勰生於語言、文學聲律論昌明的南齊,又受佛典的熏陶,論文强調聲律,事所必至。《聲律》篇接受《謝靈運傳論》的聲律論,由音樂的聲律講到文學的聲律,於"飛""沉"(平、仄)的協調之外,更談及雙聲、叠韻的配合,爲的是消去"滯""礙",讓"聲轉於吻,玲玲如振玉;辭靡於耳,纍纍如貫珠",這不是鍾嶸説的"清濁通流,口吻調利"嗎?《聲律》批評作者"摘文乖張,而不識所調","吃文爲患,生於好詭",這又不是鍾嶸説的聲病論"使文多拘忌,傷其真美"嗎?

劉勰對沈約的文學聲律論,存精去粗,鍾嶸一脉相承。清紀昀謂《聲律》"即沈休文《與陸厥書》而暢之……鍾記室以私憾排之"(《聲律》眉批),未爲篤論。

我們認爲劉勰、鍾嶸在音韻、典故的具體問題上,不是"對峙"的。

《對立》以爲劉勰、鍾嶸的文學批評方法不同。事實上,鍾嶸是繼承劉勰的方法的。

班固的《漢書・藝文志》論諸子,考鏡各家的淵源,劉勰取其"沿波討源"(《知音》)的尊重事物歷史基礎的科學方法論文,或者考鏡作品的淵源。《時序》篇:"爰自漢室,迄至成、哀,雖世漸百齡,辭人九變,而大抵所歸,祖述楚辭。"西漢的賦家,淵源於戰國的楚辭。劉勰論文體,每每"原始以表末"(《序志》),考其淵源,餘不備舉。

鍾嶸論詩如之。《詩品》品李陵曰:"其源出於楚辭。"品曹植曰:"其源出於《國風》。"品阮籍曰:"其源出於《小雅》。"

劉勰或者考鏡作者師範的淵源。《才略》:"相如好書,師範屈、宋。"《才略》又云:"傅毅、崔駰,光采比肩,瑗、寔踵武,能世厥風者矣。"

鍾嶸品詩如之。《詩品》品王粲曰:"其源出於李陵。"品陸機曰:"其源出於陳思。"品潘岳曰:"其源出於仲宣。"品左思曰:"其源出於公幹。"

劉、鍾對淵源的考鏡,難免牽强,自當别論。

曹魏文帝的《典論・論文》評論"建安七子",長、短互出,不囿於一邊,劉勰也取以論文,以爲評議要見"優劣"(《知音》)。《才略》評議東漢桓譚曰:"長於諷論,不及麗文(辭賦)。"評議陸機曰:"思能入巧，而不制繁。”甚至評一個時代的作品，也不例外。譬如《明詩》評議曹魏正始年間的詩“明道”，夾雜“仙心”，“何晏之徒，率多浮淺”。然而嵇康的詩以“清峻”見長；阮籍的詩以“遥深”爲優。

鍾嶸品詩亦如之。《詩品》品嵇康曰：“頗似魏文，過爲峻切，訐直露才，傷淵雅之致；然托諭清遠，良有鑒裁，亦未失高流矣。”

文學作品是客觀事物的反映，讀文勢必論世。東漢鄭玄的《詩譜序》便以社會的治亂論《詩》的《風》《雅》的正、變，劉勰也取以論文，從社會、歷史着眼。他有兩句名言：“文變染乎世情，興廢繫乎時序。”(《時序》)他指出西周時期，厲王昏昧，《詩經·大雅》的《板》《蕩》的情緒就憤怒；平王東遷，周室日益微弱，《詩經·王風》的《黍離》的志思就悲哀；東漢獻帝時期，豪强割據、混戰，文士像蓬草般的流轉，直到建安末世，“區宇方輯”，而當時的詩、賦，“良由世積亂離，風衰俗怨”，而“梗概多氣”；西晋時期，文士雖多，但“運涉季世，人未盡才”；東晋時期，司馬氏苟安江左，人心沉廢已甚，“是以世極迍邅”，文壇玄風獨扇，詩、賦“辭意夷泰”，無建安風力。(《時序》)鋭意抗擊異族，澄清中原的劉琨的詩“雅壯而多風”，其友好盧諶的詩“情發而理昭”，都是“時勢”使然。(《才略》)

鍾嶸品詩亦如之。《詩品》品李陵詩，以陵假使不遭遇社會給他的“辛苦”，不可能有其上乘之作；品劉琨詩，以琨不逢社會的“厄運”，就不會有“善叙喪亂，多感恨之詞”；東晋的孫綽、許詢，如果不是西晋懷帝永嘉以來的玄風滲透文壇，就不致有“彌善恬淡之詞”。

《對立》以對王粲、劉楨的評論爲例説明《文心雕龍》與《詩品》的“對立”，它寫道：“氣可能是指文章的生命力……以氣爲創作原則的見解在魏文帝曹丕的《典論·論文》中已有述及，如云‘文以氣爲主’，就是説明氣的重要性，而且對《文心雕龍》的《風骨》篇等還産生了影響。”“上品陸機評云‘氣少於公幹，文劣於仲宣’。鍾嶸認爲氣是劉楨的特色，文是王粲的擅長。”“劉楨是建安七子之一，但鍾嶸對他的評價，比一般被目爲建安七子主將的王粲還高，就可能因爲氣的關繫。鍾嶸的批評是‘氣過其文，雕潤恨少’。在肯定他的作品生命力橫溢的同時，指出了表現的不足之處。對王粲的批評正好相反，‘文秀而質羸’，雖贊揚了他的表現技巧（文），却又認爲内容（質）缺乏感人的力量，是一大恨事。”“‘故孔氏之門如用詩，則公幹升堂，陳王入室。’從這段話看來，鍾嶸心目中地位最高的詩人是曹植，其次是劉楨。”“又如《序》云：‘昔曹、劉殆文章之聖。’”“又劉楨評云：‘自陳思已下，楨稱獨步。’”“王粲評云：‘在曹、劉間，别構一體。’”

很清楚，《對立》的觀點是鍾嶸以爲劉楨的詩不如曹植的，王粲的詩不如劉楨的，在劉楨與王粲的評價上，他和劉勰“對立”。

我們也以爲劉勰、鍾嶸對文氣的認識没有出入，都是曹丕文氣論的信奉者，並且用以品詩、論文。不過劉楨的詩以氣爲“特色”，王粲的以文“擅長”的説法未諦。鍾嶸以劉楨詩多氣，如《對立》徵引，彰明較著。但《詩品》論詩人之氣，有的明言，有的暗示。它品王粲曰：“其源出於李陵，發愀愴之詞。”品李陵曰：“其源出於楚辭，文多悽愴，怨者之流。”楚辭發憤抒情，自以氣勝。李陵的詩淵源楚辭，王粲的詩淵源李陵，則都於文之悽怨、愀愴之中寓其勝氣，是鍾嶸以劉楨、王粲的詩都以氣勝也。他這樣論斷，未嘗不受劉勰影響。劉勰以氣論“建安七子”，《文心雕龍》的《時序》叙説王粲、陳琳、徐幹、劉楨、應瑒、阮瑀之文，歸結“梗概而多氣”。又《明詩》斷言王粲、徐幹、應瑒、劉楨之詩，“慷慨以任氣”。可見劉勰明明以王粲、劉楨的作品，都以氣勝，鍾嶸同然一詞，唯措辭有隱、顯而已。

《對立》以其王粲的詩以文勝的觀點詮釋鍾嶸對王粲的評語“文秀而質羸”，亦未諦。中國古代文論裏的“文質”，根於孔子所謂“文質彬彬”（《論語·雍也》），一般解“質”爲内容，“文”爲形式。《詩品》

與"氣"相對的"文"爲形式,"文秀"的"文",則若《論文》《文賦》《文選》之"文",是文學作品,兼形式與内容。"質羸"的"質",不是内容。曹魏張揖《廣雅》:"質,軀也。""質羸",就是體羸,羸者,弱也。曹丕《與吴質書》:"仲宣續自善於辭賦,惜其體弱,不足起其文。"西晋陳壽《魏志·王粲傳》,正稱粲"體弱"。清沈欽韓曰:"此實言體羸。"建安二十二年春,粲死,時年四十一。體弱,故早卒。"文秀"與"質羸",本爲二事。"文秀"者,王粲之作卓出也。

關於劉楨、王粲的高下問題,劉勰和鍾嶸没有不同。劉勰以爲曹植、王粲的五言詩都"兼善",而劉楨的則"偏美"(《明詩》),是曹植、王粲同品,而劉楨不如王粲。鍾嶸以曹植、劉楨相提,假設孔門用詩,則劉楨"升堂",曹植"入室",是劉楨不如曹植,二氏同品而有高、下;又以劉楨、王粲並論,以爲二人的詩,皆"五言之冠冕"(《詩品序》)。鍾嶸以他的觀點品劉楨曰:"自陳思已下,楨稱獨步。"劉楨雖然不如曹植,而在"建安七子"之中,終爲"獨步",猶劉勰以王粲爲建安"七子之冠冕"(《才略》)。曰"冠冕",曰"獨步",又猶沈約稱曹植、王粲"以氣質爲體,並標能擅美,獨映當時"(《宋書·謝靈運傳論》)的"獨映",都謂第一流作家,不專指一人,非一説劉楨"獨步",王粲就必在其下。所以鍾嶸再品王粲曰:"在曹、劉間,别構一體。"這就曹植、劉楨、王粲三人而言,王粲五言詩在曹植、劉楨之間,自成一家體勢,有稱其獨創的褒贊之旨,而於劉楨,倒在褒贊其"真骨凌霜,高風跨俗"之餘,復貶斥其"氣過其文,雕潤恨少"之短;是劉楨、王粲同品,而高下判然。所以劉勰、鍾嶸都以曹植的五言詩比劉楨、王粲高,而王粲的比劉楨高,鍾嶸没有劉楨的詩比王粲的"還高"的意思,今存兩家作品可以參驗。

《對立》以劉勰在《序志》中談到撰《文心》的緣起,説明執筆的主要動機在於對從來諸家的文學理論感到不滿,他最大的不滿是各家理論始終"未能振葉以尋根，觀瀾而索源"。"劉勰對當代連一句直接的批判的話也没有。""劉勰回避把較近的時代作爲自己直接論述的對象。鍾嶸相反，對當代作家作了辛辣的批判。"

劉勰在《序志》裏説："長懷《序志》，以馭群篇。"《序志》是《文心雕龍》的總序，的確談到了作《文心雕龍》的"緣起"，它説："是以君子處世，樹德建言，豈好辯哉？不得已也……而去聖久遠，文體解散，辭文愛奇，言貴浮詭……蓋《周書》論辭，貴乎體要；尼父陳訓，惡乎異端；辭、訓之異，宜體於要。於是搦筆和墨，乃始論文。"

原來，劉勰最不滿的是創作領域"辭人"的"浮詭"，决心爲時、爲事而作《文心雕龍》，藉以糾正文壇的歪風。因此，《文心雕龍》着重批判的對象是作家、作品……以"浮詭"爲"異端"，而和這種不正常的傾向争論，好像孟子辟"異端"——楊朱、墨翟，不是"好辯"，是迫"不得已"。他對現實創作的堅决批判，是作《文心雕龍》的"主要動機"，乃是毫無疑義的。

劉勰緊接着評論舊的文論曰："詳觀近代之論文者多矣！至於魏文述《典》，陳思序《書》，應瑒《文論》，陸機《文賦》，仲洽《流别》，弘範《翰林》，各照隅隙，鮮觀通衢。或臧否當時之才，或銓品前修之文，或泛舉雅俗之旨，或撮題篇章之意。魏《典》密而不周，陳《書》辯而無當，應《論》華而疏略，陸《賦》巧而碎亂，《流别》精而少功，《翰林》淺而寡要。又君山、公幹之徒，吉甫、士龍之輩，泛議文意，往往間出，並未能振葉以尋根，觀瀾而索源，不述先哲之誥，無益後生之慮。"

這和上文有着内在聯繫。批判要有正確的理論，才能"正末歸本"(《宗經》)，"矯訛翻淺"(《通變》)而有力量。

這段文字，約分四層："詳觀"一句，爲總旨，以引起讀者對舊文論的注視；"至於魏文述《典》"至"《翰林》淺而寡要"，言舊文論中的專論、專書,各有長、短;"又君山、公幹之徒"至"觀瀾而索源",言散論的偏蔽,"並未"二句,專品散論的片面;"不述"二句,點斷前文,"先哲"指孔子及《周書》的作者,説作《文心雕龍》是要闡述孔子的説教,《周書》作者"辭尚體要"——修辭以要約爲本,與"浮詭"抗争的理論批判現實創作。故"並未能"二句,非不滿魏文帝以下的諸家文論,更不是作《文心雕龍》的"主要動機"。

歷史告訴劉勰,魏晋、南朝的文人,很多爲權臣,甚至有侯王、天子,直接批判,難免恩怨、禍灾。阮籍《咏懷》、陶潜《述酒》,旨意所以晦塞;葛洪爲避"毁譽之怨",論文"則撮其所得之佳者,而不指摘其病累"(《抱朴子·自叙》);都爲劉勰所不取。於是他只好采用回避的策略。他指責漢來辭人的"淫侈",不無陳古以刺今的成分;憎惡當世作者"師範""訛新"的劉宋文集,不實陳而以"今"泛論(《通變》);稱譽時作爲"唐虞之文",是"鴻風懿采"(《時序》),正言而若反,皆微而能顯,讓讀者深思自得,己亦無害。

鍾嶸作《詩品》的"主要動機",也是最不滿永明體詩風的泛濫,鄙夷"今之世俗",不思前修以詩"群""怨","感蕩"讀者"心靈"之義,不學而妄作,審其篇製,"獨觀謂爲警策,衆睹終淪平鈍"(《詩品序》)。他批判的意志也是堅决的;他也看到現實作者有權臣、侯王、天子,批判的顧忌,使他也不得不采用回避的策略。班固的《漢書》以《古今人表》名篇,卒但次古人爲上、中、下三等。而不表今人,啓發了劉勰、鍾嶸,當然直接啓發鍾嶸的是《文心雕龍》的回避。鍾嶸對今世作者,死則直接批判,以諷諭存者;又直接批判古代詩人,如謝靈運"繁富"之"累",曹丕之"鄙質",劉楨"雕潤"之"少"……也無非陳古以刺今。而他批判當代作家,與批判古人無異,不是特别"辛辣"的。

《文心雕龍》影響《詩品》的觀點,不僅《對立》提到的那些。《物色》:"自近代以來,文貴形似。""近代",指劉宋。"文"指山水詩。何謂"形似"? 日本遍照金剛《文鏡秘府論》:"形似體者,謂貌其形而得其似。"是説真實地描繪外物的形貌,爲褒義詞。劉勰以劉宋初興起、以謝靈運爲代表的山水詩的特點是"形似",它刻畫自然景物,能够"密附",有"巧言切狀"之"功",使讀者"瞻言而見貌,印(當作即)字而知時",亦即讀者能就山水詩的"言""字"觀察,便可知道、發現景物的形貌和時節。劉勰寫景"形似"的觀點,爲後世作者接受。北齊顔之推《顔氏家訓·文章》:"何遜詩實爲清巧,多形似之言。"沈約稱道"相如工爲形似之言"(《謝靈運傳論》)。《詩品》一再賞識"形似"。它品張協曰:"又巧構形似之言。"品顔延年曰:"尚巧似。"品謝靈運曰:"故尚巧似。"品鮑照曰:"善製形狀寫物之詞……然貴尚巧似。""巧似"者,巧構"形似"之言也。

孔子美學裏的"文質"觀,劉勰用來論文,《文心雕龍》的《情采》篇,集中論作品的"文質",一説作品的形式與内容,一説形式的華麗與樸素(詳見拙稿《情采義疏》,載齊魯書社《古典文學論叢》第二輯),二文也形容辭采的浮華(同上)。劉勰經常强調作品"文質"的結合、"相稱",《詩品》同乎舊談,它品曹植曰:"情兼雅怨,體被文質。""體"與"情"相對,則"體"自爲形式,而曹植詩的形式,有"文質"結合、"相稱"之美。它品曹丕:"率皆鄙質如偶語。""鄙質"連文,爲形容詞,"質"當爲形式的範疇,而曹丕詩的形式,有"質勝文"的不"相稱"之瑕。它品陶潛曰:"觀其文,相其人德,世嘆其質直。""德"爲内容。陶潛詩的"文"雖然表現了内容的"德",而形式"質直",也有"質勝文"的不"相稱"之弊。它品南齊張欣泰、范縝曰:"並希古勝文。""古",質直也。張、范兩氏詩的形式,也有"質勝文"的不"相稱"之疵。它品劉楨曰:"氣過其文。""氣"者,意氣,爲内容;"文"者,辭采,爲形式;前者超過後者,是"質勝文",内容與形式不"相稱"之病。

它品南齊高帝曰:"詞藻意深,無所云少。"高帝詩形式與内容都不差,有"文質相稱"之長。

劉勰認識裏有個重要因素——作者的情思有從外物産生的。《物色》:"春秋代序,陰陽慘舒,物色之動,心亦摇焉。"作者的心靈將被一年四季的景物所感動,産生春季的"悦豫",夏季的"鬱陶",秋季的"陰沉",冬季的"矜肅"的不同情思,此之謂"睹物興情"(《詮賦》),而"情以物遷"(《物色》)。

鍾嶸給劉勰的這一認識論的因素作了傳,他的《詩品序》發端則曰:"氣之動物,物之感人,故摇蕩性情,形諸舞咏。"舞人、作者將被外物感動,産生"性情",表現在舞蹈、歌咏裏。像春風、春鳥,秋月、秋蟬,夏雲、暑雨,冬月、祁寒等四季景物,都是詩人的興寄所托。

我們的結論:作爲兩個不同時代的文學批評家,在若干重要觀點上,鍾嶸深受劉勰的影響。總的説來,《文心雕龍》與《詩品》的文學觀,不處於"對立"狀態。

《文心雕龍學刊》第4輯
1986年12月

中國古代文論家論作者修養

文論從文學派生，反過來指導文學創作，彼此是一個整體的兩面；中國不少文論家之所以卓越，正因爲他們兼爲作家，能根據自己的實踐立論，也就比較親切具體；他們認爲作者在修養上，主要應該注意四點，而且有着主次。

首先是崇德。古人稱人有君子、小人，這兩類人的區别，乃以德爲標準，有德則爲君子，無德則爲小人。孔門施教，德行第一，劉義慶著《世説新語》，也以德行發端。人不重德，將不齒於人。孔子講“崇德、辨惑”（《論語·顔淵》），《周易·乾·文言》講“進德、修業”，叔孫豹講“三不朽”——“立德、立功、立言”（《左傳》襄二十四年），三者的共同點是教人從德做起，只有“崇德”，才能“辨惑”；只有“進德”，才能“修業”；只有“立德”，才能“立功、立言”。曹魏阮德如的妹妹，多識前言故訓，與許允結婚後，由於面貌“奇醜”，丈夫不理她，她乘機説了一句總結性的話“夫百行以德爲首”，“好色不好德”的許允聽了“有慚色，遂相敬重”（《世説新語·賢媛》）。春秋末期，天下大亂，道德淪喪，孔子深憂“德之不修”（《論語·述而》），慨嘆知德者少，曰：“吾未見好德如好色者也。”（《論語·子罕》）真是“有爲之言”（《禮記·檀弓》），語重心長。但是流風所趨，往而不返，漢魏以降，每下愈况，出現“文人無行”的通病，相應地産生“德不至，則不能文”（《説苑·修文》）的定律，王充更剴切發布勸勉：“德彌盛者文彌縟”“德高而文積”（《論衡·書解》），然而此等箴言，並没有扭轉文壇頹風。於是曹丕指出:“觀古今文人,類不護細行,鮮能以名節自立。”(《與吴質書》)劉勰作《文心雕龍》,特製《程器》一篇,批判歷代“無行”的“文人”,儘管批判不盡準確,而反對“文人無行”的意旨,却無可非議,他歸結“瞻彼前修,有懿文德”,放眼觀察那些高明的作者,都有撰寫文章的道德。顔之推的《家訓·文章》,也不滿“自古文人,多陷輕薄”的“無操”“德敗”,而以“今世文士,此患彌切”,不可爲訓。

至於作者道德的體現,第一是政治。被劉勰推尊爲作者宗師的孔子(《文心雕龍·徵聖》),他教人們學習《詩經》,要注視它的政治功能(《論語·陽貨》),“詩人”吟咏情性的高妙,首先是政治思想的正確,皇甫士安説得好:“昔之爲文辭者,非苟尚辭而已,將以紐之王教,本乎勸戒也。”(《三都賦序》)强調文辭以關繫政治爲準繩;因此任昉盛贊王儉的作品,“固以理窮言行,事該軍國,豈直雕章縟采而已哉!”(《王文憲集序》)劉勰同然一詞:“辭以治宣,不爲文作。”(《文心雕龍·議對》)以爲“人文”本在“彪炳辭義”,“鼓天下之動”(《原道》);“丈夫學文”,莫不“達於政事”(《程器》),以此推之,作者的政治素質差,就不可能創作精妙的文章。文學史告訴我們,屈原的《離騷》繼承《三百篇》的“變風”“變雅”,“自鑄偉辭”,“難與並能”的決定因素,是他不憚個人的灾殃,唯恐國家的滅亡,堅決與腐朽勢力鬥争,主張“舉賢授能”,實施“美政”,“雖九死其猶未悔”(《離騷》)的、有如“烟高”的“壯志”(《文心雕龍·辨騷》)。又像建安樂府詩的能手曹操,他洞鑒東漢季年,仿佛戰國,以致天下分崩離析;於是毅然“挾天子以令諸侯”,興師征伐,企圖消滅群雄,統一四海,結束紛亂的局面,建立新朝,推動社會的變革。發言爲詩,譴責勢力相争的豪强,給人民造成的流徙、死亡的深重灾難。人到於今稱頌,譽爲改造文章的祖師,決定因素,也是他的政治思想“通侻”(《魏志·王粲傳》),不拘“君、臣之義”,不顧衆人之非議,獨立不懼,歌咏舒華布實，足以經世致用。相反的，像漢代的有些賦家，身無濟世之志，唯利禄是視，見主上以賦取士，便以賦求售，枚皋不似其父，甘爲武帝"言語侍從之臣"（班固《兩都賦序》），"上有所感，輒使賦之，爲賦乃俳，見視如倡"，"曲隨其事"，莫顧情理，甚至有"嫚戲不可讀"者（《漢書》本傳）；與皋同時的王褒亦如之，他只圖以賦得寵升進，爲天子"歌頌"，以資逢迎，而無"風諭"，"議者多以淫靡不急"（《漢書》本傳）。歷史證明，任何識時務的天子、國君，都招攬開明的"文人"爲其政治效力。商鞅總結"湯、武革命"（《周易·革·彖》）的經驗，揚言"撥亂反正"，當先以"武"攻，後以"文"守（《商君書·賞刑》）；韓非篤信，爲改良祖國的政治，"數以書諫韓王"，韓王不能用，他以"强毅而勁直"的"能法之士"（《韓非子·孤憤》）自居，於是著書言志。善述孝公諸王用商鞅學説變法業績的始皇，見其代表作《五蠹》《孤憤》，不禁嘆賞。韓非經同門李斯介紹，去秦。李斯爲了權勢，與姚賈毁謗他，始皇耳聽不聰，遣人遺非藥，使自殺於獄中。始皇嘆賞的是他的政治思想適時，符合戰國諸侯"以攻伐爲賢"（《史記·孟子列傳》）的需要。王充説："韓非著書，李斯采以言事。"（《論衡·案書》）李斯與韓非的思想無差池，而理論不如，便采韓非之作以治秦立功。孔子與商、韓相左，他不問形勢，皆以文教爲宗，説七十君而不遇；孟子學孔子，游齊、梁而不見用；其故何也？司馬遷一言以蔽之："（論政）迂遠而闊於事情。"（《史記·孟子列傳》）由此可見作者哪怕崇德，而體現於政治者，不變通趨時，就不能以"文章經國"（《典論·論文》），爲世所重，從事有益人類社會的事業。應璩假設有人責其無以"文章經國"之"功德"（《百一詩》），就是這個緣故。

劉勰指出文章之所"貴"者，"政化""事迹"或外交以外，還有"修身"（《文心雕龍·徵聖》）或倫理，所以作者道德的體現，第二是倫理，它涉及的很廣泛，而文論家所着重談的義、利之辨和人、我之别，

《周易·乾》以“利”爲萬物包括人在内的四德之一,顯白人不能不要利,但人取利却有條件。《周易·乾·文言》:“利者,義之和也。”利之“得”必與“義”合“和”而不乖背。孔子通《易》,曰:“見得思義。”(《論語·子張》)曰:“見利思義。”(《憲問》)曰:“君子喻於義,小人喻於利。”(《里仁》)《左傳·昭二十八年》:“居利思義。”諸如此類,可當《文言》的傳箋讀。“君子”處處不忘“義”,苟有所得,便想到“義”,“利”與“義”合“和”則“得”之,否則舍之;所謂“喻於義”,非不要“利”,特以“義”爲上,正其義而不謀其利,《大學》所謂“以義爲利”也;“小人”不然,所謂“喻於利”,乃不要“義”,但以“利”爲上,謀其利而不計其“義”,又《大學》所謂“以利爲利”也。這兒的“謀”有一味追逐的意思。崇儒通經的孫卿,曾引而伸之:“義與利者,人之所兩有也。雖堯、舜不能去民之欲利,然而能使其欲利不克其好義也;雖桀、紂亦不能去民之好義,然而能使其好義不勝其欲利也。故義勝利者爲治世,利克義者爲亂世。”(《荀子·大略》)文意正、反相生,昭然已明。履而行之,允爲自然之道;可是前面所舉漢代部分賦家,都“欲利”而不“好義”,嚴重敗壞道德,馴致唐世,此風猶存。韓愈教其弟子李翊聲稱“古之立言者”“無誘於勢利”,“仁義之人”“其言”才能“藹如”(《答李翊書》),情深而文明;先師馬一浮先生臨終仍以誨我。然則,“利”與“義”合“和”的標準是什麽?曰:“利物足以和義。”(《文言》)“利”充分有益於萬物和人,就算與“義”合“和”了。凡屬“拯風俗之流遁、世途之陵夷,通疑者之路,賑貧者之乏”,無“異春華爲肴糧之用,蕙茝救冰寒之急”(《抱朴子·辭義》)的文章便“利物”了。無疑作者照做的關鍵在對人我“義利”的處理,寫得“利物”;“義”得“利”,完全依靠自己的辛勤勞動,以爲“物”“利”己,而且務必如此,然後能多獲“利”,真像老子説的:“既以爲人己愈有,既以與人己愈多。”(《道德經》八十一章)決不准許私字作祟,妄圖不勞而獲,自己不刻苦學文、作文，而以他人之文“利”己，公然“掠人美辭，以爲己力”，有如“揭篋”“探囊”（《文心雕龍·指瑕》）；韓愈表彰樊紹述行文“必出於己，不襲蹈前人一言一句”，昌言“惟古於詞必己出，降而不能乃剽賊”（《樊紹述墓誌銘》）。從漢到唐，都有這種失德的“文人”（同上）；其實先秦已有，惟於漢後爲烈耳！孔子以“有言者不必有德”（《論語·憲問》），乃“惡徼以爲知者”（《陽貨》）。孔安國注：“徼，抄也，抄他人之意，以爲己有。”《禮記·曲禮》：“毋剿説。”鄭玄注：“剿，猶覽也，謂取人之説，以爲己説。”斯則異口同聲，必有所指。張衡《論貢舉書》稱當時“諸生競利，或竊成文，虚冒名氏”，仲長統嘗之爲“天下三姦”之一，曰：“竊他人之記，以爲己説。”（《昌言》）迨及晋世，變本加厲。郭象爲人鄙薄，見向秀《莊子注》有精義灼見，遂竊以爲己注。（《世説新語·文學》）《北史·魏收傳》稱收爲文，“亦大偷竊”，“邢邵常於沈約集中作賊”；《南史·徐廣傳》稱郗紹作《晋中興書》，何法盛有意圖之，趁紹不在家，乃入室竊去；《詩品》稱《行路難》是東陽柴廓所造，寶月嘗憩其家，會廓亡，因竊而有之。此等文賊，“傷廉愆義”（陸機《文賦》），其何“利”之合和“義”哉！

不可否認，作者單憑崇德不行，故其次要博識，原來文章是客觀事物的反映，而事物爲“大共名”（《荀子·正名》），荀卿的《賦篇》，既叙述精神的“禮”“知”，也描繪物質的“雲”“蠶”“箴”，兩者相與並行，多種多樣，極爲繁富。誰要言之有物，就得通達它們。凡有成功的作者，都總博習多識，學識是文章的根柢，本必深而後末茂；學識不博，則不足以爲文章。韓愈是文章大家，他在《送陳秀才彤序》裏寫道：“讀書以爲學，纘言以爲文。”學識和文章，血緣相關；讀書不破萬卷，學識不豐贍，文章自然不能篤實光輝。試看哲理散文巨匠老子，“其學無所不窺”（《史記》本傳）《離騷》創造者屈原含“博聞强志”（同上），如果學識膚淺，“迍邅於事義”，“臨篇綴慮”，將不免“理鬱苦貧”

之“患”,而“博見”乃“爲饋貧之糧”(《文心雕龍·神思》);曹操“稱張子之文爲拙”,原因就在“學問膚淺,所見不博”(《事類》),“爲郎”富貴的揚雄,仍然向天子上書,説他“心好沉博絶麗之文,願不受三年之奉”,從而解脱職務,專心研尋,天子允諾,“得觀書於石渠”(《答劉歆書》),“博見以窮理”(《奏啓》),“乃成鴻采”(《事類》),而爲“辭賦之英傑”(《詮賦》)。故文論家品題群才,莫不從作者的學識着眼;劉勰謂揚雄以“理”之“贍”而“辭堅”,應瑒以“學”之“優”而“得文”,劉楨以“情”之“高”而“會采”,嵇康、王粲以“見”之“獨”而論精,孟、荀以“理”之“懿”而“辭雅”,管、晏以“事”之“覈”而“言練”(《諸子》);司馬相如以“意”之“覆”而“不勝辭”,趙壹以“意”之“繁”而“辭”已“疏”,殷仲文、謝淑源以“情”“興”之“閑”“孤”而“文意大澆”(《才略》)。大抵“六國以前”,“諸子”“辨雕萬物,智周宇宙”“超世高談,自開户牖”,卓爾不群;“兩漢以後”,“類多依采”,屋下架屋,不由“坦途”,失之儉狹(《諸子》)。韓愈言文章必有“實”,“實之美、惡,其發也不掩”,而“實”即學識,學識優則文美,劣則辭惡,這是不易之道,“確乎其不可拔”(《周易·乾·文言》)。“詩人”屈原、司馬相如、揚雄、張衡之屬,深解哲學、歷史、文論、天文、地理、機械、典制、草、木、鳥、獸、蟲、魚,以至聲韻、文字、訓詁、修辭,往往見諸文章,文章殆成學術的寶庫,《兩都》《二京》《三都》《江》《海》諸賦,每爲學士拾取。可以肯定,度越衆流的作者,未有不文、學兼善,隨時適用者。

緊接而來的是到哪兒獲得學識的問題,文論家一言以答之:“讀書而已矣。”書有文字的、自然的、社會的三種,而前者是後兩者的表達,假使杜門不出,就是勞精苦思,窮年累月,也讀不懂寫實的書。司馬遷十歲便誦六經、諸子,爲了作《史記》,他二十而南游江淮,上會稽,探禹穴,窺九疑,浮於沅湘,訪問故老遺聞(《史記·太史公自序》);左思爲了著《三都賦》,他讀漢賦《二京》等名篇,又稽地圖以考山、川、城、邑，驗方志以識鳥、獸、草、木，旁參風謡歌舞(《三都賦序》)，還到著作郎張載處"訪岷邛之事"(《三都賦》李善注引臧榮緒《晋書》)；韓愈爲了寫古文，他誦六藝、百家、《離騷》、《史記》、司馬相如、揚雄的辭賦(《進學解》)；他們知道"圓照之象，務先博覽"(《文心雕龍・知音》)"博覽"必"精閲"(《通變》)；而"博覽""精閲"的書，又必爲經典性的，好像"閲喬岳以形培塿，酌滄波以喻畎澮"(《知音》)，看了高山，小山自然會昭晳，吸了大水，小水自然會明白。他們還從前輩學者得到啓示。善讀三部書的經生毛萇、鄭玄，給《詩經》撰《傳》《箋》，詩人爲什麽説"南有嘉魚"而不説"北有"？毛《傳》曰："江漢之間，魚所産也。"鄭《箋》補曰："言南方水中有善魚。"北土少水，南方江、漢多湖泊，故爲善魚生産之鄉(《小雅・南有嘉魚》)；詩人爲什麽説"如彼雨雪，先集維霰"(《小雅・頍弁》)？鄭《箋》曰："將大雨雪，始必微温，雪自上下，遇温氣而摶謂之霰，久而寒勝，則大雪矣。"天空氣温的變化，由"霰"而"雪"，"霰"，米雪也。詩人爲什麽説"上天同雲，雨雪雰雰"？毛《傳》曰："豐年之冬，必有積雪。"謂雪滅菌、松土、保墒，有益莊稼，故見天將下雪，則興詠之(《小雅・信南山》)；詩人爲什麽説"毋教猱升木"(《小雅・角弓》)？毛《傳》曰："猱，猿屬。"鄭《箋》補曰："猱之性善登木，若教使其爲，必能也。""猱"性善升木，不教而升，教之則愈能。詩人爲什麽説出嫁的婦女云"我心傷悲"(《召南・草蟲》)？毛《傳》曰："嫁女之家，不息火三日，思相離也。"父母嫁女，思與女别離，鄭《箋》補曰："維父母思己，故己傷悲。"詩人爲什麽説"願言則嚏"？(《邶風・終風》)鄭《箋》曰："今俗人嚏，云人道我。"現在有一風俗，稱有人講到我，我就會"嚏"。顯然，毛鄭以所讀自然社會的書解《詩》。這些學者的例證，導致作者堅信不出户窺牖，就不能讀好書，深刻認識事物，具備寫作條件；於是仰觀天象，俯察人間，擬諸形容，豁然通貫。這是作者自己忠實鑽研消化全部第一手材料的結果。

在文論家看來，萬事强調自主、自立、自得，並不意味忽略外援。作者在命意屬辭的過程中，常常會出現難以克服的困難；勢必争取别人的幫助，才能寫好文章。孔子稱爲"辭命"，"草創"之後，必繼之以"討論""修飾""潤色"，這就揭示寫作人、我結合的情況，即使"富於萬篇"，也有"貧於一字"(《文心雕龍·練字》)的現象。陸雲修辭，"徹與察皆不與日韻，思惟不能得"，"願"兄機"賜此一字"，又指兄機《二祖頌》甚爲高偉，然意故復謂之"微多民不輟嘆"一句，"謂可省"；"兄文之高遠絶異，不可復稱言，然猶皆欲微多"(《與兄平原書》)。桓宣武命袁彦伯作《北征賦》，既成，與時賢共看，咸嗟嘆之，時王珣在坐，云"恨少一句，得'寫'字足韻，當佳"，袁即於坐攬筆益云："感不絶於余心，泝流風而獨寫。"(《世説新語·文學》)張融作《海賦》，文辭詭異，獨與衆異，後以示顧愷之，曰："卿此賦實超玄虚，但恨不道鹽耳！"融即求筆注曰："漉沙構白，熬波出素，積雪中春，飛霜暑露。"此四句後所足也(《南史·張融傳》)。《後漢書·班彪傳贊》："二班懷文，裁成帝典。"李賢注引《宋書》曰："初，謝儼作此《贊》云'裁成《典》《墳》'，以示范曄，改爲'帝典'。"《史記》父子合作，而王若虚辨其惑(《滹南遺老集》)；《漢書》兄妹協力，而劉知幾删其煩(《史通·叙事》)。劉勰論文，立《指瑕》之篇，以作者"慮動難圓，鮮無瑕病"，並舉大手筆曹植、潘岳爲例。曹植以"世人之著述，不能無病，常好人譏彈其文，有不善者，應時改定"，丁敬禮作文，請他"潤飾"，不自滿假，他則嘆賞。(《與楊德祖書》)禰衡見棄曹操、劉表，展轉流徙，不遑寧處；江夏太守黄祖太子射大會賓客，有獻鸚鵡者，射命賦之，衡筆不停綴，文不加點，蓋以衡思己猶鸚鵡之播遷，托賦之以自喻，乘興體物寫志，斐然成章，非無只字斧削。昔陸機作《文賦》，可謂佳品，而他自稱"意不稱物，文不逮意"，無異樂人"放庸音以足曲”,“曲盡其妙”,尚須待諸“他日”;劉勰著《文心雕龍》,體大而慮周,而他亦稱“識在缾管”,不“能矩矱”(《序志》),所議良爲“鄙夫之見”(《總術》)。孫綽不游天台山,憑圖象賦之,以示范榮期,云如“擲地,要作金石聲”,范即駁之,曰“恐子之金石,非宫商中聲”(《世説新語·文學》),實際只“赤城霞起而建標,瀑布飛流而界道”兩句爲佳(劉孝標注),千古傳爲笑柄。文論家現身説法,要求作者抛棄寫出不用修改的念頭。作者倘爲“卑以自牧”的“謙謙君子”(《周易·謙·初六·象》)以“虚受人”(《咸·象》),“以朋友講習”(《兑·象》),勤力於己,借助於人,鎔意裁辭,可期有成。

又其次要總術,《文心雕龍》的《總術》裏説“執術馭篇”,“執術”猶“總術”;用現代的話講,“總”或“執”有掌握的意思,而“術”爲寫作的基本原則,作者行文要掌握它,所以劉勰名之“文術”(《文心雕龍·風骨》),陸機稱之“文律”“辭條”(《文賦》),我們“沿波討源”(同上),就知道這個名詞曾從其他領域移植過來。衆所周知,凡事有“術”,論“術”最爲精要的是孟軻和莊周,孟軻言萬事之“體”,而狀之以“大”,曰“大體”。《淮南子·本經訓》高誘注:“體,法也。”故《内經·素問·異法方宜論》曰治病之“大體”,《移精變氣論》易云“大則”。“大體”即“大則”,而“則”之言法,大法自是基本原則。孟軻以工匠製造器皿,都有“大則”,而别謂之“規矩”,曰:“公輸子之巧,不以規矩,不能成方員(同圓)。”(《孟子·離婁》)哪怕魯國的巧人公輸班,不按“規矩”,就不能完成器皿的“方圓”。真的,“規矩”好像綱之綱,誰也不能背反。

高明的木工,應將“規矩”傳給徒弟,曰:“大匠誨人必以規矩,學者亦必以規矩。”(《告子》)徒弟向師傅學的只是“規矩”,難與並能的,孟軻提到與“規矩”對立的方法,曰:“梓匠輪輿能與人規矩,不能使人巧。”(《盡心》)師傅只能傳授“規矩”,因它不變而能言,至於運用“規矩”把器皿製造得好的方法，千變萬化，不能以言傳授，全靠工匠自己在工作中體會，神而明之，存乎其人。與孟軻並生的莊周觸類而長之，他以不能傳授的方法爲“數”；《莊子・天道》稱車輪工匠的“數”“得之於手，而應於心，口不能言”，“不能言”，則不能傳授。孟軻、莊周沿《周易》“變易”“不易”之義，感覺百物之“術”内部“體”“數”這對矛盾。陸機開始在文論中揚言“體”“數”，李善《文賦》注引臧榮緒《晋書》：“機心識文體，故作《文賦》。”“體”何謂也？一般解爲體裁，未允。綜觀《文賦》，誠爲言“體”之作，曰：“蓋所能言者，具於此云。”凡能用語言講的“體”，《文賦》都講了；曰：“若夫隨手之變，良難以辭逮。”不能用語言講的“數”，則存而不論，李善以莊周談“數”的寓言作注是也。不僅如此，他爲加深讀者對“數”的領悟，引譬連類，以車輪工不能用語言講“數”，有如“舞者赴節以投袂，歌者應弦而遣聲”的方法不能告人，從事形象的描繪。劉勰之於“體”“數”，承“舊談”(《文心雕龍・序志》)而發之，曰：“夫設文之體有常，變文之數無方。”(《通變》)“方”，“常”也，“無方”，變也，“體”不變而“數”變。曰：“文外曲致，言所不追，筆固知止。”(《神思》)文辭、語言以外的，也就是文辭、語言不能表達，筆確知道停止的，也就是不能用筆書寫的，是委曲隱約出現的“數”，類似“伊摯不能言鼎，輪扁不能語斤”，唯獨作者“至精而後闡其妙，至變而後通其數”(同上)，在寫作時極盡研精，而後能闡明極多變化的“數”之奥妙。曰“得檄之體”(《檄移》)，曰“立賦之體”(《詮賦》)，此以“檄”“賦”見“體”能言，而《文心雕龍》猶《文賦》之備言“體”，而“數”不與焉。劉勰鑒於當世(南齊末年)作者“多欲練辭，莫肯研術”，“棄術任心”(《總術》)，“體”雖有“明者”，而“學者弗師”，“明者”亦遂“弗授”(《風骨》)，於是作者“術不素定，而委心逐辭，異端叢至，駢贅必多”(《鎔裁》)。他爲救弊，不得已而“撰《文心雕龍》五十篇，論古今文體”(《梁書》本傳)，希望作者重視"文體"或"文術"的修養,作者到何處學習"文術"? 他説:"鎔鑄經典之範,翔集子、史之術。""範"與"術"義同,避重而變,作者務必像鳥兒般地飛到優異的作品——"經典"子、史裏去提煉"文術",與作品接觸,從感性到理性,也纔能"自然會妙"(《文心雕龍·隱秀》)。後世脱離作品的《文則》之類的書,他不贊同文論家去編,作者去讀。

又其次要精思。文論家以精密思維的開展,要留意事物産生的因緣及其正、反的變化,決不憑空想象,片面理解;作者缺乏這種科學的思維方法,就不能進行正常的寫作。他們確以自己的寫作示範,曹丕目睹先秦文論,僅有片言;馴致兩漢,碎語以外,雖有班固的《離騷序》,與王逸的《楚辭章句序》及蔡邕的《銘論》,和桓範《世要論》的《銘誄》,但限於一文、一書、二體的評議;加上建安文苑發展的新趨勢,同"七子"寫作的利害,應運而作《論文》,内容由狹而廣,殆爲原始的文學概論;因現實詩人的"梗概多氣"(《文心雕龍·時序》),批判作者,每每以"氣"爲宗,且以現其短、長,故曰應瑒的"氣""和而不壯",劉楨的"氣""壯而不密";又以作者之於文,有能與不能,"王粲長於辭賦,然於他文,未能稱是"。劉勰眼見當今"辭人"的"浮詭",論文遂稱屈原《離騷》的"豔逸"(《定勢》),斥宋玉的"淫麗"(《詮賦》),可不蔽此一曲,則復指宋玉另有寫作的"逸步"可"追",屈原尚有《離騷》"異乎經典"之弊(《辨騷》);後者雖未審諦(拙著《文心雕龍義疏》已加辨正),而其不以"偏生暗"(《荀子·不苟》)的思維方法,畢竟可取;與此同時,劉勰還以談藝必知人論世,劉琨詩之"雅壯多風",由於"遇之於時勢"(《文心雕龍·才略》);"歌謡"的"文理",總"與世推移"(《時序》),"時勢"人"世"的遷流,直接影響作者的情思。

必須指出,文論家精思的科學方法是自古以來作者行之有效的"舊規"(《風骨》)。《周易》經、傳的作者以作《易》的"聖人",仰觀俯察自然形狀，設卦、立象，表現對立統一的陰、陽二氣之合和，化生萬物，萬物“消息、盈虛”，變化日新。政論作者荀卿是商鞅政論觀的信奉者，他以秦至始皇，距統一六國之時不遠，便昌言秦當準備“節威反(返)文”，“力術止，義術行”(《荀子·彊國》)。實施“原先王，本仁義”(《勸學》)的德治。始皇既一四海，而不轉“武”爲“文”，二世而亡(參考北京文化藝術出版社出版拙著《論語發微》附録《孔子、商鞅文武觀異同及流變與影響》)。

我們作此簡單的回顧，就進一步闡明文論家下井取礦，上山采銅，發掘作者精思，實質運用樸素的唯物辯證邏輯，獲得寫作的成績。“持之有故，言之成理”(《非十二子》)，對作者修養的希望，也就强有力量。

最後，我們要辨正文論家在談作者修養中的一個錯誤觀點。先秦哲學經典，常常講到“氣”。《莊子·知北游》：“人之生也，氣之聚也。”“氣”指化生萬物，包括人在内的物質性的陰、陽；“聚”，謂陰、陽合和，化生人也，故《内經·寶命論》：“人生有形，不離陰、陽。”《莊子·大宗師》：“陰、陽於人，不翅於父母。”“氣”的名號不一，孔子稱它爲“性”(《論語·陽貨》)。莊子爲“性”作傳：“性者，生之質也。”(《莊子·庚桑楚》)，孟子别名之“才”(《孟子·告子》)。荀子合而言之曰“才性”(《荀子·修身》)，“才”“材”古字通，則又曰“材性”，異名同實，以指人生而有之的自然素質，或亦叫它“天才”(《世説新語·文學》)、“天分”(《賢媛》)。曹丕云“文以氣爲主”(《論文》)。先師駱鴻凱先生曰：“此所云‘氣’，即‘材性’之謂。”(《文選學》)誠哉，斯言也。寫作的“天才决定論”一立，爾後，文論家多宗之，評論作者，則冠之以“才”；放言遣辭，則曰“天分有限”(《世説新語·賢媛》)，劉勰大暢厥旨，曰：“文章由學，能在天資。”曰：“才爲盟主，學爲輔佐，主、佐合德，文采必霸。”(《文心雕龍·事類》)作者寫好“文章”，必“才”

“學”兼備，而“才”爲“主”，“文章”“能”否，一決於“才”。故作者當量“才”而爲，勿“牽課（强求）才外”，何則？“名器有限”也（《養氣》）。“名器”，“材性”也，自然科學證實，“才性”對人的智能，確有一定作用，而决定因素是“學”。作者如同乎“舊談”（《序志》），將或“天才”是恃，削弱其修養。

《青島師專學報》1994 年第 9 期

《文心》本解

《文心雕龍》正詁十二則

荀况稱録遠略近。(《史傳》①)

【今校】按《荀子·非相篇》:"傳者久則論略,近則論詳,略則舉大,詳則舉小。"舍人所稱,當即此文,然意義適與之反,且與本段亦相舛馳,豈傳寫有誤耶?《史通·煩省》篇亦作"録遠略近",浦二田《通釋》卷九已論及之矣。

【按】浦氏《通釋》曰:"文之誤,從劉勰《文心》來。《文心》云'荀况稱録遠略近,蓋文疑則闕,貴信史也',意亦自背。"非也。曰"略近"者,略於近也,猶《尚書·畢命》"體要"爲體於要。"略"字後省介詞"於","於",比也。上文稱"追述遠代,代遠多僞",而史"貴信",故接言録遠代之事,宜比近代者略。下文直指世之史官乃有大謬不然者,何以知其如此?曰"俗皆愛奇,莫顧實理。傳聞而欲偉其事,録遠而欲詳其迹",因爲"訛濫之本源,而述遠之巨蠹"。是本段文義,正反相生,沿荀卿之旨,辭移而意不背。子玄仍而不改,可謂有識矣。

---

①"史傳"指《文心雕龍·史傳》篇,此只標篇名,不出書名,下文同。又引文所據爲中華書局出版的《文心雕龍譯注》、上海古籍出版社的《文心雕龍創作論》《文心雕龍校注拾遺》、山東人民出版社的《文心雕龍選譯》,恕不一一注明。

迄至正始，務欲守文。(《論説》)

【今校注】范文瀾云："魏氏三祖，皆有文采。正始中，玄風始盛。高貴鄉公才慧夙成，好問尚辭，有文帝之風。蓋皆守文之主。"按范説未諦。何休《公羊解詁序》："斯豈非守文持論，敗績失據之過哉！"《後漢書·張純曹褒鄭玄傳論》："漢興，諸儒頗修藝文；及東京學者，亦各名家。而守文之徒，滯固所禀……遂令經有數家，家有數説，章句多者，或乃百餘萬言。"又《王充傳》："以爲俗儒守文，多失其真。"又《黨錮傳序》："自武帝以後，崇尚儒學，懷經協術，所在霧會，至有石渠分争之論，黨同伐異之説。守文之徒，盛於時矣。"是"守文"乃指今古學者之"滯固所禀"，拘牽文義而言，非謂"守文之主"也。又按，"務欲"二字，疑有脱誤，當作"無務"或"不欲"，文意始順。

【按】《商君書·賞刑》："湯武既破桀紂，海内無害，偃武事，行文教。""偃武"二句，桓譚省曰"偃武修文"(《新論·識通》)。"修"，猶行也，故《漢書·賈捐之傳》曰"偃武行文"。法家所見，曾爲儒家接受，是以《尚書·武成》以武王"乃偃武修文"。蓋商子總結"湯武革命"(《周易·革》)經驗，以爲人主之得天下，必先以武取，後以文守，固時勢使然，《淮南子·齊俗訓》所謂"夫武王先武而後文，非意變也，以應時也。"故賈誼以"取與不同術"(《過秦論》)。劉勰稱"戰代任武"(《才略》)，諸侯争霸，任以武事也；"正始守文"，齊王述文帝之業，守以文教也。《魏志·齊王紀》："正始二年春二月，帝初通《論語》，使太常以太牢祭孔子於辟雍，以顔淵配。"此所以行文教以守天下也。然則，齊王所務，在欲"守文"，學術、文章，相應珍視，王、何玄論既盛，嵇、阮詩歌復興(《明詩》)。彦和夙知秦方"任武"，不重文章，曰"秦世不文"(《詮賦》)，重文章唯人主行文教而後能耳。若樂毅、范雎、蘇秦、李斯文才卓出，"若在文世，則揚、班儔矣"(《才略》)。

"文世"與上文"任武"對,"守文"之世也。《論衡·須頌》:"秦始皇東南游,刻石文世。""文世",亦"守文"之世也。時六王畢,四海一,行文教,刻石頌德,重文教之徵也。至於今注所引諸文之"守文",明指經生滯固"文學"。"文學"爲孔門四科之一,弟子代表子游、子夏,以經學齊名,則"文學"者,六經之學,非齊王之所守無疑也。齊王汲汲以守者,文教也。故曰"務欲",文從字順,改曰"無務"或"不欲",辭意反扞格難入矣。總之,齊王非守文章或文學,范注誤,今校注亦非。

安和政弛。(《詔策》)

【今校】安和,《御覽》引作"和安"。按《御覽》所引是也,《訓故》本正作"和安"。

【按】本書叙述人物,或不拘先後次第。故東漢和帝在安帝之前,《後漢書·王符傳》順曰"和安",《晋書·劉元海載記》亦如之,而本書《時序》《詔策》皆倒曰"安和";又夏在商前,《銘箴》順曰"夏商",而《史傳》倒曰"商夏";司馬相如在揚雄之前,《辨騷》順曰"馬揚",而《練字》倒曰"揚馬";且本書又有單用倒序者,老子在莊子之前,而《明詩》倒曰"莊老";梁在齊後,而江淹《報袁明叔書》倒曰"梁齊"。此蓋古文成法,劉、江因之,有迹可尋。夫禹在湯前,而《離騷》倒曰"湯禹";冬在夏後,禹在舜後,而《莊子·人間世》倒曰"冬夏""禹舜";暑在寒先,而《周易·繫辭》倒曰"寒暑";唐在虞前,而荀公曾《王公上壽酒歌》倒曰"虞唐";晋在魏後,而陸雲《諫吴王起觀疏》倒曰"晋魏";西周厲王在幽王前,而《孟子·離婁》倒曰"幽厲"。今校知順而不知倒,蔽於一曲,則偏生暗矣。

拙辭或孕於巧義,庸事或萌於新意;視布於麻,雖云未費,杼

軸獻功,煥然乃珍。(《神思》)

【今論】《神思》篇"拙辭或孕於巧義,庸事或萌於新意;視布於麻,雖云未貴("貴"字依范注校改),杼軸獻功,煥然乃珍",就是對於什麽是想象問題所作的回答。注釋家往往把這裏説的"杼軸獻功"一語解釋爲"文貴修飾"。黄侃《札記》云:"杼軸獻功,此言文貴修飾潤色。拙辭孕巧義,修辭則巧義顯,庸事萌新意,潤色則新意出。凡言文不加點,文如宿構者,其刊改之功,已用之平日,練術既熟,斯疵累漸除,非生而能然者也。"我以爲這種看法是不能解釋劉勰在這段話裏所提出的"視布於麻"的比喻的。劉勰固然並不排斥修飾潤色的作用,但他也並不特别强調修飾潤色的作用。按用"杼軸"一詞來表示文學的想象活動,原出於陸機,《文賦》"雖杼軸於予懷,怵他人之我先",是劉勰所本。

【按】《禮記·禮運》:"治其絲麻,以爲布帛。"《春秋繁露·實性》:"以麻爲布。"麻本爲布帛原料,"未費",麻未經織加工而無文采。文義自順,不煩改字。"杼軸",《詩經·小雅·大東》作"杼柚",本篇同。李善注:"杼軸,以織喻也。""喻"者何?修飾潤色也。語言之修飾潤色,猶以"杼軸"織麻爲布,而有文采。《淮南子·説林訓》:"黼黻之美,在於杼軸。"正以文采之美根於"杼軸"。"獻功",加工也。《後漢書·班彪傳》李賢注:"焕,文章貌。"《玉篇》:"珍,美也。"劉孝綽《昭明太子集序》:"人文以焕乎爲貴。"故孔子盛贊堯之爲君"焕乎其有文章"(《論語·泰伯》)。語言既經加工,文采乃有"焕然"之美。如此索解,怡然理順,"杼軸"二句,謂屬辭之修飾潤色,昭昭若日月之明,黄氏之説,確乎其不可拔。《文賦》空前闡述作者想象云:"其始也,皆收視反聽,耽思傍訊,精騖八極,心游萬仞。"簡繪想象,"精騖"二句尤指標其超空間之要害。本篇從而爲之辭,曰:"文之思也,其神遠矣。故寂然凝慮,思接千載;悄焉動容,視通萬里。"

此彦和所謂論文“有同乎舊談”(《序志》)也。夫唯想象而得藝術之“意象”,於以“聯辭結采”(《情采》),則修飾潤色之工不可忽。孔子昌言“修辭”(《周易·乾·文言》),殆謂此也。《莊子·天運》:“龍合而成體,散而成章。”“章”,文采也。班固《東都賦》:“炳有焕兮被龍文。”龍有“炳焕”之文采,劉勰以“雕龍”名書,蓋譬作者綴文,若雕琢龍文也。曰“奇辭”必以“雕畫”(《風骨》);“聲律”必以“刻鏤”(《神思》);賦家“圖寫”“物貌”必“蔚似雕畫”(《詮賦》);“童子”“雅制”,必由“雕琢”(《體性》);“古來文章”必以“雕縟成體”(《序志》);引譬連類,不憚反復,孰云彦和“不特别强調修飾潤色的作用”耶?惟《莊子·山木》“既雕既琢,復歸於樸”,“雕琢”當不失於“樸”,“樸”,篤實也。則文之“雕琢”,乃以篤實而不浮華爲儀耳!《文賦》曰:“必所擬之不殊,乃暗合乎曩篇;雖杼軸於予懷,怵他人之我先;苟傷廉而愆義,亦雖愛而必捐。”此六句明以論“擬”,“擬”,模擬,其何與於“想象”耶?章學誠好學深思,心知士衡之意,謂此六句“蓋言文章之士,極其心之所得,常恐古人先我而有是言;苟果與古人同,便爲傷廉愆義,雖可愛之甚,必割之也。韓退之曰:‘惟古於文必己出,降而不能乃剽襲。’亦此意也。”(《文史通義·辨似》)大抵作者之於文也,因想象而得“意象”,沿“意象”而修辭,或“擬”前言,必“能自樹立,不因循”(韓愈《答劉正夫書》)。故“雖舊而彌新”(《文賦》),“參伍因革”,以爲“通變”(《通變》)。《神思》設論,自想象而修辭,自然之序也。

張衡研《京》以十年,左思練《都》以一紀。(《神思》)

【今注】紀,十二年。

【按】《文選·三都賦序》李注引《晋書》曰:“左思欲作《三都賦》,遂構思十年。”劉勰爲避上句“十年”,改曰“一紀”而易事。此非誤記,乃亦古文成法。司馬遷《報任少卿書》:“不韋遷蜀,世傳《吕覽》;韓非囚秦,《説難》《孤憤》……《詩》三百篇,大抵賢聖發憤之所爲作也。"《吕覽》與《説難》《孤憤》皆作於吕不韋、韓非"遷蜀""囚秦"之前,子長爲稱"賢聖發憤著作"而易事。又趙景真《與嵇茂齊書》:"昔李叟入秦,及關而嘆;梁生適越,登岳長謡。夫以嘉遯之舉,猶懷戀恨,况乎不得已者哉!"李注:"然老子之嘆,不爲入秦;梁鴻長謡,不由適越;且復以至郊爲及關,升邙爲登岳。"景真爲説流蕩之苦而易事。又馬融《長笛賦》:"屈平適樂國,介推還受禄。"屈原以楚襄王之放逐,懷石投汨羅以死,而言還之楚國,不投汨羅自盡;晋文公賞從亡者,介之推不言禄,禄亦不及,而云受禄;季長爲贊笛聲感人之强而易事。讀者不可不察也。

夫設文之體有常,變文之數無方。(《通變》)

【今注】體,體制,體裁。數,術數,方法。無方,無定規。

【按】《韓非子·解老》:"夫物之一存一亡,乍死乍生,初盛而後衰者,不可謂常;唯夫與天地之剖判也俱生,至天地之消散也不死不衰者謂常。"此"常"字確詁,不變也。《禮記·内則》"博學無方"鄭玄注:"方,猶常也。""無常",變也。"體"若訓"體制"或"體裁",則與本篇及本書有關文義乖戾。昔孟子以木工必以"規矩",方能成器之"方圓"(《孟子·離婁》),而"規矩"爲制器之基本法則;又以木工之"誨人",特限於"規矩"(《盡心》);至若將器製得精巧之方法,千變萬化,全憑人於踐履中自會。與孟子同時之莊周,曾以此種神而明之、存乎其人之方法爲"數",並稱工匠造車輪之"數""得之於心,應之於手,口不能言焉"(《莊子·天道》)。綜觀莊、孟二氏,無非指出工匠技巧有其"規矩"和"數"兩種。前者穩定,可以言傳;後者靈活,恰好相反;且彼此並行,爲技巧内部對立統一之矛盾,逐漸用於其他方面。如韓非論治國,則曰"大體"(《韓非子·大體》)。"體",法也

(《淮南子·本經訓》高誘注)。"大體",大法,猶孟子曰"規矩"。臧榮緒省"大體"爲"體",開始移植於文論,稱陸機"心識文體,故作《文賦》"(李善注引《晋書》)。"文體",作文之"體"或"大體"也。蓋機從高訓,以"體"猶"則","則"亦"法"也。於是揚言修辭有"隨手之變,良難以辭逮"者,"數"也;有"所能言者","體"也;"體"復謂之"文律"或"辭條"。《文賦》所述者此也。劉勰不異"前論"(《序志》),故本書曰"得檄之體"(《檄移》),曰"立賦之大體"(《詮賦》),皆言撰寫兩類文章之基本法則,曰有"文外曲致,言所不追,筆固知止",必作者"至精而後闡其妙,至變而後通其數"(《神思》)者,顯白乎"數"矣。本書《章句》:"夫裁文匠筆,篇有小大;離章合句,調有緩急;隨變適會,莫見定準。"此亦言"數"也。本書猶《文賦》,終始所述者,"體"而已矣。本篇下文曰"名理",曰"術",曰"文則",曰"撰",曰"大體",曰"大律",皆"體"之異名。

予見新進麗文,美而無采;及見劉揚言辭,常輒有得。(《通變》)

【今譯】桓譚説:"我看了新進作家華麗的作品,文辭雖漂亮,却没什麽可取;等看了劉向、揚雄的文辭,往往有所收獲。"

【按】"麗文"爲漢季以降專言辭賦之詞。《意林》載桓譚《新論》云:"余少時見揚子雲麗文,欲繼之,嘗作小賦。"子雲賦家,其"言辭"即"麗文",爲辭賦。缺名《中論序》:"見辭人美麗之文,並時而作。""辭人",賦家,"麗文","美麗之文"之省,乃賦家之作,其爲辭賦無疑。故皇甫士安《三都賦序》云:"賦也者,所以因物造端,敷弘體理,欲人不能加也。引而伸之,故文必盡美;觸類而長之,故辭必盡麗;然則,美麗之文,賦之作也。"本書《才略》:"桓譚著《論》,富好猗頓,宋弘稱薦,爰比相如;而《集靈》諸賦,偏淺無才;故知長於諷論,不及麗文也。"《論》謂《新論》,率議時政,特狀之以"諷"。彦和以譚"達於政事"(《程器》),用長於論;而其"《集靈》諸賦",失之"偏淺"。則其所作不長於"麗文",而"麗文"之指辭賦,亦可見矣。

大明出東,月生西陂。(《通變》)

【今校】按《後漢書·馬融傳》作"大明生東,月朔西陂"。李注:"朔,生也。"此引"生"爲"出","朔"爲"生",非緣舍人誤記,即由寫者涉上下文而誤。《禮記·禮器》:"大明生於東,月生於西。"鄭注:"大明,日也。"

【按】《禮記·禮器》上下皆曰"生",不避重;《馬融傳》上曰"生",下曰"朔",本篇上曰"出",下曰"生",上下字異而義同,避重而變;駢語重聲律、對偶,遣詞每若斯。舍人引文,爲是易字,自非"誤記"或"寫者之誤"。《莊子·達生》:"日出東方,而入於西極。"阮籍《達莊論》:"月東出,日西入。"日月實皆東出西入,《禮器》言日月出入,不計方所,此亦古文成法。《左傳》僖四年:"齊侯以諸侯之師侵蔡,蔡潰,遂伐楚。楚子使與師言曰:'君處北海,寡人處南海,唯是風馬牛不相及也。'"杜注:"楚界猶未至南海,因齊處北海,遂稱所近。"蓋言齊近北海,設言楚近南海,以見齊楚相距甚遠,不致有隙而侵伐也。沈約《鍾山詩應西陽王教》:"南瞻儲胥觀,西望昆明池。"李善注:"儲胥觀、昆明池皆在西京,此皆假言之。"蓋休文亦爲南西之對,易儲胥觀之西爲南也。又比目魚本見班固《西都賦》,而本書《夸飾》曰:"《東都》之比目,《西京》之海若。"彦和亦爲東西之對,易比目之西爲東。

心術既形,英華乃贍。(《情采》)

【今注】心術,指思想和技巧。

【按】《禮記·禮運》:"何謂人情?喜、怒、哀、懼、愛、惡、欲,七者弗學而能。”李尤《筆銘》:“七術雖衆,猶可解説。”“七術”即“七情”,則“術”猶“情”也。《荀子·樂論》:“夫樂也者,樂也,人情之所必不免也,性術之變盡是矣。”“術”即上文之“情”。陸機《演連珠》:“情生於性。”故言“情”而連及“性”。“性術”,“性情”也。《管子·心術》所陳,皆心之情,而義廣,包蘊心之一切認識,不徒喜怒等。《莊子·天道》:“心術之動。”心情感於外物而激動也。本書《隱秀》:“夫心術之動遠矣,文情之變深矣。”心情之動遠而不近,則其變自深而不淺,不易之道也。“形”,猶現也。“英華”,喻文采。“贍”,富也。夫文采所以表現心情也,作者心情既已表現而無遺漏,文采然後豐富而不貧乏。本書《知音》:“夫綴文者,情動而辭發。”《體性》:“吐納英華,莫非情性。”又曰:“夫情動而言形,理發而文見。”可相與參會。

詩人比興,觸物圓覽。物雖胡越,合則肝膽。擬容取心,斷辭必敢。(《比興》)

【今譯】詩人運用比和興的手法,碰到事物加以周密的觀察。比喻的兩樣事物雖北方的胡人和南方的越人那樣絶不相關,有一點相合,却像肝膽般相親。起興模擬外形,采取含意,措辭一定要果敢。

【今論】“擬容取心”這句話裏的“容”“心”二字,都屬於藝術形象的範疇,它們代表了同一藝術形象的兩面。“擬容取心”合起來的意思就是,塑造藝術形象不僅要摹擬現實的表象,而且還要攝取現實的意義,通過現實表象的描繪,以達到現實意義的揭示。

【按】“圓”,精密。我國古代學者每以“圓”形容事物,《周易·繫辭》曰“圓而神”,《淮南子·主術訓》曰“智圓”。佛家譯經,尤多用“圓”,若《楞嚴經》曰“圓妙”“圓音”“圓通”“圓融”,《圓覺經》曰“圓悟”“圓覽”“圓照”。劉彦和通佛理,作本書亦多用“圓”,《麗辭》曰

“理圓事密”，《風骨》曰“骨采未圓”，《論説》曰“故其義貴圓通”，《知音》曰“故圓照之象”……

《古詩》：“胡馬依北風，越鳥巢南枝。”是胡在北方，越在南方，而南北遠隔。《繫辭》：“擬諸其形容。”本書《詮賦》因之曰“擬諸形容”。“擬”，度也。“諸”，於也。《廣雅》：“貌，容也。”故“容”亦“貌”也。“形容”，形貌也。“擬”“取”二字後皆省介詞“於”。《繫辭》：“斷辭則備。”“斷辭”，分章合句，謂修辭也。“敢”，果决也。“詩人”，專指《三百篇》作者，以其生於周代，本篇又稱“周人”。“詩人”六句，言“比興”塑造過程，説“詩人”以外物爲比興，故在其塑造之前，必深入自然，接觸外物，從事精密觀察。外物形形色色，本與詩人欲以比興表達之情思，如“胡越”之間隔，然擇其與情思屬性相類似者，組合而提煉之，以成藝術形象，斯與情思之切近，若肝膽之相連。是以“詩人”之於外物，莫不度量其形貌，窺測其屬性，並以情思爲準，擇取之於心，得以外物爲比興，抒其情思，因塑造條件具備，故修辭必果决而不遲滯。

雖《詩》《書》雅言，風格訓世。（《夸飾》）

【今校】“格”，謝鈔本作“俗”，顧廣圻校本作“俗”。按“風格訓世”，義不可通，作“俗”是也。“風”讀爲“諷”，“風俗訓世”即《詩大序》“風，風也，風以動之，教以化之”之意。慧皎《高僧傳序》“明《詩》《書》《禮》《樂》，以成風俗之訓”，語意與此同，尤爲切證。《論語・述而》：“子所雅言，《詩》《書》執《禮》，皆雅言也。”

【按】元至正本作“風格訓世”，不煩改字。“風格”，非今文藝學中之“風格”。《文選・奏彈王源》李善注：“賈逵《國語注》：‘風，采也。’”《漢書・何武傳》顔師古注：“風，謂采也。”故本書《徵聖》“風采”連文。《禮記・緇衣》：“言有物而行有格也。”鄭玄注：“格，舊法也。"《莊子·人間世》:"故法言曰……"王先謙《集解》:"引古格言。"易"法言"爲"格言",以"法""格"義同。"風格"謂修飾辭采之法規,猶本書《章表》曰"風矩";《奏啓》曰"風軌"。彦和從其"宗經"觀念出發,指出六經中之《詩》《書》爲雅正之言,曾以辭采之法規訓示世間作者,"夸飾"其一也。本篇下文言《詩》之"夸飾"乃"大聖所録,以垂憲章",正與上文"風格訓世"一貫。而"憲章"與左思《三都賦序》"作者大抵舉爲憲章"之"憲章"義同,亦指辭采之法規。倘如今校,則與上下文論"夸飾"之義乖。

並適分胸臆,非牽課才外也。(《養氣》)

【今譯】還從心中發出,分量恰當,不是勉强扯到才力外去。

【按】"並",皆也。"適",量也。"分""課"後皆省介詞"於"字。"胸臆",謂心也。"牽課",强求也。舍人言人之天賦,承孔孟以來舊名,曰"性"、曰"才"、曰"分"。本篇上曰"分",下曰"才",避重而變。天賦人各有定,不可强求,雖在父兄,不能以移子弟。《孟子·盡心》:"君子所性,雖大行不加焉,雖窮居不省焉,分定故也。"本書《體性》遂以天賦爲"自然之恒資","恒"則不變而有限,故《世説新語·賢媛》云"天分有限"。雷次宗《與子侄書》:"夫生(性)之修短,咸有定分,定分之外,不可以智力求,但當於所稟之中,順而勿牽耳!"本篇下文:"器分有限。"唯是,"三皇"以來作者之行文,皆量其"才""分"於心,而不强求於其外也。

《古漢語研究》1989 年第 1 期

試論劉勰文學批評的現實性

前　言

劉勰——是南朝卓越的文學批評家。他在中國文學批評史上，占有一定的地位。這是大家公認的事實。可是解放以來，很少同志對他的文學批評作深入的研究。其實，像他的巨著《文心雕龍》，的確是中國文學批評的寶貴遺産。作者近十年來，在同志們的鼓舞下，曾作《文心雕龍新解》一書。本文只是拙作結語的一部分，着重介紹劉勰文學批評中幾個最富有現實意義的論點與主張，希望能引起同志們的注意與探討。

又本文所引劉勰的話，均出自《文心雕龍》。

一

劉勰字彦和(470—530)，東莞人，出身没落的官僚家庭。劉家自從彦和的高祖劉爽以來，世代做官，一連出了幾個名將。但到劉宋滅亡，他家便逐漸衰落。彦和生時，家境已經非常貧窮了。他的父親劉尚死得很早，依靠母親過活。二十歲左右，母親也死了。他篤志好學，没有結婚，跟沙門僧祐同居十多年。僧祐是當時有名的和尚，現在所留傳的《弘明集》就是他所編的。彦和從他研究佛理，博通經、論，也挺愛好文學，和梁武帝的兒子蕭統要好。齊梁時代大地主集團文學作品排偶、雕削的頽廢作風，彦和及時寫作了一部文學批評的巨著——《文心雕龍》，對當時文壇展開尖鋭的批評。全書共五十篇。按照《序志》篇所説，分爲上下兩篇。上篇二十五篇，主要論文學的原理及文體的變遷。下篇前二十四篇主要論修辭的原理及方法。末一篇是自序，主要説明本書内容和寫作動機。沈約非常稱道這部書，以爲它"深得文理"。

梁天監初年，彦和做了臨川王蕭宏的記室，後來做到步兵校尉，兼東宫通事舍人，所以世稱劉舍人。晚年燒去鬚髮，要求出家，得詔允許。從此變服爲僧，改名慧地，不到一年就死了。

二

在未講劉勰文學批評的現實性以前，首先要分析的是劉勰成爲卓越的文學批評家的原因。

我深切地體會到：劉勰的世界觀是進步的。他肯定："情以物遷，辭以情發。"(《物色》)這兒説的"物"，就是自然現象。他知道作者的文辭發抒了反映自然現象的情感；自然現象自然隨着四季不斷地變遷，那麽，作者的情感，也就隨着變遷了。

他仔細觀察客觀世界的其他事物，發現它們都不是孤立存在的；又從"水性""木體"的體驗，得出"文""質"相附的結論。①

不僅如此，他還從文學發展史上觀察，以爲當堯舜時代，政治清明，人民生活安定，因此，"郊童""野老""元后""列臣"等都歌頌着現實生活的美滿，在他們的詩歌裏，充滿了歡樂的情緒；至於夏禹商湯和周太王文王等，也都是明君，卓有政績，因此，詩人們也在詩歌裏贊美了他們的恩德，決没有怨怒的情緒。可是周幽王厲王的昏亂，

①見《情采》。

給人民帶來深重的苦難。因此,詩人們就在詩歌裏表現出極端怨怒的情緒。等到周平王被迫東遷,周室更加衰微,因此,詩人們表現在詩歌裏的悲哀,也就有增無減。① 他從這些鐵的事實,證明"歌謡文理","與世推移"(《時序》)。這無異説詩人們的詩篇,如實地反映了現實社會。

姑就上面所述,便知道劉勰理解作者的情感或認識的來源是客觀現實;而他自己的情感或認識,也正是從客觀現實産生的,這應該説是一種唯物的反映論。

同時劉勰發現在文學作品裏,"奇"與"正","剛"與"柔","典"與"華","奇"與"偶","繁"與"約","壯"與"輕"②等等,都是相反的,但又是關聯的。這基本上説明矛盾的統一性,這應該説是一種辯證的思想方法。

其次,劉勰研究問題的態度,十分謙虚。他儘管修養湛深,議論精辟,在《文心雕龍》裏,有着許多創見;仍然感到"銓叙一文爲易,彌論群言爲難"(《序志》)。哪怕對某些問題,已經全面探索,却還相信有許多隱曲的地方,没有徹底發掘出來③,決定繼續研究,反對"率意而斷"(《指瑕》)的粗枝大葉的搞法。他談到自己的批評態度道:

"及其品列成文,有同乎舊談者,非雷同也,勢自不可異也,有異乎前論者,非苟異也,理自不可同也。"(《序志》)

又説:"俗皆愛奇,莫顧實理。於是棄同即異,此訛濫之本源。"(《史傳》)

原來他最最痛恨世俗一味"標新立異"的壞作風,他所追求的只是真理,只是是非,決不苟同、立異。别人的意見如果正確,就不必

①見《時序》。 ②見《體性》《定勢》《麗辭》。 ③見《序志》。

别自爲説,否則一定要加以改正。

這種實事求是的精神,必然使劉勰産生特别謙虚的態度。他知道"生也有涯,知也無涯"(《原道》),人類的知識無窮無盡的,任何人没有理由自滿,他坦白地在讀者面前表示自己的論斷是"鄙夫之見"(《總術》)。"體大思精"的《文心雕龍》寫作成功以後,還在序文裏聲明"識在缾管,何能矩矱"?(《序志》)真的,"卑以自牧","虚以受人",是他"學然後知不足"的表現。

第三,劉勰是文學批評家,也是作家。我們知道,文學批評與文學創作息息相關。不會創作的批評家,好像不上球場而空談球術的運動家,他的批評,不過"隔靴搔癢"而已。劉勰在齊梁,是一個不平凡的作家。他的《文心雕龍》,表現了高度的藝術修養。此外,僧祐的《弘明集》載録他的《滅惑論》一篇,歐陽詢的《藝文類聚》載録他的《剡縣石城寺彌勒石像碑銘》一首,《南史》本傳稱他寫有《定林寺藏經序録》,又説:"都下寺塔及名僧碑志,必請其制文。"《梁書》本傳稱他的"文集行於世"。由此可見,他留傳的作品,雖然不多,而當時寫作的一定不少,一定有豐富、寶貴的寫作經驗。他的批評與寫作實踐相結合,不是單純抄襲書本或憑主觀想象,所以特别顯得親切。

第四,劉勰對於批評,有着深刻的認識。他認識了批判的重要性和必要性。他認爲"古來文才……慮動難圓,鮮無瑕病"(《指瑕》)。根本理解錯誤是每個人難免的。假使看見某人"失理大甚"(同上),犯了嚴重錯誤,就應該"舉以爲戒"(同上),勸他馬上糾正。他指出批評的本質是"與人爲善",絶對不是互相攻擊;他堅決反對"文人相輕"(《知音》)的惡習,特别是"競於詆訶,吹毛取瑕"(《奏啓》)的謾駡。他要求批評者千萬不要看輕批評,要曉得"文情難鑒,誰曰易分"?(《知音》)他爲批評者具體地提供了六個批評時所必須掌握標準:"一觀位體,二觀置辭,三觀通變,四觀奇正,五觀事義,六觀宫商。”(《知音》)掌握這六個標準,便能够正確地辨别出文學作品的優劣來。他反對批評的主觀性和片面性。批評者不能爲自己的偏見或愛憎所蒙蔽,從而“是己非人”,所謂“會己則嗟諷,異我則沮棄”(《知音》),企圖“各執一隅之解,欲擬萬端之變”(同上)。否則,終於“東面而望,不見西墻”(同上)的批評,是不可能正確的。

第五,劉勰對於過去文學批評理論,有着深刻的研究。誰也不能否認自從魏代開始,文學批評理論,逐漸發達,留存的論著,像魏文帝的《典論·論文》、曹植的《與楊德祖書》、應瑒的《文質論》、陸機的《文賦》、摯虞的《文章流别論》、李充的《翰林論》等等,劉勰通過詳盡的研究,發現它們的優缺點,給以明確的批評,他固然吸收了它們的優點,但也要求改正它們的缺點。因此,它們本身存在矛盾的解決的必然趨勢,就成爲劉勰文學批評理論建設的動力之一。

第六,劉勰生在南朝文學空前頹廢的時期。當時文學頹廢的現象,正如唐朝的李習之所説:“文卑質喪,氣萎體敗,剽剥不讓,儷花鬬葉,顛倒相尚。”(《祭韓侍郎文》)唯美主義的飛躍發展,使作者側重形式,一般都專在緋縵、對偶、雕削、聲律方面講求,不注重現實内容的充實。這種隨着統治階級的腐朽而頹廢的文學作風,用劉勰自己的話説,那就是“去聖久遠,文體解散,辭人愛奇,言貴浮詭,飾羽尚畫,文繡鞶帨,離本彌甚,將遂訛濫”(《序志》)。這當然是劉勰“搦筆和墨,乃始論文”(同上)的社會根源。首先識破這個社會根源的唐朝大史學家劉知幾,《史通·自叙》裏寫道:“詞人屬文,其體非一,後來祖述,識昧圓通,家有詆訶,人相掎摭,故劉勰《文心》生焉。”無怪乎劉勰把自己向當時文壇頹廢作風的批評,比作戰國孟子的辟楊墨,不是“好辯”,而是“不得已也”(《序志》)。

三

劉勰强調文學作品的社會的、政治的作用，這是他的現實主義精神的表現。

誠然，現實主義的作品，基本上是爲現實服務的。最早，像《三百篇》，大都體現了文學的現實作用。它們的作者，對現實從輕蔑到反感，廣大詩篇所迸發出來的憤怒的叫喊，是對黑暗現實的抨擊。所以孫卿評論《小雅》，便説它："疾今之政，以思往者，其言有哀焉。"初步指出《詩經》的現實作用。到了曹丕，更揭示文章爲"經國之大業"（《典論·論文》）的真理，而與曹丕同時的應璩，就以"文章不經國"（《百一詩》）自愧。西晋的葛洪也稱揚："古詩刺過失，故有益而貴。"（《抱朴子·辭義》）這種樸素的文學爲政治服務的理論，直到劉勰才獲得充分的發揮。

劉勰眼見南朝唯美主義的文學作品内容，主要是山水、玄理和色情，嚴重地脱離社會、政治，使他强調了文學的社會的、政治的作用。他舉出古代爲現實而創作的例子，譬如"大禹成功，九序惟歌。大康敗德，五子咸怨"（《明詩》）都是"感於哀樂，緣事而發"，針對現實美惡來下褒貶的。因此，他要求詩人"事叙相達"（《書記》），"諷刺"有"若針之通結"（同上）；他要求歷史家使用"彰善癉惡"（《史傳》）的"直筆"（同上）。對"奸慝"（同上）的懲戒（同上）要像"農夫見莠，其必鋤也"（同上）的堅决；他要求臣下向皇帝上書，要"不畏彊禦，無縱詭隨"（《奏啓》）。大膽地"陳政獻宜"，"筆鋭干將"（同上）；他也要求臣下對答皇帝的詢問，要"大明治道"（《議對》），"使事深於政術，理密於時務"（同上）。既反對"迂緩之高談"（同上），也反對"刻薄之僞論"（同上）。至若陸機借議對來逢迎皇帝，"諛辭弗剪"（同上），更是"卑不足道"的了。

總而言之，“辭以治宣，不爲文作”(《議對》)，恰如唐代白居易所謂：“爲君、爲臣、爲民、爲事、爲物而作，不爲文而作。”(《新樂府序》)因此，作者平時應該“達於政事”(《奏啓》)，“觀通變於當今”(同上)。這就是説作者要通曉時事、政治。他向作者提出質問：“安有丈夫學文，而不達於政事哉?”(《程器》)並且認爲作者“假若不達政事，而舞筆弄文”(《議對》)，寫作就會“支離構辭，穿鑿會巧，空騁其華，固爲事實所擯”(同上)了!

事實上，劉勰寫作《文心雕龍》，突出地發揮了文學的現實作用。

四

劉勰對南朝唯美主義作者最最不滿的是藝術技巧。他看到當時唯美主義作者，“多欲練辭，莫肯研術”(《總術》)。“術”就是“文術”(《風骨》)，也就是藝術技巧。他又發覺當時新舊作者之間鬧不團結，不能截長補短，造成“明者弗授，學者弗師”(《風骨》)的對立形勢。於是“舊練之才，則執正以馭奇；新學之説，則逐奇而失正”(同上)。舊作者不願教導新作者，擴大其影響；新作者不肯向舊作者學習，錯誤一天天地加深，“習華隨侈”(《風骨》)、“流宕忘返”(同上)，“訛勢”每況愈下，而“文體遂弊”(同上)了。劉勰毫無保留地向一般作者提供了自己的“文術”，並展開不協調的鬥争。

他在“言爲文之用心”(《序志》)的專著——《文心雕龍》裏着重闡述了他的“文術”。本來，早在西晋的陸機已因文學發展的逆轉，發出重視“辭條文律”(《文賦》)的呼聲。被人稱頌的《文賦》主要講的是“辭條文律”，亦即劉勰説的“文術”。我們翻閱《文心雕龍》，便知道劉勰曾以許多篇幅講明他的“文術”；而且結合現實，富有積極的現實意義。

衆所周知，南朝唯美主義作者的藝術技巧，基本上是兩漢辭賦家"雕蟲篆刻"的繼承與發展。劉勰認爲他們"雕削取巧,雖美非秀"(《隱秀》)。給讀者總的感覺是喪失文辭的"自然之美"。因此,他首先提出修辭的總原則——"自然"。

《文心雕龍》開宗明義第一篇《原道》,便以極肯定的語氣寫道:"心生而言立,言立而文明,自然之道也。"這個修辭上的"自然之道",是每個作者必須共同遵守的準繩。作者的修辭,譬"如卉木之耀英華"(《隱秀》),應該"自然會妙"。詩人"感物吟志,莫非自然"(《明詩》)。便是一個例子。

五

劉勰在他的"自然之道"的照耀和指導下,與南朝唯美主義作者進行了一系列的鬥争:

(一)劉勰反對艱深。南朝唯美主義作品的艱深,是有目共睹的事實。像這樣的文學形式,當然没有"自然之美",當然不能爲大衆所接受。劉勰又體會到兩漢,特别是西漢的辭賦家像司馬相如、揚子雲等,他們精通"小學",在自己的作品裹,喜好運用"奇字""古文",喜好雕篆,使文辭陷於艱深,使讀者感到"阻奥"(《練字》),連魏代大詩人曹植也稱"揚馬之作,讀者非師傅不能析其辭,非博學不能綜其理"(同上)。劉勰由於歷史和現實的啓示,毅然決然地主張文辭的通俗。他鄭重地指出作者用字"詭異"的危害性道:"今一字詭異,則群句震驚;三人弗識,將成字妖矣。"(同上)我們可以推想當時作者用字"詭異"的情况,是十分嚴重的。和劉勰同時的沈約不也説過嗎?"文章當從三易:易見事,一也;易識字,二也;易讀誦,三也。"(《顔氏家訓・文章篇》引)這和劉勰的主張没有兩樣。他倆的進步主張,無疑的,會引起當時唯美主義作者的反對。試看劉勰"爲時而作"的《文心雕龍》寫成以後,竟"未爲時流所重"(《梁書・劉勰傳》),

由此可見,劉勰的文學主張與"時流"的對抗性。不同現實妥協的劉勰,却"自重其文,欲取定於沈約"(同上),而沈約讀了《文心雕龍》也就"大重之,謂爲深得文理"(同上)。這是他倆文學主張接近的具體表現。不過沈約當時畢竟側重"聲律"的倡導,關於文學通俗的提倡,遠不如劉勰。

文章通俗與否,究竟有什麽標準? 這個問題,劉勰給了圓滿的答復,他説:"後世所同曉者,雖難斯易;時所共廢者,雖易斯難。"這就是説現在大衆都懂得的文章,便是通俗的文章,否則,便是艱深的了。

通俗的主張,促使劉勰向下看,促使劉勰對於口頭文學——諺語的重視與理解。他在《文心雕龍》裏一再提到諺語:

《書記篇》:"萬民達志,則有狀列辭諺。"

又説:"諺者,直語也。……廛語淺言,有實無華。……《太誓》曰,古人有言,牝鷄無晨。《大雅》云,人亦有言,惟憂用老。並上古遺諺,《詩》《書》可引者也。至於陳琳諫辭,稱掩目捕雀;潘岳哀辭,稱掌珠伉儷。並引俗語而爲文辭者也。夫文辭鄙俚,莫過於諺。而聖賢《詩》《書》采以爲談。况踰於此,豈可忽哉?"

《諧隱篇》:"蠶蟹鄙諺……苟可箴戒,載於禮典。"

劉勰所以重視活在大衆口頭的諺語,乃是他清楚地發現了諺語的特色——質直、樸實、通俗,以及"箴戒"的現實作用。他認爲任何作者不應該忽視諺語,要把諺語用到自己作品裏去。當然,南朝唯美主義的作者,不曾領悟這些。他們會把諺語當作"不足以登大雅之堂"的東西,鄙棄而不屑采用。

比如陶潛淵明在詩歌裏滲入了某些勞動人民語言的成分,他們就以爲是"出家語",不予重視。鍾嶸著《詩品》也因爲"世歎其質直"

居然把陶詩列在中品。單就這一事實,不難推出南朝唯美主義作家輕棄諺語的必然性。劉勰不願坐視當時作者的錯誤繼續存在,不惜挺身而出,揭發諺語的優秀本質,主張作者用“鄙俚”的諺語作文。他恐怕僅靠理論不能説服當時頹廢的作者,便進一步根據歷史,説明上自《尚書》《詩經》,下至魏晋的部分作者,都曾用“俗説爲文”。這在文學通俗化方面,的確是一個强有力的號召。這就頹廢駢文稱霸的當時説,的確是一種“道人之所不道”的特出行爲。

劉勰在寫作上,或多或少地實踐了他的通俗主張。他所寫作的文章,和當時的頹廢駢文比較起來,確有一定程度的通俗性。

(二)劉勰反對駢文。南朝的駢文作者,以字句的駢偶、雕削爲能事,使文辭失掉“自然”的本色。劉勰爲了糾正這種歪曲現象,及時地寫了專篇——《麗辭》來表明他對文辭駢偶的意見。他深刻地體會到“事不孤立”(《麗辭》),認爲“事或孤立,莫與相偶”(同上),便是“夔之一足,趻踔而行”(同上)的反常現象。他把這個科學真理運用到修辭上去,那就是“迭用奇偶”。他發現文辭本身也和其他事物一樣,普遍存在着矛盾。所以他不反對文辭中用偶句,只反對單用偶句,主張奇句和偶句參錯地用。文辭只用偶句固然不對;只用奇句也不對。因爲文辭“奇”“偶”的互相依存,是文辭本身的自然規律。南朝的駢文,基本上是單純的偶句,顯然與劉勰“迭用奇偶”的主張對立。

劉勰在講述“迭用奇偶”的修辭法則時,曾舉經典爲例。他引《尚書》“罪疑惟輕,功疑惟重”“滿招損,謙受益”等辭句,證明哪怕在記言的《尚書》裏,也參雜着偶句。緊接着他又指出《周易》“序乾四德,則句句相銜;龍虎類感,則字字相儷”(同上),證明《周易》的文辭中,也參雜着偶句。他還指出《尚書》《周易》作者的寫作偶句,雖然“運裁百慮”(同上),終歸“自然成對”(同上)。他們“奇偶通變,不勞經營”(同上),即不有意識地造作,這也是陳古刺今的論調。

劉勰本人在當時,不能馬上完全實踐他的主張,這是事實。他的《文心雕龍》還不是像他所推重的《尚書》《周易》那樣“迭用奇偶”的文章,偶句的比重還大於奇句,但比當時的駢文自由解放得多了。

(三)劉勰反對浮濫。劉勰一談到南朝文學創作流弊的時候,便痛恨時體的“浮詭”“訛濫”(《序志》)。他高呼“文體解散”(《序志》)了,“失體成怪”(《定勢》)了。他自願擔負起“定勢”的重任,爲消滅文辭“浮濫”的“訛勢”(《定勢》)而努力。原來當時唯美主義作者心目中的文辭的“美”就是劉勰説的“浮濫”。浮濫的文辭就是他們所愛好的“美文”。這種“美”的觀念,爲劉勰所反對。當然,文辭一定要美,劉勰特别注意文辭的美,不過他所謂美與唯美主義者的美不同罷了。當他談到賦的寫作時,便説“詞必巧麗”(《詮賦》);當他談到詩人創作時,便説“麗則”(《物色》);當他談到堯舜的大唐南風時,便説“辭達而已”(《明詩》);當他談到曹丕曹植的詩歌時,便説“驅辭逐貌,惟取昭晰之能”(同上)。我們從他這些説話來看,便知道他所謂文辭的“美”就是簡約、明晰、有規則、能如實地表達作者的胸懷和記叙客觀事物,而不放蕩,放蕩就會“浮濫”,這是事所必至的。

劉勰針對“浮濫”情況,作了醫治的藥方:文辭的鍛煉。

中國過去的作者,曾把文辭的鍛煉,比爲工匠的雕琢器皿和花紋,把我們今天所説的鍛煉,説成雕琢。比如詩人説“追琢其章”(《詩經》),王充説“能雕琢文章”(《論衡》),劉勰繼承了這個傳統的説法。所以他反對過度的雕琢,但也主張雕琢。他明明地説:“古來文章,以雕縟成體。”(《序志》)誰説他不贊同雕琢呢?如有不信,請再看他在《文心雕龍》裏往往提到雕琢。《風骨篇》説:“雕畫奇辭。”《詮賦篇》説:“寫物圖貌,蔚似雕畫。”《情采篇》説:“雕琢其章。”《體性篇》説:“童子雕琢,必先雅製。”這兒説的“雕畫”“雕琢”涵義相同,都講的是文辭的鍛煉。劉勰的“雕琢”或“雕畫”,不同於當時作者的,是“不爲已甚”,“適可而止”,有一定的限度。

劉勰肯定文辭的“雕琢”或“雕畫”,以求得文辭的“辨潔”爲目的。“辨潔”的反面,是“繁縟”,文辭要“辨潔”,不要“繁縟”。所以他説“文以辨潔爲能,不以繁縟爲巧”(《議對》)。“辨潔”一辭,用劉勰自己的話説,就是“要約明暢”(《論説》),“辭清而志顯”(《章表》)。魏晋以後,一般頽廢作者的文辭,恰好相反,總是“一行之間,必謬增數字;尺紙之内,恒虚費數行”(《史通·敘事》)的“極繁之體”(《文心雕龍·鎔裁》),也就是“浮濫”。由此可見劉勰强調“辨潔”,不是偶然的。他以爲《詩經》的文辭,是“辨潔”的典型。因爲詩人之中有的用“依依”形容楊柳的姿態;有的用“灼灼”形容桃花的鮮美;有的用“杲杲”形容日出的形狀;有的用“瀌瀌”形容雨雪的情況;有的用“喈喈”形容黄鳥的聲音;有的用一個“皎”字形容太陽的顔色——白;有的用一個“嘒”字形容星星的形體——微小。有的用“參差”兩字形容荇菜的面貌;有的用“沃若”兩字形容桑葉的外表。[①] 詩人文辭的共同特徵,就是“以少總多,情貌無遺”(《物色》),其實,這就是劉勰説的“辨潔”。

“辨潔”的文辭,據我理解,劉勰以爲至少應具有五個特點(就《文心雕龍》全書分析):一則字句多少恰如其分。《書記篇》説得好:“隨事立體,貴乎精要,意少一字則義闕,句長一言則辭妨。”字句精練到不可增减的地步,不容許任何間雜的、可有可無的字句存在。作者要知道:“句有可消,足見其疏;字不得减,乃知其密。”(《鎔裁》)二則繁簡適當。文辭的繁簡,與奇偶一樣,都是矛盾的統一。文辭有繁有簡,二者不能偏廢,但須“繁約得正”(《章表》),當繁的繁、當

①見《物色》。

簡的簡，繁簡不失其正。三則没有堆砌。劉勰反對辭賦家字句的堆砌。他指出司馬相如作賦，往往“模山範水，字必魚貫”(《物色》)，放言遣詞，如編字典。寫山，就把山旁的字連在一起；寫水，就把水旁的字連在一起，這叫做“聯邊”。同偏旁的字，接二連三。“三接之外”便成“字林”了。因此，作者必“省聯邊”(《練字》)。四則不用古怪的字或詞。曹攄的詩歌，如“豈不願斯遊，褊心惡吶呶”兩句，只因“吶呶”一詞用得古怪，便“大疵美篇”(同上)了。五則消滅顛倒。字句要順適，合乎語法，南朝作者喜歡“顛倒文句，上字而抑下”(《定勢》)。以“辭反正爲奇”(同上)，像江淹《别賦》“孤臣危涕，孽子墜心”，把“危心”“墜涕”顛倒爲“危涕”“墜心”，又像《恨賦》把“骨折心驚”顛倒爲“心折骨驚”，故意賣弄新奇，以致字句顛倒，不合語法，是不對的。

劉勰鼓勵作者從事修辭的艱苦勞動。他以爲作者“辨潔”的文辭，都不是一揮而就，有其艱苦的勞動過程。作者修辭到達“捶字堅而難移”(《風骨》)的精練地步，是作者艱苦勞動的成果。他要求作者儘量删改自己的作品，從而“剪截浮辭”(《鎔裁》)，清除“駢枝”(同上)，他還將自己在删改勞動中的經驗告訴大家。他以爲草創固然艱難，删改也不容易。有時甚至可以說：“改章難於造篇，易字艱於代句。”(《附會》)有時爲了某一個字眼，會遭遇極大困難，會有“富於萬篇，負於一字”(《練字》)的窘況出現。

劉勰關於修辭勞動的體驗，使我們聯想到托爾斯泰曾教作者：“必須永遠拋棄那些寫出便不用修改的觀頭。”他自己的文稿，有修改過三四次至幾十次之多的。高爾基在已經完成某一篇小說後，因爲没有想起一個適當的字，就没有立刻交出付印。有一天，他去看馬戲，這個字忽然出現，他便趕緊跑回家去。福樓拜即使在游泳的時候，也不由自主地斟酌着字句。有時遇到轉折的地方，只有七八行，却費上三天。馬雅可夫斯基説過："寫詩，就像煉鐳。煉一公分鐳，就得勞動一年。只爲了一個字眼，要耗費千百噸的字彙的礦物。"這些偉大作家的言論和行爲，正幫助我們理解劉勰關於文辭鍛煉的見解和體會的正確。

（四）劉勰反對浮僞的風格。劉勰理解文學的風格有兩種：一種是時代的風格，一種是個別的風格。《通變篇》説：

搉而論之，則黄唐淳而質，虞夏質而辨，商周麗而雅，楚漢侈而豔，魏晋淺而綺，宋初訛而新。

"淳質""質辨""麗雅""侈豔""淺綺""訛新"，是黄唐、虞夏、商周、楚漢、魏晋、宋初各個時代的不同風格。風格隨時代不斷地變遷着。

根據共性與個性統一的真理，文學風格，有其時代的共通性。同時，任何時代的作者，由於他們所屬的階層不同、教養不同，對所熟悉的方面不同，認識的深淺不同，以及表現的方法不同，也有其風格的個别性。劉勰雖然没有闡發這個理論，却似乎理解到風格個别性的存在。《體性》一篇，曾具體説明各個作者在作品風格上的差别。他寫道：

吐納英華，莫非情性，是以賈生俊發，故文潔而體清；長卿傲誕，故理侈而辭溢……觸類以推，表裏必符。

劉勰在文學風格上，特别强調作者性情的體現。賈誼的性情"俊發"，作品的風格也就"清潔"；司馬相如的性情"傲誕"，作品的風格也就"侈溢"。劉勰强調每個作者都應該在自己的作品裏，傾吐"性情"，做到"表裏必符"。須知作者"亦各有美，風格存焉"（《議對》),這正像羅曼羅蘭説的:“風格就是靈魂。”也正像蒲豐説的:“風格即人。”

可是,他知道南朝唯美主義作者,大都口是心非,言行不一致,不肯在自己的作品裏暴露思想感情的本來面目,甚而至於僞造思想感情。一個“志深軒冕”(《情采》)的利禄之徒,爲了“鬻聲釣世”(同上),居然掩蓋自己的醜惡面目,把自己寫成“泛咏臯壤”(同上),不慕榮利的清高之士,因而“真宰弗存”(同上),風格趨於“浮僞”了。

劉勰對於風格的浮僞,非常厭薄。他在那班風格浮僞的作者面前斬釘截鐵地主張作者一定要“情動而言形,因内而符外”(《體性》)。作者的寫作,正爲了表達内在的情感。作者務必首先培養自己的情感,而後運用文學形式來如實地表達。没有情感,就没有寫作的需要;有了情感,就有如實表達的需要。劉勰指出世界上不外兩種作者:一種是“懇惻者,辭爲心使”(《章表》);一種是“浮侈者,情爲文使”(同上)。前者是“爲情而造文”(《情采》),後者是“爲文而造情”(同上)。無庸諱言,後者的風格是浮僞的。

劉勰指出《三百篇》的若干作者“爲情造文”(《情采》)。對現實不滿的憤激情緒,使他們產生“吟咏情性,以諷其上”(同上)的寫作衝動,詩篇的風格,體現了真實情感。風格真實的作品,“談笑則字與笑並,論感則聲共泣偕”(《夸飾》)。這種作品,會使“觀文者披文以入情……覘文輒見其心”(《知音》),會加强作品的感染力,起“發蘊而飛滯,披瞽而駭聾”(《夸飾》)的鼓動作用。

(五)劉勰反對濫用典故。南朝頽廢的作者,爲了在流俗面前夸耀自己學問的淵博,爲了顯示文辭的古奥,喜好濫用典故。據歷史記載,這種作風,從劉宋開始,到了齊梁便盛極一時。像姚察、王僧孺等,“多使賓客隸事,以多爲貴”。鍾嶸根本反對用典,他説:“吟咏情性,亦何貴於用事?”(《詩品》)

當時運用典故,形成一種風氣。作者大量運用,作品類似“書鈔”。鍾嶸認爲不是高貴的作品,把那些奇怪的典故,説成“蠹文”的蛀蟲,從而否定用典的修辭方法。主張作者用自己的話來抒情寫物。

我基本上同意鍾嶸的意見。假使作者濫用典故,更是文學頹廢的表現。這和統治階級的頹廢是分不開的。齊梁統治階級的提倡,正説明這一事實。當時作者既要用典,又不勤學,統治階級便爲他們編纂“類書”。“類書”大批出現,典故用得越濫,劉勰發表了他那改良主義的意見。他不反對用典。他説《周易》的作者,就曾經引用殷高宗伐鬼方的事。作者“徵義舉乎人事”(《事類》),本是“經籍之通矩”(同上)。他談到對偶,便言及“事對”,《文心雕龍》的每篇,很多以典故表意的辭句。但他對南朝作者的濫用典故,並不贊同。概括説來,他對用典,提出三點建設性的意見:

他認爲作者用典應該“酌事以取類”(《鎔裁》)。作者對於典故,應加以抉擇,摭取與自己情感相類,足以表達自己情感的典故。

他認爲作者用典要自然,他説:“凡用舊合機,不啻自其口出。”(同上)又説“用人若己”(同上),就是把典故用得活,不現生凑痕迹。文辭儘管引用古事,仍然現得活潑,富有生命力。

他認爲作者用典要正確。他指出歷代大作家,也有把典故用錯的。連司馬相如也“推三成萬”(《事類》),連曹植也將錯就錯。他們“信賦妄書”(同上),不免“失真”。(同上)

以上三點,都是良藥。因爲當時作者,對於典故,既是隨手摭取,缺乏活力,也是不加考核不免謬訛的。道理很簡單。作者“飾羽尚畫”(《序志》),哪裏會注意典故與情感的結合?自己不學,依靠“類書”。編“類書”的人錯誤於前,而依靠“類書”的人,又哪裏有辨正的能力?類似司馬相如、曹植的作者,當然大有其人了。

劉勰鄭重告訴作者："引事乖謬，雖千載而爲瑕。"（《事類》）。要求每個作者從根本上解決問題，即要求每個作者"博學"，要像揚雄、班固那樣親自到古籍中去"任力耕耨，縱意漁獵"（同上），占有原始材料，以供自己"取資"。這對當時説，是有進步意義的。

（六）劉勰反對忽視文學遺産。劉勰用進步的世界觀，深刻體會新文學從舊文學發展而來的真理。他知道離開舊文學，不能創造新文學。因此，他對"近代"（指宋齊梁）作者割斷歷史的"取新"（《定勢》）大不謂然。他一針見血地指出"宋初訛而新"（《通變》）。宋初作者"取新"的"訛"在哪裏？一言以蔽之，是"競今疏古"（同上），是"跨略舊規，馳騖新作"（《風骨》），妄想割斷文學發展的歷史基礎而憑空去求"新"，求發展。所以他講到"近代"文壇"訛勢"（《定勢》）時，便明確地指出由於作者的"厭黷舊式，穿鑿取新"（同上）。指出這種"取新"，不合文學發展的規律，這樣寫出的作品，雖然有所謂"新色"，但這種"新色"，是"反正"（同上）的"怪體"，是"趨時無方"（《鎔裁》）的惡果。

劉勰指出歷代文學發展的具體情況，他説：

> 暨楚之騷文，矩式周人；漢之辭賦，影寫楚世；魏之策制，顧慕漢風；晋之辭章，瞻望魏采。（《通變》）

這説明楚漢魏晋的文學，都是陳陳相因的，但他並不是主張僅僅相因而已。所以他又從"因"談到"革"。肯定"因"與"革"是文學發展的不可分離的一環。用現代的話説，"因"是接受文學遺産的繼承，"革"是"推陳出新"的創造。

劉勰從此推論：文學不是静止的，它永遠在發展。因此他强調文學的"通變"，他以"通變"觀點批判歷代文學，從文學的"通變"辨别文學的優劣。他認爲一部文學史，是"辭采九變，質文沿時"（《時序》)的反映。他聲明“通變”爲的是“趨時”(《鎔裁》),“趨時”不是“適俗”(《定勢》),而是隨時代發展。

劉勰從此推論:歷代大作家,都在“因”中求“革”、求發展。他説:“古來辭人,異代接武,莫不參伍以相變,因革以爲功。”(《物色》)又説:“參伍因革,通變之數也。”(《通變》)他們的創作成就,從因革得來。離開了“因”,便無從“革”,無從創造。他們“望今制奇,參古定法”(《通變》)。他們從文學遺産中吸收精華之後,不但繼承,而且創造,使舊的精華,不停滯在原有的狀態,這樣,舊的“日新又新”,真的“雖舊彌新”(《物色》),好像列寧説的:“保存遺産,這完全不是説就被遺産限制住。”

劉勰從此推論:具體的文學遺産是“經典”。他主張作者“原道”“宗經”。“楚豔漢侈,流弊不還”(《宗經》)的原因,是作者“建言修辭,鮮克宗經”(同上)。《通變篇》説:“練青濯絳,必歸藍蒨。矯訛翻淺,還宗經誥。”文學創作所“因”的是“經誥”。文學不能脱離“經誥”而求發展,正如藍是青的本源,青不能脱離藍而産生;絳是蒨的本源,蒨不能脱離絳而産生一樣。大凡“模經爲式者,自入典雅之懿”(《定勢》),“文能宗經”(《宗經》),就有“情深而不詭,風清而不雜,事信而不誕,義直而不回,體約而不蕪,文麗而不淫”(同上)六個特點。

“經誥”以外,劉勰還主張作者學習“諸子”,把“諸子”也當作文學遺産來接受。《文心雕龍》有《諸子》一篇,評論諸子文章。原來他有諸子是“六經之支與流裔”(《漢書・藝文志》),“知經誤者在諸子”(《論衡・書解》)的傳統見解;諸子以外,他還主張作者學習史傳,把史傳當作文學遺産。《文心雕龍》有《史傳》一篇,評論史傳文章,原來他以爲史傳是“依經附聖”(《史傳》)的作品。

所以他説作者接受文學遺産,從事創作,應該“鎔鑄經典之範,翔集子史之術”(《通變》)。所謂文學遺産就是“經典”“諸子”和“史傳”。而“諸子”“史傳”,都是“經典”的旁枝。主張“宗經”而兼及“諸子”“史傳”,仍是從“宗經”出發,與“宗經”不相違背。

劉勰這種對接受文學遺産範圍的意見,對當時文壇是一種反抗。

不可否認,劉勰主張文學作品以儒家思想爲基本思想,反抗了當時以佛老的思想爲文,使文學更趨於玄虚,更脱離實際的作風。我們知道,自魏晋以至南朝,儒道漸衰,代之而起的是反映没落統治階級意識形態的佛老。間有一二統治者口頭提倡儒道,但非出於至誠。東晋江州刺史檀韶雖然請周續之、祖企、謝景夷三人講禮,而他們住的公廨竟近於馬隊。陶淵明認爲是對儒道的侮辱,曾有“馬隊非講肆”的諷刺詩句。梁武帝雖然表面上重視“經學”,而自己却歸於“佛、道”。當時的文人,更多“談空空於釋部,覈玄玄於道流”(《北山移文》)。劉勰超乎衆流,雖然從小就研讀佛家經、論,却反對把佛家思想滲透到文學中去。他的《文心雕龍》始終貫穿着儒家思想,絶無絲毫佛家或道家思想成分。他對儒家思想一向醉心。三十多歲時夢見孔子,便爲之狂喜。並且肯定“文章之用,實經典枝條,五禮資之而成,六典因之致用。”(《序志》)等於説文章是發揮入世的儒家思想的工具。這一論點,與他强調“摛文必在緯軍國”(《程器》),强調作者創作,要“寫天地之光輝,曉生民之耳目”(《宗經》),以“鼓天下之動”(同上),强調文學反映現實,推動現實,有着密切關繫。

不可否認,劉勰把經典、諸子、史傳都當作文學遺産,反抗了當時流行的純文學觀念。當時一般作者所謂“文學”,必須“事出沉思,義歸翰藻”(《文選序》)。蕭統編《文選》,不采録諸子,理由是:“老莊之作,管孟之流,蓋以立意爲宗,不以能文爲本。”不采録史傳,理由是:“紀事之史,繫年之書,所以褒貶是非,方之篇翰,亦已不同。”不采録六經,理由是:“姬公之籍,孔父之書,豈可重以芟夷,加以剪裁。”表面上是尊經不采，實際上也可能是因爲史傳“以立意爲宗，不以能文爲本”，“方之篇翰，亦已不同”，而不采罷了。唯美主義的作者，囿於“唯美”的偏見，否定經典、諸子、史傳的文學價值，而劉勰恰與他們相反，顯然是當時進步的文學觀念。

劉勰還指出：作者學習文學遺産，應該批判地接受。比如漢代辭賦，他雖然肯定有着“侈”的毛病，但不就此一概抹殺。他以爲劉向、揚雄的作品，還間有可取的地方。他在《通變篇》裏引用桓譚的話説：“余見新進麗文，美而無采。及見劉揚言辭，常輒有得。”我們應該注意“常輒有得”的“常”字，既然説“常”就不是全部可取的。而讀者所得到的，乃是通過批判，采取其中可取的精華部分。這告訴作者學習古典文學應該“下井取礦，披沙簡金”，不能無批判的全盤接受。劉勰本人，的確實踐了這一主張。譬如他對陸機的《文賦》，給以“巧而碎亂”的批判。一方面肯定《文賦》的優點——“巧”。另一方面也否定了《文賦》的缺點——“碎亂”。“巧”是精華，“碎亂”是糟粕。他作《文心雕龍》，對《文賦》“巧”的精華部分，給了繼承發揮，“碎亂”的糟粕部分，給了揭發、揚棄。（另爲文論之）

劉勰還指出：作者從古典文學中吸取的是思想和藝術技巧。思想專指儒家思想而言。劉勰關於思想的認識，陷於傳統的“天不變，道亦不變”的唯心泥沼，把儒家思想當作“恒久之至道，不刊之鴻教”（《宗經》）。作者“厚道”，就是原這個一成不變的“永恒教義”。而可以隨時變化的，只是文辭。作者平時對古典文學，應該“酌奇而不失其真，翫華而不墜其實”（《辨騷》），吸取其優秀的藝術技巧，以便自己來鑄造新的文辭。换句話説，思想要因循，文辭要創作。劉勰所謂“日新”的，只是作品的文辭。最典型的作品，是“取鎔經意（儒家思想），自鑄偉詞”（《辨騷》）。所以他説：“雖復道極數殫，終然相襲；而日新其采者，必超前轍焉。”（《封禪》）可是當時作者的寫作，思想既非儒家,文辭又流於因襲,這都是劉勰所不贊同的。劉勰的主張,由於歷史的階級的限制,在文學思想方面,失之保守,但在藝術形式方面,却是進步的。

劉勰接受文學遺産的理論,對當時有一定的反抗性,對後來的古文運動,也有顯著的啓示。像古文運動者一貫提倡“宗經”“原道”“師其意,不師其辭”,都顯然是劉勰理論的繼承與發揮。(另爲文論之)

最後,劉勰對當時作者惡劣的道德品質,也深爲不滿。伊薩柯夫斯基説:“初學作詩的人學習時,首先應當學做人,培養人格。”(《論作詩的秘密》)培養道德品質,是作者寫作的先決條件之一,這和《周易》“君子以懿文德”、《中論》“藝者,德之枝葉”的見解一致。

可見早在春秋時期,孔子就發現“有言者不必有德”(《論語》)的情況。到了兩漢,文人的道德品質,更加卑下。統治階級以利禄引誘文人。利禄熏心的文人,也就“上書陳便宜,奏記薦吏,繁文麗辭,無文德之操”(《論衡・佚文》)。王充不禁發出“德彌盛者文彌縟”,“德高而文積”(《論衡・書解》)的呼聲。魏代以後,文人依舊“類不護細行,鮮能以名節自立”(曹丕《與吴質書》)。楊遵彦作《文德論》,以爲“古今辭人,皆負才遺行,澆薄險忌”(《魏書・文苑傳》)。鼎鼎大名的陸機,口“咏世德”(《文賦》),庾信稱他的辭賦,“先陳世德”(《哀江南賦序》),然而他畢竟是“犯順履險”(《顔氏家訓・文章》),“好遊權貴,以進趣獲譏”(《晋書・陸機傳》)的作者。至若劉宋齊梁的一般作者的道德品質,跟隨統治階級的腐朽,便更不足觀了。

魏代“九品中正”制度,到了南朝,流弊所至,更是“上品無寒門,下品無勢族”(劉毅語)了。統治者以利禄拉攏文人,文人也樂於靠近。這些文人,“多無學術”(《顔氏家訓・勉學》),如當時俗諺説的:“上車不落則著作,體中何如則秘書。”(同上)他們“位隆特達”(《程器》)有名無實,自以爲是。顏之推感慨地説:"今世文士,一事愜當,一句清巧,神厲九霄,志凌千載,自吟自賞,不覺更有傍人。"(《顏氏家訓·文章》)他們互相輕視,從輕視發展到"詆毁","躁言醜句,詬病爲切"(《奏啓》)。鍾嶸甚至在詩評中報"宿憾"①,這是當時文人道德品質惡劣的第一點。

統治階級生活的荒淫享樂,影響到文學的糜爛。梁簡文帝告誡自己的兒子當陽公,竟説出"文章且須放蕩"(《誡子當陽公書》)的話來。於是詩、文、酒、色,合而爲一。君、臣、文士,終日宴樂,沉醉在酒、色、詩、文裹頭,大做其淫穢的"宫體詩",以描繪肉欲爲主題。他們身居高位,不務政事,使社會日趨黑暗,這是當時文人道德品質惡劣的第二點。

個别文人,"掠人美辭,以爲己力"(《指瑕》),本存在可耻的行爲,却不肯承認。邢邵和魏收爲此掀起一場謾駡。邢邵駡魏收"非直模擬,亦大偷竊"(《北史·魏收傳》)。魏收駡邢邵"常於沈約集中作賊,何意道我偷任"(任昉。同上),這是當時文人道德品質惡劣的第三點。

以上情況的刺激,使劉勰展開與當時文人惡劣的道德品質的鬥爭。他説:"瞻彼前修,有懿文德。"(《程器》)指明過去的大作家,都有優美的道德品質。得出"文以行立,行以文傳"(《宗經》)的結論。《文心雕龍·程器》一篇,集中斥責了揚雄、馮衍、杜篤、班固、馬融、孔融、禰衡、王粲、陳琳、丁儀、路粹、潘岳、陸機、傅玄、孫楚等道德的卑污。同時也指出屈原等道德的高尚。雖然揭發的都是古人,但從"近代辭人,務華棄實"(《程器》)兩語看來,顯然是"陳古諷今"的曲筆。

①見《南史·鍾嶸傳》。

六

通過分析，應該進一步明了劉勰的文學批評，最富於現實性。《文心雕龍》是救弊的書。清朝章學誠氏說："劉勰氏出，本陸機氏說而昌論文心。"(《文史通義·文德》)這只談到劉勰文學批評的繼承性與創造性，還没有接觸到它的現實性。殊不知劉勰文學批評的卓越，正在於它有現實的積極意義。

和劉勰同時的進步批評家，不只劉勰一人。像鍾嶸、裴子野等，都是具有一定反抗性的批評家。鍾嶸作了《詩品》，裴子野寫了《雕蟲論》。但前者偏重詩評，後者語焉不詳。真正全面精到的著作，要算劉勰的《文心雕龍》。《文心雕龍》不單是劉勰個人主觀意識的表現，也是當時文學批評發展的集中反映和光輝的總結。就今天的眼光看，其中還有若干理論原則，值得我們吸收發揚，不僅對研究上古、中古文學史有幫助。

研究劉勰的文學批評，以《文心雕龍》爲主要資料。《文心雕龍》，不僅沈約看重，"常陳諸几案"，還被歷代作家、批評家所重視，世有"論文則《文心雕龍》"的稱譽，與唐代劉知幾評史的《史通》齊名。可是流傳下來的關於《文心雕龍》的著作却不多見。最通行的是黄叔琳的《文心雕龍》注。他采取李善注《文選》的方法，着重字、詞、典故的疏證。近人李詳補注，方法仍舊，對黄注遺漏之處，略有增、補。至於黄侃的《札記》、范文瀾的《注》，都有了進步，表現在能從事時代、理論的叙説，但仍缺乏系統的分析，從而突出劉勰文學批評的現實性，這是同志們今後急須補充的重點。

最後，我要提到的是發掘劉勰文學批評的現實性，應該注意他的參錯含隱的筆法。劉勰似乎理解當時頽廢文學，有着政治的憑借力。在文學批評上，惟恐直言賈禍。因爲歷史告訴他，歷代統治階級對進步文士的迫害，層出不窮。《詩經》的某些作者，爲了既不遇難，又能發泄自己的情感，慣用比興，“主文譎諫”（《詩大序》），使“言之者無罪，而聞之者足以戒之”。（同上）到了魏晋，統治階級對中間階層的迫害，變本加厲了。嵇康愛、憎形於辭色，竟遭殺身之禍；阮籍出處“至慎”（《世説新語》），寫作貴乎含蓄，“雖志在譏刺，而文多隱避”（《文選》阮籍《咏懷詩》注），終得抒情、全身。這面鏡子，照亮了劉勰的心眼。他具體批評了劉宋以前作家的長短，劉宋以後的作家，只説“近世昌明，無勞甄序”（《才略》）。他分析了歷代文學發展情况，對劉宋以前各代，言之甚詳，而於劉宋，只“略舉大較”（《時序》）。一旦涉及當今齊代，反説：“文思光被，跨周轢漢”（同上）。難道他真對劉宋或劉宋以後的文學滿意嗎？他真稱揚齊代文學嗎？我們看他在《養氣篇》裏説：“漢世迄今，辭務日新，争光鬻采，慮亦竭矣。”又在《通變篇》裏説：“今才穎之士，刻意學文，多略漢篇，師範宋集，雖古今備閲，然近附而遠疏矣。”他對當今文人作風，明明表示不滿，還會無意見嗎？我們綜合全書觀之，便可推見言外之意。其次他常常不言宋齊梁，而泛稱“近代”。接着所陳時弊，令人一望而知其所講的是宋齊梁三代。他不説破，讀者一目了然。

讀者如果泥於字句，不從參錯含隱的筆法着眼，“觀其會通”，不可能完全發現劉勰文學批評的現實性。

1956年1月14日上午9時改訂

《文史哲》1956年第10期

試論《文心雕龍》著作年代及其主導思想

古今開明的學者，總爲時爲事而著述，讀者倘要正確瞭解其書的內容，就得弄清著作的年代。那麽，秦漢以後，書多僞托，比如醫學上的《本草》《内經》，則托之於神農、黄帝；儒家之書，則托之於周公、孔子。韓愈所謂"辨古書之真僞"（《答李翊書》），就成爲學者的任務之一。而考訂書的年代，便十分必要。再者，有的書雖非僞托，但是作者没有明言年代，也待讀者探索。早在孟子，即提出讀書知人論世的問題。因此，人們或者通過序文講清所爲書的年代，只要看看《史記》的《太史公自序》，《論衡》的《自紀》，《抱朴子》的《自叙》就明白了。或者利用校刊，列舉書的年代，像劉向的《管子書録》《韓非子書録》等，斷然可識。《文心雕龍》的《序志》是該書的總序，表示爲與"言貴浮詭"的"辭人"争辯而作，可是未言及具體年代。

《梁書》和《南史》的《劉勰傳》都很簡略，《文心》的著作年代，文獻乏徵。清劉毓崧在其《文心書後》裹，曾着重談到這個重要問題。他寫道："《文心雕龍》一書，自來皆題梁劉勰著，而其著於何年，則多弗深考。予謂勰雖梁人，而此書之成，則不在梁時，而在南齊之末也。觀於《時序篇》云'暨皇齊馭寶，運集休明，太祖以聖武膺籙，世祖以睿文纂業，文帝以貳離含章，高宗以上哲興運，並文明自天，緝遐景祚。今聖歷方興，文思光被'云云。此篇所述，自唐虞以至劉宋，皆但舉其代名，而特於'齊'上加一'皇'字，其證一也；魏晋之主，稱謚號而不稱廟號，至齊之四主，惟文帝以身後追尊，止稱爲帝，餘並稱祖稱宗，其證二也；歷朝君臣之文，有褒有貶，獨於齊則竭力頌美，絶無規過之詞，其證三也。”我認爲劉氏的論斷是正確的，劉永濟、楊明照等同志也都采用此説。但一九七九年《文學評論叢刊》第三輯發表施助、廣信《關於〈文心雕龍〉著述及成書年代的探討》（以下省稱《探討》）却持異意，肯定《文心》作於梁代。爲了弄清是非，我姑談談個人的看法。事實證明，我們解决《文心》著作年代問題，除《劉勰傳》外，再就是《文心》。因爲它的某些篇章，曾隱約地透露消息，值得注意。

《探討》主張從劉勰的思想觀察，這是考索作品年代的方法之一。我國古代學者如鄭玄作《詩譜序》，便就詩的思想斷定它的寫作年代。不可否認，劉勰的思想曾發生過根本的變化，但他在“出家”以前的思想，確是儒家的。看他聲稱著《文心》則曰“傲岸泉石，咀嚼文義”（《序志》）。泉石，猶云山林，他告訴讀者，他以“傲岸”的情緒從事論文。那麽，他一生先後兩次在山林生活。第一次是“早孤家貧”，“好學”，在定林寺“從沙門僧祐，與之居處十餘年”。考其目的，無非依靠僧祐度日，並求得學習環境，不是當和尚。所以《梁書》及《南史》都不説他“出家”。當時，佛教盛行，相應地佛學興起。劉勰長期受到僧徒的熏陶，因而“博通”佛家“經論”，成爲佛學家，但畢竟不是佛教徒。而他所“篤”的“志”，乃是儒家的“學而後入政”，期以澄清齊代混亂的局面。不難想象，他真形在山林，心存仕途。因此，他七歲時“乃夢彩雲若錦，則攀而采之”（《序志》），彩雲，指紫氣。《關令尹内傳》：“關令登樓四望，見東極有紫氣西邁，喜曰‘應有聖人經過京邑’。至期，乃齋戒，其日，果見老子。”古祥瑞家以紫氣出現，爲將見聖人的徵兆。劉勰夢裏攀采紫雲，暗示他希望有聖人作天子，代替現世的昏君。當他“齒在逾立，則嘗夜夢執丹漆之禮器，隨仲尼而南行"(《序志》),劉勰又暗示他渴望的是孔子那樣的聖人,而他跟隨孔子執禮器南行,就是要聖人登南岳祭天稱帝,讓他輔佐聖王,伸展政治上的抱負。然而門閥的壓抑,使他困居山林,終未忘懷政事,在"藏器待時"的同時,深感"逐物實難,憑性良易"(《序志》),於是他在山林裏"搦筆""建言",著《文心》以寄其"心"。而這個"心",首先是反對"浮詭"的形式主義文風,其次是憎惡現實黑暗的社會,與個人坎坷的遭遇。就這樣,他指斥文辭的"淫侈"(《情采》),要求作者"矯訛翻淺"(《通變》),"丈夫學文""達於政事"(《程器》),文章應"鼓天下之動",從而"經緯區宇""發揮事業"(《原道》),不滿門閥產生的"將相以位隆特達,文士以職卑多誚"(《程器》)的不合理現象。他還嘆息諸子"身與時乖"(《諸子》),"隱然自喻"(紀昀眉批),如此等等,都是儒家思想的反映,充分暴露他的"傲岸"。使他傷痛有志不騁,終宵未静,立功弗遂,"不得已"而"建言",作《文心》以發憤抒情,仿佛無韻之《離騷》。至於第二次在山林,那是他在梁世從政失意,"遂啓求出家,先燔鬢發以自誓,敕許之",乃於定林寺"變服,改名慧地,未期而卒"(《梁書》本傳),這時劉勰的思想,無疑由儒入佛,歸心空無,已無用世之情,何況不到一年就死去,不可能寫成體大思精的《文心》。

《隋書·經籍志》著録《文心》,自注:"梁兼東宫通事舍人劉勰撰。"《探討》據以肯定《文心》作於梁世。殊不知一人生於數世,史家作傳,不局一代。陶潛生晋宋二世,《晋書》和《宋書》都有傳,題書的作者年代亦如之。劉勰生齊梁二世,豈可以《隋志》題"梁劉勰"便以《文心》作於梁世?《南史·沈約傳》稱約於齊高帝"永明五年撰《宋書》",《隋志》著録《宋書》,也自注"梁尚書僕射沈約撰",不得以爲《宋書》作於梁世,此可爲《文心》不作於梁世的佐證。再者,就上述着眼,《文心》倘若作於梁世,則另有不可解決的矛盾:梁武帝天監初年,劉勰即"起家奉朝請",身已不在山林,而且汲汲從政,出爲太末令,"政有清績"(《梁書》本傳),哪有"傲岸"情緒?《文心》爲何無隻字提到梁世?彦和在東宫,被好文學的昭明太子深愛友接。當時"名才並集"東宫,太子"恒自討論篇籍,或與學士商榷古今",而《梁書》《南史》的《昭明太子傳》怎麽都未載劉勰作《文心》?這些矛盾,只能證明《文心》不作於梁世。

《探討》以爲劉勰言齊,獨冠以"皇"字,不能以齊爲本朝之證。换句話説,"皇"字不專贊本朝。按:《説文》:"皇,大也。"顯然,"皇"是稱美之詞。所以《白虎通》也説:"皇者,美大之稱也。"而稱美的對象,大略有三。一是神,《尚書·湯誥》:"惟皇上帝。"二是人,或爲前人,桓譚《新論》:"夫上古稱三皇五帝。"或爲今人,世謂當世天子曰"皇帝"。三是朝,限於本朝,此本常語。蕭子顯《南齊書·高帝本紀下》:"史臣曰:太祖基命之初,武功潛用,泰然開運,大拯時艱……此雖至公於四海,而運實時來;無心於黄屋,而道隨物變,應而不爲,此皇齊所以集大命也。"《南史·蕭子顯傳》稱子顯自啓梁武帝撰《南齊書》,子顯以梁人作齊史,而稱"皇齊"。與《探討》觀點相同的同志,遂以"皇"不專贊本朝,是大不然。按齊自高、武二帝以後,骨肉相殘,王室動蕩,梁武反叛明帝,殺害淫暴的東昏侯而自立。齊梁異朝同姓,而梁初距齊甚近,不少人爲齊舊臣。子顯雖由齊轉仕於梁,而心尚忠齊,視齊猶本朝,而稱之曰"皇齊",不足爲奇。清亡,而遺老仍稱"皇清",實可同觀。

"暨皇齊馭寶"一段文字約分兩層,彼此决非平列,而實因果相生。"緝遐景祚"以上,稱美齊帝;"其鼎盛乎"以上,謂以齊帝的聖明,而文事興旺。所云"今",當指齊言。《文心》的《通變》品題歷代之文曰:"榷而論之,則黄唐淳而質,虞夏質而辨,商周麗而雅,楚漢侈而豔,魏晋淺而綺,宋初訛而新……今才穎之士,刻意學文,多略漢篇,師範宋集,雖古今備閱,然近附而遠疏矣。""今"緊承"宋",則"今"當亦指齊,《探討》以兩層平列,誤以"今"指梁。或問:劉勰明知齊鬱林後諸王昏暴,文事因宋之"訛新",爲什麼又加稱美呢?我們只要觀察彦和在稱美之後,聲言"鴻風懿采,短筆敢陳,颺言贊時,請寄明哲",便知舍人的贊美,乃是"正言若反",係亂世智者托詞遠害的權宜之計。紀昀説得好:"闕當代不言,非惟未經論定,實亦有所避於恩怨之間。"按:《周易·明夷》教人生在亂世,要"内文明而外柔順"。又《睽·初九·象》教人"見惡人,以避咎也"。因此,西漢末期,王莽篡漢,嚴懲反對者。揚雄忠漢,仍作《美新》,以避莽誅。魏晉之際,曹氏與司馬氏之争日益慘烈,"名士少有全者"。嵇康、阮籍都忠曹氏,而處世之術不同。大抵叔夜不能"見惡人",司馬昭的心腹鍾會去見他,他竟面斥;嗣宗反是,賦詩咏懷,"文多隱避",得以全身。後世"明哲保身"者多效步兵,陶潛、劉勰實皆其人。因此彦和頌齊,無異子雲《美新》,所貴好學深思,以意逆志,而心知其意而已。

《探討》以《梁書·劉勰傳》"是比較嚴格地按時間順序來記人記事的"。事實並不如此。"勰傳"有順叙,也有追叙,恰好叙勰作《文心》,則曰"初,勰撰《文心雕龍》五十篇"云云。開端曰"初","初"有原先之意,爲追叙,此亦常語,人盡知之。不妨就《左傳》舉幾個例子,"隱公元年:初,鄭武公娶於申,曰武姜"云云,"桓公十年:初,虞叔有玉"云云,又"桓公十七年:初,鄭伯將以高渠彌爲卿"云云,"莊公十八年:初,楚武王克權"云云,都記過去的事。只一"初"字,誠强有力地表示《文心》之作,在先於梁的齊世。

《探討》以爲劉勰務必在藏書豐富的東宫,才有著《文心》的條件,這也不能令人心服。不錯,《文心》"彌綸群言",牽涉的範圍廣泛,作者非博覽群書不可。而彦和確已讀破萬卷,那麼書從何來?當不只一途。古人治學嚴謹,總是先讀書而後著書。有的如劉向父子校書，作《别録》《七略》，曾觀充棟汗牛的“中書”，利用官家文獻。有的却靠私人藏書，家藏萬卷，不無其人。至於勤學的窮人，不是無書可讀的。他或者借書，或者抄書，像漢代的高君孟至老抄書不倦，南朝的沈麟士，年過八十遭火燒書數千卷，便再抄書二三千卷。或者如東漢的王充，“家貧無書，常游洛陽書肆，閱所賣書，一見輒能誦憶，遂博通衆流百家之言”（《後漢書》本傳）。總之，窮人也可讀書，掌握大量著述的材料。劉勰窮到不能婚娶，買大量的書當不可能，不過他從小“好學”，一定在從僧祐以前，就開始以上述途徑讀書了。至若魏晋以降，儒、釋、道合流，山寺所藏，不僅有佛家經典，還有儒家經傳及子、史雜記，可供劉勰摭取，這是可想而知的。

《文心雕龍》既然作於齊代，那時劉勰還未出仕，用世之心未死，而他的主導思想確爲儒道，這就面臨一個急待解決的問題——劉勰精通的佛家經論，對其文論究竟有無影響。

我們在解决這個問題以前，應該知道學術領域裏的若干情况。由於人類社會的變化而學術隨着繁盛，最顯著的是春秋戰國時期百家争鳴，“諸子”竟有“百八十九家”之多（《漢書·藝文志》）。直到中國與異邦交往，學術更加豐富，於是有了“博學”之士。孔子被弟子稱爲“博學”的“聖人”，韓退之也以爲孔子之學“大而能博”。其實，孟、荀、莊、韓等大思想家也都如此。但是真正主導他們言行的却只是某一家之道。换句話説，人們的主導思想“一以貫之”，决非“兼收並蓄”，紛然雜陳。因此，孔子强調“道不同，不相爲謀”（《論語·衛靈公》），誰“攻乎異端”就要受害（《論語·爲政》）。自願學孔子的孟軻，因而大辟楊、墨，斥之爲“禽獸”，宣言“楊、墨之道不息，孔子之道不著”（《孟子·滕文公下》）。荀卿篤信儒道，非十二子，而盛贊孔子，譽爲“大儒”（《荀子·非十二子》及《儒效》）。韓非尊法，直指當世的“顯學”——儒、墨，爲“愚誣之學”（《韓非子·顯學》）。董仲舒罷黜百家,而獨尊儒術。這並不意味他們不從事異家别説的研討,而學術範圍於一家。爲什麽會出現這種現象?

在我看來,原因不一。有的學者博學多能,比如張衡,他有主導言行的儒道,又有天文、曆算、機械等自然科學,後者僅僅是他的專業,一身而兼爲若干專家。所以,著述佛理的,不一定是佛家,教授老、莊的,不一定是道家,只能説是佛學家和道學家,此其一。有的自立一家之道,乃在與異家别説的争辯中發揚光大。孟軻不通楊、墨,就不能辟楊、墨,以昭宣孔子之道,荀卿不通十二子,就不能非十二子,以伸張仲尼之術。何況人們的信仰,往往從正反的對比產生,知彼正爲知己,此其二。有的學説,卓然成家,然而它的發展,須吸收異家别説。不過一旦吸取過來,便成爲自己的組成部分。譬如儒法兩家,都曉得不發展生産便没有剥削的條件,因此都重視農業。儒、墨兩家都要以宗教迷信麻痹人民,因此,佯言權由神授,道自天命,此其三。有的或因特殊情况擇取他家的部分觀點爲自己服務。西漢初年,在長期戰亂以後民生凋敝,連將相也乘牛車。統治階級爲了鞏固封建政權,推行"黄老之治",使社會安定,"與民休息",從而繁榮經濟。賈誼本爲儒生,上疏陳政事,公然"痛哭流涕"。可是當文帝聽信讒言,貶他爲長沙王太傅,意不自得,乃以老莊的恬淡寂寞作《鵩鳥賦》以解悶。西晋權臣張華,目睹皇室與諸王的相殺,人命危淺,遂以莊周的"齊物""無知"作《鷦鷯賦》以抒懷。王弼、何晏眼見司馬氏與曹氏争奪,"家家思亂,人人自危",故鎔鑄老莊,創造玄學以遁世。從永嘉至東晋,玄學日益滲透文壇,及至渡江而已甚,涌現不少玄言詩賦,"莫不寄言上德,托意玄珠"(《宋書·謝靈運傳論》),此其四。有的利用别家觀點的外殼加入新的内容。司馬遷著《史記》,以老子與韓非合傳,理由是韓非的思想"原於道德之意"(《老子韓非列傳》),是説韓非的法治思想利用了《道德經》的某些外殼,可不能就此理解道、法相通。因爲韓非談到主上權力,主張“虛静無爲”,是要主上的行爲神秘,隱而莫測,讓臣下莫知底細,以致隨時戒懼,不敢“犯上作亂”,這與老莊的“虛静無爲”,即“不以人助天”(《莊子・大宗師》),一切聽任自然不可同日而語,此其五。以上的事實,强有力地證明了一個人可以通達或利用各家學説,但起主導作用的畢竟是一家之道。這個論點,確有助於我們對劉勰思想的鑒定。

不錯,劉勰是卓越的批評家,也是學識淵博的學者。他指出作者“寡聞之病”,認爲文士“將贍才力,務在博見”(《事類》),而以“博見爲饋貧之糧”(《神思》)。我們檢閲《文心》的《宗經》《諸子》《史傳》《才略》等篇,便知劉勰沉浸“四部”,讀破萬卷,而且“任力耕耨,縱意漁獵”(《事類》),可謂囊括大典,網羅衆家,發言論文,旁搜遠紹,品題辭章,涉及各家思想,而他思想的主導却是儒道,也就聲稱“《文心》之作也,本乎道”,道者,儒道也。《文心》的第一篇爲《原道》,開宗明義,肯定行文必以儒道爲綱領,絶不能把《文心》裏的衆説平列起來。《漢書・藝文志》以吕不韋的《吕氏春秋》、劉安的《淮南子》爲“雜家”“兼儒、墨、名、法”,殊不知世間根本不存在什麼“雜家”。姑就班固“雜家”的定義着眼便産生矛盾。從荀子的《非十二子》《解蔽》,莊子的《天下》,就發現他倆的學術也都“合儒、墨、名、法”,而班固列《莊子》於道家,叙荀子於儒家,而不置於“雜家”,豈非自相矛盾!韓退之“口不絶吟於六藝之文,手不停披於百家之編,紀事者必提其要,纂言者必鈎其玄”,其爲學亦博矣,於是“作爲文章,其書滿家”。然而他要“觗排異端,攘斥佛老”,要作《原道》,聲明他所謂的“道”是堯、舜、禹、湯、文、武、周公、孔子一脉相傳的“道”,他的文章中雖然發揮了百家之説,而主導的是儒道,所以他不是衆説平列的“雜家”。在他以前的劉勰,不也是如此嗎?總之,劉勰在作《文心》

時是儒家，不是其他的什麼家，他的主導思想是儒道，不是其他的什麼道。（詳見一九八〇年《江漢論壇》第六期《評〈論《文心雕龍》的綱〉》）我們可以説劉勰是某些學術的專家，而他作《文心》的主導思想是儒道，儘管《文心》裏出現别家學説。

目前，個别人還以《文心》中間或沿用佛書的詞彙作爲《文心》的“道”爲佛道的根據。他們通常提到的是“圓”和“般若”。按“圓”本是古漢語裏的詞。《周易·繫辭》：“蓍之德圓而神。”《莊子·齊物論》：“五者圓而幾向方矣。”《淮南子·主術訓》：“智欲員（同圓）而行欲方。”我國譯佛書者，有時以“圓”意譯佛理，乃立“圓通”“圓覺”“圓照”之名。《世説新語·假譎》劉孝標注：“種智是有，而能圓照。”《佛祖傳記》：“學佛之士，圓照一乘。”佛家另有《圓覺經》。

劉勰博觀經、子、佛典，每以“圓”論文。《文心·明詩》：“然詩有恒裁，思無定位，隨性適分，鮮能通圓。”又《論説》：“故其議貴圓通。”又《封禪》：“辭貫圓通。”又《體性》：“思轉自圓。”又《風骨》：“若骨采未圓。”又《麗辭》：“必使理圓事密。”又《比興》：“觸物圓覽。”又《知音》：“人莫圓該。”“故圓照之象。”《文心》中的“圓”，可以説出自漢語，也可以説出自佛典，而其涵義，則非佛理，乃以言辭理的完滿。倘與佛典的“圓”相混，勢必“以文害辭，以辭害意”。

至於“般若”，《文心》中只一見，《論説》：“次及宋岱郭象，鋭思於幾神之區；夷甫裴頠，交辨於有無之域。並獨步當時，流聲後代。然滯有者，全繫於形用；貴無者，專守於寂寥。徒鋭偏解，莫詣正理。動極神源，其般若之絶境乎！”夷甫，王衍字。“般若”係音譯，爲佛家所謂高度神秘的智慧。按漢魏兩晋傳入中國的佛教，有小乘和大乘兩大系統。“般若”屬於大乘空宗，它論證現實世界的虚幻，近似王弼、何晏等人“貴無”的玄學。當時，佛教首領道安、慧遠曾用玄學解釋“般若”，“般若”被玄學化。儘管兩者的實質並不完全相同，而這種玄學在魏晋人中曾發生不良影響。干寶《晋紀總論》:“學者以莊老爲宗,而黜六經;談者以虚薄爲辨,而賤名儉;行身者以放濁爲通,而狹節信。”李善注引干寶《晋紀》云:“劉弘教曰:‘太康以來,天下共尚無爲,貴談莊老,少有説事。’”又云:“王衍不治經、史,唯以莊老虚談惑衆。”又引劉謙《晋紀》:“應瞻表曰:‘元康以來,以儒術清儉爲群俗。”無庸諱言,此等論者都站在儒家禮教立場上,不滿玄學導致禮教的破壞和人們行爲的放蕩。不難想象,魏晋社會的動亂,使不同類型的人,或如阮籍之徒,借放蕩以避世;或如王衍之輩,假放蕩以荒侈;或如劉琨之流,托放蕩以玩世,甚至有人恃放蕩而“裸袒蹲夷,濯脚於稠衆,溲便於人前”(《抱朴子·刺驕》)。諸如此類,自爲隆禮者所抨擊。樂廣譏之:“名教中自有樂地,何至於此。”王坦之作《廢莊論》,深斥“莊生作而風俗頽”。崇儒尊經的劉勰,當不例外。不僅這樣,不少學者還從玄學的理論上進行駁辯。裴頠創“崇有”論,與“貴無”論針鋒相對,指責“貴無”派“闡貴無之議,而建賤有之論”,不知“形器之故有徵,空無之義難檢”。從此,哲學界存在“貴無”與“崇有”的對立鬥争。以體用而言,“貴無”爲本體之學,王弼、何晏拾取老子學説中以“無”爲天地萬物之根的一面,立論以天地萬物皆以“無”爲本。及至晋世,玄風獨扇,人多競尚空無,凡出言借於虚無,則謂之玄妙。宋岱、郭象都是“貴無”派,他倆“鋭思於幾神之區”,蓄意思維在幾微神秘的地區。王衍也是“貴無”派,他與裴頠争辯在“有”與“無”的領域。劉勰知道兩派都有勢力,給後世的影響也都大,不能坐視,於是起而論之。老子説:“有無相生。”“天下萬物皆生於有,有生於無。”(《道德經》)這是宋人講的“從體起用,顯微無間”的理論淵源。劉勰“同乎舊談”(《序志》),斷言“滯有”“貴無”都是“偏解”,“各執一偏之解”,無異“東面而望,不見西墻”(《知音》),猶今云片面的認識,故非“正理”。同時,劉勰不滿玄學對禮教的破壞,並從論文的角度憎惡東晉玄學加入佛理"玄之又玄","因談餘氣,流成文體,詩必柱下之旨歸,賦乃漆園之義疏",馴致"辭意夷泰"(《時序》),"力柔於建安"(《明詩》)。因此,"動極神源"二句以上,"崇有""貴無"雙起,而單承"貴無",以爲"貴無"的宋岱、郭象、王衍的思辨活動到達神秘的源頭,簡直和佛家"般若"深入神秘的絶境一樣。可見,《文心》中的"般若",是因晉來"貴無"與"般若"合流,以"般若"論"貴無"的空虛,不得作爲《文心》之"道"爲"佛道"之證。

1980 年 11 月於珞珈山

《文藝論叢》1982 年 5 月

劉勰論寫作

《寫作》要談寫作，這是老子所謂“言有宗”(《道德經》)的“宗”。本文就《文心雕龍》着眼，企圖做到言不離宗。

《文心》的作者劉勰，“有文集行於世”(《梁書》本傳)，可見他和曹丕、陸機一樣是批評家兼作家。他的文學理論，不但聯繫古今文壇，而且結合個人的寫作實踐，有其具體、親切、深刻的特色。

古人著述，往往以其書名標志全書的要義。八三年八月，我去青島參加《文心》學會成立大會，有同志問我：“《文心雕龍》怎樣解釋?”我説：“你聽劉勰自己的説詞吧!”原來，他在統“馭群篇”的《文心》總叙《序志》裏寫道：

> 夫《文心》者，言爲文之用心也。昔涓子《琴心》，王孫《巧心》，心哉美矣，故用之焉。古來文章，以雕縟成體，豈取騶奭之群言雕龍也?

《文心》，《文心雕龍》的省稱。如果把以上句子譯成語體，那就是：《文心雕龍》是講用心作文的書。從前，涓子作了《琴心》，王孫作了《巧心》，心這個詞兒真美好，所以我用了它。自古以來的辭采，總通過修飾，成爲形體，難道采取騶奭的許多語言像工人雕刻龍紋似的嗎?

我們仔細玩味，便知道《文心》是談寫作的書。它以爲寫作艱巨、複雜，作者一定要開動腦筋，不可掉以輕心。緊接着，它肯定無論什麽時候的辭采,都得有工人雕刻龍紋一般的修飾,可又不能像騶奭那樣的詭巧;言外,表示辭采的修飾,必須適可而止。正如魯迅説的,文章"太做不行,但不做却又不行"(《做文章》)。

《文心》專談寫作中的修辭一項嗎?不是。劉勰作《文心》的動機,主要在批評漢、魏、兩晋、南朝"辭人愛奇,言貴浮詭"(《序志》),文章"太做",流於"淫侈"(《情采》)的"流弊"(《宗經》),因此,抓住修辭這一要害,不意味忽略寫作的其他方面。

很清楚,劉勰主張修辭有若"雕龍",但反對騶奭的"雕龍"。清人凌廷堪好學深思,心知此意,他在《校禮堂文集·祀古辭人劉舍人勰》云:"雕龍兮命篇,匪談天兮好奇!"就是這個意思。

有的人誤會《文心雕龍》謂作文不要"雕龍"。殊不知作文推崇"雕龍",本爲"前論"(《序志》)。范曄《後漢書·崔駰傳》云:"崔氏文宗,世禪雕龍。"

試看《文心》的《風骨》稱辭采的奇特在於"雕畫";《體性》言雅正的製作在於"雕琢";《神思》説聲律的協調在於"刻鏤";諸如此類,恰好是修辭重視"雕龍"的義疏。什麽"劉勰並不特别强調修辭潤色的作用",也就不攻自破了。

相應而來的是正常"雕龍"的準繩問題,我們仍然依靠劉勰的觀點,一言以蔽之,求其"自然"而已矣。按"自然"初見於《老子》,涵義非自然界,而爲自然而然,不矯揉造作。劉勰根據《周易》的《賁卦》,約分"文"爲"天""人"兩種,"天文"——日、月、山、川的形象的特徵,即爲"自然","人文"無論圖畫、口語、書辭,都要效法"天文",因其"自然",令辭采"自然會妙,譬卉木之耀英華"(《隱秀》),却不就此廢棄"雕龍"或藝術加工,這就促使劉勰給作者提供組織辭采的"自然"的規律:

心生而言立，言立而文明。（以上均見《原道》）

心，情也。作者以語言抒情，必先有了情，然後鑄造語言，從而修飾鮮明的辭采，係確不可拔的客觀規律。所以高明的作者，“情動而辭發”（《知音》），“爲情造文”（《情采》），則“情固先辭”（《定勢》）。顯然，情屬辭采的决定因素，毫無疑義。

作者“慮動難圓，鮮無瑕病”（《指瑕》），好像歌德説的：“卓絶的大師所寫的一切，並非都是卓絶的。”（《莎士比亞以及没有他的止境》）像秦吕不韋的門客各著所聞，號曰《吕氏春秋》，以爲盡善盡美，挂於咸陽市門，凡能增損一字者，便賞以千金。但其《至公》篇引用一個故事：

荆人有遺弓者，而不肯索，曰：“荆人遺之，荆人得之，又何索焉。”孔子説：“把荆人話裏的荆字去掉就好了。”

班固著《漢書·張蒼傳》曰：“年老，口中無齒。”唐劉知幾的《史通·叙事》指出這兩句内，當删截“年”及“口中”三字。

陸雲指出陸機的《二祖頌》雖然“甚爲高偉”，然而多“民不輟嘆”一句（《與兄平原書》）。

范曄《後漢書·班彪傳贊》：“二班懷文，裁成帝典。”起初，謝儼作此《贊》，云：“裁成典墳。”范曄改爲“帝墳”，又易爲“帝典”。

桓宣武命袁彦伯作《北征賦》，既成，公與時賢共看，都很贊嘆；當時，王珣在坐，説：“恨少一句，得‘寫’字足韻，當佳。”袁執筆增加兩句：“感不絶於余心，泝流風而獨寫。”（《世説新語·文學》）

陸雲感覺“徹”與“察”，“皆不與‘日’韻”，“思維不能得”，“願”陸機“賜此一字”（《與兄平原書》）。

這些鎔意煉辭的情况，劉勰未嘗不瞭解，可是他希望作者“妙識所難”(《明詩》),臨難而進,“雕龍”達到高水平:“捶字堅而難移,結響凝而不滯。”(《風骨》)字詞應該錘煉得堅實而不能更動;聲律協調得凝重而無滯塞,精益求精,絲毫不苟。

不僅如此,劉勰還意識到“雕龍”乃逐漸提高,决非一揮而就。作者下筆綴字命篇以前,觀察事物,獲致感性材料,從而開展想象,孕育“意象”;而想象剛剛運動,仿佛出行,“萬涂競萌”,思維迷茫,由於類似規矩的藝術技巧,虚有其名。於是“登山”“觀海”,情意“滿”“溢”,勢若風雲,旺盛已極。可是一旦提煉,就打了對折,歸結“意翻空而易奇,言徵實而難巧”(《神思》),“搦翰”運斤,足以檢驗“言”“意”的得、失,終於剔除糟粕,爐火純青,真是甘苦之語。

值得注意的,劉勰論“雕龍”陶冶藝術性,都遵循寫作規律,以情理爲綱領。

《莊子》的《漁父》,儘管僞托,而它假借孔子之口,昌言真實的價值曰:“真者,精誠之謂也。不精不誠,不能動人。”在劉勰看來,文學倘要“鼓天下之動”(《原道》),便非真實不可。《文心》的《誄碑》篇强調“寫實”,哪怕指誄和碑兩種文體而言,却可當做“泛論”(《總術》)。他推尊孔子輕蔑“巧言”(《論語·學而》),荀卿鄙夷“口行相反”(《荀子·致士》),褒贊老子“疾僞”,以仲尼“文質彬彬”(《論語·雍也》)的觀念,作爲《情采》,闡明“情采”即“文質”,而對立統一,“文”既“附質”,“質”亦“待文”。《風》《雅》的作者,“志思蓄憤”,賦詩以“要約”之辭,舒其真實之情;至若“辭人賦頌”,公然“苟馳夸飾”,特别是魏晋以降的浮華之徒,“志深軒冕”,“追逐富貴”而“汎詠皋壤”,裝扮清高,“言與志反”,以文章欺人,不可爲訓。

文學所以不同於科學的是它富於藝術的形象,劉勰直覺到了,《文心》的《比興》是剖析形象的專篇。《周易》的《繫辭》:“立象以盡意。”他從此悟會譬喻爲塑造形象的重要手法,比、興爲譬喻的慣用方式，而比、興的形象，所以表意。“關雎有别，故后妃方德；尸鳩貞一，故夫人象義”，象意吻合，睹象瞭意，形象的精妙，見於斯矣。

興體形象的藝術性視比體的高，而比體自《離騷》偏勝，漢後辭賦尤然。“辭人”竟“日用乎比，月忘乎興”，所以“文謝周人”。劉勰不勝惋惜，他不見甲、金文，曾於書面語言發掘散文也有興體。

《周易》的《謙卦·象辭》：“地中有山，謙。”山雖然崇高，而在地中，不見其崇高，興起人的德行雖然不凡，而深藏不露，虛懷若谷。

《荀子》的《致士》：“水深而回，樹落則糞本，弟子通利則思師。”江水淵深，就會回旋，樹葉零落，就成根本的肥料，興起弟子學識通暢，就將思念老師。（餘見拙作《文心義疏·緒論》）

大凡通讀《文心》的人，無不承認它的語言形象性非常强，比體俯拾皆是，興體屢見不鮮，前者易識，存而不論；後者難曉，略舉一例。

《檄移》：“震雷始於燿電，出師先乎威聲。”震動萬物的雷，從閃耀的電光開始，興起出動軍隊，先要宣揚聲威。（餘見拙著《文心義疏》）

《文心》的《體性》《定勢》，着重講到文學的風格，斷言風格是作者“情性”的體現，“吐納英華，莫非情性”（《體性》），作者“莫不因情立體，即體成勢”，“勢”者，風格也。“情性”的複雜，導致風格的多樣，“淵乎文者，並總群勢”（《定勢》）。

有的“簡言以達旨”，有的“博文以該情”（《徵聖》），“博”“簡”，猶繁、略也，處理“繁、略”，隨作者而異。大抵極爲簡略的風格是“精論要語”，也就是語言的要約，由於情理的精粹；極爲繁冗的風格是“游心竄句”，也就是文句的流竄失常，由於情理的游移不定。因此，塑造風格，首先要在情理上用力，當然，文句也要留心，一者“規範本體”，一者“剪截浮辭”。或者擅長删削，“字去而意留”；或者擅長敷布,“辭殊而意顯”(《鎔裁》)。“繁、略殊形”(《徵聖》),唯變所適,如謝艾的“繁而不可删”,王濟的“略而不可益”,此之謂“曉繁、略”(《鎔裁》)。孔子以爲百事守約曰:“以約失之者,鮮矣。”(《論語・里仁》)“約”者,收斂而不恣縱也。劉勰移以論文,曰:“文約爲美。”(《銘箴》)文辭的美麗在“約”,“約”包括“繁、略”。“約以正辭”(《議對》),“辨潔”“顯義”(同上)的文辭,“繁、略”都叫“約”,“約”不以字句的多、寡而定。若庸絮懈蔓,一句亦繁而不約。總之,作者“隨事立體,貴乎精要,意少一字則義闕,句長一言則辭妨”(《書記》),“繁略”不“約”,就不可能這様。

“辭以情發”(《物色》),情以世遷,文章風格,不得不打上時代的烙印。風格必跟時代變化“日新”,才能亨通有生命力。變化非突如其來,有着歷史基礎,而變化内部,存在揚雄《太玄》“物不因不生,不革不成”的“因、革”——繼承與創新的矛盾,正常的變化,必“參伍(錯雜)因革”(《通變》)。歷代優秀作者,都“參伍以相變,因革以爲功”(《物色》),寫作的功績,來源於“參伍因革”的變化。

文學史啓示劉勰,黄帝、唐堯時代的風格樸素、率直;虞舜、夏禹時代的風格率直、分明;商、周時代的風格美麗、雅正;楚、漢時代的風格豔麗、淫侈;魏、晋時代的風格浮淺、輕綺;風格的時代越近,就越放蕩(《通變》)。那末,風格在時代長河裏的變化是曲綫式的;“變化者,進、退之象也”(《周易・繫辭》),“變化”交織着“進、退”,不是有“進”無“退”,也不是有“退”無“進”,不過綜觀全局,則以“進”爲總的趨勢,决非“進、退”平列,正、反循環,事物爲此停滯不前。劉勰通此精義,以爲文章不斷變化的結果是“日新其業”(《通變》),“必超前前轍焉”(《封禪》)。

天地間事物的完整之美,依靠具有次第的結構。《周易》的《艮卦》六五爻辭:“言有序。”“序”者,“若網在綱,有條而不紊”(《尚書・

盤庚上》)也。精妙的語言,有其一定的秩序,陸機指責文辭的"操末續顛"(《文賦》)。劉勰暢發斯旨,以爲"搜句忌於顛倒,裁章貴於順序"(《章句》),以致"首尾圓合,條貫統緒"(《鎔裁》)。寫作到達這種境界,首先是"總文理"。任何作品,都有"文"與"理",彼此要總合得好,必須以"理"爲主導,並從事"鎔裁","權衡損益,斟酌濃淡"(《鎔裁》),呈現"表裏一體"的邏輯性。(《附會》)

其次是"統首尾"。"首尾"比喻"文""理"的先後。"文""理"即使總合好,還要統領適當,"首尾"順從,"使衆理雖繁,而無倒置之乖;群言雖多,而無棼絲之亂"(《附會》),作品裏的許多情理、語言,都没有"乖""亂""倒置"。

又其次是"定與奪"。"與奪",猶取舍也。"文""理"已經安排妥貼,再爲全盤考慮,加以取舍。(《附會》)當去則去,當留則留,不準許因爲費過苦工夫,"欲棄而惜,不覺成煩"(《抱朴子·辭義》)。陸機"情苦芟繁"(《鎔裁》),不忍割愛,故"思能入巧,而不制繁"(《才略》)。

莊周有句高度概括的話:"《易》以道陰陽。"(《莊子·天下》)《周易》大多數卦的爻分陰、陽兩種,陽剛而陰柔;事物的成長,"迭用剛柔"(《繫辭》),"剛、柔"相反相成。劉勰因而論風格曰:"剛、柔雖殊,必隨時而適用。"(《定勢》)風格隨着寫作的時機,適當地運用"剛、柔",於是有了陽剛、陰柔之美。

作者的"意氣"既有"剛、柔",風格便有差池。孟子爲戰國民本主義思想家,他自稱"知言、養氣",懂得意氣、語言的關繫,主張涵養"配義與道"的"意氣",面向現實,責有殘酷剥削人民以自肥的治人者曰"庖有肥肉,厩有肥馬,民有饑色,野有餓莩",公然"率獸食人"(《梁惠王下》),理直氣壯,肆無忌憚,形成陽剛之美。

東漢馮衍,一心與婦決裂,寫信給婦弟任武達,破口咒駡曰:"既無婦道，又無母儀。”故非决裂不可，曰：“不去此婦，則家不寧；不去此婦，則家不清；不去此婦，則福不生；不去此婦，則事不成。”衹以責人，不顧事義，形成陽剛之惡。

陽剛兼美惡，陰柔亦如之。

《詩經·魏風·伯兮》的作者，思念出征之夫，“爲王前驅”，經久不歸曰：“自伯之東，首如飛蓬，豈無膏沐，誰適爲容。”“膏沐”飾容，唯獨供夫欣賞，今夫去家，無意爲之。夫婦情深，稱心而發，文理温存，形成陰柔之美。

魏晋玄言歌詩，融和老莊厭世之義以發咏，“辭意夷泰”（《時序》），“力柔於建安”（《明詩》），形成陰柔之惡。

上述“剛、柔”之用都“隨時”，而或不適的癥結是“意氣”有不合道義者，作者情性務必高尚，斷然可識。

難能可貴的，劉勰看問題十分全面，他肯定情理爲寫作的首要條件，也不輕棄藝術技巧。《鎔裁》：“若術不素定，而委心逐辭，異端叢至，駢贅必多。”倘若作者平時没有學習好藝術技巧，行文隨心所欲地追逐藻飾，無異“駢拇枝指，附贅懸疣”的“異端”——“浮詞”會大量出現。

與此同時，劉勰看到世間作者“多欲練辭，莫肯研術”（《總術》）的偏向，特著《總術》，要求作者“執術馭篇”，操持藝術技巧，不要“棄術任心”，製造語言的“蕪穢”（《鎔裁》）。

至於藝術技巧内部，也有變和不變的矛盾。不變的爲寫作原則，喻之以“規矩”（《徵聖》），世代相傳，故曰“舊規”（《風骨》）或“舊式”（《定勢》）。而用之之術，則變動不居，不可授受，須作者在實踐中去體會，神而明之，存乎其人，“良難以辭逮”（《文賦》），其猶“伊摯不能言鼎，輪扁不能語斤”，唯有自己“至精而後闡其妙，至變而後通其數（術）”（《神思》）。無庸諱言，藝術技巧的變和不變，亦即穩定性與靈活性是對立統一的。

最後，劉勰談到作者的修養，把道德擺在第一位，自是"同乎舊談"(《序志》)。春秋的叔孫豹言"三不朽"——立德、立功、立言(《左傳》襄公二十四年)，實因果相生，只有立德，才能立功、立言，可是漢魏六朝的學者、文人，不少失理敗德，爲有識者所不取。於是劉勰本魏文帝"觀古今文人，類不護細行，鮮能以名節自立"(《與吴質書》)，説爲《程器》，列舉歷代無行的文人，不盡正確，而作者不能無德的論點，無可非議。

作者單有道德不行，還要有淵博的知識，而學習知識，又要讀文字的、自然的、社會的三部書。

齊、梁時代的士人，最無學術，有的儒生揚言先儒中没有王粲，姜仲岳不知《穀梁傳》中的"孟勞"爲魯國的寶刀名，而誤爲人名，曰姓孟，名勞。有個"才士"，將《論語・子張》"堂堂乎張也"讀錯，顔之推因此教訓他的子弟："觀天下書未遍，不得妄下雌黄。"(《顔氏家訓・勉學》)

劉勰目睹文人無學太甚，"綴慮裁篇"，"理鬱"而"苦貧"，而"博見爲饋貧之糧"(《神思》)。誰要圓滿認識事物，"務先博觀"(《知音》)，"先博覽以精閲"(《風骨》)。閲讀要"博"而"精"，經傳、諸子、史籍，都要誦習，拾取前人的理論、辭章、文術……

《三百篇》作者深入自然，他們爲了比、興的塑造而"流連萬象之際，沉吟視聽之區"(《物色》)，在許多外物的形象面前徘徊，反復觀察，憑視覺、聽覺吟咏。賦家也爲"體物寫志"，"登高""覩物"，"草區禽族，庶品雜類"，都在所"覩"之列。劉宋詩人謝靈運等寫山水的"巧言切狀"，就因爲他們在"吟咏"之先，能"窺情風景之上，鑽貌草木之中"(《物色》)，天地間的"風景""草木"，他們都窺伺、鑽研，得之於心，筆之於書，"形似"(同上)逼真。

文學反映社會,社會變化無窮,而“文變染乎世情”(《時序》)。作者不深入社會,便不能作文。劉琨、盧諶詩的“雅壯多風”,“情發理昭”的長處,以其“遇之於時”,遭到東晉社會的動亂,而發憤抒情,不同凡響(《時序》)。周文王之“德盛”,《周南》之情則“不怨”;幽、厲昏庸,卒勞百姓,《板》《蕩》之志以“怒”,也是詩人論世發咏的不同表現(《時序》)。

《寫作》1986 年第 2、3 期

檢論《文心雕龍》語言藝術

《文心雕龍》(以下省稱《文心》)的作者劉勰,"有文集行於世"(《梁書》本傳),可見他和曹丕、陸機一樣,是文論家兼作家。他的代表作《文心》,既是文論的經典,也是文學的要籍。歷來的學者,基本着眼於前者,這給《文心》的研究,帶來較大的困難;因爲《文心》的語言藝術,確有不容易通曉而又不可忽視的特色,要是不精心探索,勢必缺乏理解其内容的重要條件。劉勰懂得,文辭或語言是表達情感、理論的工具,古人所謂章句明而後義理明,自是"確不可拔"(《周易・乾・文言》)的真諦。

綜觀《文心》,完全可以肯定,劉勰係卓越的語言巨匠。看他"博覽精閲"(《通變》),好學深思,發現一個關於語言的綱領,那便是他强調指出的,任何作者爲了塑造語言的"精妙"(《情采》),符合辯證思維邏輯,就一定要明白"奇、正雖反,必兼解以俱通",而且"隨時而適用"(《定勢》)。語言内部存在的"奇、正"對立統一的範疇,决不能分割、孤立。難能可貴的是他非"徒能言之",而能"履而行之"。《文心》之作,正以"奇、正"兼施爲綱領,從而鎔裁辭、意,語言也就有着"奇、正"兩種,本文將以這一綫索,從事剖析。

我們不妨運用劉勰"沿波討源"(《知音》)的科學方法,在讀《文心》語言的"奇、正"以前,作出簡要的、歷史的回顧。事實告訴我們,在一切事物的演變過程裏,總交織一般和特殊的現象,正相當先秦思想家的術語"奇、正"。《説文 》:"奇,異也。"《淮南子・修務訓》高誘注:"奇,非常也。"所以"奇"是特殊,"正"是一般。

老子在《道德經》中寫道："以正治國，以奇用兵。"這兩句互文見義，實説無論治國、用兵，都當用"奇、正"，還闡明"正復爲奇"，"奇、正"在一定情況下可以互相轉化。戰國的傑出軍事家孫武從老子"用兵"的角度，揚言戰爭的"奇、正"："戰勢不過'奇、正'，'奇、正'之變，不可勝窮也。"（《孫子・勢篇》）戰爭的形態，無非"奇、正"，見機而使，變化萬千，永没止息，全憑指揮者靈活掌握。什麽叫"奇、正"，曹操注釋得好："正者當敵，奇兵從傍擊不備也。"顯然，"奇"就是孫武所謂當敵未衰，僞裝敗退，另設伏兵，以便"攻其無備，出其不意"（《孫子・計篇》）的"詭道"（《孫子・軍争》）；而"三軍之衆，可使必受敵而無敗者，奇、正是也"（《勢篇》），肯定"奇、正"結合，是戰争勝利的決定因素。不可否認，孫武繼承發揮了老子的"奇、正"觀。

我們通過以上的回顧，很自然地想象，劉勰咀嚼"成篇"（《知音》），極深研幾，感覺"前修"（《程器》）命意屬辭的綱領，與哲學、兵學領域的"奇、正"，若合符節，於是空前將"奇、正"移植到文論中來，並以指導《文心》語言的提煉，而這兩者不處於平衡狀態，以"正"爲主，促使我們不得不從"正"談起。

文學語言富於藝術的形象。古來哲人總以《易》爲義理之源，《易傳》的作者，知道"聖人""觀象設卦"，"立象以盡意"（《繫辭》），而其"入神"的"精義"，本用形象體現，曾依仿"詩人"（《物色》），慣用比、興。比體易曉，兹姑以興爲例。很清楚，《易傳》的《象辭》，修造散文的興體，譬如《謙卦》的《象辭》："地中有山，謙。"先寫物象，以引起所欲顯示之意，説君子謙虚，不自外露，儘管品學卓出，而容貌若愚，好像山雖然高峻，而能深入地中，外現其卑下，適同《詩》興的結構。戰國諸子散文，曾有師範《象辭》興體的。荀卿著《勸學》曰："積土成山，風雨興焉；積水成淵，蛟龍生焉；積善成德，則神明自得，聖心備焉。"這也先寫物象，以引起所欲顯示之意，説君子積累其善，成就其德，自然會得到“神明”，具備“聖心”，好像積累土就成山，從而產生風雨；積累水就成淵，從而產生蛟龍。荀卿還作《致士》云：“水深而回，樹落則糞本，弟子通利則思師。”這也先寫物象，以引起所欲顯示之意，説弟子學識一旦通利，就將思念老師，好像江水淵深，就會回旋，樹葉零落，就成根本的肥料。我們認真揣摩《文心》的語言，的確模擬《易傳》、“諸子”，形象性非常强烈，字裏行間，引譬連類者，所在多有；助文辭的“深隱”，“餘味曲包”（《隱秀》），耐人諷味，“比”亦多用隱喻，故言辭、意，則譬之以“華、實”（《徵聖》）。説以文被情，則曰“舒華布實”（《鎔裁》）；稱修辭，則喻以“雕琢”（《體性》）；論以文“成體”，則曰“雕縟”（《序志》）。諸如此類，俯拾即是。值得注意的是，劉勰常寓興於駢語。《檄移》：“震雷始於曜電，出師先於威聲。”震動萬物的雷，從閃曜它的電光開始；引起出動軍隊，先要宣揚聲威。也就是出動軍隊，先要宣揚聲威，好像萬物的雷，從閃曜電光開始。《情采》：“夫鉛黛所以飾容，而盼倩生於淑姿；文采所以飾言，而辯麗本於情性。”“夫鉛”二句，互文見義，女人用鉛黛和盼倩修飾面容，要從美好的天姿産生，引起修飾文采的辯白、美麗，要以作者的情性爲根本，也就是修飾語言的辯白、美麗，要以作者的情性爲根本，好像女人以鉛黛和盼倩修飾面容，要從美好的天姿産生。

不可否認，文學語言的形象性，形式不一而足，而比、興畢是其主要的。毛萇、鄭玄的《詩經》傳箋，發掘比、興的共性爲譬喻，經古文學家劉勰，昌言文必“宗經”，“模經爲式”的《文心》，特製《比興》專論，詳説指事類情的規矩，而亦見諸他篇，以致理論因語言的形象，給讀者以爽朗、親切而具體的感受。

《周易》崇尚百事的“易簡”（《繫辭》），放言遣詞，自不例外。故樂朔以書文“易簡”爲上（《孔叢子·居衛》），而“易簡”的形成，又以人心的練達爲先。《穀梁傳》僖二年：“達心，則其言略。”范甯注：“明達之人，言則舉綱領。”注誠生發《傳》義，以爲只有體察事物的人，出言纔能標舉“綱領”，略而不繁，“此不易之道也”（《莊子·天道》）。孔子曰：“辭，達而已矣。”（《論語·衛靈公》）“達”，表現也；“而已矣”，止乎此也。“辭”，語言也。語言取於表現事物，使人據“言以知物”（《春秋左傳》昭元年）而止，過此以往，則煩冗而不“易簡”矣。至若“易簡”的語言，唯獨熟悉事物之要者能之。

荀卿知“諸子”之要，則曰“墨子蔽於用而不知文，宋子蔽於欲而不知得，慎子蔽於法而不知賢，申子蔽於勢而不知知，惠子蔽於辭而不知實，莊子蔽於天而不知人”（《荀子·解蔽》）。孟子知王政之要，則曰“保民”（《孟子·梁惠王》）；知“浩氣”之要，則曰“至大至剛”（《孟子·公孫丑》）；知“王、霸”之要，則曰“以力假人者霸，以德行仁者王”（同上）。這些語言的特色，乃是“以少總多，情貌無遺”（《物色》）。

劉勰“瞻彼前修”（《程器》），立言“不取冗長”（陸機《文賦》），以爲“聖人”的文章，“或簡言以達旨”（《徵聖》）。《淮南子·主術訓》高誘注：“約，要也。”《申鑒·雜言》：“辭約謂之要。”所以彦和有時稱“易簡”爲“約”或“要約”（《情采》）。曰“文約爲美”（《銘箴》），相應地注視“自晋來用字，率從簡易”（《練字》）的良好開端。他目擊“辭人愛奇，言貴浮詭”（《序志》），語言不“易簡”的“流弊”（《宗經》），及時爲匡謬論文，名其書曰《文心雕龍》，以多紋采的龍方擬語言的采藻，要求人們用心綴文，固然要像工匠雕刻龍文似的修飾，講究語言的藝術美，可又不能如騶奭那樣的過分做作，以“淫麗”（《詮賦》）爲病。他鄭重指出，“摛文”“必簡而深”（《銘箴》），“易簡”或“要約”的語言必深刻，否則，粗淺虚空，不可爲訓。怎樣使語言“易簡”與深刻結合？他沿前引《穀梁傳》之旨作出解答，他以“張湯擬奏，虞松草表”之所以被“再卻”“屢譴”，關鍵是“理事之不明”，導致“詞旨之失調”；

當“倪寬更草，鍾會更字，而漢武嘆奇，晉景稱善”，無他，“心敏而辭當”(《附會》)而已矣。“當”者，語言無過與不及，“易簡”準確之謂也。“敏”，猶“達”也，心之“達”是文辭“易簡”的前提。這一觀念，已成爲他檢論“繁、略(簡)”的指南，他毫不含糊地寫道：“精論要語，極略之體；游心竄句，極繁之體。”(《鎔裁》)《莊子》的《駢拇》篇稱戰國的詭辯派，“竄句游心於堅白、同異之間”，本篇“游心”句從此蜕化，猶曰“心游而後句竄”，説作者心地游蕩不定，於事理不練達，令文句穿鑿煩碎，而不“易簡”，形體極爲繁冗；“精論”句猶云“論精而後語要”，謂作者認識清明，於事物之論議精粹，使語言要約，形體極爲簡略，則“心達”與“言略”，血緣相關，誰要語言“易簡”，就非“心達”不可。不僅如此，他進一步以謝艾的語言“繁而不可删”，王濟的“略而不可益”(同上)作證，這兒的“繁、略”，無疑指語言字數的多、少，凡意須字多而能“達”者，多亦不嫌其多“而不可删”；相反，少而能“達”者，少亦不嫌其少而“不可益”；字都無法增、減，應該看到，“意少一字則義闕，句長一言(字)則辭妨”(《書記》)，字的多、少，安排適當，只有這樣，纔能“約”以“正辭”(《議對》)，使語言的“繁約(略)得正”(《章表》)，都謂之“易簡”。

誠然，《文心》是“約文舉要”(《銘箴》)的典型，它的“易簡”的語言，切中事物的要害。它描繪美景，“清風與明月同夜，白日與春林共朝”，文中有畫，以簡馭繁，“巧言切狀”(《物色》)。它評論想象的奇異，則曰“寂然凝慮，思接千載；悄焉動容，視通萬里”(《神思》)，超越時、空的限制，不同尋常的思維。它評論一代文苑的風尚，則曰建安“慷慨以任氣”，江左“溺乎玄風”。它評論歷世文章的利病，則曰“虞夏質而辨，商周麗而雅，楚漢侈而豔，魏晋淺而綺，宋初訛而新”(《通變》)，時代遷流，優、劣迭見。評論夸飾的實質，則曰“壯詞可得喻其真”(《夸飾》)，藝術的夸張在突出事物的本相，不是説假話。評論作品的“情、采”或“文、質”的繫聯，則曰“文附質”，“質待文”，彼此互相依賴、制約。它評論四時所興起的情感，則曰春爲“悦豫”，夏爲“鬱陶”，秋爲“陰沉”，冬爲“矜肅”(《物色》)，季節交替，情感因而推移。它評論作者，則曰賈誼的“賦清”而不污，“議愜”而無失；司馬相如的賦“夸豔”，“理不勝辭”，文質不相稱；嵇康的“論”能“師心”，作論自出心裁，思想通脱，不被舊説所囿；阮籍的詩能“使氣”，意氣激昂，而不沉廢(《才略》)；都像《詩》《騷》的“寫物圖貌”，“並據要害”(《物色》)，不從事鋪叙，着墨不多，而能昭宣事物的異同、姿勢、流變。就這樣，《文心》得以三萬餘言，暢“論古今文體，引而次之”(《梁書・劉勰傳》)，包藴宏富，沈約譽爲“深得文理”(同上)。語言高度概括，可謂極“易簡”之能事矣。

任何大思想家，總有左右其言行的“道”，往往見乎文辭。老子的《道德經》開宗明義，便聲明其“道”之“玄”，以其“言有宗”，而“五千言”反復談“玄”，學者曰“玄宗”，以“玄”爲“宗”也。與老子並生的孔子嘗告其弟子曾參：“吾道一以貫之。”(《論語・里仁》)他與時君、世人、門人，再三論“道”也言不離“宗”，都闡明其“道”的指歸，呈現語言的反復性，這在佛家，尤其如此。夫佛者，覺也。佛家自覺人世塵穢，不宜生活，於是心向幻境“彼岸”，名其宗師爲“釋迦牟尼”，即以仁心引“衆生”於清净寂默，而無繫縛紛擾的世界，乃有度量寬弘的“大乘”，普渡“衆生”，原道設教，無論“經”“論”，都語重心長，不憚辭費，强調修智慧，斷煩惱，萬行具足，便可成佛。《般若波羅蜜經》，篇幅不小，反復講的，無非希望“衆生”以布施、持戒、忍辱、精進、定息爲舟，以智慧爲導，導則漸入净土，心無諸法，絶有相之流，到無相之“彼經”。論劉勰在作《文心》之前，誦習孔、老之書，依沙門僧祐，相處十餘年，“遂博通佛家經論”(《梁書》本傳)，他搦筆論文，語言受到儒、釋、道文籍的影響，爲救“文勝質”之累，而以孔子“文質彬彬”

爲準的，發言抗論，志深而筆長，不翅《離騷》的“發憤抒情”（《九章·惜誦》）、“詩人”的“言之不足，故再言之”（《毛詩序》）。而其語言的反復，亦在顯白其重旨，不得視爲冗複。故《情采》要求作者追琢其章，做“彬彬君子”，全書總此毛目，殆爲作傳，類似枝葉、波瀾。《定勢》曰“情固先辭”，文、質有先、後，不可顛倒；《鎔裁》曰“情理設位，文采行乎其中”，“質”以爲“文”，“文”未有不因“質”而制者；《體性》“情動而言形”，《知音》“夫綴文者，情動而辭發”，《物色》“辭以情發”，世之作者，莫不稱情造文，使“文”不滅“質”。荀卿賦之度越凡庸，以其“文質相稱”（《才略》）；“聖文”之“雅麗”，以其“銜華佩實”（《徵聖》）；馬融“吐納經典”，則“華實相扶”（《才略》），“華實”，喻“文質”，“相扶”，猶“相稱”也。陸機文“不制繁”，是“文”勝“質”之過也；趙壹賦“意繁而體疏”，是“文、質”俱非之失也。《文心》分而爲篇五十，合而首尾一體，綱舉而目張，庶幾佛家心腸；正末歸本，啓晨光於積晦，澄百流於一源，每以孔子之微言著義疏，語言反復，引人入勝，百讀而不厭。

《説文》："奇，不耦也。"《周易·繫辭》："陽卦畸，陰卦耦。""畸、耦"，與"奇、偶"同，《易傳》以天地萬物有“奇、偶”，“聖人”以卦象示之。先秦詩與散文的語言，便都有“奇、偶”錯雜的現象。《詩經·邶風·柏舟》“憂心悄悄，愠於群小”，此“奇”語也；又云“覯閔既多，受侮不少”，此“偶”句也。一篇之中，“奇、偶”間出。《左傳》僖四年："齊侯以諸侯之師侵蔡，蔡潰，遂伐楚，楚子使與師曰：'君處北海，寡人處南海，唯是風馬牛不相及也。'""君處"二句，“偶”句也，其他“奇”語也。楚使脱口而出，亦“奇、偶”互見。先秦作品語言，以“奇”爲主，“參伍以變”（《繫辭》），“自然會妙”（《隱秀》），非有矯揉造作於其間。不過漢魏以降，文辭漸以偶勝，而有駢、散之分。曰駢文者，“偶”多於“奇”也；曰散文者，“奇”多於“偶”也；後者準先秦成法，前者“跨略舊規”(《風骨》),追逐“偶”句,南朝每下愈況。劉宋顔延年《三月三日曲水詩序》、蕭梁徐陵《玉臺新詠序》等,都“儷采百字之偶”(《明詩》),公然非對不發;甚至競用故事,文章殆同書鈔;加以沈約推崇音學,以其首創“四聲”施諸藝文,而“聲病”説興,“偶”對之法嚴,馴致駢文多蹇澀而不流轉,典奥而不淺顯,沉滯而不生動,劉勰頗爲厭薄,以其“碌碌麗辭,則昏睡耳目”(《麗辭》),故撰《麗辭》之篇,則效先秦之制,他以文學語言的“偶”,猶“支體”之“必雙”,與“奇”之“迭用”,若“高下”之“相須”,必不着意“經營”,而“自然成對”。且駢文爲歷史的産物,語言的藝術形式,亦必力求“自然”。《文心》的語言,是劉勰根據自己的理論所錘鑄的改良的駢文,不以“雕削取巧”,“譬卉木之耀英華”(《隱秀》)。“偶”語多於先秦,而少於齊、梁,當“奇”者不强而爲“偶”,不少地方,“奇”語占上風,與顔、徐諸家迥别,自成風格,顯而易見,故無庸參驗。

古人素有“變文”的詞法,用字造句,一般重視字的變更,避免上、下重複,爲修飾語言美的方術之一。駢文講究對仗、聲律,就更彰著。《詩經・王風・君子于役》:“君子于役,不日不月,曷其有佸!鷄棲于桀,日之夕矣,羊牛下括。”毛萇傳:“佸,會也。括,至也。”《廣雅》:“會,至也。”《小雅・正月》:“燎之方揚,寧或滅之?赫赫宗周,褒姒威之。”毛萇傳:“威,滅也。”《小雅・信南山》:“維禹甸之,曾孫田之。”毛萇傳:“田,治也。”鄭玄《周禮・甸祝》注:“甸之言田。”《説文》:“田,陳也。陳,治也。”《小雅・北山》:“嘉我未老,鮮我方將。”鄭玄箋:“嘉、鮮,皆善也。”《國語・齊語六》:“是以國家不日引,不月長。”《爾雅》:“引,長也。”《論語・鄉黨》:“沽酒市脯不食。”朱熹注:“沽、市,皆買也。”《莊子・天下》:“若飄風之還,若羽之旋,若磨石之隧。”《釋文》:“隧,回也。”“還”讀爲旋。《禮記・禮器》:“合於天時,設於地財。”《廣雅》:“設,合也。”又《樂記》:“奮,德之光。動,氣之和。”鄭玄注:“奮,猶動也。”“變文”,都以同義詞相代,文變而意不變,風姿不呆板,讀來順利、爽口,最適宜駢文。劉勰十分欣賞,他以作者“練字”,要權“重出”,臨篇綴慮,用字注意斟酌,可以不“重出”的字,就應該去掉,而《文心》的“變文”,屢見不鮮。《宗經》:“故象天地,效鬼神。”“象”猶“效”也。《誄碑》:“觀風似面,聽辭如泣。”“風”猶“辭”,“如”猶“似”也。《神思》:“登山則情滿於山,觀海則意溢於海。”“溢”猶“滿”也。《定勢》:“莫不因情以立體,即體以成勢。”“因”猶“即”,“立”猶“成”也。又云:“是以模經爲式者,自入典雅之懿;效騷命篇者,必歸豔逸之華。”“歸”猶“入”,“模”猶“效”也。《麗辭》:“麗句與深采並流,偶意共逸韻俱發。”“麗”猶“偶”,“與”猶“共”,“並”猶“俱”,“流”猶“發”也。《比興》:“或喻於聲,或方於貌,或擬於心,或譬於事。”“喻”猶“方”,“方”猶“擬”,“擬”猶“譬”也。《夸飾》:“是以言峻,則嵩高極天;論狹,則河不容舠;説多,則子孫千億;稱少,則民靡孑遺。”“言”猶“論”,“論”猶“説”,“説”猶“稱”也。又云:“談笑,則字與笑並;論感,則聲共泣偕。”“談”猶“論”,“與”猶“共”,“並”猶“偕”也。《物色》:“物色之動,心亦摇焉。”《説文》:“摇,動也。”《原道》:“若乃河圖孕乎八卦,洛書韞乎九疇。”“孕”猶“韞”也。《辨騷》:“故其叙情怨,則鬱伊而易感;述離居,則愴怏而傷懷;論山水,則循聲而得貌;言節候,則披文而見時。”“叙”猶“述”,“論”猶“言”也。《奏啓》:“總法家之式,秉儒家之文。”“總”猶“秉”也。劉勰學習“舊章”的“變文”,維肖維妙,增强《文心》的語言美及其表達力。

劉勰沉潛《易》《老》,心知矛盾的轉化,堅信語言的“正復爲奇”,他旁搜遠紹,曾把“奇”的形式,用於《文心》,以利於駢文對理論的舒布。乃如“互文”,即將一個完整的辭意分散,讀者必恢復它原來的部位,纔能正確理解。《詩經·唐風·葛生》:“葛生蒙楚,蘞蔓于野。”孔穎達《正義》:“此二句互文,葛言生,則蘞亦生;蘞言蔓,則葛亦蔓;葛言蒙,則蘞亦蒙;蘞言於野,則葛亦當言於野。”實爲葛與蘞之生,皆蒙於楚木,而蔓延於野外。又《小雅·采芑》:“陳師鞠旅。”“鞠”,告也,互文,“師”言“陳”,則“旅”亦“陳”;“旅”言“鞠”,則“師”亦“鞠”。實謂陳列師旅而誓告之。又《小雅·楚茨》:“我倉既盈,我庾維億。”互文,“倉”言“盈”,則“庾”亦“盈”;“庾”言“億”,則“倉”亦“億”。實謂倉、庾皆盈成億,極言黍稷的豐收。《論語·顔淵》:“死生有命,富貴在天。”互文,“死生”言“有命”,則“富貴”亦“有命”;“富貴”言“在天”,則“死生”亦“在天”。實謂死生、富貴皆有天命。《文心》由於駢文的需要,“互文”特别多。《徵聖》:“精理爲文,秀氣成采。”互文,實謂作者以其精理、秀氣,成爲文采。《神思》:“子建援牘如口誦,仲宣舉筆似宿構。”互文,實謂曹子建、王仲宣援牘、舉筆,好像口誦、宿構,爲文極迅速。《夸飾》:“若能酌《詩》《書》之曠旨,剪揚、馬之甚泰,使夸而有節,飾而不誣,亦可謂之懿矣。”“使夸”二句,互文,實謂夸飾的準繩,是使它有節制,而不誣妄。《物色》:“古來辭人,異代接武,莫不參伍以相變,因革以爲功。”“莫不”二句互文,實謂從古以來的作者,他們把“因、革”或繼承、創新結合起來,使文辭隨時變化,取得創作上的成功。《比興》:“日用乎比,月忘乎興。”互文,實謂賦家日日、月月,都忘記興體,運用比體。餘不備舉。讀者會感到以上的語言,不用互文,就無法對仗,説解也難免訛誤,不僅藝術力將削減。

左丘明給《春秋經》作《傳》,稱《春秋經》有時將某一觀念,分布於不同地方,讀者不能執此廢彼,蔽於一曲,而要前、後合看,方能知其全貌。杜預研精《左傳》,發言爲注,以爲“婚禮雖奉時君之命,其言必稱先君以爲禮辭。故公翬逆女,《傳》稱先君之好,公子遂逆女,《傳》稱尊君命,互舉其義”(桓三年《傳》注)。關於婚禮的一個觀念,見於兩人"逆女"之事。《文心》拘於駢文，對内容比較豐富的觀念，不便若散文之在一處暢發，慣用這種詞法。《物色》："自近代以來，文貴形似。"此就劉宋山水詩而言，"形似"是"褒"是"貶"，讀者所見不一。其實，我們串通下文，便知劉勰給"形似"下了注脚，就是"深遠""密附"，山水詩寫景，立了"巧言切狀"的功績，令讀者能"瞻言而見貌，印（當作即）字而知時"，能從山水詩的"言""字""瞻""見"景物的形狀和季節；故曰"形似"者，"褒"義詞也。然則，劉勰全盤肯定山水詩乎？曰非也。《明詩》："宋初文咏，體有因、革，莊、老告退，而山水方滋，儷采百字之偶，争價一句之奇。""儷采"二句，指陳劉宋山水詩"因"了漢來形式主義的"浮詭"（《序志》），過分追逐字句的怪異和對仗，是所"貶"也。《體性》："夫才有天資，學慎始習。""才"，天賦也。劉勰總會天賦與學習，兩者是否平列？《事類》："文章由學，能在天賦。"又云："才爲盟主，學爲輔佐，主佐合德，文采必霸。""才""學"雖並舉而不分，而"才"究爲"主"，是其"天才决定論"。《詮賦》："睹物興情。"讀者不能就此肯定劉勰以爲作者的情理單從自然景物産生。《時序》："歌謡文理，與世推移。"是産生情理的因素，尚有時代也。《明詩》："人禀七情。"是産生情理的因素，猶有天賦也；則不得以劉勰的認識論爲徹底唯物矣。《時序》："自中朝貴玄，江左稱盛，因談餘氣，流成文體；是以世極迍邅而辭意夷泰。"東晋文壇玄風獨扇，詩賦的"辭意"平談，無建安風力。《明詩》："江左篇製，溺乎玄風，所以景純仙篇，挺拔而爲俊矣。"郭璞的《游仙詩》，"詞多慷慨，乖遠玄宗……乃是坎壈咏懷，非列仙之趣"（《詩品》），創爲變格，"辭意"彌見"挺拔"，抑亦建安遺響。《宗經》："楚豔漢侈，流弊不還。"此以楚之"豔"爲"流弊"，其對象維何？《辨騷》贊揚屈原首創《離騷》，自鑄"豔溢"之"偉辭"，爲代《風》《雅》而"鬱起"的"奇文"，其驚采絶豔，難與並能。《定勢》又以《離騷》"豔逸"，與"豔溢"之義同，則屈原之"豔"而能"逸","逸"之言出衆,其"豔"自無"弊"矣。《詮賦》:"宋發巧談,實始淫麗。"則宋玉之"豔"不純而有"弊",然其所作,非盡如之,何以明其然?《辨騷》以屈、宋創作,有其"逸步",恠後之作者不"追求";《事類》曰:"觀夫屈、宋屬篇,號依詩人。"斯復屈、宋合提,而均有足尊者。由此以推,玉有"弊"之文,蓋指下啓"漢侈"之賦,何焯以司馬相如"夸豔""寡用"(《才略》)之《子虚》《上林》諸賦,爲玉《高唐》嫡子,良有以也。倘若讀者知其一,莫知其他,不用"互舉"之法,形而上學地索解,則"偏生暗"(《荀子·不苟》),認識之蔽難釋矣。

《周易·艮》六五爻辭:"言有序。"歷代學者篤信這句格言。凡出口爲言,著筆爲文,莫不力圖文從字順,使若綱在綱,有條不紊,篇體雖雜,然而不越,劉勰鑒兹正規,亦見乎"奇"術,爲行文之便,而字或顛倒。《詩經·小雅·十月之交》第六章末句:"以居徂向。"爲"向"與上文"藏""王"押韻,不順言"以徂居向"①。《大雅·崧高》第六章末句:"謝于誠歸。"爲"歸"與上文"郿"押韻,不順言"誠歸于謝"。詩爲就韻,往往如此,《文心》的駢文,有似於是。劉勰發揮文必有序,以《附會》專論之,以爲文當"首尾周密","義脉"周流,而無背反。於是昌言"搜句忌於顛倒,裁章貴於順序",使"章句在篇,如繭之抽緒,原始要終,體必鱗次"(《章句》);但他可不廢前人顛倒的"奇"術;換言之,他以爲顛倒有其"奇"而不去的一面。故《情采》:"正采耀乎朱藍,間色屏於紅紫。"爲聲律、對仗而不順言"耀正采於朱藍,屏間色乎紅紫",顛倒不若順言之通俗,人或不識而誤校。至於劉勰不取"辭人"之"顛倒文句"者,乃指其"逐奇失正",不"以正馭奇",而"奇"流於"詭巧"(《定勢》)。如"愛奇尚異"(《文選·恨賦》李善注)的江淹,他爲《别賦》,曰"心折骨驚",不順言"心驚骨折";作

①編者按:依《詩經》原意及吴先生行文用意,此句似當順言爲"徂向以居"。

《恨賦》，曰“孤臣危涕，孽子墜心”，不順言“孤臣墜涕，孽子危心”。與蕭統著《文選序》曰“心游目想”，不順言“心想目游”，潘岳《寡婦賦》曰“心存目想”，不順言“心想目存”，同是大相徑庭，不近人情，宜分別觀之。

文學和其他事物一樣，也有虚、實兩面，或以虚之“奇”反映實之“正”。劉勰以誄、碑兩種文體的寫作，都要“寫實追虚”（《誄碑》），這帶有普遍意義。樸素的作者，都以“寫實”爲貴，而又“追虚”者，不是玩弄空無，而是以虚爲“寫實”的特殊手段。無庸諱言，人的言、行尚信。孔子答子貢問：“民無信不立。”《春秋穀梁傳》僖二十二年引而伸之：“人之所以爲人者，言也；言之所以爲言者，信也。言而不信，何以爲言？”“信”，實也。故孔子斥虚假的“巧言”（《論語・學而》），荀卿非“口行相反”（《荀子・致士》）的僞君子，老子“疾”言之“僞”，而以“美言不信”（《道德經》），“美言”，猶之“巧言”，故曰“不信”也。《周易・乾・文言》：“修辭立其誠。”“聖人”之情見乎辭，語言“寫實”之“正”也。《太玄》：“辭以睹乎情，觀其施辭，則其心之所欲者見矣。”語言“寫實”之效驗也。蘇格拉底問阿德曼特：“文學是不是有兩種：寫實的和虚構的？”阿德曼特回答：“不錯。”我們認爲文學不必分而爲二，而虚實是一個整體的兩面，“寫實”的《詩》《騷》，虚、實並包，不過有的學者、文士，東望不見西墻，知“實”而不知“虚”，桓譚以《莊子》《淮南子》内的神話、寓言爲“妄作”（《新論》），王充以神話爲“虚無”（《論衡・感虚》），左思以司馬相如的《上林賦》、揚雄的《甘泉賦》、班固的《兩都賦》、張衡的《二京賦》爲譏刺天子奢侈，虚構、夸張京、都、苑、林的珍奇品物爲“虚而無徵，雖麗非經”（《三都賦序》），劉勰同乎錯誤的“舊談”，竟以左思所謂諸家之“謬”爲“驗理則理無可驗”，而“事義暌剌”（《夸飾》）。於是以“諸子”裏的神話寓言是“踳駁之論”，謂之曰“邪”，作者必“棄邪而采正”（同上）；《離騷》中的神話是“譎怪之談”，“詭異之辭”（《辨騷》），“異乎經典”，豈其然乎？蓋以“寫實”著稱之《詩經》，便有“追虚”以“寫實”者。《周南·卷耳》的作者，思念久役不歸的丈夫，虚構騎馬登高，飲酒遣懷，反映憂悶之“實”；《大雅·生民》的作者，虚構后稷因難産被拋棄“隘巷”“平林”“寒冰”，連牛、羊、鳥和樵子，都來護覆收取，反映頌揚祖先靈異之“實”；又《板》的作者，虚構周文王勸誡暴主商紂，反映諷刺周幽王之“實”；《魏風·碩鼠》的作者，虚構一心向往的“樂國”，反映誓與現世刻剥農夫的治人者决裂之“實”；若爾然者，何“異乎經典”之有？

當然，劉勰基於語言之“奇”及若干文獻的啓示，亦意識到各種類型的虚構之辭，摧而論之，或改變事物的部位，前引《左傳》“君處北海，寡人處南海”二句，楚界未至南海，因齊處北海而虚構之，反映齊、楚相距甚遠，毫不相干，無用征伐之“實”；沈約《鍾山詩應西王教》：“南瞻儲胥觀，西望昆明池。”儲胥觀、昆明池皆在西京，乃移儲胥觀於南而虚構之，反映講究對仗之“實”，劉勰因之。本書《夸飾》：“至東都之比目，西京之海若。”班固《西都賦》：“揄文竿，出比目。”張衡《西京賦》：“海若游於玄渚。”則海若神、比目魚都見於西京，劉勰爲東、西之對，變比目魚之西爲東，非范文瀾注云“誤記”。

或改變事物的次第。《周易·繫辭》不順言“暑寒”，而曰“寒暑”；《莊子·人間世》不順言“夏冬”，而曰“冬夏”；《孟子·離婁》不順言“厲幽”，而曰“幽厲”；《離騷》不順言“禹湯”，而曰“湯禹”；荀勖《王公上壽酒歌》不順言“唐虞”，而曰“虞唐”；陸雲《失題詩》不順言“聃莊”，而曰“莊聃”；劉勰因之，夏在商前，《史傳》不順言“夏商”，而曰“商夏”；東漢和帝在安帝前，《詔策》不順言“和安”，而曰“安和”；司馬相如在揚雄前，《練字》不順言“馬揚”而曰“揚馬”；老子在莊子前，《明詩》不順言“老莊”，而曰“莊老”。以此虚構，而不局次第。

或改變事物的情狀。趙景真《與嵇茂齊書》：“昔李叟入秦，及關而嘆；梁生適越，登岳長謡。”而老子之嘆，不爲入秦；梁鴻登岳，不由適越；且復以至郊爲及關，升邙爲登岳而虚構之，反映悲嘆之“實”。馬融好音樂，作《長笛賦》：“屈原適樂國，介推還受禄。”屈原憂愁幽思，痛不欲生，而馬融以原聞笛聲，還楚爲樂；介之推隨晋文公流亡，及文公返晋即位，賞賜從者，推拒不受禄，而馬融以推亦聞笛聲受禄而虚構之，反映笛聲移人之力。嵇康《答難養生論》：“故老子曰：‘富莫大於知足。’”《道德經》本曰：“禍莫大於不知足。”隨意而引，易“禍”爲“富”而虚構之，反映知足之大用。本書《神思》：“張衡研《京》以十年，左思練《都》以一紀。”《後漢書·張衡傳》稱衡作《兩京賦》，“精思附會，十年乃成”，《晋書·左思傳》稱思著《三都賦》“構思十年”；劉勰只爲文句對仗而虚構之，變“十年”爲“一紀”，“一紀”十二年，亦非誤記。王褒《洞簫賦》記洞簫之“巨音”，曰：“周流泛濫，並包吐含，若慈父之畜子也。”叙“妙聲”，曰：“優柔温潤，又似君子。”劉勰采摭此賦之辭，重事組合，更换原意，曰“優柔温潤，若慈父之畜子也”而虚構之，反映比義。本義《知音》：“昔《儲説》始出，《子虚》初成，秦皇、漢武，恨不同時，既同時矣，則韓囚而馬輕，豈不明鑒同時之賤哉！及陳思之論才，亦深排孔璋，故敬禮請潤色，嘆以爲美談；季緒好詆訶，方之於田巴，意亦見矣。”考秦始皇之囚繫韓非，非爲“賤同”；蓋秦自孝公用商鞅變法，至始皇吞并六國，一統天下，方其傾心韓非之書，特政見之投合。《論衡·案書》：“韓非著書，李斯采以言事。”李斯與非同師荀卿，皆爲法家，而斯學不如非，遂以非理論相秦，始皇倚重之；而斯與姚賈毁非，但以權位嫉忌所致；始皇不察，乃下於獄，豈“賤同”之過乎！司馬相如有濟世志，忠漢室，欲有所爲，觀其臨終猶以《封禪書》遺漢武以勸論可知。然漢武以爲“言語侍從之臣”（班固《兩都賦序》），若倡優畜之，欲其幫閑，又豈“賤同”之過乎！曹植《與楊德祖書》，實以陳琳不自量力，竟以其辭賦與司馬相如相比，而比之不倫，故植以其不擅長辭賦，辟之畫虎爲狗，非爲“相輕”；至若劉季緒文才不高，喜好詆訶他人之作，植擬之詭辨之士田巴，自在譴責其歪風，亦非“相輕”；丁敬禮能以虛受人，請植修飾其文，植初辭謝，敬禮再勸促，植則稱其謙遜，無“崇己抑人”之意。以劉勰之博識，焉有不詳審而曲説之，亦不囿原意而虛構之，以立其論耳！

抑作者爲避免患害，而回互其辭，也是語言之“奇”，亦即詩人的主文而譎諫(《毛詩序》)，鄭玄箋“譎諫”曰：“咏歌依違不直言。”“依違”，猶回互也。夫《詩經》的“變風”“變雅”作者，憎惡社會的黑暗，他們“吟咏情性，以風其上”(同上)，不敢“直言”其“上”之暴行，而回互之，俾“言之者無罪，而聞之者足以戒”(同上)，其方式甚衆。《王風・大車》的作者稱古代大夫能訟事，使男女不“淫奔”；而今之大夫不能盡職，以致“禮義陵遲，男女淫奔”(《大車序》)，此“陳古以刺今”(同上)之回互也；晉昭公封叔父桓叔於曲沃，國勢强盛，而昭公微弱，國人將叛。《唐風・揚之水》的作者，以激揚之水，波流湍急，洗滌塵濁，令白石鮮潔，興喻恒叔强盛，除民所惡，得以有禮義，贊桓叔以諷昭公，此頌此以斥彼之回互也；周厲王昏昧，臣民厭之，《大雅・板》的作者指責上帝反道背德，毛萇傳：“上帝，以稱王者也。”此譏彼以刺此之回互也；秦穆公死，以生人殉葬，《秦風・黄鳥》的作者，肯定殉葬的“子車奄息”是“百夫之特”，怨憤穆公“殲我良人”，表示“如可贖兮，人百其身”，假使可以他人贖之，國人雖身百死，猶願爲之，而實不願，以揭穆公殺殉之罪，此正言若反之回互也。周幽王不自爲政，皇室將傾，《大雅・瞻印》的作者曰：“哲夫成城，哲婦傾城。”曰：“懿厥哲婦，爲梟爲鴟。”曰：“亂匪降自天，生自婦人。”統斥婦人，而“婦人”乃指褒姒，詩人將國事的紛亂，歸咎予褒姒，仿佛文士把唐玄宗做的壞事，轉嫁給楊妃；《小雅・節南山》的作者，以詩陳幽王的無道,曰:“哀今之人,胡爲虺蜴!”通云“今人”,而今人謂幽王;此泛論有指之回互也。劉勰出身庶族,又當齊末君臣殺奪之時,而人命危淺,往世明智者處世、創作的回互之“奇”,自不容其忽視。他以剛毅性格,卓出眼識,品題“辭人”的“浮詭”,發揮“辨是與非”(《周易·繫辭》)的批評精神,不似曹丕以東宫太子之威權,論建安七子之顯白,也不類葛洪爲“無毁譽之怨”(《抱朴子·自敘》),“只撮作者所得之佳者,而不指摘其病累”(同上),誓作“是是非非”的“知”(《荀子·修身》)者,以求真是,則注定其語言的回互之“奇”。看他評議先秦、兩漢、魏、晋的作者及其作品,好處説好,壞處説壞,昭昭若日月之明;而於劉宋,只言初年,齊則不言,其故何也?善乎紀昀之言曰:“闕當代不言,非惟未經論定,亦有所避於恩怨之間。”(《時序》眉批)他人之心,紀氏忖之而準。劉勰“品列成文”,聊以“寄心”(《序志》),是詩人“陳古以刺今”之回互也;他論齊而狀之以“皇”,曰:“今聖曆方興,文思光被,唐、虞之文,其鼎盛乎!鴻風懿采,短筆敢陳。”(《時序》)“敢陳”,不敢陳也。綜覽《文心》,劉勰固以齊文“將遂訛濫”(《序志》),風采並不“鴻懿”,而敢以手筆指其瑕疵,語言形態多様,不啻孔子“因史見意”(班固《典引》),於定、哀之間多微辭,讀書簡練揣摹,本隱以之顯,並不覺其“晦塞”(《隱秀》),是又詩人正言若反之回互也;本書《通變》論唐、虞以下之文辭,到劉宋而止,接言:“今才穎之士,刻意學文,多略漢篇,師範宋集,雖古今備閲,然近附而遠疏矣。”“今”承劉宋,其指南齊無疑,則其怪南齊作者捷徑窘步,甘心學宋文之“訛”,棄“漢篇”中若賈誼文、賦之“愜”“清”(《才略》)……是又詩人泛論有指之回互也;“齊、梁文藻,日競雕華”,劉勰“標自然以爲宗”(紀昀《原道》眉批),主張文辭要像動、植物和日、月、山、川光輝的“自然”(《原道》),是又詩人泛論有指之回互也。

“發軫高驤”,“規旋以矩步”(《才略》)的劉勰,“好學修古”(《漢書·河間獻王傳》),忠實、消化、熟悉群書,深造自得,左右逢源,合文論、文學於一爐而冶之的《文心》,無往而不繼承、發展經典的理論與語言,"奇、正"這對同一性的綱領,導引他去"探賾索隱",有以"觀其會通"(《繫辭》),堅信不以具有優異藝術色澤的語言,就不能如實地宣傳超凡的文論,因而產生匠心語言的動力;不通《文心》蔚然光輝多姿的語言,也便無從窺測其"鈎深致遠"(同上),決不"苟異""雷同"(《序志》),"實事求是"(《漢書·河間獻王傳》)的文論,前面的剖析,不憚辭費,唯一要使讀者了解《文心》語言的樸素、清省、曲折、切至之美,非"奇、正"之用,其無以致之。

《青島師專學報》1989 年第 4 期

“龍學”商兑

評《論〈文心雕龍〉的綱》

馬宏山同志在《中國社會科學》1980 年第 4 期上發表《論〈文心雕龍〉的綱》一文,其中的許多新觀點,我認爲值得商榷。因此,我談談個人的粗淺看法。

馬宏山同志還在《文史哲》1979 年第 1 期上發表《〈文心雕龍·辨騷〉質疑》,又在《哲學研究》1979 年第 7 期上發表《〈文心雕龍〉之“道”辨》,有些觀點,與《論〈文心雕龍〉的綱》一致。本文間或徵引此兩文語,一同評論。

“本乎道”

《文心》的第一篇《原道》,是論“本乎道”的專篇。“原道”,即“原於道”。“原”字後省略介詞“於”。《經傳釋詞》:“於,猶乎也。”《淮南子·原道訓》高誘注説:“原,本也。”所以“原道”猶云“本乎道”。是説作文要以“道”爲根本。换句話説,文章要把“道”當做主導思想。那末,“道”究竟是什麽“道”? 這是急待解决的問題。

孟子説:“或勞心,或勞力;勞心者治人,勞力者治於人;治於人者食人,治人者食於人,天下之通義也。”(《孟子·滕文公上》)這裏説的“通義”,就是儒家的“道”,是剥削壓迫人民的基本原則,因而稱爲“放之四海而皆準，百世以俟聖人而不惑”的超時、空的金科玉律，荀卿爲此揚言它一脉相傳，不可改易，“文武之道同伏戲”（《荀子·成相》），人君要“生乎今而志乎古之道”（《荀子·君道》），臣民也要“生於今而志乎古（之道）”（《荀子·天論》）。劉勰尊儒，直指儒道“卓爾”，强調文章“鼓天下之動”（《文心·原道》）的社會功能。於是以儒道爲文章的主導思想，這是必然的。

《原道》集中地論述了“道”，借用《周易·賁》的話説，它從“天文”講到“人文”。何謂“天文”的“道”？它寫道：“夫玄黄色雜，方圓體分。日月叠璧，以垂麗天之象；山川焕綺，以敷理地之形：此蓋道之文也。”道，規律。《韓非子·揚權》：“天有大命。”《詩經·周頌·維天之命》鄭玄箋：“命，猶道也。”天，自然。韓非以爲自然有着巨大的規律，而自然現象，都由它形成。因此，韓非又説：“道者，萬物之所以成也。”劉勰和韓非的觀點一致。他以爲天地間日、月、山、川等自然現象都是沿着自然規律産生的文采。

什麼是“人文”的“道”？《原道》講了兩種，它説：“心生而言立，言立而文明，自然之道也。”作者因客觀事物激發自己的心情，然後組織表達心情的語言，從而修飾鮮明的文采，誰也不能違反這個自然而然的規律，這是“人文”的“道”的第一種；它又説：“玄聖創典，素王述訓，莫不原道心以敷章，研神理而設教。”“玄聖”“素王”是儒家頌揚的“聖人”，他們所原的“道”，無疑是儒家的，那末，“原道”者，原儒家之“道”也。這是“人文”的“道”的第二種。

劉勰論“道”，條理秩然。而馬同志却持異意，他説：“根據劉勰稱呼‘道’爲‘神理’這一名稱來看，‘道’就是‘佛道’，亦即‘佛性’。”他的唯一理由是劉勰在“道”的上面加上了個“神”字，進一步在佛理論文如劉勰的《滅惑論》和《梁建安王造郯山石城寺石像碑》裏找到“神理”一詞，便作爲“神理”的實質性含義即是“佛道”的證據，肯定

“神理”只是佛學的範疇,並且聲稱“神理”“這個詞最先見於《弘明集》中宗炳的文章”(見《哲學研究》1979 年第 7 期《文心雕龍》之“道”辨),那就錯上加錯了。魏曹植的《武帝誄》“聰鏡神理”,曹植不是生在劉宋宗炳前嗎? 南齊王元長《三月三日曲水詩序》:“設神理以景俗。”李善注:“神理,猶神道也。”曹、王都非佛徒,他倆的《序》《誄》,都原“儒道”,足見“神理”之用,不始於宗炳,它本爲儒生的概念,後被佛徒借用,加入佛理的内容。《玉篇》:“理,道也。”“神理”與“神道”爲同義詞,馬同志以“其不同之點是二者一儒一佛”的論點是站不住脚的。不難想象,統治階級爲了加强對人民的麻痹,捏造個神,言“道”而冠之以“神”,給它披上宗教的外衣,確有儒家的文獻可徵。《周易·觀·彖》:“聖人以神道設教,而天下服矣。”其實,古代希臘羅馬的文史裹,也常言君主捏造神道爲統治人民的工具。相傳奥古士德大帝云:“有神則資利用,故既欲利用,則可假設其爲有。”(錢鍾書《管錐編·周易·觀》,第 18 頁)準此,最早儒家的“聖人”言“神道”,之後,儒家的信徒言“神理”。真是異名同實,其義一也。

馬同志要在《原道》中貫串自己的觀點,還在沙門慧遠的《沙門不敬王者》内找到“自然”一詞,便不顧《原道》文義,硬説《原道》的“自然之道”是“道之總名”,也就是“佛道”,甚至説“由於此,劉勰在《文心雕龍》中把‘神理’和‘自然’都按照‘佛性’的意義來使用”,怎能令人心服呢? 不錯,“自然”初見《道德經》。老子論“道”曰:“道法自然。”《莊子·逍遥遊》郭象注:“天地以萬物爲體,萬物以自然爲正。自然者,不爲而自然者也。”“自然”與“爲”相對,“道”既效法“自然”,“自然”的特徵是“無爲”。人們遵“道”而行,便得“無爲”,一切自然而然,不加上人爲的力量。莊周因循老子,謂“自然”曰“天”。《莊子·則陽》教人“以天爲師”,《大宗師》主張“不以人助天”,《天地》以合乎“天”的行動爲“無爲之爲”,正與老子的“無爲而無不爲”

吻合。這種唯心的"自然"觀,把人引導到清静寂滅的境地,消滅人的能動力,遇事聽之任之,萬物得不到人的改造。孫卿大力反對。《荀子·解蔽》批判"莊子蔽於天而不知人"。以《莊子·繕性》"莫之爲而常自然"的觀點爲當解除的"蔽",要把"天""人"結合起來。他的名著《天論》指出"天有其時,地有其財,人有其治"。人有其"治"天地的"時"和"財",要"制天命(道)而用之"。就是"制於天命",受到"天命"——自然的規律的制約,一點也不背反地運用它,纔能治理"時"和"財",改造萬物的原貌,滿足人的需要。劉勰論文,實際撮合老、莊、荀的兩種"自然"觀,以爲創作的規律不能以"爲"改變,但要以"爲"使用它;命意修辭的原則,也不能以"爲"改變,但要以"爲"使用它。在使用的過程中,要"爲"與"無爲"相配,以"無爲"制約"爲",做到"自然會妙"(《文心·隱秀》)。魯迅在《做文章》裏肯定行文"太做不行,但不做却又不行",便是這個意思。魏晋南北朝時期,王弼、何晏融合老莊的玄學,與佛學合流,何晏作《無爲論》:"天地萬物,皆以無爲爲本。"又作《無名論》引夏侯玄曰:"天地以自然運,聖人以自然用,自然者,道也。"當時,中國的佛徒用"般若"闡明"本無"的原理。佛教的重要領袖道安、慧遠便用玄學解釋"般若",講佛理用老莊詞語,藉助"俗書"。他們的言論裏充斥玄學的"無爲""自然",畢竟與玄學有别。馬同志掩蓋這一情況,把佛學中的"自然"和《原道》裏的"自然"混爲一談,他説:"劉勰在《文心雕龍》中把道稱爲'自然之道'是承襲了佛教的觀點的。"(見《哲學研究》1979年第7期《〈文心雕龍〉之"道"辨》)他以爲《原道》的"道"都叫"自然之道",而"自然之道"就是"佛道",豈非張冠李戴,風馬牛不相及嗎?

《原道》指出"人文"起源於"太極"。馬同志説:"我們更把'太極'這個'道'的名稱加以探索,看一看劉勰賦予它是什麽意義。曾和劉勰同時反駁《三破論》的南齊沙門僧順,在他所著《釋三破論》一文中説‘太極剖判之初，已自有佛’(《弘明集》)。……所以劉勰這個佛教信徒也用‘人文之元，肇自太極’之語，來和‘自然’‘神理’二者合拍。從表面上看，好像是儒釋道三教並衡，但骨子裏却只有佛家一家之道。”這無非説“太極”也是“佛道”罷了。《周易·繫辭》：“易有太極，是生兩儀。”兩儀，天地。周濂溪《太極圖説》：“太極動而生陽，動極而静，静而生陰，静極復動，分陰分陽，兩儀立焉。”“太極”是産生天地的兩種對立的物質勢力——陰陽二氣。在未有天地以前，“太極”便存在了。列寧《唯物主義與經驗批判主義》：“自然科學關於地球存在於人類之前的論斷是真理，關於這一點，自然科學不容許有絲毫的懷疑。”《周易·序卦傳》：“有天地然後有萬物，有萬物然後有男女。”“太極”之時，尚無天地，自無萬物；既無萬物，哪有揑造神的人。僧順的論點，純屬無稽之談。而馬同志引爲《原道》的“太極”即“佛道”之證，更非通方之論。符定一《聯緜字典》：“太極轉爲太古。太古，上古也。”主善爲師，我從符説。試觀《原道》論“人文”始於“太極”以下，接言上古庖犧畫卦。劉勰心目中的“人文”是廣義的。他以爲上古的“人文”，先是八卦之類的圖畫，其次才是口頭的歌謡。所以《文心·明詩》：“民生而志，咏歌所含，興自皇世……”要是按照馬同志的説法，上文稱“佛道”，下文述畫卦，彼此了不相干，文義豈不扞格不入？

《原道》講到具體以“道”行文説：“玄聖創典，素王述訓。”馬同志對這兩句，也作出了自己的解説。一者“玄聖”“素王”的對象是誰？《莊子·天道》：“夫虚静恬淡，寂漠無爲者，萬物之本也。……以此處下，玄聖素王之道也。”成玄英疏：“夫有其道而無其爵者，所謂玄聖、素王自貴者也，即老君尼父是也。”班固《典引》：“故先命玄聖，使綴學立制。”李善注：“玄聖，孔子也。”《原道》“玄聖”二句的上面有“爰自風姓，暨於孔氏”二句，則“玄聖”句承“爰自”句，“素王”句跟

“暨於”句，則“素王”指孔子，“玄聖”指風姓。《史記・三皇本紀》：“太皞庖犧氏，風姓。”風姓即庖犧，斷然可識。“玄聖”“素王”的對象，因不同的地方而異，必由上下文而定。可是馬同志脱離原文，擅自説“‘玄聖創典’的‘玄聖’，就應當是釋迦牟尼佛，而不是周、孔諸聖了”（《〈文心雕龍〉之“道”辨》），這就使人大惑不解了。

果如馬同志所云，便有許多難以解決的矛盾：前面説過，《文心・雜文》直指儒道“卓爾”，不指佛道“卓爾”，此其一；佛家無爲出世，《文心》强調以文章經緯區宇，發揮事業（《文心・原道》），有爲，入世，此其二；《文心》全書一以貫之的是“儒道”，不是“佛道”，間用佛家名詞“般若”“圓通”等都非本義，此其三；佛家“心行處滅，言語道斷”，而劉勰自稱厭薄“辭人”的“浮詭”，不忍坐視，不憚辭費，著《文心》以“寄心”（《文心・序志》），此其四；劉勰不贊釋迦牟尼，而盛贊孔子爲生民未有的“聖人”，此其五；《原道》明言“神理設教”，“炳燿仁孝”，“仁孝”爲儒家教條，豈佛家所有？此其六；劉勰强調作者以“道”爲文，必宗儒家經典，要以文章爲“經典枝條”，使經典的“五禮資之以成，六典因之致用，君臣所以炳焕，軍國所以昭明”（《文心・序志》），絶與佛家經論無涉，此其七。

總起來説，劉勰著《文心》，論“道”未用“罩眼法”，字裏行間，都顯示“儒道”。因此，我們的結論：《文心》的“道”是“儒道”，不是“佛道”；“玄聖”是儒家的聖人庖犧，不是佛家的鼻祖釋迦牟尼。

“師乎聖”

《徵聖》是論“師乎聖”的專篇。馬同志根據這篇講了三個問題。第一，《徵聖》的“聖”指誰？他寫道：“《徵聖篇》開頭説：‘作者曰聖，述者曰明’……這裏的‘聖’指‘玄聖’而言……緊接下文所説的‘夫子文章，可得而聞，則聖人之情，見乎文辭矣’……這裏的‘夫子’指孔子,'聖人'當是'玄聖'(佛)了……這是無可辯駁的。"我看,這是可辯駁的。顯然,馬同志以《徵聖》的"聖"爲"玄聖",也就是他説的"佛"或"釋迦牟尼",既不合事實,也與上下文義不合。原來,"徵聖"即篇中所謂"徵於聖",而"徵"有"問"的意思,是説作者要向"聖人"請教,要以"聖人"爲師。那麽,師是哪個?篇中又作了回答:"徵之周孔,則文有師矣。"作者的"師"是周公、孔子。我們再就文義的脉絡觀察,"聖人"二句,無疑申發"夫子"二句,"文章"猶云"文辭"。"夫子"的"文章"或"文辭"表現他的情感。"夫子"指孔子,而"聖人"就是"夫子"。劉勰爲了避免詞語的重複,乃變"夫子"爲"聖人"。《徵聖》發端徵引"作者"二句,接着扣題行文,雙起單承,只談"述者",而"述者"也是"聖人"。在劉勰看來,作家雖然周、孔並師,但以文學而論,孔子却高於周公,所以論作家之師,便側重孔子。至若"作者",他是"創典"的"聖王",當然不是"述訓"的"聖人"。因此,《徵聖》的"聖人"是作家之師,不是"議禮、制度、考文"的"聖王"。

其次,馬同志説堯、舜、文、武的政治思想"是所謂王道和霸道相雜的東西"。又説:"孔子的'祖述堯舜,憲章文武'的政治思想,是所謂'王道'和'霸道'相雜的東西。如《禮記·經解》説'孔子曰天子者,與天地參,……義與信,和與仁,霸王之器也'即是其證。……如他(劉勰)在《史傳篇》裏所説的'使一代之制,共日月而長存;王霸之迹,並天地而久大'即是其證。"我們認爲堯、舜、文、武的政治思想,不是"王道和霸道相雜的東西",同時,馬同志對其引文也有所誤解。衆所周知,儒家祖師孔子作的《春秋》,突出"尊王賤霸"的觀點,無論經今、古文學家都没有異義。自稱"願學孔子"的孟軻,當齊宣王問到春秋"五霸"中的"齊桓晋文之事"的時候,他便回答:"仲尼之徒無道桓文之事者"(《孟子·梁惠王》),非十二子而獨贊孔子(《荀子·非十二子》),特稱孔子爲"大儒"(《荀子·儒效》)的荀卿,也稱"仲尼之門人，五尺之豎子，言羞稱乎五伯（同霸）”（《荀子·仲尼》），這些都是孔子“尊王賤霸”的證明。事實告訴我們，孔子確以堯、舜、文、武爲“聖王”，“聖王”專崇“王道”，因而“祖述”“憲章”。很清楚，《經解》所載孔子語的關鍵在“霸王之器也”一句。早在陳澔的《禮記集説》中就曾對它發生誤解説：“馮氏曰：‘論義、信、和、仁之道，而以王霸並言之，豈孔子之言？’”可見馮氏以爲孔子是説任何天子都應具備王、霸二道，而孔子“尊王賤霸”。因此，他斷定不是孔子的話。馬同志的“堯、舜、文、武王、霸相雜”説，正不謀而合。我們必須知道，孔子發現世間的天子治天下之道，並不一律，有的用“王道”，有的用“霸道”。《經解》引他所謂“天子”，包括這兩類天子，所謂“義、信、和、仁”之器分屬於這兩類天子。《荀子·王霸》：“義立而王，信立而霸。”桓譚《新論·王霸》：“三王由仁義……霸功之大者，……賞罰必信。”以此推之，“仁、義與和”爲王者之器，“信”爲霸者之器。我們如此領會，《文心·史傳》“王霸”二句，也便不能成爲“王道和霸道相雜”的證據，因爲劉勰説的“王霸”，也指上述兩類天子。史傳記載他們的活動，而他們運用的“王道”和“霸道”的形迹，自然長期保存下來。劉勰深通“經術”，絶不會説史傳是記載每個天子兼有的“王道和霸道”的形迹。桓譚在他的《新論》的《求輔》裏，也“王霸”連文，而不屬每個天子。他説：“昔殷之伊尹、周之太公、秦之百里奚，雖咸有大才，然皆年七十餘，乃升爲王霸師。”是説伊尹爲商湯師，太公爲周武王師，都爲王者師；百里奚爲秦穆公師，爲霸者師，哪是説他們都是兼有“王道”和“霸道”的天子師呢？

第三，什麼是“精理爲文，秀氣成采”？馬同志説：“南北朝時期，佛教盛行，佛教信徒把‘佛理’叫做‘精理’，如佛教居士王僧達《答顔延年詩》説：‘珪璋既文府，精理亦道心。’……可見‘精理’也就是‘佛理’，當無疑義。”又説：“劉勰在《原道篇》有‘惟人參之，性靈所鍾，是謂三才，爲五行秀（氣），實天地之心'的説法。""所謂'秀氣'，即《風骨篇》'綴慮裁篇，務盈守氣'的'氣'，亦即同篇……'志氣之符契也'的'志氣'。那麽，所謂'秀氣'，也就是人的'志氣'，具體的説，就是理想的决心或勇氣。"

我們的意見與馬同志相左，認爲只能結合《徵聖贊》全文來談。"妙極"句與上文"鑒周日月，妙極幾神"相應。"聖人"從"妙極幾神"所産生的"知"，劉勰"同乎舊談"（《文心·序志》），以爲它包括先天、後天的兩種成分。比如孟子説的"不學而知"的"良知"，孔子説的"生而知之"的"知"，都是先天的"知"。具有豐富唯物主義思想的荀卿，在"知"上仍和孔孟一樣。他著《知賦》説："皇天隆物，以示下民。"王念孫曰："隆，與降同。""物"指"知"。"皇天"或上帝把"知"降給"下民"，换句話説，"下民"的"知"是"皇天"或上帝降給的。與孔孟對立的法家韓非，在"知"的方面，也有與孔孟相同之處，他在其《解老》裏説："聰明睿智，天也。"《方言》："哲，知也。"韓非所謂"睿智"，就是劉勰所謂"睿哲"。而"睿哲"與"精理"又爲同義詞，實爲避免上下文的重複而變化。

至於"秀氣"確如馬同志所説，是《原道篇》以人"爲五行之秀（氣）"的"秀氣"。而"秀氣"的"氣"，《文心·養氣》又叫它"素氣"，體現爲金、木、水、火、土五行，先秦哲學家稱它爲構成萬物和人的物質元素。《莊子》："人之生也，氣之聚也。"《論衡·無形》："人稟氣於天，氣成而形立。"構成人的"氣"特别優秀，因此稱爲"秀氣"，使人"超出萬物"（《文心·序志》）。而先天的"知"便在其中。"氣"又别名"才"或"性"，合"才"與"氣"而謂之"才氣"。劉勰繼承發展這種唯心的人性論與認識論，一者以爲"人稟七情"（《文心·明詩》），"情以物興"（《文心·詮賦》），情、知有先天後天的，與"前論"（《文心·序志》）無别；二者以爲"才爲盟主，學爲輔佐"（《文心·事類》），先天的情志爲主要成分。於是,他評論文章總儘先提到"天資"。《文心·體性》分論賈誼、司馬相如十二家從"情性"派生的風格以後,歸結這些風格反映了作者"才氣之大略"。

我們通過這番分析,就容易明白劉勰聲稱"妙極生知",緊接曰"睿哲惟宰",不是偶然的。《玉篇》:"惟,爲也。"宰,主也。言作者的"知"以"睿哲"爲主,再接下去,"精理"二句,互文見義,是説作者以從"秀氣"派生的"睿哲"或"精理"創作,而成爲文采。這樣的作品,鑒識便如天空懸挂的日月般的明朗,辭藻就若山海似的豐盛。要是我的詮釋能够成立,那就應當説,"秀氣"既非《風骨》裏的"志氣","精理"也不是"佛理"。

"體乎經"

《文心》的第三篇是論"體乎經"的專篇。馬同志説:"'五經'的大部分是中國古代歷史的文獻……它本身在文學上的成就不容忽視……所以文學創作從'五經'那裏取法,有其一定的道理。然而文學是要創新的,只有將推陳和創新結合起來,才能使文學健康發展。因此,劉勰的'往者雖舊,餘味日新,後進追取而非晚,前修文用而未先,可謂太山徧雨,河潤千里者也'以及'百家騰躍,終入環内者也'等話,説得非常過分,不切實際。劉勰的用意是用'五經'來束縛人們的思想,所以他認定只有向'五經'取法一個途徑,這就是一種倒退的文學觀點。"

我們對馬同志的這段話,有兩點不同的意見。按"宗經"即《徵聖》"宗於經",宗者,主也,是説作者行文,要以"五經"爲主。劉勰崇儒尊經,認爲"五經"爲古代文學的最高準則,把它擺在作者學習的主要地位,的確過分。但既曰主要,就有次要。事實上,劉勰看到了這兩個方面,没有蔽於一曲,不曾認定作者創作"只有向'五經'取法一個途徑”。我們只要綜觀《文心》,就知道劉勰在强調“宗經”的同時,還主張作者學習諸子、史傳、緯書、漢篇和諺語、笑話。比如《風骨》就要求作者“鎔鑄經典之範,翔集子史之術”。因此《文心》有《諸子》篇,專論諸子文學;又有《史傳》篇,專論史傳文學。至於緯書,劉勰雖然和東漢的桓譚、尹敏、張衡、王充、荀悦一樣,極力指斥其虛妄,可是也肯定它“辭富膏腴”“有助文章”,“是以後來辭人,采摭英華”,做到“芟夷譎詭,糅其雕蔚”。又有《通變》篇,其中怪南齊作者“師範宋集”,而忽略“漢篇”。而《諧隱》篇以爲歷代的笑話中有的“會義適時,頗益諷誡”。《書記》篇證明《尚書》《詩經》都引用了“上古遺諺”,而東漢陳琳的“諫辭”、西晋潘岳的“哀辭”也都引用“俗説”。諸如此類,豈不是劉勰認定“五經”以外的諸子、史傳、緯書、漢篇、笑話、諺語等都是值得作者學習的文學嗎?這是第一點。

文學史告訴我們,自從戰國宋玉作《高唐》之類的賦篇,文學形式開始“淫麗”(《文心·詮賦》)。西漢司馬相如、揚雄、王褒、枚皋等輩,“尤而效之”,順流而作,文壇形式主義至東漢而盛。當時,王充厭惡“指意難睹”的“賦頌”(《論衡·自紀》),主張“文人宜遵五經爲文,諸子、傳、書爲文”(《論衡·佚文》)。由此可見,王充爲了反對形式主義,早已發表了“宗經”的觀點,爲劉勰所繼承,而他“宗經”的目的,端在救弊。原來,生在南朝的劉勰,非常鄙棄形式主義造成的惡果,如兩漢的“侈”、魏晋的“淺綺”、劉宋初的“訛”(《文心·通變》),於是他力倡創作“宗經”,並指出文壇的“流弊”在於“建言修辭,鮮克宗經”(《文心·宗經》),倘要“正末歸本”(《文心·宗經》),“矯訛翻淺”,就得“還宗經誥”(《文心·通變》)。

那末,“宗經”是要創作因循守舊,回到“五經”去嗎?不是。北周的宇文泰企圖改革“浮華”的文風,命蘇綽仿《尚書》作詔誥,貌似“佶屈聱牙”的《周誥》《殷盤》,就反對“浮華”説,這在當時的歷史條件下,自然有一定的意義。然而黜今復古,却是劉勰所反對的。他認爲"模經爲式者,自入典雅之懿",而"典雅"正與"辭人"的"詭巧"對立(《文心·定勢》)。看他暗示自己將如孟子"辟楊墨"的"好辯",决心"搦筆論文",唯一是要作者以"五經"的"典雅"來代替形式主義的"詭巧",使作品具有"情深而不詭,風清而不雜,事信而不誕,義直而不回,體約而不蕪,文麗而不淫"(《文心·宗經》)六個優點。在劉勰看來,戰國屈原作"奇文"《離騷》,所以是"宗經"的典範,乃是他雖"取鎔經意,亦自鑄偉辭"(《文心·辨騷》),作爲文藝的主導思想的"道"和修辭的原則都不變,可以循舊,而文辭則須自行修煉。

《文心》論辭,一言以蔽之曰"日新"。《通變》篇集中闡明文辭隨時變通的道理,這是劉勰的樸素辯證的思想方法,它使劉勰直覺新舊對立統一的根本規律,不以"近代"作者割斷歷史爲然。他一針見血地指出:"宋初訛而新"的原因是作者"跨略舊規,馳騖新作"(《文心·風骨》),"厭黷舊式,故穿鑿取新"(《文心·定勢》),妄想去掉文辭的歷史基礎,而憑空求新,因而違背文辭的發展規律,儘管寫出來的東西有所謂"新色",但畢竟是"反正"的"怪"體(《文心·定勢》),"趨時"不當的惡果。

同時,他指陳歷代文辭發展的概況:"暨楚之《騷》文,矩式周人;漢之賦頌,影寫楚世;魏之策制,顧慕漢風;晋之辭章,瞻望魏采。"(《文心·通變》)楚、漢、魏、晋的文辭,都是前後相因的。揚雄在哲學領域裏談到"物不因不生,不革不成"(《太玄》)。一切事物,都沿着"因革"或繼承創新的規律發生、發展。劉勰開始將揚雄的"因革"論用到文論中來。他説:"古來辭人,異代接武,莫不參伍以相變,因革以爲功。"(《文心·物色》)又説:"參伍因革,通變之數也。"(《文心·通變》)可見作者的創作成就,都從"因革"的結合得來,所以"因"與"革"相反相成,决不能孤立。總之,"因革"導致文辭正常地

"日新又新",像"黄歌《斷竹》,質之至也;唐歌《在昔》,則廣於黄世;虞歌《卿雲》,則文於唐時;夏歌雕牆,縟於虞代;商周篇什,麗於夏年"(《文心·通變》)。時代由黄而唐而虞而夏而商周,文辭隨着由"質"而"廣"而"文"而"縟"而"麗"。劉勰的樸素辯證法的思想方法,促使他接受揚雄的"因革"論,而且如實地運用。他從此推論作者修辭務必"變通以趨時"(《文心·鎔裁》),一部文學史,不過是"文變染乎世情,興廢繫乎時序"(《文心·時序》)的反映;又從此推論,優秀的作者總是在"因"中求"革",求發展。他們"望今制奇,參古定法"(《文心·通變》),參考舊文學的規矩,創造今天文辭的新奇,繼承舊文學,不被舊文學所限制:"可則因,否則革"(《法言》),任何人對舊文學不能一概肯定或否定,應當實事求是。劉勰普遍采用曹丕評論"建安七子"的優劣並舉的方法,評論一個朝代的文學,則否定晋代袁宏、孫綽的"溺乎玄風",可又肯定郭璞的"挺拔爲俊";既否定正始何晏、王弼的"浮淺",又肯定嵇康、阮籍的"清峻""遥深"。(《文心·明詩》)評論一個作者,則肯定陸機"思能入巧",可又否定他不能"制繁";否定桓譚辭賦"偏淺無才",可又肯定他"長於諷論"(《文心·才略》)。評論一部著作或篇章,肯定《文章流别論》的"精",可又否定它"少巧";肯定《文賦》的"巧",可又否定它的"碎亂"(《文心·序志》)。

我們通過以上的分析,可知劉勰的"宗經"不能不把"推陳和創新結合起來"。他"宗經"而作《文心》,形式仍多對偶,不脱駢文窠臼,可是比堆垛繁縟的駢文生動得多,能自成一家風格,更無"五經"的痕迹,在南朝反對形式主義史上,固然有其意義,而對唐代古文運動也有啓發作用。韓愈蔑視六朝内竭外侈的駢文,積極領導古文運動,在唐德宗、憲宗年間,"以六經之文爲諸儒倡"(《新唐書·韓愈傳》),實是劉勰"宗經"的遺響。他又表彰諸子、司馬相如、揚雄、司馬遷、劉向之作,要作者不單純學習"五經"。所謂"古文",不僅指

“五經”，並且指出“自古於詞必己出”(《南陽樊紹述墓志銘》)，古文運動在借鑒秦漢古文、創造嶄新的散文上，“要能自樹立，不因循”(《答劉正夫書》)。而劉勰“宗經”的啓發作用，也就可想而知，這是第二點。

“酌乎緯”

《文心》的第四篇《正緯》，是“酌乎緯”的專篇。馬同志根據這篇，着重講了劉勰如何對待“緯”的問題。他説：“《正緯篇》説：‘神道闡幽，天命微顯，馬龍出而《大易》興，神龜見而《洪範》燿。故《繫辭》稱：‘河出圖，洛出書，聖人則之，斯之謂也。’又説：‘有命自天，乃稱符讖。’‘原夫圖箓之見，乃昊天休命，事以瑞聖，義非配經。’……這些論述表明劉勰完全相信這類宣揚宗教迷信的東西，把它們當作和‘儒經’一樣奉爲圭臬。……所以‘正緯’並不是反對‘緯’或否定‘緯’，而是贊賞‘緯’和肯定‘緯’。”“關於劉勰相信‘讖緯’的問題，在《文心雕龍》之中例證是很多的。……這就不難看出，劉勰對‘讖緯’的相信是真誠的。那麼，他所謂‘正緯’和‘酌乎緯’又是怎樣的關繫呢？所謂‘正’，即‘正其真僞’之意，目的就是爲了使所謂‘真’的東西在對當時封建統治階級所擁有的‘皇權’發生鞏固的作用，尤其是那些‘羲農軒皞之源……’由於它們‘事豐奇偉，辭富膏腴’，雖然對於‘道’之體現者——儒家的經典没有補益，但對文章的思想性却是能够有其助力的。所以他提出要通過‘正’的辦法，分清其真僞，通過這種‘正’的辦法贊賞‘緯’和肯定‘緯’。”“同時，從《正緯篇》看，劉勰在這裏還表示了他對文學的思想性問題的看法。”

我們就對《正緯》全文的疏通，來證明我們與馬同志不同的領會。劉勰告訴我們，“緯”是“神教”。它憑借儒家經典所闡述的“神道”産生，所以論“緯”，便從“神道”講起。顧名思義，“神道”是説儒家的“道”由“神”所“授”,是天或上帝命令聖人要施行的“道”。“道”是剥削、壓迫人民的基本原則,本是統治階級自造,但爲了加强對人民的迷惑,却假托神授,神授不用語言,就又佯言從龍、馬、龜和圖、書表現,這就是符瑞。由於階級的與歷史的局限,使劉勰成爲有神論者,他公然相信符瑞的“真實”,恰與“虛僞”相對。而他也就以符瑞的“真實”衡量“緯”的“虛僞”。這種西漢哀、平兩帝時期的“伎術之士”所玩弄的“詭術”,竟以“配經”,以致“朱紫亂矣”,不免遭到“四賢”——桓譚、尹敏、張衡、荀悦的抨擊。前面説過,劉勰崇儒尊經,他直稱“經正緯奇”,於是“按經驗緯”,揭露“緯”有四“僞”,不能與經同日而語。我們知道,劉勰看問題反對“東面而望,不見西墻”(《文心·知音》)的片面性。因此,他對“四賢”對“緯”的評論,在肯定他們非議“緯”的“虛僞”“深瑕”“僻謬”“詭誕”的同時,也不同意他們對“緯”的一概否定。他認爲“緯”的“辭富膏腴”,緯雖然“無益經典”,而“有助文章”,作者應該去掉其“虛僞”,採摭其“英華”。“正緯”就是要求作者端正對“緯”的認識,劉勰反對“緯”的“虛僞”,反對以“緯”配“經”,這並不意味着完全否定“緯”,相反,他認爲不可忽略“緯”在文學創作中的作用,作者在“緯”的處理上,一定要做到“芟夷譎詭,糅其雕蔚”。

馬同志立論的主要矛盾是把符瑞與“緯”相混,以“聖人”的“神道”爲“緯”,以爲劉勰相信“神道”就是相信“緯”,他把《時序》《梁建安王造剡山石城寺石像碑》中稱道帝王即位的符瑞,當作劉勰相信“緯”的例證。諸如此類,都與《正緯》原義不合。再者,“酌乎緯”的“酌”的對象,劉勰明明説是“緯”的如“英華”“膏腴”的富盛文辭,馬同志却又誤會爲“緯”的“羲農軒皞之源”等等,以爲這“表示了劉勰對文學的思想性問題的看法”,言外説劉勰以爲作品的思想性在於宣傳宗教迷信的東西,殊不知劉勰是認爲“羲農軒皞之源”等等與

“鳥鳴似語，蟲葉成字”同屬“緯”的“虛僞”的東西，我們綜觀《文心》全書，就曉得劉勰非常重視文藝的政治功能。他强調人們“學文”，必須達於政事，“摛文必在緯軍國”(《文心·程器》)，以爲只有這樣，文藝才能“經緯區宇……發輝事業……鼓天下之動。”(《文心·原道》)這注定他不會主張文藝的思想性就只是宣傳宗教迷信的東西。

“變乎騷”

《文心》的第五篇《辨騷》，是“變乎騷”的專篇。馬同志的《〈文心·辨騷〉質疑》，與《〈文心雕龍〉的綱》的論點，基本一致。他在這兩文中指出劉勰通過對《離騷》的“辨”，知道它有“同乎《風》《雅》”的長處，又有“異乎經典”的短處，而且反對它的浪漫主義特色。因此，劉勰從“宗經”的立場出發，肯定《離騷》要“變”。

馬同志的這些説法是正確的。他與我們的根本分歧是《辨騷》藝術形式的“奇正”“華實”“豔溢”(或“豔逸”)的領會。馬同志説：“至於《辨騷》篇之所謂‘辨’，根據‘酌奇’和‘玩華’二句來看，即辨别《離騷》那些是‘奇’，那些是‘華’；那些是和‘奇’‘華’相對立的‘真’和‘實’。‘辨’字的意義既然如此，那麼什麼是‘奇’呢？《辨騷》篇所謂‘語其夸誕則如此’的‘夸誕’，即是劉勰之所謂‘奇’。……所謂‘變’，不過是要求作家立足於《離騷》的‘真’‘實’部分，變《離騷》的‘奇’‘華’部分而已。‘變’是變《離騷》的‘奇’‘華’一面，對《離騷》的‘真’‘實’一面是不變的，所以‘變’是偏義的。‘變’既是偏義，那麼‘奇文’之‘奇’，就是指要變的那個‘奇’‘華’部分而言罷了，因此，所謂‘奇文’還不是‘夸誕’之文的一個簡略的説法嗎？”馬同志又説：“‘華’當指豔逸、淫靡、侈巧之類的辭藻而言。劉勰既然認爲《辨騷》是‘夸誕之文’，‘效《騷》命篇者，必歸豔逸之華’，那麼，‘華’也就是‘奇’，是相同意義的概念。”“劉勰重視和批評《離騷》，其主要原因是在他之前的作家大都是‘效《騷》命篇’，以致在文學上出現‘豔逸’之‘流弊’。劉勰爲了糾正文學上這種‘訛濫’現象，使其‘正末歸本’，因而他提出了一項‘變乎《騷》’的寫作原則，並把它列入自己文學理論的‘樞紐’之中。”（見《文史哲》1979 年第 1 期《〈文心雕龍·辨騷〉質疑》）馬同志又説，劉勰對《離騷》所以“持否定的態度，‘贊曰’所謂‘豔溢錙毫’就是對此而言，即是説，内容和形式的虚誕夸張太過分了。”“總之，‘效《騷》命篇者，必歸豔逸之華’就是他的結論，而這和‘模經爲式者，自入典雅之懿’（《定勢》）的話恰恰成爲對立的説法。”一句話，馬同志認爲“華”和“奇”就是“夸誕”和“訛濫”，是《離騷》的“流弊”，言外“真”和“實”，才是它的“規範的東西”。而“奇”“華”與“真”“實”是對立不能統一的概念，“變”就在去其“奇”“華”，取其“真”“實”，事實乃有大謬不然者。

我們必須看到“酌奇而不失其真，玩華而不墜其實”是講《離騷》的“奇”與“真”，“華”與“實”的對立統一，而作者應該取此所長，這就涉及“奇”“華”“真”“實”的詮釋。在《文心》裏，“奇”有三義：一是《序志》“辭人愛奇，言貴浮詭”的“奇”，斥形式主義作者的“浮詭”。二是《辨騷》“奇文鬱起”的“奇”，有特出的意思，“奇文”就是下文所稱《離騷》“自鑄偉辭”的“偉辭”。觀“奇文”上稱《離騷》承《風》《雅》而起，下稱《離騷》之作由於“楚人之多才”，可知“奇文”是褒義詞，也就不是“夸誕之文”的貶義詞。三是《定勢》“奇正雖反，必兼解以俱通”的“奇”，“奇”與“正”是對立統一的概念。《辨騷》易“正”爲“真”，“真”與“正”義同，《古詩十九首》“令德唱高言，識曲聽其真”，李善注：“真，猶正也。”唐寫本“真”作“貞”，“貞”者“正”也，實不煩改字。“奇正”是相反相成的概念，本是哲學、兵學的範疇。老子《道德經》：“正復爲奇。”孫武《孫子·勢篇》：“戰勢不過奇正，奇正之變，不可勝窮也，如循環之無端，孰能窮之？”用現代的話説，“正”是一般，“奇”是特殊。劉勰開始以"奇正"論文,强調"奇正"的統一性,他以爲學習《離騷》的作者,不能單取其"奇"而失其"正"。

又《離騷》的"華實",也是文辭的具有統一性的範疇,作者務必兼采。古人每"華實"連文,《素問·四氣調神大論》:"天地氣交,萬物華實。"《吕氏春秋·精通》:"若草莽之有華實也。"《漢書·五行志》:"冬則物華實。"《國語·晋語》:"華而不實,耻也。"劉勰以喻文辭。《文心》常"華實"對舉。"華實"猶之"文質",乃避重而變,二者不可分割,所以《情采》"文附質","質待文",作者"追琢其章",務必"文質彬彬"。而"華實"或"文質"是文辭内部的一對矛盾,"文"或"華"爲美麗,"實"或"質"爲樸素。今人多以"文"爲形式,"質"爲内容,後者未允,因爲《情采》明言"文質"是依附内容——"情性"的,又説人子服喪心傷,出言"不文",平時講話則"未嘗質",處境不同而語言便有"文質"之分——一者美麗,一者樸素。若以"質"爲内容,則人子平時説話没有内容,絶無此事。何況《通變》:"黄歌《斷竹》,質之至也;虞歌《卿雲》,則文於唐時。""質"和"文"一樣,是文辭的形容詞。太古言詞樸素,已爲學者公認。倘訓"質"爲"内容",則不成文矣。再者,"豔逸"是成語,曹植《洛神賦》稱洛神"瓌姿豔逸",《魏志·王粲傳》稱阮籍"才藻豔逸","豔逸"都有褒意。《廣雅》:"豔,美也。"《文選·劉琨〈答盧諶詩〉》李善注:"逸,謂過於衆類。"《辨騷》"豔溢錙毫"跟上句"金相玉質"説,"溢"當從唐寫本作"逸"。劉勰以爲《離騷》的"豔逸"即文辭的美麗,不同尋常,好比蕭統《陶淵明集序》譽陶詩的"文章不群,詞采精拔,跌宕昭彰,獨超衆類;抑揚爽朗,莫之與京。"《定勢》以"效《騷》命篇者"的"豔逸"與"模經爲式者"的"典雅"平列,哪有貶意?《宗經》以"楚豔"與"漢侈"並舉,而指爲"流弊",自有貶意,當指宋玉的《高唐賦》等。漢後論者,多是屈原而非宋玉。《漢書·藝文志》以宋玉及其同時的唐勒與漢代枚乘、司馬相如、揚雄"競爲侈麗閎衍之詞"。《文章流别論》也以楚"至宋玉,則多淫浮之病矣"。皇甫士安的《三都賦序》也以"宋玉之徒,淫文放發,言過於實,誇競之興,體失之漸,《風》《雅》之則,於是乎乖。"劉勰從而爲之詞,以宋玉諸家之文,"豔"而不"逸",失於"淫麗"(《文心·詮賦》),與屈原的"豔"而有節、能"逸"迥别,故爲應當糾正的"流弊"。這樣,"華"就不是"訛濫""淫靡""侈巧"。只有"華"不與"實"統一,以致"華而不實",纔是"訛濫""淫靡""侈巧"。否則,劉勰在《辨騷》裏,盛贊《離騷》爲"辭賦之英傑",其"驚采絶豔,難與並能",怪作者不能追上屈宋的"逸步",要他們學習《離騷》,"不復乞靈於長卿",就無法理解了。

馬同志説:"劉勰在《辨騷》篇中是把《離騷》放在和儒家經典對立的'奇''華'的地位,也就是他所謂的'夸誕'的地位來看待的。雖然他没有否認《離騷》中還有所謂'真'和'實'的成分,但是它們不占主導地位……所以劉勰是以貶意的眼光來看待《離騷》的。"(《文史哲》1979年第1期《〈文心雕龍·辨騷篇〉質疑》)馬同志以爲《辨騷》的基本精神是否定《離騷》的。我們根據《辨騷》全文及其他有關篇章,實在不能同意馬同志的結論。劉勰論文,一貫優劣互見。《辨騷》有褒有貶,而褒實占主導地位,基本肯定了《離騷》。《詮賦》:"及靈均唱《騷》,始廣聲貌,然則賦也者,受命於詩人,拓宇於楚辭也。"《時序》:"屈平聯藻於日月。"《事類》:"觀夫屈宋屬篇,號依詩人,雖引古事,而莫取舊辭。"《比興》:"楚襄信讒,而三閭忠烈,依《詩》製《騷》,諷兼比興。"《才略》:"屈宋以楚辭發采。"以上所引,都看不出"貶意的眼光"。

1980年8月於珞珈山

《江漢論壇》1980年第6期

《文心雕龍》諸家校注商兑

一、注釋問題

注書之難，有所共知。號稱博聞的薛綜、應劭注《西京賦》和《周禮》都有謬訛；以强識見稱的李善注《文選》，曾有初注，再注以至五注，仍須後人補正。何況《文心》，體大思精，注釋自非易事。《宋史・藝文志》著録辛氏《文心注》早已失傳。明代梅子庚對《文心》的疏證，的確"什僅四三"，清代黄叔琳注，可也"略而不詳"。唯獨近人范文瀾注，近似李善《文選注》，雖然間及義理，畢竟以考證典實爲主，能博采衆家，自出心裁，爲全面、深入地研究《文心》的著作。解放後，先後出版陸侃如《文心選注》等。總之，上述諸注，各有短長，真是：慮動難圓，鮮無瑕病。姑據平時探索，略抒管見如下。

顧炎武説："古人爲賦，多假設之辭，序述往事，以爲點綴，不必一一符同也。子虛、亡是公、烏有先生之文，已肇始於相如矣。後之作者，實祖此意。謝莊《月賦》：'陳王初喪應劉，端居多憂。'又曰：'抽毫進牘，以命仲宣。'按王粲以建安二十一年從征吴，二十二年春，道病卒，徐、陳、應、劉，一時俱逝，亦是歲也。至明帝太和六年，植封陳王，豈可掎摭史傳，以譏此賦之不合哉？……"事實上，文辭的假設，並不只辭賦。特别是六朝人好作駢語，喜講聲律，用事不拘真實，乃是常有的事。李善深知這一點。《文選》的沈約《鍾山詩應西陽王教》："南瞻儲胥觀，西望昆明池。"李善注："儲胥觀、昆明池皆在西京，此皆假言之。"又趙景真《與嵇茂齊書》："昔李叟入秦，及關而嘆;梁生適越,登岳長謡。”李善注:“老子之嘆,不爲入秦,梁鴻長謡,不由適越。且復以至郊爲及關,升邙爲登岳,蓋取意而略文也。”顯然,李善的這兩條注,正指出文辭的假設。劉勰作《文心》,修辭因循時尚,講究對仗和聲律,用事有所假設,爲注者誤解。

《夸飾》:“至東都之比目,西京之海若。”按班固《西都賦》:“揄文竿,出比目。”張衡《西京賦》:“海若游於玄渚。”可見,比目魚和海若神都出於《西都賦》,而彦和爲了東西之對,易西爲東,范注不知假設,它寫道:“此云東都,蓋誤記也。”殊不知這在漢代,已有如此作法。司馬相如《上林賦》:“日出東沼,月生西陂。”馬融《廣成頌》:“大明出東,月生西陂。”日月均出於東,爲東西之對,曰月生於西。我們知道,彦和還在《神思》裏説“張衡研《京》以十年,左思練《都》以一紀。”一紀,十二年。《後漢書·張衡傳》稱衡作《兩京賦》“精思傅會,十年乃成”。《晋書·左思傳》稱思作《三都賦》也“構思十年”。無疑,彦和又爲對仗,改十年爲一紀,自是假設,也不得以爲“誤記”。不可否認,古人用事的假設,另有不拘先後的:如禹在湯前,而《離騷》曰“湯禹”;冬在夏後,而《莊子·人間世》曰“冬夏”;暑在寒先,而《列子·湯問》曰“寒暑”。這在《文心》中很突出。比如夏在商前,而《史傳》却説“商夏”,並非誤倒,而注者竟有誤會者。《詔策》:“安和政弛。”《時序》:“自安和已下。”東漢和帝,本在安帝之先,劉勰公然置於安帝之後。楊明照注:“按安和二字當乙,始合時序。《詔策》篇‘安和政弛’,誤與此同。”當然,這是不知假設的曲解。綜觀《文心》全書,不乏類似的詞例。像揚雄生在司馬相如之後,而《練字》却説“故陳思稱揚馬之作”,置揚雄於司馬相如之前;周幽王生在厲王之後,而《時序》却説“幽厲興而《板》《蕩》怒”,置幽王於厲王之前;莊周生在老子之後,而《明詩》却説“莊老告退”,置莊周於老子之前。諸如此類,豈可如楊注而斥其“誤”嗎?

注典，當引原始材料。《檄移》："故兵出須名。"楊注："按《漢書·高帝紀》：'兵出無名，事故不成。'"按當引《禮記·檀弓》："師必有名。"《徵聖》："五例微辭以婉晦。"范注："杜預《春秋左氏傳序》爲例之情有五，一曰微而顯；二曰志而晦；三曰婉而成章；四曰盡而不污；五曰懲惡而勸善。"按杜序本左氏成公十四年傳，《左傳》當據爲注。

《文心》雖爲駢文，造語或頗淺近，看似無本，而實有來歷，或爲注者所疏略。《辨騷》"豈去聖之未遠"，《諸子》"去聖未遠"，就無舊注，其實本於《孟子·盡心下》"去聖人之世，若此其未遠也"二句。《程器》"文武之術，左右惟宜"也無舊注，其實本於《司馬法》"文與武，左右也"二句。《風骨》"翔集子史之術"，"翔集"也無舊注，其實本於《論語·鄉黨》"翔而後集"一句。《事類》"表裏相資"，《體性》"表裏必符"，也都無舊注，其實本於《淮南子·精神訓》"外爲表而内爲裏"、《意林·魏子》"君子表不隱裏，明暗同度"三句。《定勢》"圓者規體，其勢也自轉"也無舊注，其實本於《墨子·法儀》"百工爲圓以規"、《淮南子·原道訓》"員（同圓）者常轉，自然之勢也"三句。《養氣》"故宜從容率情"也無舊注，其實本於《莊子·山木》"情莫若率，率則不勞"。《通變》"夫青生於藍，絳生於蒨，雖逾本色，不能復化"也無舊注，其實本於《荀子·勸學》"青出於藍"（《説文》"藍，染青草也"，"茜（通蒨），茅搜也"，"茅搜可以染絳"）、《淮南子·俶真訓》"以藍染青，則青於藍，青非藍也，兹雖逾其母，而無能復化已"（高誘注："母，本也。"）諸句。《體性》"用此道也"，也無舊注，其實本於《莊子·達生》"由此道也"，《經傳釋詞》："用，詞之由也。"《情采》"何以明其然"也無舊注，其實本於《莊子·胠篋》"何以知其然邪"。誰都曉得，《文心》的典實較多，范注考證，比黄注詳細，楊注再作補充，拙稿《義疏》又搜出二百餘條。但限於水平，遺漏尚多。倘將典實一一查明,則對文義領會,當有好處。

至於《文心》其他注值得商榷之處,亦有可得而言者。具體説,有些注不確切、深透。

郭紹虞主編《中國歷代文論選・情采》注:"辭人,泛指漢代的辭賦家。"此注不確切,應這樣注:"按《情采》:'昔詩人什篇,爲情而造文,辭人賦頌,爲文而造情,何以明其然? 蓋《風》《雅》之興,志思蓄憤,而吟咏情性,以諷其上,此爲情而造文也;諸子之徒,心非鬱陶,苟馳夸飾,鬻聲釣世,此爲文而造情也。'很清楚,諸子就是辭人。"以辭人指代漢代賦家未嘗不可,但曰"泛指",便與事實不合。因爲漢代賦家,約有兩派,一如賈誼、趙壹等,是"爲情造文"的現實主義賦家;一如王褒、枚皋等是"爲文造情"的形式主義賦家。彼此高下迥别,而劉勰所貶斥的,不是所有賦家。以漢代而論,只是王褒、枚皋那班"苟馳夸飾,鬻聲釣世"的賦家而已。

又《體性》:"習有雅鄭。"郭注:"雅鄭,猶言雅俗。"此注不深透,應這樣注:"按《毛詩序》:'雅者,正也。'鄭與雅相反。鄭本國名,《論語・衛靈公》記孔子評鄭國音樂:'鄭聲淫。'《陽貨》又載孔子論音樂'惡鄭聲之亂雅樂也'。因此,後世言音樂,則雅鄭並提,兩者相對爲文,《體性》以喻學習的邪正。"

《體性》:"各師成心,其異如面。"郭注:"'各師成心'二句,語本《左傳》襄公三十一年:'人心之不同,如其面焉。'成心,猶言本心。《莊子・齊物論》:'夫隨其成心而師之。'郭象注:'夫心之足以制一身之用者,謂之成心。'成玄英疏:'夫域情滯著,執一家之偏見者,謂之成心。'這裏是兼綜上文的才、氣和學習而説的。"此注也不確切,應這樣注(按郭、成注、疏未諦,不必徵引):"心,即下文'情性''成心',爲作者已經形成的情性。師,名詞變爲意動詞。'各師成心',是説作者各以自己已經形成的情性創作,從而産生像人們面貌似的差異的風格——‘八體’。那麽，‘各師’二句，正講情性與風格的關繫，並不是兼綜上文的才氣和學習而説的。”

《體性》：“豈非自然之恒資。”郭注：“自然之恒資，禀賦於天然的資質。”此注也不深透，應這樣注：“按‘恒資’，猶《養氣》‘斯實中人之常資’的‘常資’。‘資’即《體性》‘才有天資’的‘天資’，謂人的先天禀賦。在劉勰看來，這種禀賦，人各有定，不能相互交换，恰如魏文帝《典論·論文》所謂‘雖在父兄，不能以移子弟’。故曰‘恒資’或‘常資’。同時，彦和從其唯心的天才論出發，認爲天才是創作的决定因素，而《事類》竟肯定創作‘才爲盟主，學爲輔佐’。因此，他論文往往着重提到天才。《體性》分指諸家風格之後，歸結風格體現作者的‘自然之恒資’。”

《體性》：“習亦凝真，功沿漸靡。”郭注：“范文瀾注：‘上文云“習染所凝”，此云“習亦凝真”。真者，才氣之謂，言陶染學習之功，亦可凝積而補成才氣也。’”此注也不確切，應這樣注：“按莊周每言天人，而天與人對，則天爲自然。自然的特點是‘真’，真與僞相反。《莊子·漁父》解釋‘真’：‘真者，精誠之至也……所以受於天也。’因此，或以‘真’指代自然。‘凝’如《尚書·皋陶謨》‘庶績其凝’，《禮記·中庸》‘至道不凝’的‘凝’，鄭玄皆訓爲‘成’。《體性》‘凝’字兩見，也都當訓‘成’。‘習亦’句説少年習染，將成自然，難得改變，與上文‘學慎始習……器成綵定，難可翻移’相應。《漢書·賈誼傳》‘少成若天性，習慣成自然’，《顔氏家訓·教子》云孔子云‘少成若天性，習慣成自然’是也。俗諺曰‘……教兒嬰孩，誠哉斯語’。上引兩文，可作‘習亦’句注脚。”

《風骨》：“《周書》云：‘辭尚體要，弗惟好異。’”郭注：“意謂措詞得體，不可但求新奇。”此注也不確切，應這樣注：“按《序志》説：‘蓋《周書》論辭，貴乎體要，尼父陳訓，惡乎異端。辭訓之異，宜體於要。’準此，彦和以‘體要’爲‘體於要’。‘體’後省略介詞‘於’。《博雅》：‘要，約也。’《論説》《情采》均‘要約’連文。體，本也。‘異’，反常，如《序志》‘辭人愛奇，言貴浮詭’的‘浮詭’，《定勢》‘自近代辭人，率尚詭巧’的‘詭巧’。‘辭尚’二句，謂行文貴以要約爲本，不得一味追求‘詭巧’或‘浮詭’。”

《情采》：“虎豹無文，則鞹同犬羊。”郭注：“這二句意謂虎豹之皮，所以不同於犬羊，在於有斑爛的文采。”此注也不深透，應這樣注：“按：鞹，皮去毛也。虎、豹、犬、羊的皮，正靠毛的文采顯示差别。如今皮已成鞹，無從顯示差别，因曰相同。”

《體性》：“才性異區，文辭繁詭。”郭注：“意謂不同才性的作者，寫出各種體貌的文章。”按：此注宜注意才性與文辭關繫的闡述。郭注也不深透，應這樣注：“異區，不同來源。才，如《孟子·告子上》‘富歲子弟多賴，凶歲子弟多暴，非天之降才爾殊也’的‘才’，亦即孟子説的‘性’，係人的天賦。《荀子·修身》曰‘才性’，趙岐《孟子·告子》注如之，《抱朴子·勗學》曰‘才性有優劣’，《體性》乃言‘才有庸儁’，故曰‘異區’。且前面指出劉勰誤以才性爲創作的决定因素。而作者不同的才性，自將産生不同的文辭風格。”

《通變》：“宋初訛而新。”郭注：“訛濫而新奇。”此注也不深透，應這樣注：“按彦和指斥劉宋初年文壇的流弊在‘訛新’，如《明詩》所謂‘儷采百字之偶，争價一字之奇’，乃是‘厭黷舊式，穿鑿取新’（《定勢》）的‘訛勢’（同上），與‘日新其業’（《通變》）的‘新’謂新穎，不可同日而語。”由此可見，以上各注，倘改如拙注，似乎比較確切、深透。

《附會》：“是以傅辭會義，務總綱領，驅萬涂於同歸，貞百慮於一致。使衆理雖繁，而無倒置之乖；群言雖多，而無棼絲之亂。扶陽而出條，順陰而藏迹，首尾周密，表裹一體，此附會之術也。”楊明照同志《文心校注》：“按《莊子·漁父篇》：‘人有畏影惡迹而去之走者，舉足愈數,而迹愈多,走愈疾而影不離身,自以爲尚遲,疾走不休,絶力而死,不知處陰以休影,處静以息迹。"郭晋稀同志《文心譯注十八篇》注:"扶陽而出條,順陰而藏迹,是以比喻説文章中應該顯豁的使它更顯豁,應該含蓄的使它更含蓄。"此二注也都不確切,應這樣注:"按'是以傅辭會義'一段,連用比喻。綱領,譬文章主題。棼,亂也。崔駰《達旨》:'扶陽以出,順陰而入,春發其華,秋收其實。'入,猶藏也。陰陽,二氣名。《本草》:'春夏爲陽,秋冬爲陰。'扶,緣也。'扶陽'二句,實本《達旨》,而辭義略異。是説作者傅會辭義,扣緊主題,好比樹木緣着春夏的陽氣生出枝條,順着秋冬的陰氣收藏形迹,就這樣地遵循自然的秩序,使辭義'首尾周密,表裏一體'而不顛倒、錯亂。"

《時序》:"至明帝纂戎。"黄、范均無注。1962年中華書局出版郭紹虞主編《中國歷代文論選注》:"纂戎,僞古文《尚書·武成》:'一戎衣,天下大定。'《傳》曰:'衣,服也。'一著戎服而滅紂。"1963年郭晋稀同志《文心譯注十八篇》因之:"纂戎,好比説'一戎衣而有天下'。就是説'在戰争中繼承了皇位'。"此二注也都不確切。應這樣注:"按《詩經·大雅·烝民》:'纘戎祖考。'毛傳:'戎,大也。'纘,與'纂'義同,繼也。後世學者沿用'纘戎'一詞,或易'纘'爲'纂'。潘岳《楊荆州誄》:'纂戎洪緒。'李善注:'《毛詩》曰:"纂戎祖考。"'《時序》'纂戎'爲歇後語,是説魏明帝繼承偉人祖先的業績而爲天子。"倘如二郭注,則以"著"解"一",從無此訓,並違"纂戎"來歷,也不合史實,因爲明帝即位時,魏政權早已建立,不像周武王以武力誅紂,然後爲天子。

二、校勘問題

古書難讀的原因很多,"或世異語變,或方言不同,經荒歷亂,埋藏積久，簡編朽絶，亡失者多；或雜續殘缺，或脱去章句。”①自春秋以後，社會長期動亂，加上秦始皇爲明法令而燔《詩》《書》②。以至漢代，誠然書簡殘脱，於是劉向校書，始著《别録》，其子歆種别群書，再著《七略》；父子世業，《録》《略》並傳，從此校刊學興，給讀古書者以便利。但前修和時賢的成果並非全對，尚待擇善而從。《文心》字句相沿既久，别風淮雨，往往有之。楊慎、梅子庚等有校正之功，但中間訛脱，故自不乏，猶未得爲完善之本。范文瀾、劉永濟、楊明照等校刊，亦未盡善。

《辨騷》："酌奇而不失其貞。"范曰："孫云：'唐寫本作貞。'"按：《文選・古詩十九首》："識曲聽其真。"李善注："真，猶正也。"《定勢》："奇正雖反，必兼解以俱通。"劉勰説作者當"執正以馭奇"，奇正相反相成，不可孤立。"酌奇"句沿此而發。寫本不知"真"亦訓"正"，因易"真"爲"貞"，"貞"之言"正"，乃以符"奇正"對立統一之義。

《辨騷》："固知楚辭者，體慢於三代，而《風》《雅》於戰國，乃《雅》《頌》之博徒，而辭賦之英傑也。"范校"慢"曰"元作憲，朱據宋本《楚辭》改。孫云：'唐寫本作憲。'"又校"風雅"之"雅"曰："孫云：'唐寫本作雜。'"按："《風》《雅》於戰國"的"《風》《雅》"，指《楚辭》所兼有的《風》《雅》。《風》《雅》包括正、變，而此《風》《雅》爲《正風》《變風》《變雅》，是《楚辭》所長，故稱《楚辭》爲"辭賦之英傑"。"乃《雅》《頌》之博徒"的"《雅》《頌》"，指《楚辭》所無的《正雅》和《頌》③，又《楚辭》所短，故斥爲"博徒"，而"體慢於三代"。如此串解，怡然理順，不煩改字。

①《抱朴子・鈞世》。 ②《韓非子・和氏》。 ③《九章・橘頌》係屈原自頌，與《詩經》的"頌"不同。

《通變》:“是以九代詠歌,志合文則。”范校“文則”之“則”曰:“元作財,許無念改。”按:作“則”是也。郭璞《爾雅圖贊·珪》:“永觀厥祭,時維文則。”《通變》“文則”本此,而含義不同,猶陸機《文賦》云“文律”。《通變》下文曰:“文律運周。”曰“文則”,曰“文律”,詞異義同。

《史傳》:“荀况稱‘録遠略近’。”按《荀子·非相》:“傳者,久則論略,近則論詳。”彦和曰“録遠略近”,本與荀文無忤。《史通·煩省》因以爲言:“昔荀卿有云‘録遠略近’。”浦起龍以彦和誤引荀文,作《史通通釋》,改曰“遠略近詳”。殊不知《文心》“略”字後省介詞“於”,有“比”之意,謂作史記録遠代之事,宜比近代的簡略。下文言俗人“愛奇”,作史竟“録遠而欲詳其迹”,恰與此相反,故非之。

《情采》:“是以聯辭結采,將欲明經。”范校“經”字曰:“經本作理。黄云:‘案馮本作理。’”楊校曰:“以上下文驗之,理字是。”按:“經”即上文“故情者文之經”之“經”。彦和以經、緯喻情、辭。“明經”,猶云“明情”,文從字順,不煩改字。

《才略》:“孫楚綴思,每直置以疎通。”范校曰:“‘直置’不可解,‘置’或‘指’之誤歟?”按:《書後品·中下品》:“宗炳放逸屈攝,頗效康許,量其直置、孤梗,是靈運之流。”江淹詩云:“直置忌新宰。”①“直置”本爲成詞,不煩改字。《廣雅》:“直,正也。”《知音》:“置辭。”《廣韻》:“置,設也。”直置,謂正直設辭。《晋書·孫楚傳》稱楚“爽邁不群,多所陵傲”,常意不自得。觀其《征西官屬送於陟陽候作詩》,沿莊周齊物之論,泯離合、死生、吉凶、大小之知,以此消遣人間煩惱。沈約《宋書·謝靈運傳論》曰“子荆零雨之章”,能“直舉胸臆”。其《井賦》表示“絶彼淫俗,安此樸真,俗尚其華,我篤其信”。《爲石

①江淹《殷東陽仲文興矚》,武大中文系研究生陳書良同志告我。

苞與孫皓書》勸皓降晋,指陳利害,深切著明。這些都是“直置疎通”之證。

《原道》:“玉版金鏤之實,丹文緑牒之華。”劉校曰:“《御覽》實作寶。”按:作“實”爲是。“玉版”二句,互文見義,“實”謂玉版、金鏤、丹文、緑牒的“華、實”。《文心》常用“華、實”比喻辭采的文和質,二者相反相成,所以每每並舉。《徵聖》:“然則,聖文之雅麗,固銜華而佩實者也。”《情采》:“華實過乎淫侈。”《鎔裁》:“然後舒華布實。”《才略》:“華實相扶。”

《明詩》:“故商賜二子,可與言詩。”楊校曰:“與,《御覽》五八六引作‘以’,按舍人此文本於《論語》,而《論語》並作‘與’,則《御覽》所引非是。”按:《廣雅》:“以,與也。”《詩經·召南·江有汜》:“之子歸,不我以。”鄭玄箋:“以,猶與。”“以”“與”義同。古人對古書文字,或以同義者互易,因而産生文字的差别。《鄉射禮》:“各以其耦進。”今文“以”爲“與”。作者引書,或以版本不同而異。《文心》别本,“與”或作“以”。《御覽》所引,未必非是。他如“泰”,猶“太”,《原道》:“肇自太極。”“太”,《御覽》引作“泰”。“乎”,猶“於”,《宗經》:“辭亦匠於文理。”“於”,《御覽》引作“乎”。“起”,猶“啓”,《原道》:“木鐸起而千里應。”“起”,《御覽》引作“啓”。“鑒”,猶“監”,《明詩》:“子夏監絢素之章。”“監”,《御覽》引作“鑒”。“叙”,猶“序”,《明詩》:“叙酣宴。”“叙”,《御覽》引作“序”。“婉”,猶“宛”,《明詩》:“婉轉附物。”“婉”,《御覽》引作“宛”。“辭”,猶“詞”,《明詩》:“屬辭無方。”“辭”,《御覽》引作“詞”。“貌”,猶“皃”,《明詩》:“驅辭逐貌。”“貌”《御覽》引作“皃”。“采”,猶“彩”,《詮賦》:“鋪采摛文。”“采”,《御覽》引作“彩”。“觀”,猶“覩”,《詮賦》:“物以情觀。”“觀”,《御覽》引作“覩”。“愈”,猶“逾”,《詮賦》:“愈惑體要。”“愈”,《御覽》引作“逾”。“美”,猶“善”,《史傳》:“遺親攘美之罪。”“美”,《御覽》引作“善”。“製”,猶

“制”,《史傳》:“袁張所製。”“製”,《御覽》引作“制”……也都不得謂《御覽》誤引。

《知音》:“揚雄自稱心好沈博絶麗之文,其事浮淺,亦可知矣。”范校曰:“‘其事浮淺’,疑當作‘不事浮淺’。”劉校曰:“按‘其’疑‘匪’誤,此言雄好深奥之文,非從事於浮淺可知。故下曰‘深識鑒奥,歡然内懌’也。”楊校曰:“按‘其’下疑奪‘不’字,今本上下文意,實不相應。”按:三家校均未當,“其事浮淺”,乃就上文引雄語論斷,“其”下省略“不”字,實爲“其不事浮淺”,正與下文“深識鑒奥”一貫。《論説》:“曹植《論道》,體同書鈔,言不持正,論如其已。”“如其已”,猶《春秋左傳》昭三十一年“不知其已”。古人爲行文之便,自有省“不”之例。《尚書·堯典》:“試可乃已。”“可”,《史記·五帝本紀》作“不可”。《春秋公羊傳》隱元年“如勿與而已矣。”注:“如,即不如,齊人語也。”實不只齊語如此。《春秋左傳》僖公二十一年:“天欲殺之,則如勿生。”“如勿生”,“不如勿生”也。又二十二年:“若愛重傷,則如勿傷。”“如勿傷”,“不如勿傷”也。又昭十三年傳:“若求安定,則如與之。”“如與之”,“不如與之”也。又二十一年:“君若愛司馬,則如亡。”“如亡”,“不如亡”也。又十三年:“二三子若能死亡,則如違之。”“如違之”,“不如違之”也。又成二年:“若知不能,則如無出。”“如無出”,“不如無出”也。餘不備舉。

《夸飾》:“雖《詩》《書》雅言,風格訓世”。按《文心》中所謂“風格”,非今文藝學中的“風格”。[①]《文選·奏彈王源》李善注:“賈逵《國語》注:‘風,采也。’”故《文心·徵聖》“風采”連文。《禮記·緇衣》:“言有物而行有格也。”鄭玄注:“格,舊法也。”《莊子·人間世》:“故法言曰……”王先謙《集解》:“引古格言。”易“法言”爲“格言”,正

①一九七八年《文史》第五輯楊明照《〈文心雕龍〉研究中值得商榷的幾個問題》。

以法、格義同。“風格”是説辭采的法規，猶《文心·章表》曰“風矩”，《奏啓》曰“風軌”，劉氏從其論文“宗經”的觀點出發，指出經典中的《詩》《書》都是雅正的語言，它以辭采的法規訓示世間作者，而“夸飾”即是其中之一。因此，下文在論述《詩》的“夸飾”以後接言這些“夸飾”的詩篇是“大聖所録，以垂憲章”，與上文“風格訓世”一貫。憲章，法規也，亦指辭采。《文心·議對》分論漢晋諸家之“議”，歸結“亦各有美，風格存焉”，這裏“風格”也稱辭采法規。劉氏肯定諸家的議篇，雖然互有短長，可也各自存在辭采的法規。倘如顧校，《夸飾》的“風格”作“風格”，文義不順。今人楊明照同志從顧校，未諦。

《情采》：“正采耀乎朱藍，間色屏於紅紫。”范文瀾注：“紅紫，疑當作青紫，上文云‘正采耀乎朱藍’。”郭晋稀注：“‘正色’就是指的青、黄、朱、白、黑五種顔色。‘間色’就是指的兩種正色相合而成的色，如緑、橙、紫等色。五種正色，有用‘藍’代‘青’者，所以本文以朱藍爲正色。‘紅’就是‘朱’，爲‘正色’，所以本文‘紅紫’應改爲‘緑紫’。”按范、郭二注，均未諦。“正采”二句，辭有顛倒，順説爲“耀朱藍乎正采，屏紅紫於間色”。《論語·鄉黨》：“紅紫不以爲褻服。”朱熹注：“紅紫，間色不正。”又《陽貨》：“子曰：‘惡紫之奪朱也。’”朱熹注：“朱，正色；紫，間色。”揚雄《法言·吾子》：“或問蒼蠅紅紫。”趙岐《孟子題辭》：“紅紫亂朱。”由此可見，“紅紫”本爲舊詞，不煩改字。而古人以其不正，直與蒼蠅並提，因和正色對立。楊慎云：“《禮記注》：‘紅，南方之姦色；紫，北方之好色。’”“間色”，既爲“姦色”，故應屏棄，而所當炫耀者，惟獨正色。

1980年12月於珞珈山

《社會科學戰綫》1982年第3期

《文心雕龍校注拾遺》補正①

東莞劉勰,深識文理,發言抗論,體大而慮周,探賾鈎湛,每據事以類義,殆無字無來歷。昔黄氏疏證之,范君嫌其略而加詳,今楊公復補缺拾遺,嘉惠藝林,厥功甚偉。比年已還,余與武大二三子講《文心》,以爲參考要籍,故嘗諷籀再四,或有懷陳,爰書簡耑,竝師蕭《選》李《注》補正之例,裒而成册,都千餘事,大氐以補爲主,而正次焉。兹逢盛會,特迻録如干,供同志商兑。媿匪胥臣、子産之博物、多聞,豈足以辨是與非?續貂、著糞之譏,詎能免乎!

正

前言

在文學與政治的關係上,劉勰强調文學的社會功能,要求文學爲封建制度服務。(中略)**不過,當時文壇上佔主流的形式主義文學,完全抹煞了文學的社會功能,墮入了爲藝術而藝術的泥坑。劉勰反對"近代文人,務華棄實"**(《程器》)**,也並非没有積極的意義。**

---

① 編者按:本文據吴林伯先生手稿録入,其中篇目順序、條目順序,均按《文心雕龍》原文内容出現順序作了一些調整。

【正曰】漢來形式主義作品的要害爲“文勝質”，其流弊在“淫侈”(《情采》)，非徹底超脱政治，而“完全抹煞文學的社會功能”者，魯迅評論陶潛時説：“據我的意思，即使是從前的人，那詩文完全超於政治的所謂‘田園詩人’‘山林詩人’是没有的。”(《魏晋風度及文章與藥及酒之關係》)何况公認的形式主義作家司馬相如著《上林賦》，雖“理不勝辭”(《才略》)，畢竟有其情理，實爲諷諭漢武的奢侈，班固有鑒及此，所以他在其《漢書·司馬相如傳贊》中寫道：“相如雖多虚辭濫説，然要其歸引之於節儉，此亦《詩》之風諫何異！”班固的論點切合實際，也就肯定了形式主義作品的社會功能，揚雄以爲長卿之賦，“勸百而風一”(《漢書·司馬相如傳贊》)，也不過稱其賦的社會功能不大而已，其他形式主義作家的篇章，當不例外，再者，本書《程器》，專斥文人無行，故“近代”二句之下，直引魏文帝貶古今文人失德語，緊接舉相如、子雲、潘岳、陸機等口德之“瑕累”爲證，何與文壇創作耶？

劉勰雖然也强調作家的天賦，但並不認爲天賦决定一切，而是把後天的學習提到重要的地位：“夫才有天資，學慎始習，斲梓染絲，功在初化，器成綵定難可翻移”。因此，從一開始就沿着正確的方向學習，對形成高尚的風格，有着决定性的作用。

【正曰】“才”之與“學”，亦即天賦和修養，劉勰確不偏廢。但他又以兩者並非平列，而有主、次。本書《事類》明白指出：“文章由學，能在天資。”“能”如《左傳》成五年“且人各有能、有不能”的“能”。在劉勰看來，作者都有“學”和“天資”，可是能不能創作，却决定於“天資”。因此，“才爲盟主，學爲輔佐，主、佐合德，文采必霸”(《事類》)。“才”係《孟子·告子》“非天之降才爾殊也”的“才”，趙岐注謂之“才性”乃“天資”之别名。可見劉勰斷定誰要做好文章，就得分清“學”

與“天資”的“主、佐”，把“天資”放在首位，言外以“天資”爲文章優、劣的決定因素，則對“形成高尚的風格”起“決定性的作用”的因素，顯然不是“學習”，且“夫才”六句，本謂少小學習的決定作用，猶常語“少成若天性，習慣成自然”，要求作者慎重少小的學習，非指風格之形成而言。

原道

雲霞雕色。

【注云】按《河圖括地象》：“崑崙山出五色雲氣。”《宋書・符瑞志下》：“雲有五色，太平之應也。”《十洲記》：“錦雲燭日，朱霞九光。”

【正曰】鮑照《登大雷岸與妹書》：“西南望廬山，又特驚異，上常積雲霞，雕錦縟。”“雲霞”連文，又有“雕”字，“雕錦縟”，即“雕色”。《説文》：“縟，繁采飾也。”成公綏《天地賦》：“色表文采。”足徵“雲霞”句本鮑書無疑。

宗經

墻宇重峻，而吐納自深。

【注云】按二句一意貫注……《書・僞〈五子之歌〉》：“峻宇彫墻。”枚《傳》：“峻，高大。”

【正曰】《論語・子張》：“叔孫武叔語大夫於朝曰：‘子貢賢於仲尼。’子服景伯以告子貢，子貢曰：‘譬之宫墻，賜之墻也及肩，窺見室家之好；夫子之墻數仞，不得其門而入，不見宗廟之美，百官之富，得其門者或寡矣，夫子之云，不亦宜乎！’”按“墻數仞”者，“墻宇”之“峻”也。彦和稱孔子爲“生人以來未有”之“聖人”，故以“墻宇重峻”喻“聖謨卓絶”(《宗經》)，“而吐納自深”，乃因子貢語以褒贊其不可及。《五子之歌》“峻宇彫墻”云云，本斥太康之荒侈，與舍人意乖，注引文誤。

據事剬範。

【校】按“剬”當依唐寫本改作“制”。

【正曰】張守節《史記正義》:“制字作剬。”剬、制古字通。《韓非子·詭使》:“賞利一從上出,所以善剬下也。”“剬”即“制”,不煩改字。

辨騷

漁父寄獨往之才。

【注云】“獨往”連文,始見於淮南王《莊子要略》,六朝人多用之。《南齊書·高逸傳序》:“次則揭獨往之高節。”《梁書·沈約傳》:“實有心於獨往。”又《處士·諸葛璩傳》:“將幽貞獨往。”《抱朴子·外篇·刺驕》:“高蹈獨往。”《文選·謝靈運〈入華子崗是麻源第三谷詩〉》:“且申獨往意。”江淹《雜體詩·許徵君首》:“資神任獨往。”並其證。

【正曰】“獨往”連文,始見於《莊子·在宥》:“獨往獨來,是謂獨有。”且魏嵇康《兄秀才公穆入軍贈詩》:“含道獨往。”西晉陸雲《泰伯碑》亦云:“悠然獨往。”則注引諸文,又均嫌晚。

樂府

樂盲被律。

【校云】“盲”,黄校云:“元作‘育’,許改。”徐𤊹云:“樂胥,見《禮記》。”按徐説是。

【正曰】“樂盲”不誤,謂以“盲”爲樂官。《詩經·大雅·靈臺》:“矇瞍奏公。”《毛傳》:“有眸子而無見曰矇,無眸子曰瞍。公,事也。”

《鄭箋》:"凡聲,使瞽矇爲之。"又《周頌·有瞽》:"有瞽有瞽,在周之庭。"《鄭箋》:"瞽,矇也,以爲樂官者,目無所見,於音聲審也。"《御覽》七百四十引《尹文子》:"瞽者無目,精於聽也。"王褒《洞簫賦》:"憨眸子之喪精,寡所舒其思慮兮,專發憤乎音聲。"校非。

史傳

蓋文疑則闕。

【注云】按《穀梁傳》桓公五年:"《春秋》之義,信以傳信,疑以傳疑。"

【正曰】《論語·衛靈公》:"子曰:'吾猶及史之闕文也。'"此舍人所本,昭然可識,注非。

論説

所以通人惡煩,羞學章句。

【注云】羞學章句者,除范注引揚雄、班固外,尚不乏人……蓋章句之學,辭過枝離,義鮮圓通,博覽者多所不爲,故舍人云然。

【正曰】桓譚《新論》:"劉子政、子駿、子駿兄子伯玉三人,俱是通人。"《論衡·超奇》:"博覽古今者爲通人。"《禮記·學記》:"一年視離經辨志。"陳澔注:"離經,離絶經書之句讀也。"《説文》:"志,意也。"學者讀書,先明章句,所以析意也。是以章句之學,夙爲孔門文學諸子所留意,徐防《五經宜爲章句疏》:"臣聞《詩》《書》《禮》《樂》,定自孔氏,發明章句,始於子夏。"而章句或曰"詁訓",善乎錢大昕之序《經籍籑詁》曰:"有文字而後有詁訓,有詁訓而後有義理;詁訓者,義理之所由出,非别有義理出乎詁訓之外者也。"然自秦燔書,經典廢棄,漢承秦亂,本文略存,儒生説解,或忽於章句。徐防曰:"伏見大學試博士弟子,皆以意説,今不依章句,妄生穿鑿。"(《五經宜爲章句疏》)義理遂以不知,固通人所不與也。反是,重章句者,其弊復可得而尋。《後漢書·鄭玄傳論》:"漢興,諸儒頗修藝文,及東京學者,亦各名家,遂令經有數家,家有數説,章句多者,或乃百餘萬言。"桓譚《新論》:"秦近君能説《堯典》篇目,兩字之説,至十餘萬言,但説'曰若稽古',三萬言。"章句之流於繁瑣也;徐幹《中論·治學》:"凡學者大義爲先,然鄙儒之博學也,考於訓詁,而不能統其大義之所極。"章句之失於義理也。惟茲二弊,尤爲通人所不取。是以彦和核而論之,夫通人之惡而羞學者,章句之繁瑣,非因噎廢食,欲置之不顧也。人而不明乎章句,焉得謂之通哉!故舍人指斥朱普、秦近君"注《堯典》""解《尚書》"繁瑣之後,又褒贊毛公、鄭君、王弼"訓《詩》""傳《書》""解《易》"之"要約明暢",正反着眼,不蔽於一曲;而楊注泛詆"章句之學,辭過枝離,義鮮圓通",一概否定,誤矣。

詔策

安和政弛。

【校云】《御覽》引作"和安",按《御覽》所引是也,《訓故》本正作"和安"。

【正曰】本書《時序》:"自安和已下。"校亦云:"按'安和'二字當乙,始合時序,《詔策》篇'安和政弛',誤與此同。"殊不知本書叙述人物,或不拘先、後次第,故東漢和帝在安帝之前,《後漢書·王符傳》順曰"和安",《晋書·劉元海載記》亦順曰"和安",而本書《時序》《詔策》皆倒曰"安和";又夏在商前,《銘箴》順曰"夏商",《史傳》倒曰"商夏";司馬相如在揚雄之前,《辨騷》順曰"馬揚",而《練字》倒曰"揚馬";且本書另有單用倒叙者,老子在莊子之前,而《明詩》倒曰"莊老",他無如《世説新語·文學》之順曰"老莊"者,此蓋古文成法,舍人特因之。夫禹在湯前,而《離騷》倒曰"湯禹";冬在夏後,而《莊子·人間世》倒曰“冬夏”;暑在寒先,而《周易·繫辭》倒曰“寒暑”;唐在虞前,而荀公曾《王公上壽酒歌》倒曰“虞唐”;晋在魏後,而陸雲《諫吴王起觀疏》倒曰“晋魏”。西周厲王在幽王前,而《孟子·離婁》倒曰“幽厲”,爾後,未見有順曰“厲幽”,《時序》如之。總之,或順或倒,唯變所適,楊校知順而不知倒,遂以倒爲“誤”,非篤論也。

體性

才性異區。

【注】按《抱朴子·勗學》:“才性有優劣。”

【正曰】禰衡《鸚鵡賦》:“何今日之兩絶兮,若胡越之異區。”本篇“異區”,指天賦之差别,上文曰:“然才有庸儁。”此義自有所本。《淮南子·修務訓》:“人性各有所修短。”《論衡·率性》:“氣有多少,故性有賢愚。”嵇康《明膽論》:“夫元氣陶鑠,衆生稟焉。賦受有多少,故才性有昏明。”左思《魏都賦》:“人有異同之性。”《荀子·正名》:“生之所以然者謂之性。”是“性”焉天賦,上引諸文之“性”皆如之。傅玄《上疏陳要務》:“自士以上子弟,爲之立太學以教之,選明師以訓之,各隨其才優劣而授用之。”注引葛洪《抱朴子》文嫌晚。

通變

大明出東,月生西陂。

【校云】按《後漢書·馬融傳》作“大明生東,月朔西陂”。李注:“朔,生也。”此引“生”爲“出”,“朔”爲“生”,非緣舍人誤記,即由寫者涉上下文而誤。《禮記·禮器》:“大明生於東,月生於西。”鄭注:“大明,日也。”

【正曰】《禮器》上下皆曰“生”;《馬融傳》上曰“生”,下曰“朔”;本篇上曰“出”,下曰“生”;後二者上下字異義同,避重而變,此駢語常規，舍人引文，當爲易字，迥非“誤記”，或寫者之“誤”。阮籍《達莊論》：“月出東，日西入。”日月實均東出西入，自《禮器》言日月出入不計方所，後世好爲駢語者多準之，若比目魚本見《西都賦》，而本書《夸飾》曰：“至《東都》之比目，《西京》之海若。”亦爲東西之對，易西爲東。范注以爲“誤記”，豈其然乎！沈約《鍾山詩應西陽王教》：“南瞻儲胥觀，西望昆明池。”李善注：“儲胥觀、昆明池皆在西京，此皆假言之。”蓋休文亦爲南西之對易儲胥觀之西爲南也。

情采

將欲明經。

【校云】“經”，黄校云：“汪本作‘理’。”……按以上下文諭之，“理”字是。

【正曰】“經”，即上文“故情者文之經”之“經”。彦和以“經緯”喻情辭，“明經”猶云“明情”，文從字順，不煩改字。

聲律

聲非學器者也。

【校】“學”，黄校云“當作效”。范文瀾云“學器”當作“效器”。按“學”字不誤。《廣雅·釋詁三》：“學，效也。”詁此正合。《物色篇》“嚶嚶學草蟲之韻”，尤爲切證。

【正曰】楊注是，但以“效”訓“學”，引文嫌晚。《荀子·大略》：“君子之學如蛻，幡然遷之，故其行效，其立效，其坐效，其置顔色出辭氣效。”此“學”之古訓，《廣雅》因之。

夸飾

雖《詩》《書》雅言，風格訓世。

【校云】"格",謝鈔本作"俗"。顧廣圻校作"俗"。按"風格訓世","義不可通"。作"俗"是也。

【正曰】此所謂"風格",非今文藝學中之"風格"。《文選·奏彈王源》李善注:"賈逵《國語》注:'風,采也。'"故本書《徵聖》"風采"連文。《禮記·緇衣》:"言有物而行有格也。"鄭注:"格,舊法也。"《莊子·人間世》:"故法言曰……"王先謙《集解》:"引古格言。"易"法言"爲"格言",正以法、格義同,然則,"風格"謂辭采之法規,猶本書《章表》曰"風矩",《奏啓》曰"風軌"。劉勰從其論文"宗經"的觀點出發,以爲經典中之《詩》《書》,皆雅正之言語,以辭采之法規訓示世間作者,"夸飾"乃其中之一。因此,下文在論述《詩》之"夸飾"後,接言"夸飾"的詩篇是"大聖所録,以垂憲章",恰好與上文"風格訓世"相應,"憲章"亦謂法規,並指辭采。倘若顧校,與上下文論"夸飾"之意乖。

時序

綴旒而已。

【注】按《公羊傳》襄公十六年:"君若贅旒然。"《釋文》:"贅,本又作綴。"

【正曰】"綴旒"始見於《詩經·商頌·長發》:"爲下國綴旒。"鄭箋:"綴,猶結也。"朱集傳:"下國,諸侯也。旒,旗之垂者也。言爲天子,而爲諸侯所係屬,如旗之縿爲旒所綴著也。"郭璞《登百尺樓賦》:"哀神器之遷浪,指綴旒以譬主。"張衡《應間》:"夫戰國交争,君若綴旒。"陸機《至洛與成都王穎牋》:"至令天子飄颻,甚於贅旒。"

才英秀發。

【注】按《文選·左思〈蜀都賦〉》:"王褒韡曄而秀發。"

【正曰】《詩經·大雅·生民》:“實秀實發。”“秀發”本此,注引文嫌晚。

才略

孫綽規旋以矩步,故倫序而寡狀。

【校云】“狀”,疑當作“壯”,舍人謂其“倫序寡壯”,蓋如鍾嶸《詩品序》之評爲“平典似道德論”然也。興公詩由《文館詞林》所載四首及江淹所擬者觀之,確係“規旋矩步,倫序寡壯”。

【正曰】《莊子·達生》:“東野稷以御見莊公,進退中繩,左右旋中規。”《韓詩外傳》:“行步中規,折旋中矩。”張載《榷論》:“規行矩步。”《顏氏家訓·序致》亦云:“規行矩步。”《史記·夏本紀》:“巡狩行視鯀之治水無狀。”《索隱》:“言無功狀。”則“寡狀”,“少功”也。舍人品題才士,重其“風力”之“遒”(《風骨》)。綽行文有規矩,故有倫理次序,然以玄義發詠,以致詩之“辭意夷泰”(《時序》),故“少功”也。鍾嶸因之,只以綽詩“彌善恬淡之詞”(《詩品》),而列於下品,可爲“寡狀”旁注,如此説解,怡然理順,何須疑“狀”作“壯”?

宋來美談,亦以建安爲口實。

【注】按《公羊傳》閔公二年:“魯人至今以爲美談。”《書·僞仲虺之誥》:“予恐來世以臺爲口實。”枚《傳》:“恐來世論道我放天子常不去口。”

【正曰】《周易·頤》:“自求口實。”“口實”始見於此。《春秋左傳》襄二十二年:“若不恤其患,而以爲口實。”《國語·楚語下》:“楚之所寶者,曰觀射父,能作訓辭,以行事於諸侯,使無以寡君爲口實。”引文嫌晚。

知音

其事浮淺。

【校云】“其”下,《訓故》本有一白匡。按今本上下文意不相應,“其”下疑脱一“不”字。

【正曰】《風俗通義序》:“今俗語雖云浮淺,然賢愚所共咨論。”《魏志·王昶傳》:“夫虚僞之人,言不根道,行不顧言,其爲浮淺,較可識矣。”“其事”句就上文引雄語論斷,“其”下省“不”字,實爲“其不事浮淺”,而“不”非“脱”。本書《論説》:“曹植《論道》,體同書鈔,言不持正,論如其已。”“如其已”,猶《道德經》及《左傳》昭三十一年曰“不如其已”。昔人爲行文之便,自有省“不”之例。《尚書·堯典》“試可乃已”,“可”《史記·五帝本紀》作“不可”。《公羊傳》隱元年:“如勿與而已矣。”注:“如,即不如,齊人語也。”不只齊語如此。《左傳》僖二十一年:“天欲殺之,則如勿生。”“如勿生”,“不如勿生”也。又二十二年:“若愛重傷,則如勿傷。”“如勿傷”,“不如勿傷”也。又昭十三年:“若求安定,則如與之。”“如與之”,“不如與之”也。又二十一年:“君若愛司馬,則如亡。”“如亡”,“不如亡”也。又十三年:“二三子若能死亡,則如違之。”“如違之”,“不如違之”也。又成二年:“若知不能,則如無出。”“如無出”,“不如無出”也。餘不備舉。

程器

混之一貫。

【注云】《吕氏春秋·過理》:“亡國之主一貫。”高注:“貫,同也。”

【正曰】“一貫”之義初見於《論語·里仁》:“子曰:‘吾道一以貫之。’”後遂省曰“一貫”。《莊子·德充符》:“老聃曰:‘胡不直使彼以死生爲一條,以可不可爲一貫者,解其桎梏乎!'"《韓非子·顯學》:"磐石千里,不可謂富……今官商技藝之士,亦不墾而食,是地不墾,與磐石一貫也。"陸雲《晋故豫章刺史夏府君誄》:"甄滯群祕,義猶一貫。"陶弘景《授陸敬游十賚文》:"道雖一貫,事望宜分。"而《道德經》:"視之不見名曰夷,聽之不聞名曰希,搏之不得名曰微;此三者不可致詰,故混而爲一。"又是"混之一貫"之所由蜕化也。

揚雄嗜酒而少算。

【注云】桓譚《新論》:"揚子雲爲郎,居長安,素貧。比歲亡其兩男,哀痛之,皆持歸葬於蜀,以此困乏。子雲察達聖道,明於死生,不下季札;然而慕戀死子,不能以義割恩,自令多費而致困貧。"舍人所謂"少算",蓋指此也。

【正曰】"少算"承"嗜酒"説,注引文與"嗜酒"無涉。《左傳》襄二十八年:"齊慶封好田而嗜酒,數日,國遷朝焉。"又宣十五年:"狄有五罪,耆酒,二也。""耆"同"嗜"。"嗜酒",人所病也。"算",如《論語·子路》"斗筲之才,何足算也"之"算"。鄭玄注:"算,數也。"《説文》:"數,計也。"引伸爲稱道。《漢書·揚雄傳》:"(雄)耆酒。"雄以"耆酒"少有可稱道者。《抱朴子·酒誡》:"楊雲通人,才高思遠……及其數飲,由於偶好,亦或有疾。"《南史·顔延之傳》稱延之"文章冠絶當時,好飲酒,不護細行"。

補

原道

文之爲德也大矣,與天地並生者何哉?

【補曰】"德",猶《論語·雍也》"中庸之爲德也",《中庸》"鬼神之爲德也”，陸機《瓜賦》“瓜之爲德也”之“德”。《中庸集注》：“程子曰：‘鬼神，天地之功用。’……張子曰：‘爲德，猶言性情功效。’”程、張二氏以“功用”“功效”訓“德”，可從本篇“文之”云云，與本書《章表》“原夫章表之爲用也”句式同，而意有廣狹，蓋前者泛言文之用，後者專謂章表二體之用耳。《左傳》昭二十六年：“禮之所以爲國也久矣，與天地並。”“並”，“並生”也。《莊子·齊物論》：“天地與我並生。”《韓非子·解老》：“唯夫與天地之剖判也俱生。”“俱生”，“並生”也。孫楚《杕杜賦》：“齊萬物而並生。”

心生而言立，言立而文明，自然之道也。

【補曰】《法言·君子》：“有生者必有死，有始者必有終，自然之道也。”《論衡·自然》：“自然之道，非或爲之也。”向子期《難〈養生論〉》：“口思五味，目思五色，感而思室，饑而思食，自然之理也。”《文選·顔延之〈秋胡詩〉》李善注引程曉《女典》：“春榮冬枯，自然之理。”《莊子·繕性》：“道，理也。”應休璉《與侍郎曹長思書》：“夫皮朽者毛落，川涸者魚逝，春生者繁華，秋榮者零悴，自然之數。”“數”，猶“道”也，“理”也。

動植皆文。

【補曰】張衡《西京賦》：“植物斯生，動物斯止。”薛綜注：“植物，草木；動物，禽獸。”

至於林籟結響，調如竽瑟；泉石激韻，和若球鍠。

【補曰】“泉石”亦見本書《序志》，孔稚珪《褚先生百玉碑銘》：“泉石依情。”宋玉《高唐賦》：“纖條悲鳴，聲似竽瑟。”左思《吴都賦》：“鳴條律暢，飛音響亮，蓋象琴筑並奏，笙竽俱唱。”成公綏《嘯賦》：“谷風鳴條，音韻不恒。”謝莊《月賦》：“風篁成韻。”

斧藻群言。

【補曰】張茂先《女史箴》:"斧之藻之,克念作聖。"王融《三月三日曲水詩序》:"斧藻至德。""群言",亦見《序志》,晋來常語。束廣微《玄居釋》:"總群言之一至。"傅玄《水龜銘》:"申情寫意,經緯群言。"郭璞《爾雅序》:"博關群言。"顔延年《又釋何衡陽書》:"凡有知能,預有文論,不練之庶士,校之群言。"

徵聖

隱顯異術。

【補曰】張孟陽《招隱詩》:"隱顯雖在心,彼我共一地。"潘岳《西征賦》:"心不則於德義,雖異術而同亡。"陸機《五等諸侯論》:"長世異術。"

喪服舉輕以包重。

【補曰】摯虞《答杜預論皇太子除服書》:"喪服者,以服表喪。"

天道難聞。

【補曰】《論語·公冶長》:"子貢曰:'夫子之文章,可得而聞也;夫子之言性與天道,不可得而聞也。'"夫性道深微,孔子與弟子言之者寡,子貢云"不可得而聞",極稱難聞,猶孔子答魯哀公問,盛贊顔回"好學",及其"短命",遂"未聞好學者"(《先進》),朱注"以見其好學者之難得也"。劉孝綽《昭明太子集序》:"惟性道難聞,而文章可見。"得其旨矣。

宗經

重以八索,申以九邱。

【補曰】《離騷》:"紛吾既有此内美兮,又重之以修能。""重以",

“重之以”之省。《廣雅》:“重,再也。”非輕重之重。陸雲《與張光禄書》:“加蒙顧遇,重以傾倒。”江淹《自序傳》:“嘗云人生當適性爲樂,安能精意苦力,求身後之名。重以學不爲人,交不苟合。”“申以”,猶“重以”,避重而變。《離騷》:“既替余以蕙纕兮,又申之以攬茝。”“申以”,“申之以”之省。《爾雅》:“申,重也。”《尚書·堯典》僞孔傳:“申,重也。”魏收《上〈魏書〉十志》:“紀傳之間,申以書、志。”

表裏之異體者也。

【補曰】摯虞《明堂議奏》:“郊堂兆位,居然異體。”成公綏《棄故筆賦》:“異體怪軀。”

所以百家騰躍。

【補曰】《莊子·逍遥遊》:“我騰躍而上。”枚乘《七發》:“陽魚騰躍。”陸機《凌霄賦》:“判煙雲之騰躍。”李尤《鞍銘》:“驅騖馳逐,騰躍覆被。”

正緯

朱紫亂矣。

【補曰】《論語·陽貨》:“子曰:‘惡紫之奪朱也。’”《孟子·盡心下》:“惡紫,恐其亂朱也。”“朱”,正色,“紫”與“朱”反。《釋名·釋采帛》:“紫,疵也,非正色也,五色之疵瑕以惑人者也。”故《禮記·王制》以“紫”爲“姦色”,曰:“姦色亂正色。”不可相亂。

風化所靡。

【補曰】《論語·顔淵》:“季康子問政於孔子曰:‘如殺無道以就有道,何如?’孔子對曰:‘子爲政,焉用殺?子欲善,而民善矣,君子之德風,小人之德草,草上之風必偃。’”《説苑·君道》:“上之化下猶風靡草，東風，則草靡而西；西風，則草靡而東。”“風化”句，謂讖緯之化學者，如風之靡草，極稱其易，故接言“學者比肩”，蓋云多也。

辨騷

奇文鬱起。

【補曰】鍾會《成命侯婦傳》：“問四方奇文異訓。”陶潛《移居》：“奇文共欣賞。”《漢書·王褒傳》：“朝夕誦讀奇文。”《説文》：“奇，偉也。”本篇“奇文”，即下文“偉辭”。

豈去聖之未遠。

【補曰】本書《諸子》：“夫自六國以前，去聖未遠。”《孟子·盡心下》：“由孔子而來，至於今百有餘歲，去聖人之世，若此其未遠也。”

詭異之辭也。

【補曰】繁欽《與魏文帝牋》：“耳目所見，僉曰詭異。”《道德經》七十四章王弼注：“詭異亂群，謂之奇也。”張茂先《瓌材枕賦》：“有卓爾之殊瓌，超詭異之邈絶。”

譎怪之談也。

【補曰】顔延年《又釋何衡陽書》：“凡講求至理，不析之至理，多采之譎怪，以相扶翼，得無似以水濟水乎！”

雜文

智術之子，博雅之人。

【補曰】《韓非子·孤憤》：“智術之士。”“士”，猶“子”，人也。諸葛亮《稱姚伷教》：“今姚掾並存剛柔，以廣文武之用，可謂博雅矣。”

諸子

唯英才特達，則炳曜垂文。

【補曰】《孟子·盡心上》："得天下英才而教育之。"《禮記·聘義》："圭璋特達。"《吴志·孫權傳》裴松之注引《吴書》："聰明特達者八九十人。"徐陵《爲貞陽侯與太尉王僧辨書》："昔自天狼炳耀。"王儉《褚淵碑》："思衛鼎之垂文。"曹植《七啓》："散耀垂文。"

李實孔師。

【補曰】《抱朴子·逸民》："仲尼親受業於老子。"

覽華而食實。

【補曰】《法言·問明》："摭我華而不食我實。""覽華"句從此蜕化。《離騷》："夕攬洲之宿莽。"王逸注："攬，采也。"《莊子·在宥》："此攬乎三王之利。"《釋文》："攬，本作覽。"故攬、覽同，與"摭"義一。彦和易"摭"爲"覽"。

神思

悄焉動容。

【補曰】張茂先《晋四厢樂歌》："隆禮動容。"又云："投袂動容。"王融《永明九年策秀才文》："朕所以明發動容。""動容"，"動於容"也。

積學以儲寶，酌理以富才。

【補曰】《廣雅》："寶，道也。"《禮記·孔子閒居》鄭注："酌，猶取也。"《説苑·建本》："子思曰：'學，所以益才也。'"《潛夫論·贊學》："雖有至材，不生而能。""材"，同"才"。諸葛亮《誡子書》："才須學也,非學無以廣才。”《抱朴子·博喻》:“雖天才雋朗,而實須墳誥以廣智。”

應機立斷。

【補曰】陳琳《答東阿王牋》:“拂鐘無聲,應機立斷。”

體性

蓋沿隱以至顯,因内而符外者也。

【補曰】《漢書·司馬相如傳贊》:“《易》本隱以之顯。”《文賦》:“或本隱以之顯。”《孔叢子·公孫龍篇》:“内由外顯。”

學有淺深,習有雅鄭。

【補曰】陸機《演連珠》:“臨淵揆水,而淺深難測。”陶弘景《本草序》:“識智有淺深。”傅毅《舞賦》:“雅鄭異宜。”任彦昇《百辟勸進今上牋》:“雅鄭異調。”《法言·吾子》:“中正則雅,多哇則鄭。”李軌注:“哇,邪也。”

豈非自然之恒資。

【補曰】“恒資”,猶本書《養氣》曰“常資”,“資”,本篇所云“天資”,亦即生而然之性。《荀子·正名》:“生之所以然者謂之性。”又云:“不事而自然謂之性。”《莊子·駢拇》:“長者不爲有餘,短者不爲不足;是故鳬脛雖短,續之則憂;鶴脛雖長,斷之則悲;故性長非所斷,性短非所續,無所去憂也。”《吕氏春秋·貴當》:“性者萬物之本也,不可長,不可短,因其固然而然之,此天地之數也。”《淮南子·修務訓》:“人性各有修短,此自然者,不可損益。”

用此道也。

【補曰】《詩經・王風・君子陽陽》毛傳："由，用也。"《莊子・達生》："由此道也。"本書每暗引陳言而略易字，此易"由"爲"用"。《通變》："何以明其然耶？"是暗引《莊子・胠篋》"何以知其然邪"，易"知"爲"明"。《通變》又云："自茲厥後。"斯暗引《尚書・無逸》"自時厥後"，易"時"爲"茲"，所易字與原文義同。

通變

夫青生於藍，絳生於蒨，雖踰本色，不能復化。

【補曰】《淮南子・俶真訓》："以藍染青，則青於藍，青非藍也，茲雖踰其母，而無能復化已。"高誘注："母，本也。"

定勢

自然之勢也。

【補曰】《淮南子・修務訓》："才力不能相一也，各有其自然之勢。"《史記・樂書》："《雅》《頌》之音理而民正，噭噭之聲興而士奮，鄭衛之曲動而心淫，及其調和諧合，鳥獸盡感，而况懷五常，含好惡，自然之勢也。"郭璞《皇孫生請布澤疏》："故水至清則無魚，政至察則衆乖，此自然之勢也。"宗炳《畫山水叙》："是以觀畫圖者，徒患類之不巧，不以制小而累其似，此自然之勢。"

然淵乎文者，並總群勢。

【補曰】劉孝綽《昭明太子集序》："竊以爲屬文之體，鮮能周備，深乎文者，兼而善之，能典而不野，遠而不放，麗而不淫，約而不儉，獨擅衆美，斯文在斯。""淵"，深也。

天下一人耳。

【補曰】《莊子・天地》："始吾以爲天下一人耳。"

情采

文附質也。質待文也。

【補曰】《春秋繁露·玉杯》:“文著於質,質不居文,文安施質,先質而後文。”《類篇》:“著,附也。”《淮南子·本經訓》:“必有其質,乃爲之文。”張衡《應間》:“質以文美,實由華興。”《説苑·反質》:“君子雖有内質,不離外文。”張華《章懷皇后誄》:“内含茂質,外發英華。”陸機《五等諸侯論》:“文質相濟。”

老子疾僞,故稱美言不信。

【補曰】《道德經》:“智慧出,有大僞。”《新語·輔政》:“美言似信,聽之者惑。”

若擇源於涇渭之流。

【補曰】《詩經·邶風·谷風》:“涇以渭濁。”毛傳:“涇渭相入而清濁異。”鄭箋:“涇水以有渭,故見渭濁。”按箋義不切,據詩意,以涇水因有渭水清,故見涇水濁,則不得云“渭濁”。《漢書·溝洫志》:“涇水一石,其泥數斗。”潘岳《西征賦》:“清渭濁涇。”皆其明證。

而盼倩生於淑姿。

【補曰】《御覽》七百二十引《神仙傳》:“彭祖曰:‘美色淑姿。’”張茂先《勵志詩》:“雖有淑姿,放心縱逸。”傅玄《江夏太守任君墓誌銘》:“稟岐嶷之姿,質美珪璋。”“姿”,猶質也,上下避重而變,故或“姿質”連文。傅玄《螢火賦》:“不以姿質之鄙薄兮。”則“淑姿”亦曰“淑質”。潘岳《爲任子咸妻作孤女澤藍哀辭》:“淑質彌暢。”張華《魏劉驃騎誄》:“淑質清淳。”孫楚《雉賦》:“體冲和之淑質。”謝靈運《王子晋贊》:“淑質非不麗。”《詩經·周南·關雎》毛傳:“淑,善也。”美也。"淑姿"或"淑質",美善之天賦,"姿"又與"資"同。任昉《王文憲集序》曰"天姿",《史記·商君列傳》及本書《體性》《事類》皆云"天資"。張約之《奏理廬陵王義真》:"至於天姿夙成,實有卓然之美。"此"淑姿"確詁。

言與志反,文豈足徵。

【補曰】《楚辭·九章·惜誦》:"言與行其可迹兮,情與貌其不變。"《韓非子·解老》:"所謂方也,内外相應也,言行相稱也。"而世乃有大謬不然者。《荀子·致士》:"口行相反。"《逸周書·官人解》:"言行不類,始終相悖,外内不合,雖有假節見行,曰非成質者也。"《潛夫論·交際》:"士貴有辭,亦憎多口,故曰,文質彬彬,然後君子,嗚呼哀哉,凡今之人,口正心邪,行與言謬,心與口違。"故《太玄·玄瑩》:"是故文以見乎質,辭以睹乎情,觀其施辭,則其心之所欲者見矣。"劉勰然之,曰:"夫綴文者情動而辭發,觀文者披文以入情,沿波討源,雖幽必顯。世遠莫見其面,覘文輒見其心。"(本書《知音》)是"表裏一體"(本書《附會》)之驗也。《意林》引《魏子》曰:"君子表不隱裏,明暗同度。"

鎔裁

綱領昭暢。

【補曰】《韓非子·外儲説右下》:"善張網者引其綱,不一一攝萬目而後得。"《詩經·大雅·卷阿》鄭箋:"綱者能張衆目。"《荀子·勸學》:"若挈裘領,順者不可勝數也。"桓譚《新論》:"舉網以綱,千目皆張;振裘持領,萬毛自整。"舍人乃以"綱領"喻辭義之主旨。本書《附會》:"傅辭會義,務總綱領。"

心非權衡,勢必輕重。

【補曰】《孟子·梁惠王》:"權然後知輕重。"《荀子·大略》:"如權衡之於輕重也。"作者之心,當若權衡,然後能斟酌質文,剖析毫厘,而無所失。

乃情苦芟繁也。

【補曰】謂作者不忍割愛也。《抱朴子·辭義》:"屬筆之家,亦各有病,其深者,則患乎譬煩言冗,申誡廣喻,欲棄而惜,不覺成煩也。"

辭如川流。

【補曰】《抱朴子·百家》:"正經爲道義之淵海,子書爲增深之川流。"王儉《褚淵碑》:"義既川流。"李善注引蔡邕《何休碑》:"辭述川流。"僧肇《物不遷論》:"人命逝速,速於川流。"

聲律

良由内聽難爲聰也。

【補曰】曹毗《對儒》:"不慕内聽之聰。"

麗辭

造化賦形。

【補曰】《淮南子·覽冥訓》高誘注:"造化,陰陽也。"《素問·寶命全形論》:"人生有形,不離陰陽。"《莊子·大宗師》:"陰陽於人,不翅於父母。"

夸飾

從禽之盛,飛廉與鷦鷯俱獲。

【補曰】《周易·屯》六三:"即鹿無虞,以從禽也。""從禽"出此,義别。“從”，隨也。《廣雅》：“盛，多也。”“從禽”，謂天子出獵，侍者驅逐禽鳥，使隨從天子，供其射擊；以其隨從之多，雖飛廉、鷦鵴亦均被獵獲。《詩經·小雅·吉日》稱侍者“悉率左右，以燕天子”，鄭箋：“率，循也。悉驅禽順其左右之宜，以安王之射也。”舍人本此爲説。

事類

才自内發，學以外成。

【補曰】《離騷》：“紛吾既有此内美兮，又重之以修能。”戴震注：“内美，生而質性容度之粹美。”正以“内美”爲“才”之善者，以其爲天賦，無關於客觀存在，故曰自内生發；則“修能”與“内美”相對，自指“外成”之“學”。《淮南子·修務訓》：“才力不能相一也，各有其自然之勢，無禀受於外。”此言“才自内發”也。《論語·述而》：“學如不及，猶恐失之。”何晏注：“學自外入。”此謂“學以外成”也。

指瑕

反道若斯，餘不足觀矣。

【補曰】《論語·子張》：“子夏曰：‘雖小道，必有可觀者焉。’”又《泰伯》：“子曰：‘如有周公之才之美，使驕且吝，其餘不足觀也已。’”

養氣

率志委和，則理融而情暢。

【補曰】率，循也。《説文》：“志，意也。”故“率志”或曰“率意”。陸機《演連珠》：“忠臣率志。”《豪士賦》：“率意無違，欲莫順焉。”《文賦》：“或率意而寡尤。”《毛詩序》：“詩者，志之所之也。情動於中，而形於言。”上言“志”，下言“情”，則“情”猶“志”，明矣。《文賦》亦云：“詩緣情而綺靡。”是“緣情”與“率志”“率意”之義無别。作者緣循其意志而爲，即“爲情造文”(本書《情采》),自然而不矯揉,情理勢必融暢,精氣不致衰疲。《莊子·知北遊》:“情莫若率,率則不勞。”此之謂也。

鑽礪過分,則神疲而氣衰。

【補曰】《莊子·刻意》:“形勞而不休,則弊;精用而不已,則勞,勞則竭。”《史記·太史公自序》:“夫神大用則竭,形大勞則敝;形神騷動,欲與天地長久,非所聞也。”

陸雲嘆用思之困神。

【補曰】陸雲《與兄平原書》:“用思困人。”《文賦》李善注:“士衡與弟書曰:‘思苦生疾。’”桓譚《新論》:“盡思慮,傷精神也。”

夫學業在勤,功庸弗怠。

【補曰】《尚書·周官》:“業廣惟勤。”《抱朴子·崇教》:“學之廣在於不倦。”桓範《世要論》:“學不勤,則不知道。”《東京賦》薛綜注:“庸,功也。”《玉篇》同訓。徐陵《與張司空昭達書》:“若較此功庸。”江淹《爲蕭驃騎讓油幢表》:“功庸匪濫。”皆“功庸”連文,同義複詞。

優柔適會。

杜預《春秋左氏傳序》:“優而柔之。”孔穎達疏:“優柔俱訓爲安,寬舒之意也。”孫綽《樽銘》:“吐寫適會。”

豈聖賢之素心。

【補曰】謝靈運《撰征賦》:“本文成之素心。”

且夫思有利鈍。

【補曰】張孟陽《榷論》:“利鈍齊列。”陸雲《與兄平原書》:“方當積思,思有利鈍。”

玄神宜寶。

【補曰】《韓非·解老》:"聖人愛寶其神,則精盛。"

素氣資養。

【補曰】顔延年《弔張茂度書》:"清風素氣,得之天然。"《南齊書·張緒傳》:"張緒凝衿素氣,自然標格。"

附會

夫才量學文,宜正體製。

【校】"量",宋本、鈔本、《御覽》五八五引作"童",極是,"量"其形誤也。《體性》篇"故童子雕琢,必先雅製",語意與此相同,可證。

【補曰】注是。"才量"本爲舊辭,孫楚《雁門太守牽府君碑》:"才量高潔。""才童"亦爲成語,傅玄《正都賦》:"乃有材童妙妓。""材""才"古字通。必如注,始與《體性》之文義相應。

首尾周密,表裏一體,此附會之數也。

【補曰】《説文》:"周,密也。"故"周密"連文。《韓非子·八經》:"明主其務在周密。"《荀子·儒效》:"其知慮多當矣,而未周密也。"馮衍《與婦弟任武達書》:"造作端末,妄生首尾。"《淮南子·精神訓》:"外爲表,而内爲裏。"又云:"死之與生,一體也。"本書《章句》:"首尾一體。"《鎔裁》:"故能首尾圓合。"曰"周密",曰"一體",曰"圓合",皆謂"首尾""表裏"之"附會"。潘岳《西征賦》:"或從容附會,望表知裏。""表裏""附會"之效也,"首尾"亦如之。《抱朴子·釋滯》:"又五千文雖出老子,然皆泛論較略耳。其中了不肯首尾,全舉其事,有可承接者也。"其"首尾"不"附會"之害也。

偏枯文體。

【補曰】“偏枯”，常語。《素問·生氣通天論》：“汗出偏沮，使人偏枯。”《吕氏春秋·别類》：“我固能治偏枯。”《抱朴子·嘉遁》：“而先生慕嘉遁之偏枯。”

齊其步驟，總轡而已。

【補曰】《楚辭·遠游》：“撰余轡而正策兮。”戴震注：“撰者，總而理之也。”“撰轡”，一曰“總轡”。曹植《贈白馬王彪》：“攬轡止踟躕。”張茂先《游獵篇》：“攬轡過中田。”一曰“按轡”。夏侯湛《離親詠》：“撫首兮内顧，按轡兮安步。”《山路吟》：“攬轡兮抑馬。”“總”“按”“攬”三字義一，操持也。馭馬者操持其轡，所以控制其馬，使步驟整齊也。

此已然之驗也。

【補曰】賈誼《論時政疏》：“故疏者必危，親者必亂，已然之效也。”孫綽《諫移都洛陽》：“斯已然之明效也。”《吕氏春秋·察傳》高誘注：“驗，效也。”

時序

逮姬文之德盛。

【補曰】孫綽《丞相王導碑》：“公胄興姬文。”沈約《齊安陸昭王碑》：“商武姬文。”《史記·周本紀》：“周后稷名棄，别姓姬氏。”“姬文”，周文王。

《邠風》樂而不淫。

【補曰】《孟子·梁惠王下》：“昔者太王居邠。”朱熹注：“邠，與豳同。”《詩經》有《豳風》。《論語·八佾》：“《關雎》樂而不淫。”

雖非旁求，亦不遐棄。

【補曰】孔安國《尚書序》："旁求儒雅。"《文選・孔文舉〈薦禰衡表〉》："旁求四方，以招賢俊。"李善注："《尚書》曰：'旁求天下。'孔安國曰：'旁，非一方也。'"《詩經・周南・汝墳》："既見君子，不我遐棄。"

文章之選，存而不論。

【補曰】《莊子・齊物論》："六合之外，存而不論。"

觀其時文，雅好慷慨。

【補曰】曹植《前録序》："余少而好賦，其所尚也，雅好慷慨。"《説文》："慷慨，壯士不得志於心也。"

穆哀短祚。

【補曰】《晋書・海西公紀》崇德太后《廢海西公令》："王室艱難，穆哀短祚。"

馭飛龍於天衢。

【補曰】《周易・乾・九五》："飛龍在天。"《大畜・上九》："何天之衢。"《文選・魯靈光殿賦》："荷天衢以元亨兮。""何""荷"古字通。"天衢"，天路也。

物色

春秋代序，陰陽慘舒。

【注】按《楚辭・離騷》："日月忽其不淹兮，春與秋其代序。"王注："代，更也。序，次也。"

【補曰】《晏子春秋・内篇問上》："四時不失序。"《管子・四時》："四時者，陰陽之大經也。"《文選·古詩十九首》李注引《本草》曰："春夏爲陽，秋冬爲陰。"《莊子·知北遊》："陰陽四時，運行各得其序。"又《天道》："春夏先，秋冬後，四時之序也。"《詩經·魯頌·閟宮》："春秋匪解。"鄭箋："春秋，猶四時也。"杜預《春秋左氏傳序》孔穎達疏："春先於夏，秋先於冬，舉先可以及後，言春足以兼夏，言秋足見冬，故舉二字以包四時也。"本篇上曰"春秋"，下曰"四時"，足見"春秋"謂"四時"也。"陰陽慘舒"，楊注引《西京賦》文是也，然另有二處之詞，可供參閲。傅咸《鳴蜩賦》："物處陰而自慘。"劉孝標《廣絶交論》："陽舒陰慘。"

物色之動，心亦摇焉。

【補曰】曹植《辨道論》："時變，則物動。"《左傳》昭公二十四年："諸侯之師，乃心摇焉。"《説文》："摇，動也。"上曰"動"，下曰"摇"，避重而變。或"動摇"連文，荀公曹《省吏議》："不可動摇。"張衡《東京賦》："是以春秋改節，四時迭代，蒸蒸之心，感物增思。"

蓋陽氣萌而玄駒步，陰律凝而丹鳥羞。

【補曰】《管子·形勢解》："春者，陽氣始上，故萬物生；夏者，陽氣畢上，故萬物長。秋者，陰氣始下，故萬物收；冬者，陰氣畢下，故萬物藏。故春夏生長，秋冬收藏，四時之節也。四時生長萬物而收藏之，古以至今，不更其道，故曰古今一也。"《禮記·鄉飲酒義》鄭注："陽氣生長萬物。"又《王制》鄭注以昆蟲"得陽而生，得陰而藏"。《文選·豪士賦序》李注："《禮記》曰：'昆蟲未蟄。'鄭玄曰：'昆，明也。明蟲者，陽而生，陰而藏。'"

四時之動物深矣。

【補曰】張景陽《洛禊賦》："美節慶之動物。"嵇康《琴賦》："其感人動物，蓋亦弘矣。”張茂先《勵志詩》：“末伎之妙，動物應心。”陸機《演連珠》：“臣聞積實雖微，必動於物。”

若夫珪璋挺其惠心。

【補曰】張茂先《薦成公綏表》：“體珪璋之資。”《周易・益・九五》：“有孚，惠心。”陸雲《贈顧驃騎》：“乃孚惠心。”

滔滔孟夏，鬱陶之心凝。

【補曰】《孟子・萬章上》：“鬱陶思君爾。”王念孫《廣雅疏證》：“凡經、傳言‘鬱陶’者，皆當讀如皋陶之陶，舊讀如陶冶之陶，失之矣。”夏侯湛《大暑賦》：“何太陽之赫曦，乃鬱陶以興熱。”摯虞《思游賦》：“感溽暑之鬱陶。”

是以詩人感物，連類不窮。

【補曰】《禮記・樂記》：“人生而静，天之性也；感於物而動，性之欲也。”《韓非子・難言》：“多言繁稱，連類比物。”枚乘《七發》：“比物屬事，離辭連類。”《論語・陽貨》：“詩可以興。”孔安國注：“興，引譬連類。”《文選・孫子荆〈爲孫仲容與孫皓書〉》：“不復廣引譬類。”李注引鄭玄《孝經注》：“引譬連類。”

凡摛表五色，貴在時見。

【補曰】《楚辭・遠游》：“五色雜而炫耀。”王逸注：“衆色雜廁而明朗也。”本篇“五色”同訓，亦云“衆色”，“五”非實數。《論語・先進》鄭玄注：“諸侯時見曰會。”“時”猶《鄉黨》“不時不食”、《憲問》“夫子時然後言”之“時”，應時也。

或率爾造極，或精思愈疏。

【補曰】《論語・先進》：“子路率爾而對。”《文賦》：“或操觚以率爾。"桓譚《新論》:"譚慕子雲之文,嘗精思於小賦,立感發病。"《孟子·告子下》:"孟子曰:'親之過大而不怨,是愈疏也。'"《莊子·則陽》:"可言可意,言而愈疏。"

才略

揚子以爲"文麗寡用"者長卿,誠哉是言也。

【補曰】《論語·子路》:"子曰:'善人爲邦百年,亦可以勝殘去殺矣。誠哉是言也。'"

亦無懵焉。

【補曰】《左傳》襄十四年:"不與於會,亦無瞢焉。""懵""瞢"同,《説文》:"瞢,目不明也。"

未爲篤論也。

【補曰】《魏志·劉劭傳》:"覽其篤論。"顔延年《又釋何衡陽書》:"或曰温飽之貴,所以榮生,餓寒在躬,空曰從道,取諸其身,將非篤論。"沈約《述僧設會論》:"篤而論之。"梁簡文帝《大法頌》:"篤而爲論。"

嵇康師心以遣論。

【補曰】《莊子·齊物論》:"夫隨其成心而師之,誰獨且無師乎!"郭象注:"心之所志,隨而成之,以心爲師,人人皆有。"《顔氏家訓·勉學》:"師心自是。"是莊義爲貶詞,故嵇康《難宅無吉凶攝生論》:"師心陋見。"然本篇"師心"斷章取義,與本書《論説》"師心獨見"一貫,言康作論,據自心所知,能不因循,而有創見。魯迅曰:"嵇康的論文,比阮籍更好,思想新穎,往往與古時舊説反對。"(《魏晋風度及文章與藥及酒之關係》)《抱朴子·鈞世》:"習拘閡者,不可督以拔萃之獨見。"

袁宏發軫以高驤，故卓出而多偏。

【補曰】陸機《尸鄉亭》："發軫有夙宴，息駕無愚賢。"劉宋袁粲《託爲道人通公駮顧歡〈夷夏論〉》："發軫既殊，其歸亦異。"傅玄《乘輿馬賦》："延首高驤。"班固《西都賦》："荷棟桴而高驤。"嵇康《琴賦》："參辰極而高驤。"李善注："孔安國《尚書傳》曰'襄，上也。'驤，與襄同。"《世説新語·文學》："諸葛玄年少不肯學問，始與王夷甫談，便已超詣，王歎曰：'卿天才卓出。'"

殷仲文之孤興，謝淑源之閑情，並解散辭體，縹渺浮音，雖滔滔風流，而大澆文意。

【補曰】《漢書·王暢傳》："士女沾教化，黔首仰風流。""風流"喻教化如風之行，水之流也。本篇譬魏晋名士放逸，始與文首相合。《世説新語·品藻》："有人問袁侍中曰：'殷仲堪何如？'答曰：'然門庭蕭寂，居然有名士風流。'"《中興書》曰："（殷）浩能言理，談論精微，長於《易》《老》，故風流者皆宗之。"（《世説新語·賞譽》劉注引）孫綽《遂初賦》："余少慕老、莊之道，仰其風流久矣。"《晋書·王濛傳》："凡稱風流者，舉濛、（劉）琰爲宗焉。"此等"風流"，皆比名士以《老》《莊》《易》之玄義放逸。《論語·微子》："滔滔者，天下皆是也。"孔安國注："滔滔，周流之貌。"謂向往也。舍人薄文壇玄風，於"並解"句見之矣。

知音

夫古來知音，多賤同而思古。

【補曰】"古來"亦見《物色》，《春秋左傳》昭十三年"自古以來"也。《莊子·外物》："尊古卑今，學者之流也。"後世學者多宗其説。《淮南子·修務訓》："世俗之人，多尊古而賤今。"《論衡·齊世》："今世之士者,尊古卑今,賤所見,貴所聞也。好褒古而毁今,少所見,而多所聞。”桓譚《新論》:“世咸尊古卑今,貴所聞,賤所見。”《典論·論文》:“常人貴遠賤近,向聲背實。”《抱朴子·尚博》:“俗士多云,今山不及古山高,今日不及古日之熱,今月不及古月之朗,何肯許今之才士,不減古之枯骨,重所聞,輕所見,非一世之所患矣。”諸家異口同聲,若合符節,舍人因之,亦經義也。《詩經·小雅·正月》:“彼求我則,如不我得;執我仇仇,亦不我力。”鄭箋:“彼,彼王也。王之始徵求我,如恐不得我;王既得我,執留我,其禮待我謷謷然,亦不問我在位之功力。”《尚書·僞君陳》:“凡人未見聖,若不克見;既見聖,亦不克由聖。”

非虛談也。

【補曰】《潛夫論·交際》:“虛談則知以德義爲賢。”《世説新語·言語》:“虛談廢務。”“虛談”,猶“虛言”也。《道德經》:“古之所謂曲則全者,豈虛言哉!”陸雲《與車茂安書》:“吾不虛言也。”又《嘲褚常侍文》:“君子之言,豈虛也哉!”

然魯臣以麟爲麏,楚人以雉爲鳳,魏氏以夜光爲怪石,宋客以燕礫爲寶珠。

【補曰】此言物疑似而難辨也。《莊子·山木》:“材與不材之間,似之而非也。”《詩經·召南·行露》鄭箋:“物與事有似而非者。”《吕氏春秋·疑似》:“使人大迷惑者,物之相似也。疑似之迹,不可不察。”陸機《君子行》:“疑似實生患。”《法言·問神》:“能别似者爲難。”《文史通義·辨似》論之綦詳。

文情難鑒,誰曰易分。

【補曰】《抱朴子·尚博》:“文章微妙,其體難識,故品藻難一焉。”

會己則嗟諷，異我則沮棄。

【補曰】《莊子·外物》：“與己同則應，不與己同則反；同於己爲是之，異於己爲非之。”《漁父》：“人同於己則可，不同於己，雖善不善，謂之矜。”《徐無鬼》：“天下未有公是也，而各是其所是。”《韓非子·姦劫弒臣》：“凡人之大體，取舍同者則相是也，取舍異者則相非也。”《吕氏春秋·誣徒》：“愛同於己者，譽同於己者。”《抱朴子·辭義》：“近人之情，愛同憎異，貴乎合己，賤於殊途。”

無私於輕重。

【補曰】《韓非子·大體》：“屬輕重於權衡。”嚴忌《哀時命》：“執權衡而無私兮，稱輕重而不差。”《淮南子·主術訓》：“無私輕重，故可以爲平。”

不偏於愛憎。

【補曰】《商君書·慎法》：“夫愛人者不阿，憎人者不害，愛憎各以其正。”《昌言》：“愛憎無偏。”

夫綴文者情動而辭發，觀文者披文以入情。沿波討源，雖幽必顯，世遠莫見其面，覘文輒見其心。

【補曰】《孟子·告子下》：“有諸内，必形諸外。”《孔叢子·公孫龍子》：“内由外顯。”《毛詩序》：“情動於中，而形於言。”張孟陽《平吳頌序》：“情動於中，非言不彰。”《説文》：“幽，隱也。”《漢書·司馬相如傳贊》：“《易》本隱以之顯。”《文賦》：“或沿波而討源，或本隱以之顯。”《太玄·玄瑩》：“是以文以見乎質，辭以睹乎情，觀其施辭，則其心之所欲者見矣。”《抱朴子·博喻》：“覩汪濊之文，則足以覺其人之淵邃。"又《鈞世》:"蓋往古之士,匪鬼匪神,其形器雖冶鑠於疇曩,然其精神,布在乎方策,情見乎辭,指歸可得。"

書亦國華,翫澤方美。

【補曰】張衡《西京賦》:"徒恨不能以靡麗爲國華。"顔延年《贈王太常》:"舒文廣國華。"李善注:"《國語》,季文子曰:'吾聞以德榮爲國華。'"韋昭注:"爲國光華也。"翫,同玩。《説文》:"澤,光潤也。"《禮記·學記》:"雖有嘉肴,弗食不知其旨也;雖有至道,弗學不知其善也。"本師馬一浮先生曰:"學是自學,自學是要自己證悟,如飲食之於饑飽,衣服之於寒暖,全憑自覺,他人替代不得。"(《釋學問》)佛氏亦有説食不飽,數寶不富之喻,書文之玩猶是也。

流鄭淫人。

【補曰】桓譚《新論》:"控揭不如流鄭之樂。"魏文帝《善哉行》:"流鄭激楚。"《論語·衛靈公》:"鄭聲淫。"《禮記·樂記》:"鄭音好濫淫志。"

程器

若非台岳。

【補曰】劉琨《與段匹磾盟文》:"臣琨蒙國寵靈,叨竊台岳。""岳""嶽"同。任昉《王文憲文集序》李善注引《春秋漢含孳》曰:"三公象五嶽。"孫綽《天台山賦》:"嗟台嶽之所奇挺。"

文武之術,左右惟宜。

【補曰】《司馬法·天子之義》:"文與武,左右也。"《詩經·小雅·六月》:"文武吉甫。"毛傳:"有文有武。"《史記·陸賈列傳》:"文武並用,長久之術也。"傅咸《晋鼓吹曲》:"敷化以文,雖治不廢武。"又云:"文武足相濟。"《管子·霸言》:"文武具備,德也。"

摛文必在緯軍國。

【補曰】軍,武功;國,文德。《左傳》襄八年:"小國無文德而有武功。"吴陸景《典語》:"世亂則威之以師旅,道治則被之以文德。""師旅","武功"也。傅玄《乘輿馬賦》:"用之軍國,則文武之功顯。"正以"軍國"爲"文武"。《後漢書·班彪傳》:"敷文華以緯國。"任彦昇《王文憲文集序》:"公自幼及長,述作不倦,固以理窮言行,事該軍國,豈直雕章縟采而已矣!"本書《序志》:"唯文章之用,軍國所以昭明。"《封禪》稱張純作文,"計武功,述文德"。

序志

夫《文心》者,言爲文之用心也。

【補曰】《論語·陽貨》:"子曰:'飽食終日,無所用心。'""用心"始見於此。《莊子·天道》亦曰:"此吾所用心。"《孟子·告子》:"心之官則思,思則得之,不思則不得也。"凡事所以必用心也。《文史通義·文德》:"古人論文,惟論文辭,劉勰氏出,本陸機氏説,而昌論文心。"《南史·庾肩吾傳》:"遣詞用心。"柳宗元《答韋中立論師道書》:"每爲文章,未嘗敢以輕心掉之,懼其剽而不留也;未嘗敢以怠心易之,懼其馳而不嚴也。"斯言其"爲文之用心也"。

形同草木之脆,名踰金石之堅。

【補曰】《道德經》:"草木之生也柔脆。"《韓非子·守道》:"懷金石之心。"《後漢書·王常傳》:"心如金石。"《大戴禮·禮察》:"堅如金石。"枚乘《七發》:"雖有金石之堅。"

上篇以上,綱領明矣。下篇以下,毛目顯矣。

【補曰】南齊顧歡《獻治綱表》:"綱領既理,毛目自張。"

咀嚼文義。

【補曰】司馬相如《上林賦》:"咀嚼七經。"鍾嶸《詩品・陸機》:"然其咀嚼英華。""文義",常語。《漢書・元帝紀》:"上牽制文義。"蔡邕《車服意》:"以文義不著之故,俗人多失其名。"闕名《中論序》:"文義未究。"

1984 年 4 月於珞珈山

師法傳承

憶十力師

四十年代,我在國立師範學院學習,曾從駱鴻凱師治《文選》,深切感到要讀這部經典性的總集,務必通曉佛學,因爲其中的《游天台山賦》和《頭陁寺碑》及其他玄言詩,和李善注,大都涉及釋氏經論,而當時教我《老》《莊》的鍾泰師是熊先生的好友,我便起了請他將我介紹給先生的念頭。那時,先生和章太炎先生、馬一浮師一樣,不願任大學講席,正住重慶郊區金剛碑,以著述爲務。大學畢業,老師、同學都勸我在湖南工作,可是我的心却向往先生,於是我應重慶沙坪壩南開中學之聘,並結識國立中央大學教授唐君毅氏,他是先生門人,我開始間接領受先生的教導。

一九四五年六月一日,我去先生家執贄稱弟子。當我到達時,先生在後山中的書房撰寫《讀經示要》,我只好耐心恭候。不久,先生回家午餐,看了鍾泰師的推薦信説:“聽説你是某某的學生,那我們談不成呀!”經我解釋以後,先生欣然改容道:“那就好啊! 孔融《薦禰衡書》裏的兩句話你還記得吧?‘今之少年,喜謗前輩’。可是你這個新學校的青年教師,却還想從我讀書,很好!”先生又拉我吃飯,邊吃邊講,問我結婚否? 我説没有。先生説:“治學必須專心致志,你們青年人最怕有室家之累。從現在起,你就跟我學好了。教不嚴,師之惰,教師對學生就是要嚴,有時,我的話説得很重,你受得住就來。我的學生高贊非,就是我打出來的嘛!”

先生見我求師之誠,教導也就不斷,他以爲從師,讀其書,不如親承音旨,因此,先生告訴我一個消息,梁先生(漱溟)籌辦勉仁書院,由我主講,院方供給膳宿,“你辭去教職,一心來學吧!”當我拜别,踏上歸途,先生倚門而望,又招手叫我轉來。原來先生另有教導:“爲學當及時,在書院成立前,你來我家學,不要你出飯錢,住宅狹窄,你就與我同房。……”

先生誘接後進的熱忱,使我感激得説不出話來,不禁默念詩人“中心藏之,何日忘之”的語句,决心終身師事先生,得一明師,死且無恨。這是我内心的真實寫照。

先生教育門人學習的責任心非常强,凡門人離去,不但繼續以書辭答問,而且往往召回受業。據我所知,高贊非同學,始而從先生在北大學,之後又從先生往山東梁先生處學,直到他去山東解放區參加革命爲止。

梁先生奔走國事,勉仁書院未公開招生,我體諒先生息影山林,生活乏資,仍然以教學糊口,但每周總去聽先生講《新唯識論》。上海解放,先生北來,住兒子家,生活不便,擬易地而處,寫信陳毅同志,陳總一向尊敬先生,很快給先生安排了比較舒適的住宅。

先生眼見國民黨政治腐敗,庠居丘墟,祖國的珍貴文化遺産不絶如縷,便以師道自任,要把個人的學術傳給後代,真是“念玆在玆,出言玆在玆”。抗戰勝利,先生東歸,黄海化學社孫潁川氏請先生去講哲學,先生立即回川,不辭跋涉之苦。

有一次,陳毅同志給上海高校教師作報告,他説:“做任何學問,都要有堅實的基礎。近來,我讀了幾個作家的詩文,發現有的作家根柢不深;文藝反映社會的一切,作家要有各種學問,不論唯物、唯心的經典著作都要死讀幾部,當然,我所謂‘死讀’,就是刻苦,認真,你們千萬不能誤解。同時,讀書倘要深造自得,頂好像戰國的思想家荀子説的‘擇賢師而事之’,只要虛心,賢師會教導你們的。我去看舉世著名的佛學家熊十力先生,他見面就號啕大哭不止,我問:‘您老爲什麽這樣傷心?’他説:‘我有學問無人可傳呵!’看,前輩學者多麽關心後輩學習!近在眼前的賢師,你們就去拜門,有人批評,就説是陳毅叫你們去的!佛學是世界哲學裏的組成部分,一定要學。共産黨講辯證法,事物都要瞭解其正反兩面,不懂唯心論,又怎能精通唯物論呢?”

陳總語重心長的講話,增長了人們對先生的崇敬。先生的住宅離我家很近,我常去請益,前後十餘年,先生無不熱情接待,有問必答,傳道授業,盡心力而爲之。我的佛學底子淺,或有不領會的地方,先生總不憚辭費,反復説解,從不厭煩。在先生看來,求學只要勤奮、堅韌、正派,就能讀書、明道,做一番繼往開來的事業。

先生研究學術,非常重視第一手材料,常説:“如果我懂得各種外文,能讀印度及希臘以來的哲學原著,成就一定大些。譯書與原著之間不能畫一等號。我只能讀譯書,顯然受到局限,甚至發生錯誤。”

先生之學,雖然以唯識論爲核心,却博極先秦經、子、宋明理學和外國哲學著作。這是先生講唯識論,能融貫中西,發揮旁通,能自樹立,不因循,以成一家之言,充分體現新義的根本原因。

特别值得指出的是先生以學之求新教弟子,即使先生之説,也允許弟子存異,不贊成孫卿的“師云而云”,以弟子的言教不稱師,則謂之背叛的觀念;而推尊孔子教學生“各言爾志”的做法。先生强調學習不能雷同苟異,惟審其是而已矣,那麽,辨是與非,不單靠老師。先生爲我講《道德經》,有的論點與我分歧,先生並不要我唯師是聽,只教我退而三思,果爲真是,就居之不疑。“教學相長”,是確不可拔的。

先生是佛學大師歐陽竟無的弟子,然而先生對歐陽氏的學説不盡同,歐陽氏聞之大不謂然,臨終竟不欲見先生,先生仍往探視,聲稱"以同而異"是學術發展的正常現象,决無損於師弟情感,朋友之間也當如此。先生與馬一浮師在辦復性書院的作法上不一致,儘管辭去了特設講座,而服膺馬師的道德文章,一如過去。

先生由於胸襟廣闊,不蔽一曲,對新思想接受得快,肯定"毛公思想,固深得馬列主義之精粹"。先生認爲國民黨的教育制度要改革,大陸解放,先生上書周總理,倡議設立研究機關,敦請老輩擔任指導。招收的研究生,必須學習馬列主義,培養適時的國學人才,"而毛公評判接受之訓,無可易"。實際上,先生欣賞明代私人講學的書院制,所以請求政府恢復歐陽竟無創始的南京内學院和馬一浮師主持的智林圖書館,指出歐陽氏與清末同盟會中巨子譚嗣同、章太炎有關繫,馬師志行高尚,主持復性書院不許國民黨干涉教學。一句話,上述兩個學術機關的創辦人都是黨外思想開明的人士。顯然,先生的意識有與馬列主義吻合的因素。

先生有個難能可貴的論點,即專家之學,不一定是專家言行的指南。劉勰少從沙門僧祐學佛,博識經論,而主導其動静的,畢竟是孔孟之道,觀其論文,以原六經之道爲準的,以鼓動天下爲指歸,皎然可知。再説,梁先生在北大講佛學,終以悼國傷時,走出書齋,從事鄉村建設;組織民盟,爲改革政治效力,不談空空於釋部,心向彼岸而不問世事。佛學家不一定是佛教徒。核而論之,先生處世,運用儒家入世的思想。先生潛沉"三玄",尤精《周易》"變通趨時之義"。因此比較容易接受辯證唯物的觀點。

我説:"先生以佛學名天下,世人遂以先生爲唯心主義者,真的嗎?"先生曰:"非也,我們無論研究哪種學問,都應還其本來面目。

佛學是唯心論,我難道能把它講成唯物論嗎?像陳銘樞向毛主席上書,公然以爲佛學與馬克思主義相通,完全是牽强附會,不可爲訓。你看,我是唯心主義者嗎?我講佛學,可無釋氏出世的意興。”

先生教門人讀書,不要範圍於文字的。而文字的書,又不外表現社會和自然。作《周易》經傳的人設卦、觀象以示意,通天道,明人事,真正的《易》學家哪有不熟悉社會、自然的?六合之内,本是一部大書,《詩經》《楚辭》的作者,不是利用自然、社會來引物連類,發憤抒情嗎?童而習之的《論語》,十足證明孔子教學不咬文嚼字,把講授停留在文辭上。他很少徵引文獻,而是通過日常事物,闡明政治、倫理、教育、哲理等經義,用通俗的語言,進行高度的概括,因此,先生告誡門人,不要輕視《論語》。不通六經的本義及社會、自然的現實,就不可能研精《論語》。

孔子在川上,領悟人事如川流不息,宋明理學家主静觀萬物以致知,先生不相信不窺牖就能知天下,他的視綫深入社會、自然。先生的藏書不多,而豐富的典籍乃在天地之間。比如先生去黄海化學工業研究社主講哲學,由於抗戰剛勝利,交通不便,隨身帶書很少,可是行李甫卸,就撰寫不少論著。有的門人説先生本領真大,手頭乏書,能作出不同凡響的文章。殊不知上下四方,萬象森列,都是先生的書庫,先生平時仰觀俯察,觀其會通,一旦執筆,心明手快,而先生注釋文字的書,出現不少探賾索隱,鈎深致遠,聲入心通的觀點,原因便在這裏。

先生説《魯論》的第一篇是《學而》,第二篇是《爲政》,可見編纂者隱寓孔子與子産“學而後入政”之見略同。春秋、戰國以來的思想家誰不想出仕行道,輔世導民?老、莊未嘗不想行其道以變革社會?不過他們不像商、韓能發現改革的途徑,又不屑與世妥協,則或自隱著述,或逍遥虚無以自適而已。先生自謂從小受孔子的影響很深,曾有濟世之志。魏晋某些人標榜清高,不問政事,不過自欺欺人罷了。大聖人孔子很重視政治,他分四科教人,而政事居一,我們不要拘泥文字,應知四科各有側重點,非彼此孤立,而四科弟子的代表都講政事。孔子對答弟子、時人,不是有許多論政的嗎? 先生指出:"當然,從政要跟一個開明的人。孔子不答衛靈公軍旅之問,孟子不道齊桓公晋文之事,就是不願跟這些無道的君主。商鞅跟秦孝公,李斯跟秦始皇,都跟對了。我厭惡滿清皇王,所以跟孫中山,也跟對了。辛亥革命,我去當兵,參加起義。後來,袁世凱竊柄,蔣介石擅權,我雖然由從政轉入治學,可非世外桃源的隱士。"的確,先生與弟子見面,不單純談學術,不讓門人做萬事不關心的書呆子,鼓勵在政治上和他一樣,跟個好人,以爲蔣介石倒行逆施,禍國殃民,絶對跟不得!"老友董必武是共産黨,從他口中知道毛澤東是好人,你們就跟他罷"! 淮海戰役結束,接着,國民黨的巢穴傾覆,陳毅同志在一次報告中詼諧地説:"我當了幾十年兵,看情況,馬上當不成了,我日夜憂慮啦!"言外之意國民黨已無戰鬥力,今後,解放軍只是接收,無仗可打了。我把陳總的話轉告先生,先生高興地説:"好,共産黨來是注定了,你們千萬不要跟錯了人!""贊非離開我往解放區,聽説搞得很好,你們要學習他。"

中央教育部指定華東師大支援山東老區,我被安排曲阜師院,第一個啓行,該院黨委書記兼院長即贊非同志。我將這個消息告訴先生,先生表示極好。贊非同學讀完先生的介紹信,説:"先生介紹的人不會錯的。"當晚邀我去他家便餐,親切地講山東長期革命戰争,文教落後,我來正好,要多幫助他辦好教育。

解放後的三十多年裏,我一直銘記先生的教導,緊跟共産黨走,在歷次政治運動中,我没有犯原則性的錯誤,與先生的教導確有關繫。"文革"一開始,我便受到狂風驟雨的襲擊,主要是我從先生學了佛學,在復性書院從馬一浮師學了儒道,又以"復性"即"復興"的諧音,我被打成封建迷信的堡壘、復興社的特務,被管制、關押、勞改、被打、被罵。我所以能威武不屈,臨難不苟,終於磨過來,也與先生的教導有關。

先生與共産黨有情感。早年,便與革命家董必武、林伯渠有交接,至於國民黨人,先生擇其善者而與之。

先生秉性恬静,不喜接俗人,"交以道"是其唯一準則,故不似陶潛的息交絶游,遁世獨立。先生篤信顧亭林"天下興亡,匹夫有責"之言。特與見清政不綱,外侮日亟,不忍安坐以書生自了的王漢、何自新等組織社團,慨然有革命之志,稱道不與蔣介石合作的"三怪"——嚴立三、石瑛、張難先。先生素不爲碑傳應酬之文,而爲上述諸人作傳以表彰之。志深筆長,故梗概任氣,自成一家風格,爲世所重。

先生教門人治學,必須處理博約的聯繫,體察事物的整體,不允許偏蔽,知其一而不知他,東面望而不見西墻。如治《尚書》、"三禮",則於諸子、歷史及諸文集,並西洋社會政治哲學,都得博覽取材。韓愈爲此盛贊孔子之道大而能博,門弟子難以遍觀盡識;屈原不博聞强識,不能寫作"驚采絶豔,難與並能"的《離騷》;莊子不"其學無所不窺"又怎能創作"其辭參差而淑詭可觀"的作品呢?我們誦習《新唯識論》,便知先生之學泛覽群書,不拘中外古今。

不僅如此,先生讀書,無不鈎玄提要,領會其要旨。讀《易》則得其"陰陽和合,萬物化生"的"入神致用"的精義。作爲文章,雖涉及衆家,左右逢源,居安資深,擘肌析理,一綜玄理殊趣,而自出機杼,不同某些乾嘉學者旁搜遠紹、文章殆同書抄。有的人一聽説兩漢經生或終身專治一經,就嫌其知識狹隘,豈其然乎?

先生以韓愈爲文章之士,五原之論,鮮見新義,唯《師説》命意超凡，發端則曰進德修業必有師；師各有所擅，則親之者在於轉益，倘若暖暖姝姝，守一先生之言以自悦，其學必隘；故博習多能，以成其大。而今之學校，師亦多矣，但皆强迫學生聽講，不必符其所需，有如庸醫立方、衆藥亂投。夫道不欲雜，雜則擾而不救，唯獨孔子反是，他自由擇其所需之師而親之。欲學樂，則師萇弘；欲學禮，則師老聃；欲學琴，則師師襄……由是自由研究，取衆師之長，以成一家之言。爾後，我擬事馬一浮師，先生曰："善哉！汝之從師也。一浮德高望重，足以爲師。他的辭章，與我異趣。"又謙遜地説："一浮詩賦，非我所及，汝從而師之，截長以補短。師之貴乎轉益，其在斯乎！"我與師見面，先生總問"一浮教汝何學？能與吾學相得益彰否？"

先生求知欲非常旺盛，不滿足於現狀。直到晚年，先生仍然修改《新論》，從而正誤、加深、補遺。一天，我見先生伏案斧削，便問："先生的《新論》早爲學者所誦習，譽滿中外，先生爲什麽還要修改呢？"先生應機教我："你喜讀《莊子》，那麽，《秋水》裏不是説得好嗎？物之生也，若驟若馳，無動而不變，無時而不移。郭象借注《莊子》發揮自己的玄學思想，我不贊成，可是他對莊周物變無常的認識却注得透徹。注《大宗師》指出天地、山岳，都'舍故趨新，故不暫停'，我們處於千變萬化的社會，認識能不隨着更改？《莊子》在其《寓言》中稱孔子行年六十而六十化，始時所是，卒而非之，未知今之所是，非五十九年非也。因此，孟子以孔子爲'聖之時者'。人的認識决不能自信'至矣、極矣、無以復加矣'，我們一息尚存，就得不斷提高。任何人的著述，總是修改不完的，誰説不要修改，就是他的學習陷於停頓。考其根源，不外自滿，從而失掉向上的車輪。《周易》的《謙卦》你要深究，天道既是'禍盈福謙'，在認識上就要立志做個'勞謙''撝謙''卑以自牧'的君子。孔子'從師而不囿'，適周問禮於老子，老子不以禮教，而教他去其驕氣。《周易·咸卦傳》：‘君子以虛受人。’君子態度謙虛，能接受别人的教導，也許老子以孔子謙虛不够，故不以禮相教。”

我一見到先生，先生往往問我忘掉《謙卦》義否？先生以爲中國人講學問，“問”就非靠朋友不可。我説古來説友之最切至者莫如孫卿，今存《荀子·大略》：“友也者，所以相友也，道不同，何以相友哉！”道同則可與爲朋友。唯朋友論道，始親密無間，否則，若冰炭不同器，水火不相容，何能琢磨切磋，若他山之石相錯？《周易·兑卦》“君子以朋友講習”，誠篤論也。先生曰：“汝之言然。”

先生治群經，尤究心於《易》與《周禮》，嘗欲爲《周禮》作新疏，未成。我聽先生説：“一部《周禮》的大義，一言以蔽之曰：‘論道經邦。’論道的目的是經邦。今天共産黨經邦之道是馬列主義的，我們要學習，學習才能識時務，成爲俊傑。你看古今中外的大政治家、學問家，有誰與時勢背道而馳？這不是什麽新觀點，荀子便强調‘反時者死無赦’。”

先生十分贊賞“士先器識而後文藝”，“文藝”猶《漢書》曰“藝文”，包括一切學術。“器”比德行，“識”謂眼光。在先生看來，一個人的器識是研究學術的先决條件。凡是眼光短淺、德行卑劣的人，將拒真理於千里之外。先生常説：“當我的學生，水平低不要緊，只要德行高尚，眼光鋭利，學習將事半功倍，迎頭趕上。孔門弟子又雜又多，孔子非來者不拒，王充稱孔門‘三實三虛’。不難想象，孔子以‘器識’取舍，大抵器識高者取之，低者舍之。冉求爲政事科的代表，他爲‘富於周公’的季氏宰‘爲之聚斂而附益之’，孔子舍之曰‘非吾徒也’，教弟子鳴鼓而攻之。由實而虛，當指存精去粗，由多而少，决非‘入其門，闃其無人也’。”

先生教門人不要忘記孟子“貧賤不能移”的至言，真有器識文藝者，或不免爲貧賤之士，可不被貧賤壓倒。歷史是公正的，歷代貧賤而有才德業績者，歷史均給予崇高的地位。

先生爲人鯁直，喜怒形於辭色，提到公孫弘便憤憤然，以爲弘本不學無能，只以阿諛顯貴，居宰相之位，而爲布被脱粟之飯，矯情假飾，以釣虚譽，經生轅固，當面訓弘："務正學以言，無曲學以阿世也。"董仲舒治《春秋》勝公孫弘，舒剛正不倚，斥弘"從諛"，爲弘所嫉，漢武耳聽不聰，信弘之誣害，貶舒爲膠西王相，舒恐獲罪，以病免官，歸居，修學著書，説《春秋》得失十餘萬言，皆傳於世，經術留名，歷史未因貧賤而淹没他。

先生的弟子遍中外，將一代代地傳授先生之學，先生當無憂矣。"四人幫"損害正士，先生受其侮辱，含恨而死。今黨和政府撥亂反正，寃屈得以昭雪，先生亦宜無恨矣。我在滬、渝，雖親炙先生甚久，而歷年無成，兹逢盛世，略陳所聞於先生者如此。

1985 年 11 月 4 日於珞珈山

郭齊勇編《存齋論學集：熊十力生平與學術》，三聯書店，2008

馬先生學行述聞並贊

先生學行，約之有三，曰道德、政治、教學，依次述之。

蓋聞古來學者，莫不尊道親師，以不惑解惑，馴致知類通達，强立不反，乃有卓爾獨見之明，外物不得以奪之，則達心曠度，贍智宏材，以與於奇偉倜儻之林，伴奐優游，敻乎不可尚矣。故曰："父生之，師教之。"教之恩，殆與生均，古訓攸召，其能忍而不相親耶！然人之患，在好爲人師，三人同行，必擇其善者而師之；苟學曾未如疣贅，輒具然欲爲人師，而欲人之師也，不亦謬乎！朱昭之曰："導師失路，則迷惑者衆。"誠哉斯言也。余少駑鈍，於他藝能，自度無可努力，念終無以樹立，遂發憤篤專於文學，亦何幸得及馬先生之門，朝夕親承音旨，日進前而不息也。每思先生之學，大而能博，故範圍天地，智周萬物，誦數而不陵，知微而能論，上説下教，强聒弗舍，師術若是，信難與並能矣。且夫水深而回，樹落則糞本，弟子通利則思師。《詩》曰："無言不讎，無德不報。"此之謂也。余以寡昧疑啓之身，薦更憂患，南北游走，學殖久荒，羌歷年而無成；惟内省素心，尚能堅守舊業，未惑俗論，先師遺訓，永矢弗諼，雖未通利，而思師之情，與日俱增。

先生治經，以《易》爲宗，論道講書，一以貫之。《易・大畜・象辭》："君子以多識前言往行，以畜其德。"蓋言人之好學修古，端在儲積道德，成爲君子，誠以道德爲百行之本，不可須臾離也。余嘗試發之，《易・乾・文言》稱"君子進德修業"，則唯德修而後業進；孔子説

“崇德辨惑”(《論語·顔淵》),則唯德崇而後惑辨;叔孫豹言“立德、立功、立言”三不朽(《左傳》襄二十四年),則唯德立而後功與言立,不易之序也。是以仲尼設教,德行居首;義慶著《世説》,亦德行發端;世未有無德而能正其行者也。天下大亂,道德不一,先生英達,據德而行,動不失德,如彼白珪,質無塵玷,夫子是誨,弟子是則。先生作《君子、小人之辨》(《泰和會語》),楷定有德則爲君子,無德則爲小人,人必勉爲君子,惡居下流,超然高舉,若蓮之出污泥而不染。1957年春,先生蒞闕里朝孔,余與同門高贊非請見,先生問曰:“相别三年,汝治何學?”余應機答曰:“研精《論語》。”先生曰:“汝得讀書之次矣。昔孔子通治六經,自以熟知其故,並教授二三子,語高而旨深,學者當先求之,庶幾能明六經之指歸。程子曰:‘今人不會讀書,如讀《論語》,未讀時是此等人,讀了後,又只是此等人,便是不曾讀。’此爲讀書痛下針砭。”余意未愜,乘興問曰:“何以謂之讀也?”先生概乎其詞曰:“讀書之道無他,求其反身修德,懲忿窒慾,布乎四體,形乎動静,履而行之,荀卿所謂‘君子博學而日參省乎己,則知明而行無過矣’(《荀子·勸學》)者也。”余退而自思,亦有以發,頓悟讀書必改變氣質,非徒記其文句以爲談資耳。

先生又以讀書必知要,而孔子議人倫之要,義利之辨而已。余亦考之。《易·乾》四德,利其一也,曰:“利者,義之和也。”此與《論語·里仁》“子曰‘君子喻於義,小人喻於利’”之旨,若合符契,特以利與義合和,以義爲上,非不要利,特正其義,而不謀其利,《大學》所謂“以義爲利”也;小人反是,乃不要義,但以利爲上,謀其利,而不計其義,又《大學》所謂“以利爲利”也。梁惠王見孟子,開口便曰利,孟子以不必曰利諫之(《孟子·梁惠王》),欲其“以義爲利”也。《左傳》昭二十八年:“居利思義。”杜預注:“不苟得。”荀卿“同乎舊談”(《文心雕龍·序志》),昌言“義與利者,人之所兩有也,雖堯舜不能去民之欲利，然而能使其欲利不克其好義也；雖桀、紂亦不能去民之好義，然而能使其好義不勝其欲利也；故義勝利者爲治世，利克義者爲亂世”(《荀子・大略》)；先聖後賢，其揆一也。

爾後，余再見先生，先生問曰："汝讀《論語》，有所進否？"余答曰："不敢言進，但聞先生之訓，而有以自釋之耳。"一日，余以詩呈先生，先生曰："汝擬陶乎？"余答曰："是也。"先生曰："擬陶之詩可作，然《陶集・五柳先生傳》中'不慕榮利'一語，當終身誦之，曰'不慕'者，不一味追逐'榮利'而忘義，不免爲小人也。"余曰："此亦先生自道也，弟子以爲座右銘。"先生下世前，猶教余以成德爲行，牢記韓愈"勿誘於勢利"(《答李翊書》)之名言。先生以身教，弟子如風從。長期以來，余不爲"榮利"，以致一身清净，非先生之教，其孰能至於是乎！余與從游諸子講論，總以德爲先，撰治學回憶録《學心》，開宗明義爲《崇德》，不顧衆人之非議；爲研究生説《文心雕龍》，以訾文人無行之《程器》爲前導，顯白"德不至，則不能文"(《説苑・修文》)，"德高而文積"，"德彌盛者文彌縟"(《論衡・書解》)，其知言哉！先生之道大，余不能遍睹而盡識；先生之德，山高水長；余則仰止，欲罷不能，景行行止，斃而後已。或刺余爲"道德先生，迂遠而闊於事情"，姑笑而無言，任之而已。

夫時方不治，則顯不如隱，故蘧寧以之卷懷，自埋於民，自藏於畔，不爲軒冕肆其志，不爲窮約趨於俗，方且與世違，而心不屑與之俱，是陸沉也，然此非志士仁人之所欲爲者。先生少小篤志好學，擅道以行，而有救世之心，期學後入政撥亂反正，拯生民於涂炭。於是參與縣試，名列前茅，本可騰躍而上，以科舉仕進，但見滿清腐敗，不可救藥，改弦更張，留學北美，研究西學，擴大視野；尋復游日，盛贊辛亥革命；詎知民國成立，袁氏稱帝，重以軍閥混戰，四海蕩然；洞鑒彼衆我寡，難以動俗，處衰世之中，直擬保持名節，和順内凝，含珪璋而挺曜，高明柔克，韻宇弘深，逍遥乎文雅之囿，翱翔乎藻繪之場，風儀與秋月齊明，音徽共春雲等潤，汪汪洋洋，可謂特立獨行，不成乎名之真人，不以毀譽形言，而皮裏自有陽秋。雖未直接從事政治活動，而國家大事，無日忘懷，允爲愛國主義者。方抗戰軍興，難深國危，不遑寧處，家家思亂，岌岌不可終日，而先生不畏彊禦，不留戀湖光，斷然隨浙大内遷，艱難險阻，備嘗而不渝，講學、著述，日不暇給，砥節勵行，直道正辭，收道術之將墜，濟微言之未絶，童蒙相賴，用祛其蔽，貞固足以幹事，隱括足以矯時，斯舉世所以望形表而敬重，聆嘉聲而響和也。

《易》燮理陰陽，立象以盡意；情見乎文。文分天、人，粲然可識，故睹天文以極變，察人文以成化。而世之作者，體物寫志，合二而一，昭明有融，亦可謂之懿矣。昔劉勰論文，曉暢天、人，曰若斯文，始能經緯區宇，彌綸彝憲，彪炳辭義，則丈夫學文，必達於政事，以辭鼓天下之動，先生如之，乃依放詩人，"聊托歌咏，發憤而作"(《避寇集序》)，慨嘆"胡塵不靖"(《江村遣病》)，"兵革未銷"，"蒼生"之"稻粱"難足(《村居》)，情動而言形，理發而文見，内以外現，表裏一體，飾辭務以篤實爲主，不以虚誕爲本，未若女紅之有綺縠，音樂之有鄭、衛，不翅於懷、襄無道，其惡存乎楚賦，悼國傷時抑亦《風》《雅》之亞，不作無益害有益，正唯子不能學也。余以先生詩之高驤穎出，規旋矩步，尤在意氣駿爽，風清骨峻，而辭采精拔，麗則約言，尚其次也。先生謂余曰："朋友或以我爲'國學大師'，吾所不與，倘稱其長，則我能作詩，後世知我者，其必以詩乎！"余曰："先生氣往轢古，辭來切今；情高以會采，杼柚以獻功，世遠莫見尊顔，覘文輒知師心，其伯牙之志在山水，鍾期不失聽而相知，詩之貴也，其在兹乎！"

夫鼎以去故，革以取新，革而應人，大亨以正，四時成而文明説，革之爲義大矣哉。先生知革之隨勢，世既困而必通。神州中興，則仰觀俯察，神思爲之焕炳，歡然内懌，擬議而動，散采摛文，欲奉時騁績。是以雷鋒捐軀爲國，先生即興賦詩，以其“力作”，實人人分内之事，而人之一生，“非營一飽”，必“僶俛學雷鋒”之忠烈；聞中國核武器試驗成功，則以詩褒其“神工”，同乎鑄鼎，“早晚”將以消滅寇仇；觀新安江水電站建成，則頌“電力”之“利物厚生”，“其用無窮”；造懷指事，義尚光大，揄揚以發藻，美盛德之形容，頌聲有作，其《風》《雅》之以變而正，與世推移者歟！先生曰：“我之學亦寓於詩，前修以學爲詩，我遂則之，或以我不著書，殊不識我以詩爲書也。”先生之詩，包蕴宏富，情理設位，文采行乎其中矣。

1945年夏，余辭南開中學教職，負書擔囊，徒行至四川樂山烏尤寺復性書院晋謁先生，先生曰：“來山何事？”余曰：“小子本峽江貧士，齒在志學，便出就外傅，則嘗以蘇季揣摩，固無所得，子張干禄，良亦堪羞，但思人生在三之義，學以致聖人之道，使私心有托，臺座非所欲也。”言訖下拜，請爲弟子。先生曰：“汝曾師人乎？”曰：“先後師鍾鍾山、熊十力二先生。”曰：“汝已受教於二師，遠有所禀，又何欲師我耶？”曰：“聖人無常師，故學者從師而不囿也。”曰：“汝之言然。夫學一先生之言，則暖暖姝姝，而私自説也，自以爲足矣，而未知未始有物也；以孔子之材，轉益多師，而况於吾輩乎！”先生温而厲，不惡而嚴，口講指畫，無行不與共之，暖有餘暉，乃垂冬日之愛。余以明者爲師，自古已然，今既得之，死且無憾，自夏徂秋，事之如一，肅肅焉，穆穆焉，如顔、閔之服孔子也。先生循循善誘，博我以文，言成規矩，思合符契，如樂之和，無所不諧，曰：“學問之道，貴以專耳。惟專然後能集中精力，鑽研一點，深造自得；泛覽無歸，勞而少功。乃如屈原、宋玉、司馬相如、揚雄、班固之徒，皆專攻辭賦；孔安國、服虔、包咸、鄭玄、馬融之屬，皆專攻經術。以其專心致志，切磋琢磨，衆隱盡變，故斐然成章，蜚聲翰林，藻耀而高翔，固文、筆之鳴鳳也。”

西京經生，特重於專，其治《毛詩》，則或爲《雅》，或爲《頌》，相合而成，專之至也。陋儒記誦漫漶，博而不專，妄求遍物，而不知堯舜之知所不能也。余決定終身治《文心》，以告先生，先生聞之欣然。孔融云："今之少年，喜謗前輩。"(《薦禰衡書》)余引以爲戒，並思北朝保存至今之傑作《水經注》，故國楊守敬氏爲《疏》，流布中外，民到於今稱之，南朝留傳至今之奇書《文心》，余當仰慕鄉賢撰《義疏》，鋭意探賾索隱，鈎深致遠，啓晨光於積晦，澄百流以一源，辨是與非，誓爲舍人功臣。然彦和博聞强識，嫻於辭令，搦筆論文，體大慮周，指遠而詞密，共曉維艱，或問："劉勰撰《文心》，題目古今文體，沈約謂其'深得文理'(《南史》本傳)，其故何也?"先生義積理熟，率意而答：約而言之。

一詳訓詁，曰："錢大昕云：'有文字而後有詁訓，有詁訓而後有義理，詁訓者，義理之所由出，非别有義理，出乎詁訓之外者也。'(《經籍籑詁序》)劉勰洞鑒於此，通解綴文必先識字，盛稱保氏掌教六書，昌言辭人'練字'，以《蒼》《雅》品訓(《文心·練字》)，故因字生句，彬雅昭精，不詳詁訓，何以致之。"

二重發揮，曰："顧名思義，文論以説理爲要。《易》以六爻發揮，絜静精微，學者是效。若曹丕《論文》、陸機《文賦》，體勢雖殊，辭皆易簡，以少總多，含意未伸。如或就文作解，難以知裏，以辭害意，失之彌遠。劉勰以作《文心》，仿佛丘明爲《春秋》著《傳》，《神思》《聲律》諸篇，發揮其想象、聲律之論，引而伸之，擴而充之，數句敷爲一篇，繁而不可删，以微而顯，讀者足以窺其藴奥。"

三探本原，曰："物有本末，猶事有終始，理有固然，莫之或逆。蓋言百物從本起末，自然之數，觀物必自本始，惟本執而末從，宜正其本，以端其末，本末相生，萬事以畢。劉勰知其如此，乃斥桓譚、劉楨、應璩、陸雲之論文，並未能'振葉以尋根，觀瀾以索源'(《文心·

序志》);而其評議群才,又以張衡、班固,舍本而逐末,文輒流於淫侈;至其詮叙修辭,力主以質爲本,以文爲末,爲情造文,則正末歸本,而無偏勝,可謂精妙。”

四貴實證,曰:“韓非有言:‘無參驗而必之者,愚也。’(《韓非子·顯學》)揚雄亦稱:‘無驗而言之謂之妄,君子妄乎不妄。’(《法言·問神》)必‘持之有故’,然後‘言之成理’(《荀子·非十二子》)。劉勰嘆此達言,以爲美談,六藝百家,皆不絶吟停披,提要鈎玄,博習有如胥臣、子産,真積力久,聯辭結采,則據事以類義,援古以澄今,明理引乎成辭,徵義舉乎人事,華實相扶,不務浮淺,可爲楷式。”

五調虚實,曰:“虚與實對,不可孤立,如支體之成雙,似高下之相須,物既有之,文亦宜然,然文之虚,將以寫實,是假設之詞,而文言之特徵也。劉勰雖未識原人神話虚構之用,誤爲‘譎怪之談’‘詭異之辭’(《文心·辨騷》),而放言遣詞,要亦善運乎虚實。或改變情狀,易張衡研《京》之“十年”爲“一紀”,以便上下句之儷偶,示現作此賦遲緩之實;或更易方位,移《西都》之“比目”爲《東都》,爲求東西之對仗,而拔西爲東,用便珍奇序列之實;或换次第,東漢和帝之生先安皇,亦循舊規,不局先後,有曰“安和”,利寫其誕辰之實。諸如此類,皆寫實追虚,虚而實之,不同空論。”

六判同異,曰:“物之不齊,爲物之情;莊周齊之,自爲妄言,智者以同而異,剖而判之,離離若星辰之行。劉勰辨歷代文之通變,則曰黄歌之質,唐歌之廣,虞歌之文,夏歌之縟,商周之麗,楚騷之矩式周人,漢賦之影寫楚世,魏策之顧慕漢風,晋辭之瞻望魏采,同異迭見,如數家珍,秩然有序,而不淆亂;又其品藻群才,優劣殊迹。故陸機思能入巧,而不制繁;桓譚長於諷論,而不及辭賦。區同與異,旨深而文明。”

七考因緣,曰:“釋氏説法,首尚因緣,劉勰論文,其同之也。故以《風》《雅》寖聲，而後《離騷》代興；建安不治，文士蓄憤，而後吟咏情性，慷慨任氣；劉琨詩文雅壯多風，亦遇之於時勢；要之，文變興廢，繫乎世情，事所必至，未之或違也歟。”

先生愛余深，誨余切，括囊《文心》，標以七義，精理成言，篤而爲論，得未曾有。余謹志之，以爲治學之準繩。每思鄉入初中，好爲駢文，陸承勉師以六朝儷辭，劉勰最擅，教讀五十之篇。余從而習之，但知舍人偶語，自然生動，別有風姿，辭章立家，與徐庾之艱澀懸絶。迨進高校，從駱鴻凱師游，始悉《文心》爲文論之書，由是側重義理之探討。然於其腠理，究未深解，如瞽無相，倀倀何之。然唯先生七義，撥雲霧而見青天，以現彦和附辭會義，務總綱紀，條貫統緒，首尾周密，積年疑滯，焕然冰釋，苟無師教，迴不及此，中心臧之，何日忘之。章太炎弟子馬宗霍師致書於余，以余“欲爲《文心》作《義疏》，自是不朽盛業，及兹年力尚富，僶俛爲之，應時寫定，是所望也”。師之殷望，煖然似春，伏讀再四，感激涕零，於是抖擻精神，益自刻苦，多方索檢，確立體例，曰十有一，融七義而製，文煩不録，詳見《文藝論叢》第十九輯。爲時流謬許，余以天道惡盈，不自滿假，盡力而爲，功庸弗怠，爲山不虧一簣，窮理止諸至足，以高度韌性自勵，即非議再多，堅定不移；處境再窘，堅定不移；工作再忙，堅定不移；困難再大，堅定不移；成績再好，堅定不移。維是五年，其猶車輪，相推而進，載歷寒暑，《義疏》稿已七易，都百餘萬言，規模粗具，“頗爲國内、外學術界關注”(1989 年《文學遺産》第 4 期報道)，飲水思源，其能無念於先生耶！往歲，拙著《論語發微》交北京文化藝術出版社出版，以奉蘇淵雷教授，因余爲先生弟子，承贈一聯，其下聯云：“絳帳傳經道已東。”比先生以馬融，當之無愧，擬余以鄭玄，愧不敢當。昔仲尼俛焉孳孳，鍥而不舍，行年六十而六十化，始時所是，卒而非之，學然後知不足；先生守範善道，至老不倦，日就月將，學有緝熙於光明；余師範賢聖，亦將行年七十而七十化，匡誤正俗，恒久以求真是，雖不能至，心嚮往之。

兩漢經生，治學以樸，世謂“樸學”(《漢書·儒林傳》)，“樸”之言實，實則不浮，云胡爲實？曰上山采銅，下井取礦，作文必讀文，著書必讀書，自感性到理性，由個體至總體，過此以往，語不虚設，春發其華，秋登其實，充盈而有光輝。且書不範圍於文字，自然、社會，亦皆書也。讀之未遍，妄下雌黄，紕繆差失，見笑大方之家。先生教弟子以讀書法，則開具群籍，兼經、子、史、集，並以六合之内，亦是一部大書，不可不讀。不讀破萬卷，下筆難以入神。司馬遷流觀六經異傳、百家雜語；又南游江淮，上會稽，探禹穴，窺九疑，浮於沅湘，北涉汶泗；以通古今之變，成一家言；至若毛萇、鄭玄，亦皆博覽，傳箋三百，不徒音訓，傍及地理、天文、典制、時事，蔚爲學宗。先生之言，余居之不疑，或以余爲“樸學派”，余無異詞，勉學柴桑，常“好讀書”(《五柳先生傳》)，欲知大道，必出户窺牖，其出彌遠，其知彌多，判天地之美，析萬物之理，放眼大千，亦無懵焉。夫大道猶路，人病不求，讀書以求，無不得之，當是是非非之智士，不爲非是是非之愚人，説以公心，惟道是視；同乎舊談，而非雷同；異乎前論，而非苟異；擘肌分理，唯務折中。如或不然，其何以實事求是哉！故曰先生之法，確不可拔。不讀書而能研究著述者，蓋有之矣，余未之聞也。然世衰道微，學術沈隕，浮華之風熾，陵遲至於梁世，每下而愈况，《春秋》三《傳》，被束高閣；六十四卦，不知何名；《莊子》衆篇，罔識内外；而巧説褻辭，敗績失正，使天下學者疑，僧虔有憂之，故書以誡其子弟。余爲此懼，早夜以思，恪遵師法，獨抱遺經，以窮終始，知音君子，其垂意焉。

夫陰陽化生，必二氣合而不偏，可以一言蔽之曰全，此天之道，萬物以之，《洪範》言王道不偏，荀卿泛論百物之全，曰見其可欲，則必慮其可惡;見其可利,則必慮其可害,不蔽一曲。明理而不失陷,足以窮情盡變,變有進退,以退爲進,則變以新,而不守故,變而通之以趨時。先生精《易》,每秉斯指,考文不以偏生暗,襲故能以求新,屬辭比事,以意新得巧,似難而實無他術,反循舊而已。故書有彼此,篇有上下,綜而顧之,以論一義,則居安資深,左右逢源,參伍因革,卓有新色,雖復體極數殫,終然相襲,而日新其采,必超前轍,此天下所希有,古今所難得也。試觀先生之書,貴乎三新,體例、材料、論點,皆自己出;先生之文,出入漢魏,汲其精英,不同成篇;心敏而言略,辭達而理舉,蘭爲國香,服媚彌芬,自鑄奇文,耐人諷味,不忍釋手。

先生激揚碩學,誘掖後進,耽精義,味玄旨,志與秋天競高,理與春泉争溢,至人大觀,與道皇軍,余忝列末座,領略清言,講授之暇,寧著述以自適,選意考詞,怵他人之我先;宅句安章,唯陳言之務去。

孔子曰:"無友不如己者。"(《論語·學而》)皇侃《義疏》、顏氏《家訓·慕賢》、朱熹《集注》,皆以友不如己者,則無益而有損;三家所見略同,實非孔子本義,蓋人有能與不能,他人才德或差於我,而其一方有可取,非我所及,我則友之,截其所能,以補我之不能。故孔子曾問禮於老聃,訪樂於萇弘,學琴於師襄,問少昊氏以鳥名官之故於郯子,而"郯子之徒,其賢不及孔子"(韓愈《師説》),則孔子豈不與不如己者爲友哉!"如"之言"似"也,"無友不如己者",不與不似己者爲友;似者云何?道也。友之道必相似,如其不然,佛氏名之"外道",孔子謂之"異端",若冰炭之不同器,"攻"之"斯害"(《論語·爲政》),焉能爲友?故孔子斷言"道不同,不相爲謀"(《衛靈公》);荀卿沿孔子取友之意曰:"友也者,所以相有也;道不同,何以相有也。"(《荀子·大略》)此"無友不如己者"正詁也,自孔子觀之,取友之標準爲道,惟道同者,始足以爲友,此先生以學新誨余之效也。

陸機自稱"屬文","恒患文不逮意,蓋非知之難,能之難也。"(《文賦》)讀者體會此三語,應著意"患"字,"患",病也,士衡以其創作實踐,知世人之著述,不能無病,而已正有文不達意之病,並即説解,以爲是文以達意之難,而非不能達也。故下文曰《文賦》"他日殆可謂曲盡其妙",欲作者"辭達而理舉",適以見文之可以達意矣。先是,孔子曾云"辭,達而已矣"(《論語·衛靈公》),則意可以文達。又曰"聖人之情,見乎辭"(《易·繫辭》)矣,學者多從之。《墨子·經説上》:"執所言,而意得耳。"《吕氏春秋·離謂》:"夫辭者,意之表也。"《太玄·玄瑩》:"是以文以見乎質,辭以睹乎情,觀其施辭,則其心之所欲者見矣。"如此等等,可作以文達意傳箋讀。或問孔子明曰"言不盡意"(同上)何也? 余則答之,曰:"'不盡意',非不能盡意,特以夸飾見盡意之難也,孔子出言,常用此修辭成法。魯哀公問弟子'孰爲好者'(《論語·雍也》),孔子對以顔回短命而死,今無'好學者'(同上),非真無'好學者',孔子以'好學'自居(同上),又贊孔文子'敏而好學'(同上),孔門七十高弟,不好學而能然乎! 朱熹以意逆志,注曰:'既云"今也則無",又言"未聞好學者",蓋深惜之,又以見真好學者之難得也。'孔子弟子亦用此成法,子貢曰:'夫子之言性與天道,不可得而聞也。'(同上)孔子與弟子言,亦及'性與天道',惟以其幽微,初學難曉,故言之少而難聞之,劉勰心知其意,曰'天道難聞'(《文心雕龍·徵聖》),得其旨矣。魏、晋玄家曲説,以言不能盡意,歐陽建作論,駁之以'盡意',識者同之,王導南渡,'道言盡意'(《世説新語·文學》),劉勰因之,曰'言不盡意,聖人所難'(《文心雕龍·序志》),亶其然乎! 是以學者原本言之'盡意',力主作者'出言以副情'(《淮南子·主術訓》),'文不稱實,未可謂是也'(《論衡·物勢》)。主善爲師,吾采其説,此又先生以學新誨余之效也。"

劉勰有言:"自近代以來,文貴形似。"(《文心雕龍·物色》)或以此斥漢來形式主義之流弊,大謬不然。請看下文,誠爲“形似”詮釋,以謂“近代”山水詩之寫物圖貌,能“巧言切狀”,“功在密附”,窮形盡相,使讀者“瞻言而見貌,印字而知時”,描摹逼真,若《離騷》之“論山水而得貌”(《辨騷》)也。沈約以“相如工爲形似之言”(《宋書·謝靈運傳論》),言之曰“工”,則“形似”自有褒義。然彦和褒與貶並,曰此詩“儷采百字之偶,争價一句之奇”(《明詩》),過分追逐字句之偶對、新奇,恰爲形式主義之瑕疵;辭意互舉,綜觀而明,直指其短,而何,此又先生以學新誨余之效也。揚雄不云乎:“夫物不因不生,不革不成。”(《太玄·玄瑩》)萬物因其可而革其否,則生生成長而日新,文辭通變,所以必“參伍因、革”(《文心雕龍·通變》)也。先生知因而不革,學失其則,以革新教諸子,文惟求新,不剿説以循舊,惡徼爲知,不采囊以掠美。余奉先生之教,辭必該舊而知新,取法乎上,不亦大可幸耶!

泰山其頽,哲人其萎,先生往矣,風規猶存,門人小子,尚可安仰。余寄迹漢上,引領湖濱,遥然長懷,援筆作贊,昭名景行,俾令聞顯於百世。其辭曰:於休先生,神明思聰。高蹈獨善,莫與争鋒。禮樂是敦,詩書是攻。學究天人,微妙玄通。絳帳傳經,禦寇擊蒙。論道經邦,氣大聲洪。蠢爾蠻夷,狡焉與戎。文學蓬轉,四方來同。宫墻重仞,允入其中。亦步亦趨,枝附影從。進德修業,勞而有功。日用不匱,仁義在躬。人生於三,事之靡終。冬日垂温,穆穆欽崇。振民育才,教思無窮。

畢養賽主編《中國當代理學大師馬一浮》,上海人民出版社,1992

老、莊異同論

——爲紀念先師熊十力先生誕辰100周年而作

隨着春秋、戰國社會大變革興起的“諸子”，主要是一些“辨雕萬物，智周宇宙”，“英才特達”的“大夫、君子”，他們“炳晃垂文”（《文心雕龍·諸子》），企圖“以此馳説，取合諸侯”（《漢書·藝文志》），發揮事業，有所作爲。司馬遷著《史記·老子韓非列傳》，以莊子附於老子之後，原因是莊子思想的“要本歸於老子之言”；至若法家韓非與老子合傳，也由於他的某種觀念“原於《道德》之意”；這就暗示“諸子”儘管生不同時，論述自成體統，並不意味彼此認識毫無關繫。班固心知此意，以爲“諸子”之言“雖殊，辟猶水、火相滅，亦相生也，相反而皆相成也”（同上）。因此，陸德明撰《經典釋文》，便以《老》《莊》殿於儒家經典，隱寓儒、道思想的交流，而孔子問禮於老子，老子實爲“孔師”（《文心雕龍·諸子》），决不是偶然的。不難想象，“諸子”或擇取足以充實己見的他家之説，勢必存在異、同，《周易》的《暌卦》肯定百物“以同而異”，確不可拔，學者嚴加區分，方能“辨是與非”（《繫辭》）。魏晋老、莊學興，而留意二氏之異、同者蓋寡，本文將從事初步探索。

總而言之，老子的思想，終始如一，莊子的理論，開始與老子一致，而後發生了根本變化。

言不離宗，是“諸子”立論的共同準則，所以孔子聲稱“吾道一以貫之”（《論語·里仁》），老子也表示他“言有宗”（《道德經》），“宗”者無他，道而已矣。劉勰指出“莊周述道以翱翔”（《文心雕龍·諸子》），“述”乃傳舊，亦即司馬遷説的“明老子之術”（《史記·老子韓非列傳》），“術”，猶道也，《莊子·天下》正“道術”連文，爲同義複詞。

荀卿以爲事物之名有“共”“别”（《荀子·正名》），而“共”猶總也，老子之道具總别，釋氏説佛法如之。總道的特徵是“常”，“常”有一成不變的意思。换句話説，總道是萬物發生、發展的規律。我們沿波討源，不難考見老子這個概念，原於《周易》；莊子顯自“《易》以道陰陽”（《莊子·天下》）；《易傳》的作者，昌言“一陰一陽之謂道”，“道”就是陰、陽和合，化育萬物的總規律。“陰、陽大化，萬物各得其和以生”（《荀子·天論》），“陰、陽”也就成爲“萬物之綱紀，變化之父母”（《素問·陰陽應象大論》），試看“日、月，山、川”的“形象”，都是“陰、陽之道”的“文”采（《文心雕龍·原道》）；諸如此類，無異總道的傳箋，而老子對它，確有最爲詳密的闡明。總道的功能，老子一言以蔽之曰：“萬物之奥。”《禮記·禮運》鄭玄注：“奥，主也。”總道爲萬物生長的主導或規律，故贊之以“大”，狀之以“天”，“天”之言自然。原來老子心目中的總道，是偉大的、自然而然的規律，唯其“常”住，故曰“執古之道，以御今之有”（《道德經》）。《禮記·大學》：“物有本、末。”萬物從本起，隱、顯無間。老子談其總道，連及厥德，以“道德”名書，五千言無非論玆兩者。何以謂之“德”？陸德明講對了：“道之用也。”（《老子音義》）則“用”，“本”也，“本”不離“末”，“振本而末從”（《文心雕龍·章句》），理勢之必然也。

至於總道化育萬物的過程，老子也因《周易》叙列。《繫辭》：“《易》有太極。”孔穎達《正義》謂“天地未分之前，元氣混而爲一”，就是老子“道生一”的“一”，爲産生萬物的物質整體，動則分爲物質性的陰、陽二氣，以其爲萬物的原始因素，故冠之以“元”，總道又“生二，二生三”（《道德經》）。“二”，陰、陽也；“三”，天、地、人也。《周易·序卦》:“有天地,然後有萬物。”萬物生於天、地之後,也是“元氣”的產品。因此,從總道之“德”着眼“有象”“有物”,萬物“恃之”以“生”,就這樣,總道“可以爲天母”(同上)。

莊子早歲接受老子的“道德”論,但莊子之師老子,却反對“學一先生之言,則暖暖姝姝,而私自説”(《莊子·徐無鬼》)的曲士,真能做到“從師而不囿”(《莊子·則陽》)。師固然要“從”,可不要被師範圍住。那末,莊、老的異同,可想而知了。

莊子承認老子的總道,“自古以固存”,從古以來,它曾凝固地存在,而爲“真宰”“大宗師”(《莊子·大宗師》),客觀世界一切真實事物的宗主或規律,而且“命物之化而守其宗”(《德充符》),它的本體雖然“不能得朕”,可是它通過運行,便呈露“已信”,“不見其形”,而“德”“有情”(《齊物論》);“情”,猶“信”,真實也,“已”,甚也,甚爲顯著的真實,將由它體現出來,所以它生“太極”,故在“太極之先”,能“生天生地”,而爲天地的“根”(《大宗師》)。

《莊子·天地》裏有一段文字,仿佛老子“道德”論的義疏,曰:“泰初有無,無有無名,一之所起,有一而未形,物得以生謂之德,未形者有分,且然無間,謂之命,留動而生物。”“泰初”,“太極”也,它所有的是“無”,“無”没有“有”,故没有“名”,因爲“名”是稱“有”的。可見尚未分化的“太極”,無所表現,然而萬物得從它產生,這叫做“德”,“德”使它從“一”分化爲陰、陽二氣。融通而無間隔,這叫做“命”,“命”,猶“道”(《詩經·周頌·維天之命》鄭玄箋)或法則,遵循這個法則不斷活動,萬物就會產生。故“形非道不生”(《莊子·天地》),道非德不明。

以上參驗莊子所“述”老子的總道,若合符節。

不可否認,老子誠因《易》義,從總道派生别道——關於事物的理解。阮籍的《通易論》,以《易》爲“往古之變經”。《易》的六十四卦,言事物的變,變雖是曲綫式的,而總的傾向,畢竟“日新”,“日新之謂盛德”,物極必反的常規,必導致否極泰來,“變而通之”,足以“趣時”(《繫辭》)。故變非循環。《易卦》終於《未濟》,隱諭事物永遠“日新”不已。老子繼承《易》變的概念,他説:“反者,道之動。”總道運動的規律,在於促使事物變的正、反統一,一正一反的交錯,事物便有“敝”有“新”,而“敝”終歸於“新”,故曰:“敝則新。”而變“敝”爲“新”的先決條件是“不盈”,故曰:“夫唯不盈,故能蔽不新成。”(《道德經》)易順鼎曰:“疑當作‘故能蔽而新成’。‘蔽’者,‘敝’之借字。”按“蔽”借爲“敝”是也,而“不”非誤字。《經傳釋詞》:“不,詞也。”《孟子·公孫丑》:“自反而不縮,吾不惴焉。”“不惴”之“不”,語助,非衍字或豈不。同樣的,“不新成”,“新成”也。有的人説“老子認爲事物的運動和發展是循環狀態的”,顯然不切實際。

莊子對萬物的變化“日新”,和老子相同。他説:“物之生也,若驟若馳,無動而不變,無時而不移。”(《莊子·秋水》)又説:“夫藏舟於壑,藏山於澤,謂之固矣,然而夜半有力者,負之而走,昧者不知也。”(《大宗師》)這是譬喻之辭,負舟、澤而走的是事物變化“日新”的趨勢、規律,郭象乘《秋水》之旨作注,稱其“揭天地以趨新,負山嶽以舍故,故不暫停,忽已涉新;則天地萬物,無時而不移也,世皆新矣,而自以爲故;舟日移矣,而視之若舊;山日更矣,而視之若前;今交一臂而失之,皆在冥中去矣,故向者之我,非復今我也。我與今俱往,豈常守故哉! 而世莫之覺,横謂今之所遇,可係而在,豈不昧哉!”郭注暢發莊義,以爲事物都像川水東逝,不舍晝夜,以新代舊,勢不可遏,只有愚昧的人,才會“守故”。“孔子行年六十而六十化,始時所是,卒而非之”(《寓言》),這一典型,説明事物的變化與人的認識,逐步增長、加深。而難能可貴的是莊子沿《易》之“終始”觀論物變比老子周至。《易·蠱》曰:“終則有始。”莊子同然一詞:“終則有始。"(《秋水》)而"終、始"的涵義,莊子空前發明,以爲"終始若環"(《大宗師》),"環"非輪回不前,乃喻其反復運轉,而"終、始無故","終、始之不可故也"(《秋水》),故"日新也"(郭象注)。因此,天下的事物,"莫不沉浮,終身不故"。"沉浮",譬變化也。"不故",不循舊也。

春秋、戰國社會的變化"日新",有濟世志的老、莊最所關注,並且鋭意效力,都毅然出仕。"諸子"的政治思想,哪種適時?法家商鞅有這麼一段話,"湯、武既破桀、紂,天下大定,偃武事,行文教"(《商君書・賞刑》),他總結"湯、武革命"(《周易・革卦》)的歷史經驗,以爲皇王建立政權,約分任武、尚文兩個步驟,而有先武、後文的次第,以武力攻取天下以後,就得用文教保守。秦自孝公變法,以至始皇,統一六國,而"不偃武修文",二世而亡。賈誼論秦之"過",在不識"取與守不同術",暗於"攻、守之勢異",而"仁義不施"(《過秦論》),以致亡國滅家。於是司馬遷非議儒家的孟子,不識戰國之世,"方務於合從、連衡,以攻伐爲賢,而孟軻乃述唐、虞三代之德,是以所如者不合"(《史記・孟子荀卿列傳》)。是孟子師範孔子,欲"修文"於戰國,與時勢背反,以"迂闊"見譏(同上),游説齊、梁,終不被用。

事實證明,商鞅的文、武觀完全正確,而老、莊都不同意適時的法治。老子譴責"法令滋彰,盗賊多有"(《道德經》);莊子指斥法家"慎到之道,非生人之道,而至死人之理,適得怪焉"(《莊子・天下》)。則老、莊政治思想之不適時,斷然可識,怎麼辦?他倆不願以仕途絶望自盡,也不屑與俗妥協,不得已而隱居。很清楚,隱居是老、莊思想由同到異的轉折點,叔孫豹講"三不朽"——立德、立功、立言,大抵立德而後能立功;立功不成,而後立言以述志。核而論之,老子的志如故,哪怕"不當時命而大窮乎天下"而隱,"則深根守極而待”,暫時“聲銷”,而“志無窮”(《莊子·繕性》),總想見機復出,藉以遂志。將隱,稱興著《道德經》上、下篇,緣事而發。一氣呵成,首尾言其别道的精髓,無非“君人南面之術”(《漢書·藝文志》)。“河上公授漢文帝以《老子章句》四篇,言治身理國之要”(《經典釋文》),真的隱而不逸。陶潛逃禄歸耕,不忘國是,發咏成章,悼國傷時,並非渾身静穆,允爲老子支裔;惟淵明終身不仕,則又同乎漆園耳！老子的《道德經》無教人消沉出世的情緒,陸德明以其“尚虚無無爲”(同上),五字高度概括五千言的義脉。老子憤世嫉邪,以塵俗之病在“僞”,誰要反“俗”,便應棄“俗”存真。他的後學稱之爲“博大真人”(《莊子·天下》),而求真之方,乃以“虚無”爲“尚”。舊説以“虚無”猶“空空”,而老子實無佛家的這種意識。韓非《解老》:“虚者,謂其意無所制也;今制於爲虚者,其不虚也;虚者之無爲也。虚則德盛,德盛之謂上德,故曰‘上德無爲而無不爲’也。”韓非是荀卿的弟子,而荀卿嘗以老子的“虚無無爲”之義授韓非,曰:“未得道而求道者,謂之虚壹而静,作之,則將須道者之虚,則入。”韓非以之解老子。“壹”,專也。庸人心中充滿俗知,受其干擾,爲其控制,不能專於大道,浮功而不清静,矯揉造作,邪僻而僞,欲有所作爲,就非虚無心之俗知不可。因此,胸懷大道的“聖人”爲“治”,爲使“民心不亂”,必令民“虚其心,實其腹”。“腹”,内也。心虚無俗知,“常使民無知、無欲”。人民没有俗知所産生的雜念,而内部充實的爲真知,則德盛而有爲。因此,古之善以大道爲“治”者,“非以明民,將以愚之;民之難治,以其智多;故以智治國國之賊,不以智治國國之福。”(《道德經》)然則,“愚”者,“民”之虚無俗知也。以俗知治國,是謂民賊,以真知爲政,則國有福。老子的愚民,只是要民對俗知蒙昧;至於真知,一定要懂。真知是與總道對應的别道,不傳播它,事物就無法變化“日新”。如以老子反一切知,使人民都當文盲,五千言就讀不通了。“智慧出,有大僞”(同上),無疑指俗知而言。

《道德經》包藴宏富,衆所熟知的樸素辯證法,學術界無争議,本文不重述。我們要着重陳叙的是老子隱居後的書辭,終不改其心之所善的輔世導民的真知。他論道經邦,主張“以正治國,以奇用兵”,兩句互文見義,實謂以奇、正治國、用兵。“奇、正”雖反,人主必兼解俱通,隨時適用,無論治國、用兵,都得運用“奇、正”兩種方式。用現代的話説,“正”是常規,“奇”是變通,尹文子因以“奇”爲“權術”,曰:“奇者,權術是也,以權術用兵,萬物所不能敵。”(《尹文子·大道》)治國一樣,“奇、正”結合,斯無往而不利。老子鑒於當世諸侯争奪相殺,給人民帶來深重灾亂,於是提倡“以道佐人主者,不以兵强天下”,這不是廢“兵”,而是以强天下之方術,非唯“兵”也。他目睹“師之所處,荆棘生焉,大軍之後,必有凶年”;“兵”是“不祥之器,不得已用之”,所以禁暴除害,撥亂反正。他針對現實,勾畫“小國寡民”的烏托邦。現實連年用兵,而此不用;現實人民流離死亡,而此安土重遷,現實以舟輿、甲兵、文字交接,制造事端,而此一律弗施;現實萬姓生活艱苦,而此甘、美;現實大衆住處,風氣卑劣,而此高尚;現實邦域相近,往來頻繁,而此决不交通,以求清静,宛然太古部落。陳古所以刺今,不翅詩人的“樂土”,陶潛的“桃花源”,非要現實返回原始狀態去;以老子思維邏輯之嚴密,怎會於一書之中,道出與“敝則新”相乖忤的觀念!與此同時,老子深憎時君之以死嚇人而反詰之:“民不畏死,奈何以死懼之?”痛惡世主之厚斂虐民而露布之:“民之饑,以其上食税之多,是以饑。”直道正辭,慷慨以任氣,不啻《小雅》之怨誹,而有强勁之風力。唯是,五千言之精妙,端在析萬物之理,著人世之非,辭意矜重,而非平典、玄默,昭昭若日、月之明矣(《道德經》)。

抑總、别之道,如何求之?老子强調用推論的方法,他説:“不出户，知天下；不窺牖，見天道。”(《道德經》)學者多以此四句爲老子主觀唯心論的要據，非也。《韓詩外傳》：“昔者，不出户，而知天下；不窺牖，而見天道；非目能視乎千里之前，非耳能聞乎千里之外，以己之情量之也。己惡饑寒焉，則知天下之欲衣食也；己惡勞苦焉，則知天下之欲安佚也；己惡衰乏焉，則知天下之欲富足也。”此可移作老子“不出”四句訓詁。由平素對事物之感覺而推論之，以擴充知識，迥與冥契默證不侔。

又别道之行，亦猶總道之“法自然”，則無失理之“爲”；唯有這樣的“爲”，纔能“以輔萬物之自然”，亦即“萬物之自然”，必須“爲”或人工的輔佐，此之謂“無爲而無不爲”。如此“愛民治國”，“則無不治”。老子有時稱“自然”爲“天”，曰“治人事天”，蓋言治理人事，必以遵奉“天”或“自然”爲準的。故“天”“人”參伍，既以“天”制“人”，亦以“人”助“天”，由是，“人”而增益“天”之所不足，故曰“益生祥”，易順鼎以“祥”即“不祥”，非也。有的人曲解老子的“無爲”，以他“忽略了主觀力量的重要性”，以“無爲”是抱住手脚，啥事不幹，不亦傎乎！《易》曰裁成天地，輔相萬物，備物致用，立成器以爲天下利，其以“人”助“天”之義歟！荀卿本《易》《老》“天”“人”之義著《天論》詳説之；他的《解蔽》品題“諸子”，不批判老子蔽於“天”而不知“人”；他以“土之生五谷”，“天”也，“人善治之，則畝數盆，一歲而再獲之”(《荀子·富國》)，“天”而加之以“人”，地力爲之增强也，豈非老子“益生”之“祥”乎！

五千言反映老子認識、改造自然、特别是社會的意志。因爲他不知其政治思想反時，也就堅信其治國之“言甚易知，甚易行”，不以“天下莫能知，莫能行”而動摇，揚言“則我者貴”(《道德經》)，毅然特立獨行，“不見是而無悶”(《周易·乾·文言》)，形在江海，仍以筆争，彼衆我寡，采取以“柔弱勝剛强”(《道德經》)的策略，動乎險中而不渝云。

不可否認，莊子本來也有老子的别道——真知；他以有真知的人，叫做“真人”，故曰“有真人，而後有真知”(《大宗師》)，而“真人”即“至人”，“不離於真”(《天下》)。他和老子，都是於學“無所不闚”(《史記·老子列傳》)的博習多識之士。如前文所述，他也積極入世，見“天下大亂”，則悲憫“内聖外王之道，暗而不明，鬱而不發”(《天下》)。當他隱居，志趣與老子背道而馳，變濟世爲避世，一心“逍遥”方外，以求精神的解脱，相應地反對真知；可又近似佛家大乘，爲普度“衆生”，説出世間法，兼及世間法，以爲對勘，使“衆生”知己知彼，起立正信，所謂“雖明世典，常樂佛法”(《維摩經》)。莊子勸人“逍遥”，宣講統攝真知，如言“養生”，雖以“逍遥”爲要，却又旁通庖丁解牛“依乎天理”——依循肌肉的自然紋脉，以免折刀的真知(《莊子·養生主》)。此外，他以老子的别道“無所不在”，則‘在螻蟻”，“在稊稗”，“在瓦甓”，“在屎溺”，在物而非唯心，當然也是真知，諸如此類，《莊子》多有。不過，他爲消除“逍遥”的障礙，發言抗論的重點，則在真知的呰議，要人無任何真知的，不是老子，而是莊子。

由呰議而詆毁，乃是自然之勢，學者體會真知，自偏而全，只要不斷尋求，總有這麽一天。而莊子詆毁真知本不可知，曰:“知者，接也;知者之所不知，猶睨也。”睨，邪視也。學者與外物接觸，不能有所知，猶目邪視外物一隅，而有蔽焉(《莊子·庚桑楚》)；真知的是非，本以辨而愈明，而莊子詆毁辨實無能爲力，以辨者都“隨其成心而師之”(《齊物論》)，而私心自是，辨徒爲己，曰:“彼爲己，以其知。”(《德充符》)曰:“人同於己則可，不同於己，雖善不善，謂之矜。”(《漁父》)於是“天下未有公是也，而各是其所是”(《徐無鬼》)。結果，“彼亦一是非，此亦一是非”(《齊物論》)，但令是非淆亂無正，故“聖人懷之”(同上)而不辨，惟“衆人辨之以相示也”，而茫然罔覺，“故曰:辨也者,有不見也"(《齊物論》),則辨非息不可;真知反映事物,而事物繁盛,真知遂以宏富,浩如烟海;人以有限的生命,難於盡之,這是正常現象,而莊子詆毁求之有害,曰:"吾生也有涯,而知也無涯;以有涯隨無涯,殆已。"(《養生主》)殆,困苦也。譬諸江河,人的生命有邊,而真知無邊,以有邊追尋無邊,是自討苦吃,不得善終。社會一治一亂,或以治而亂,或以亂而治,此事所必至,而莊子詆毁世之衰敗,皆根於真知,曰:"多知爲敗。"(《在宥》)世之不治,"罪在好知"(《胠篋》),"百姓好知",則其無理之"求竭矣"(《在宥》),藥之其唯泯絶知巧;反是,"以知爲師,因以乘是非"(《庚桑楚》),岌岌乎危矣。

莊子的知音惠施,有書五車,著作不多,《漢書·藝文志》載録《惠子》一篇,《莊子·天下》保存其有關真知的命題,曰:"至大無外,謂之大一;至小無内,謂之小一。""無外",極言其大;"無内",極言其小;無論"大、小",皆非絶境,而云"至"者,自"大、小"發展全程之某一階段言之。曰:"無厚,不可積也,其大千里。""無厚",無有厚之者,厚之極也,故不可復積以成其厚;物厚則大,故其至於千里矣,豈厚之真不復積耶?非也,厚將復有厚者,亦自厚之某一階段云然耳。曰:"天與地卑,山與澤平。"《詩經·小雅·十月之交》:"高岸爲谷,深谷爲陵。"詩人仰觀俯察,洞鑒岸、谷形勢之變,天、山如之,故以天之高可轉如地之卑,山之高可轉如澤之平。曰:"日方中方睨,物方生方死。"睨,傾斜也。日運行無定,方其正中,忽可轉爲傾斜,物之方出生,忽可轉入死地。曰:"南方無窮而有窮。"南方無窮盡而又有窮盡者,方向卒止於南,而不可易爲北也。曰:"今日適越而昔來。"今日之能適越,必有昔日之至者以導之也。曰:"連環可解也。"環以物相連而成,有成則有毁,故他日可毁而散也。假使我的説解能成立,這些命題具有唯物辯證成分,屬於老子真知的範疇,而莊子竟以"其道舛駁,言而不中"(《天下》)。子貢南游於荆楚,途經漢水之南,見一長者種菜，入井取水灌溉，用力多而功少。乃教長者用機械，則用力少而功多，長者忿然而笑，這恰好體現莊子反對老子以真知治“天”之旨。

莊子對老子的真知，最後從詆毁到消滅。他的《齊物論》是消滅真知的專篇，或以“物論”連讀，未諦。魏、晋人莫不以莊子所論者爲“齊物”，故嵇康《琴賦》：“齊萬物兮超自得。”夏侯湛《莊周贊》：“齊物無尤。”陸雲《逸民箴》：“齊物達旨。”劉勰《文心雕龍·論説》：“莊周齊物，以論爲名。”皆“齊物”連讀，始合全篇旨義，且莊子嘗自作解《秋水》：“萬物一齊，孰短孰長。”萬物有長、短，是真知也，莊子釜底抽薪，使我與天地、萬物“並生”“爲一”，渾然不分，則“吾喪我”，我既不存，何知之有？余故曰：《齊物論》者，猶《論齊物》，莊子爲消滅真知而作，所以乞求精神之“達觀”“自得”而“逍遥”也。然《尚書·吕刑》：“上刑適輕，下刑適重，惟齊非齊。”“非”，不可也。刑有上、下、輕、重，雖欲齊之而不可齊也。《荀子·禮論》以禮有上、下、貴、賤等差，爲自然秩序，引《吕刑》“惟齊非齊”之言證之。善乎孟子之言：“夫物之不齊，物之情也。”（《孟子·滕文公》）“情”，猶實也。萬物多姿，不可齊之，是實情也。而莊子齊之，豈其然乎！劉琨《答盧湛詩並書》：“遠慕老、莊之齊物。”以老、莊都“齊物”，非領會之誤，即以“老、莊”爲偏義複詞，而偏取莊義耳！

世之輯《莊子》者，首之以《逍遥游》，蓋以爲他篇之綱紀也。夫“游”與“逍遥”，非一義也。《莊子·外物》：“唯至人能游於世而不僻。”又《德充符》：“故聖人有所游。”“逍遥游”者，“逍遥”之“游”。“逍遥”爲“游”之條件，唯“逍遥”而後能“游”。“逍遥”，曠放也。“游”，“不繫也”（《外物》郭象注）。“至人”以“物固相累”（《山木》），故不“囿於物”（《庚桑楚》），曠放而無所繫縛，超脱自由也。

《逍遥游》指物類情，文義周流，從物及人，要以“逍遥游”的要害,惟在"齊物",無我相,無物相,無待於外,而世之人、物則不然。若乃物也,鵾、鵬之徙南冥,待風而飛;蜩與學鳩以遠近之知,笑鵾、鵬之舍近求遠,而己舍遠求近,自鳴得意,大椿冥靈以大小之知言春秋;至於人也,或以官之大、小比勘自視,宋榮子笑之者,未能"齊物",以大、小之辨,而求其大,物之病猶是也。列子御風而行,輕妙而善,將有求於世,僅"旬有五日而後反",未始,終汲汲求之,雖有高於世俗者,然猶待風、用知,無以爲"逍遥"之"游"。"若夫乘天地之正,而御六氣之辯,以游無窮者,彼且惡乎待哉!"《文選·演連珠》李善注:"乘,猶因也。"《楚辭·九辯》王逸《章句》:"辯者,變也。""至人"因天地之六種正氣——陰、陽、風、雨、明、晦以御使其變化,運行無所窮盡,往而不返,精神與物、知決絶,以至於"無何有之鄉,廣莫之野",蔑知無待而"逍遥",與老子之繫心人事者殊異。

"逍遥游"的觀念,會使莊子在"天、人"方面,與老子分流,莊子稱"聖人""不滅其天,不忽於人"(《列御寇》),"不以人入天"(《徐無鬼》),"不開人之天"(《達生》),蓋"人"必"以天爲師"(《天地》),不以"天"化於"人",人必順"天"之爲而爲,斯於"天"無所治,是"工乎天而俍乎人者"(《知北游》)。則"不以人助天"(《大宗師》),"聖人觀於天而不助"(《胠篋》),"常因自然而不益生"(《德充符》),不以"人"改造"天",如老子所謂"有治在人"(《天地》),荀卿所以斥莊子"蔽於天而不知人"(《荀子·解蔽》)也。

"逍遥"的莊子,精神浮游四海之外,形骸仍須生活天地之内,爲了處塵不染,也和老子一樣地運用"權"術,曰"明於權者,不以物害己"(《秋水》)。不過老子施"權"術的目的是繼續與世抗争,而莊子是保證自己和"衆生"的"逍遥",不能杜門自守。相反的,要到人間活動,好像大乘"菩薩行於非道,是爲通達佛道"(《維摩經》),表面與塵俗和平相處,"常寬容於物,不削於人"(《天下》),但"順人而不失己”(《外物》),隨順是不露鋒芒,以逆其鱗,一定做到“形若就,就不欲入”(《人間世》),外形不忤塵俗,而骨子裹與之背反。

不適時的老、莊思想,在當世没有起什麽作用,但給後代的影響却不小,真是“衣被百世,非一代也”(《文心雕龍·辨騷》)。卓具眼識的司馬遷以集申、商法術思想之大成的韓非論政所“原”之意不是《南華》,而是《道德》,不著《解莊》《喻莊》,而作《解老》《喻老》,唯一是他强調以主觀力量變革戰國社會,賞識老子以“人”治“天”的别道。綜觀《韓非子》,就知道他以“人主之大物,非法則術也”,而“法”“布之於百姓”,“顯”而易見,“術”“藏之胸中”,“而潛御群臣”(《韓非子·難三》)。因此,“術”的關鍵是隱。人主爲行其“術”,宜拾老子的虚静無爲以成其“神”秘,人主要以玄默的姿態,暗地考察臣、民的動作而賞、罰之(《揚權》)。老子有以“奇、正”用兵之言,孫武引伸之曰“戰勢不過奇、正”,而“奇、正相生”(《孫子·勢篇》),“奇”即兵之“詭道”(《計篇》),“詭”,詐也,故“兵以詭立”(《軍争篇》),韓非亦發明之,曰“戰陣之間,不厭詐僞”,“不謂詐其民,謂詐其敵也”,“一時之權也”。尤其是《解老》,往往以老子的外殼,加入法家的論點,讀者詳審可見。

劉漢興於長期戰亂之後,經濟嚴重破壞,迫切需要與民休息,恢復生産,穩定政權,出現文、景的黄、老之治,殆以老子之“清静”以安定社會耳。賈誼被讒,貶官,憂愁幽思,賦《鵩鳥》以自釋,曰欲若“至人”之“遺物”,“真人”之“恬漠”,“德人”之“無累”,“釋智遺形”,“意變齊同”,“無物不可”,以莊子之“齊物、滅知”之“逍遥”,以解一時之憤悶。張衡仕不得志,以河清無期,爰賦《歸田》,曰:“苟縱心於物外,安知榮辱之所如。”欲齊“榮辱”,無知而放,其亦《鵩鳥》之類也。

曹魏正始年,皇室腐敗愈甚,司馬氏篡魏之勢成,争奪相殺,人患日深,家家思亂,不遑寧處,黨曹“名士”,少有全者,老、莊之學,應運而興,曉暢之者,其唯王弼、何晏。弼注《老子》,晏以爲"精奇",對裴徽之問,曰:"聖人體無,無又不可以訓,故言必及有。"(《世説新語·文學》)以明老子"有無相生"(《道德經》)之意,又作《無爲論》,以申柱下。天地萬物皆以無爲爲體,恃陰、陽以化育萬物之義。學者或以"竹林七賢"皆老、莊之徒,實則七人俱以竹林避風,憑談老、莊韜晦,意氣乃相逕庭,蓋王戎、山濤、阮咸、向秀,均崇老子"治人",鑒魏主之昏昧,司馬氏之欲靖難、一統爲得計,故終仕晋。惟嵇康、阮籍不然,叔夜伏誅,嗣宗轉向莊子,以"逍遥"保身。劉伶亦寓情莊子,肥遁忘形,作《酒德頌》,塑造大人先生,稱其"不見太山之形,不覺寒暑之切肌,利欲之感情","無思無慮",其亦莊子"逍遥"歟!陳壽博物多識,以阮籍逃難勝於嵇康者,唯"以莊周爲模則"(《魏志》本傳),傲然獨往,以"痴"爲表,忘其形骸,心知"洪生"必資禮制,而故蕩軼繩檢,"嗜酒荒放,露頭散髮,裸袒箕踞"(《世説新語·文學》注引王隱《晋書》)。世之玩世不恭者,"徒利其恣縱"(《竹林七賢論》),而其放之流弊日甚,"貴游子弟阮瞻、王澄、謝鯤、胡毋輔之之徒,皆祖述於籍,故去巾幘,脱衣服,露醜惡,同禽獸"(《世説新語·德行》劉孝標注引王隱《晋書》)。

及至江左,士多煩苦,踵籍之放者彌衆,葛洪揭諸下流"終日無及義之言,誣引老、莊,貴於率任"(《抱朴子·疾謬》);"或濯脚於稠衆,或溲便於人前"(《刺驕》),甚至"入他堂室,觀人婦女,評論美醜"(《疾謬》)。莊子"忘形"流弊之危害於風教,阮籍作俑,江左已極,葛洪曰下流之"誣引老、莊",謂假二氏之辭,而别爲之放耳。《續晋陽秋》云:"過江佛理尤盛。"(《世説新語·文學》劉孝標注引)夫佛、道兩家,不能相混,而莊子觀念之一體,或與交融無間,何以明其然?蓋佛氏斷盡我執,物忘心滅,向往净土,頗似莊子指歸。故僧肇著論,每借《南華》以表意曰:"有無齊觀,齊觀則彼己莫二;天地與我同根，萬物與我同體”；“智爲雜毒，形爲桎梏，患難以之而起；所以至人灰身滅智，捐身絶慮，超然與群有永分，渾爾與太虛同體”（《肇論》），斯豈非“齊物”“逍遥”之傳箋乎！劉義慶云：“初注《莊子》者數十家，莫能究其旨要。向秀於舊注外爲解義，妙析奇致，大暢玄風。”（《世説新語・文學》）然則，玄風者，莊子遺天下，外萬物，超出塵埃，而窺絶冥的“逍遥”之風也。此風滲透文苑，權輿於賈誼之賦《鵩鳥》，馴致魏世而漸盛。若乃曹植遭文、明二帝之遷抑，於邑不平，願乘風升天，輕凌太虛（《仙人篇》），“齊年與天地”，萬乘不足以多（《遠游》），從而“逍遥八紘”之“外”（《五游咏》）；順流而作，至正始而“玄風”勁，何晏以雙鶴群飛，恐失綱羅，憂禍相並，不如隨浮萍而逝，以況“逍遥”（《擬古》）；迨中朝王侯之争起，張華處雲閣而危懼，擬《鵩鳥》而賦《鷦鷯》，絶筆稱遐觀無垠，齊小、大以自逸；諸如此類，皆故爲莊子之“逍遥”。陵夷逮乎江左，“玄風”始與佛理參會，則玄之又玄矣。於時孫綽嗤笑志之徇務，崇盛談之亡機，唯是，“足不離疆，談不離玄”（《贈謝安》），與許詢共爲玄言詩賦之宗，而世稱其“彌善恬淡之詞”（《詩品》）。且綽不游天台山，憑圖象賦之，以明玄心，曰去害馬，捐世事，泯色空，以悟有爲非而遣之，溶莊、佛而爲言，劉勰、沈約均以東晋“玄風獨扇”，文辭之義，殫乎老、莊，非篤論也（詳見《文心雕龍・時序》及《宋書・謝靈運傳論》）。

顯然，老、莊的思想，都有影響，法家商鞅没有涉及老、莊。韓非和西漢的文、景，先後用了老子的理論，有着一定的實際意義。魏、晋則莊子的影響大於老子。老子影響於哲學，不無唯物因素。莊子除哲學外，還影響政治、習俗、文學，範圍較廣，曾起消沉、頽廢作用。東晋關懷天下安危者都反玄，以“玄風”根於莊子，譴責則側重漆園。王右軍以莊子“死生爲虛誕，齊彭殤爲妄作”（《蘭亭集序》），與好“虛談”的謝太傅共登冶城，謝竟不顧國家興亡，仍“悠然遠想，有高世之志”，王不然之，遂謂謝曰：“今四郊多壘，宜人人自效，而虚談廢務，浮文妨要，恐非當今所宜”(《世説新語·言語》)；王壼見貴游子弟慕“虚談”者，則厲聲於朝：“悖禮傷教，罪莫斯甚，中朝傾覆，實由於此。”(《世説新語·賞譽》劉孝標注引鄧粲《晋紀》)於是戴逵作《放達爲非道德論》；范甯目睹“時以虚浮相扇，以爲其源始於王弼、何晏，二人之罪，深於桀、紂”。乃著論曰：“王、何蔑棄典文，不遵禮度，浮辭游説，波蕩後生。”(《晋書》本傳)“虚談”“放達”之害，提到滅亡“中朝”的高度。王坦之觀瀾索源，顯白其咎歸於莊子，若《廢莊論》，歸結“莊生之利天下也少，害天下也多，莊生作而風俗頹”。干寶怪“風俗淫僻，耻尚失所，學者以老、莊爲宗”(《晋紀總論》)。劉弘教曰：“太康以來，天下共尚無爲，貴談莊、老，少有説事。”(《晋紀》)殊不知魏、晋“虚談”“放達”，老子無與焉！談士之中，或有“清峻”之目(《文心雕龍·時序》)。夫王敦，談士也，《晋書》本傳稱其“雅尚清言，口不言財色”；庾亮，談士也，《晋書》本傳稱其“善談論，風格峻整”；此史之不貴信也。蓋敦荒恣於色，體爲之敝(《世説新語·豪爽》)；庾亮胸中柴棘三斗許，爲“塵汙人”(《世説新語·輕詆》)。類此而推，謝安、謝鯤，亦皆談士。或自鳴高蹈，或世許其“通簡有識”，而安在東山畜妓(《世説新語·賞鑒》)，鯤挑鄰家之女，女以梭投，折其兩齒(同上，劉孝標注引《江左名士傳》)。此等談士，言清而行穢，莊子之流弊，亦已甚矣。

《齊魯學刊》1989 年第 3 期

檢論鄭玄訓詁成就及其影響

鄭玄所以成爲漢代卓出的訓詁學家，主要是他有端正的學風。荀卿告訴人們："學莫便乎近其人。"(《荀子·勸學》)據楊倞注釋，"人"，"謂賢師也"。可是早在戰國，便有"學曾未如肬贅，則具然欲爲人師"(《荀子·宥坐》)的不"賢"之"師"，而西漢"模不模，範不範"之"師"，爲數不少(《法言·學行》)。當時的經生，也就非常重視師道，鄭玄乃是其中之一。看他初入"太學受業，師事第五元，以山東無足問者，乃西入關，事馬融"(《後漢書》本傳)，他勉爲"虛以受人"的"君子"(《周易·咸·象》)一心向"賢師"質疑問難，"以不惑解惑，復於不惑，是尚大不惑"(《莊子·徐無鬼》)，這是第一點。

漢武帝以《尚書》爲"樸學"(《漢書·儒林傳》)，後世統名漢代經學。"樸"之爲言實也。蓋以世之經生，或如班固所謂"好學修古，實事求是"(《漢書·河間獻王傳》)，故不雷同，不苟異，誓作"是是、非非"的"知"者(《荀子·修身》)，鄭玄正是如此，這是第二點。

清章學誠著《文史通義》，特造《言公》之篇，略以古人立言明理，將以爲公，非"私據爲己有"。而漢朝以經術取士，經生多以所學爲攫取利禄的資財。唯鄭玄則不然，他所求得的，只要是"真知"(《莊子·大宗師》)，就以爲公有，並且"裒多益寡(《周易·謙·象》)，毫無保留地傳授後生，"學徒相隨已數百千人"(《後漢書》本傳)。連家裏的"奴婢"，也教她們"皆讀書"，能用《詩經》的文句和他講話(《世説新語·文學》)。甚至把研究成果轉讓給同志，他"欲注《春秋傳》，尚未成，時與服子慎遇，宿客舍，先未相識，服在外車上，與人説己注《傳》意，玄聽之良久，多與己同。玄就車語曰：'吾欲注，尚未了，聽君向言，多與吾同，今當盡以所注與君。'遂爲服氏注"（《世説新語·文學》）。直以學爲公器，奉以贈人，不計個人名聲，德高而學自優，這是第三點。

古來學士處境，總有屯、亨或逆、順。鄭玄"家貧""客耕"，又以"黨事""被禁錮"（《後漢書》本傳），悍然"動乎險中"（《周易·屯·象》），於以增益其所不能，他在《自序》中寫道："遭黨錮之事，逃難注《禮》；爲袁譚所逼，來至元城，乃注《周易》。"可見身世再窘，而他爲學著述如故，堅韌難與並能，這是第四點。

漢代經學，實即訓詁，權輿先秦，而大興二京。鄭玄賴其端正學風，説字解經，日進不息，啓晨光，澄百流，致遠鈎深，度越凡庸。

鄭玄言《易》有三義，而"變易"居要，阮籍遂以《易》爲"變經"（《通易論》）。"變易"的"精義"，《易傳》的作者概括爲"趨時""日新"（《周易·繫辭》）。爾後學者每加闡發。比如與《易》並稱的《老子》，曾指出事物"敝則新"，唯有"敝"則"新成"。《莊子》也肯定事物的變化，"不主故常"（《天運》）。仿《周易》而作《太玄》的揚雄，昌言"夫物不因不生，不革不成"，任何事物的發生、發展，全靠"因、革"的參伍；而且舊事物良莠不齊，必擇其"可"者"因"之，"否"者"革"之。鄭玄是東漢末葉著述最善於"因、革"的學者，他將《周易》的事物創新規律移植訓詁領域，他以贊《易》注《易》的名家研尋訓詁，確已獲致得未曾有的成就。

鄭玄的經注甚多，而其特著訓詁新色的是《毛詩箋》。其《六藝論》曰："注《詩》宗毛爲主；若毛意隱略，則更表明；如有不同，即下己意，使可識别也。"此《毛詩釋文》所引，全文已不可得而見；然雖是殘語片言，尚可略而詳也。玄爲經古文學家，治《詩》宗主毛《傳》，勢所必至，究不爲《傳》所囿，而能探頤索隱，觀其會通，發而爲《箋》，辨是與非，成一家言。綜觀鄭玄之能爲毛氏功臣者有三：

一曰匡正《傳》義。《邶風·燕燕》："之子于歸，遠于將也。"《傳》曰："將，行也。"《箋》曰："將，送也。"又《式微》："式微式微，胡不歸？"《傳》曰："式，用也。"《箋》曰："式，發聲也。"

二曰加深《傳》義。《召南·野有死麕》："有女如玉。"《傳》曰："德如玉也。"《箋》曰："如玉者，取其堅而潔白。"《邶風·柏舟》："我心匪鑒。"《傳》曰："鑒，可以察形也。"《箋》曰："鑒之察形，但知方、圓、白、黑，不能度其真僞；我心非如是鑒，我於衆人之善、惡、外、内，心度知之。"

三曰補充《傳》義。《衛風·氓》："載笑載言。"無《傳》，《箋》曰："則笑則言，喜之甚。"《氓》又云："亦已焉哉！"無《傳》，《箋》曰："已焉哉，謂此不可奈何，死生自决之辭。"

讀者細玩，足徵三者之於《詩》義，或由訛而正，或由淺而深，或由無而有；一言以蔽之，曰：三者革而已矣。蓋因其"可"而"革"其"否"者，《詩》之訓詁始成，斷可識也。

抑《箋》之優於《傳》者又有三：

一曰《傳》《箋》皆釋詞，而《箋》更側重情理之抒布，前舉加深例，已可概見，兹姑再列二則。《小雅·北山》："大夫不均，我從事獨賢。"《傳》曰："賢，勞也。"《箋》曰："王不均大夫之役，而專以我有賢才之故，獨使我從事於役，自苦之辭。"又《青蠅》："營營青蠅，止於樊。"《傳》曰："興也，營營，往來貌。樊，藩也。"《箋》曰："興者，蠅之爲蟲，污白使黑；污白使黑，喻佞人變亂善、惡也。"

二曰假釋《詩》慨嘆時事，增强訓詁現實意義，此《箋》所獨具。漢至靈、獻二世，天下大亂，豪强争奪相殺，鄭玄知幾，隱修經業，以著述爲務，而心存魏闕，悼國傷時之情，每見乎文辭。昔孔子不遇，退作《春秋》,“因史見意”(班固《典引》);司馬遷遭禍,著百三十篇以發憤,不啻“無韻之《離騷》”(魯迅《漢文學史綱要》);鄭玄箋《詩》猶是,乃爲訓詁開辟新徑。《小雅·雨無正》,《箋》曰:“居今衰亂之世,云往仕乎? 甚急迮且危。”此以天下不靖,則欲隱也;又《小宛》,《箋》曰:“衰亂之世,賢人君子,雖無罪,猶恐懼。”此傷己將以方正被禁錮也;又曰:“蒲盧取桑蟲之子,負持而去,煦嫗養之,以成其子,喻有萬民不能治,則能治者將得之。”此嘆漢室將亡,而曹氏將代之也。

三曰借釋《詩》説修辭,亦爲《傳》所不及。或説顛倒。《周南·汝墳》:“不我遐棄。”《箋》曰:“知其不遠棄我死亡。”以“不我”顛倒,順言爲“不遐棄我”。《大雅·崧高》:“謝于誠歸。”《箋》曰:“誠歸于謝。”以“謝于”句顛倒。

或説夸飾。《衛風·河廣》:“誰謂河廣? 一葦杭之。”《箋》曰:“誰謂河水之廣歟? 一葦加之,則可以渡之,喻狹也。”以“一葦”句夸飾,極言河之狹。

或説含蓄。《小雅·六月》:“六月棲棲,戎車既飭。”《箋》曰:“記六月者,盛夏出兵,明其急也。”《六韜》云:“冬夏不興師,所以兼愛彼民也。”《箋》以“六月”含蓄盛夏興師,則情况緊急之意。

或説重疊。《商頌·烈祖》:“嗟嗟烈祖。”《箋》曰:“重言‘嗟嗟’,美歎之深。”《周頌·有客》:“有客有客。”《箋》曰:“‘有客有客’重言之者,異之也。”

或説安排。《小雅·出車》:“赫赫南仲,薄伐西戎。春日遲遲,卉木萋萋,倉庚喈喈,采蘩祁祁。執訊獲醜,薄言還歸。”《箋》曰:“伐西戎以凍釋時反,朔方之迭息戍役,至此時而歸京師,稱美時物,以及其事,喜而詳之也。”《箋》以南仲春日凱旋,情緒喜悦,詳陳事物,而文辭决定於内容。又《出車》末章:“赫赫南仲,玁狁于夷。”《箋》曰:“此時亦伐西戎,獨言平玁狁者,玁狁大,故以爲始,以爲終。”

《箋》以事大小，而記之必以大爲主，主次宜分明。

或説假托。《大雅·蕩》："文王曰咨，'咨女殷商，曾是彊禦，曾是掊克，曾是在位，曾是在服。'"《箋》曰："厲王弭謗，穆公朝廷之臣，不敢斥言王之惡，故上陳文王咨嗟殷紂以切刺之。"《箋》以詩人不敢直諫時王，特假文王諫紂以刺之。

或説提前。《大雅·江漢》："淮夷來求。"《箋》曰："王爲來求淮夷。"《箋》以賓語"淮夷"提前。

或説探下。《豳風·七月》："七月在野，八月在宇，九月在户，十月蟋蟀入我床下。"《箋》曰："自'七月在野'，至'十月入我床下'，皆爲蟋蟀也。"《箋》以"七月"三句主語，皆謂"蟋蟀"，探下"十月"句而省。

或説交互。《小雅·楚茨》："我黍與與，我稷翼翼，我倉既盈，我庾維億。"《箋》曰："倉曰'盈'，庾曰'億'，亦互辭，喻多也。"《箋》以"盈""億"分言"倉""庾"，而意交互，實謂"倉""庾"之"黍""稷"，均積"億"而"盈"。

以修辭釋《詩》，《傳》或偶見，而以啓《箋》，則《箋》迭出，方面亦多。

自毛《傳》根《爾雅》有作，訓詁初變，鄭《箋》後來居上，衣被良非一代。故諸學者，莫不據以注書。四十餘年來，余亦依仿鄭君，撰《春秋三傳解故》《周易正義》《論語發微》《莊子義疏》《文心雕龍義疏》《文心雕龍字義疏證》《文選李注評議》等，都八百萬言。大抵網羅衆家，不爲暖姝，以自封域，一以康成箋《詩》爲準。

故於古今注有匡正者。《論語·學而》："子曰'無友不如己者。'皇侃《義疏》："'無友不如己者'，又明凡結交取友，必令勝己，勝己則己有日所益之義，不得友不如己；友不如己，則己有日損。"顔之推因皇《疏》作《家訓》，其《慕賢》云："君子必慎交游焉。孔子曰'無友不如己者'，顔、閔之徒，何可世得？但優於我，更足貴之。”朱熹亦沿以爲注：“友所以輔仁，不如己，則無益而有損。”按三家注義略同，斷言不與不如或不勝己之人爲友，實非孔子本義。何以知其然？蓋人有能、有不能，則他人之才德總成就即使差於我，而其某一點有可取，非我所及，則我應以爲友，截其所能，以補我之不能。是以孔子曾問《禮》於老聃，學琴於師襄，訪《樂》於萇弘，問少昊氏以鳥名之故於郯子，而“郯子其徒，其賢皆不及孔子”（韓愈《師説》）。然則，孔子豈不與不如或不勝己者爲友哉？《漢書・爰盎傳》顔注：“如，似也。”曰“無友不如己者”，謂不與不似己者爲友。似者何？道也，友之道必相似。不然，佛氏名之“外道”，孔子稱之“異端”，“攻”之斯“害”（《論語・爲政》），焉能爲友？故孔子曰：“道不同，不相爲謀。”（《論語・衛靈公》）荀卿本孔子取友之義，曰：“友也者，所以相有也；道不同，何以相有也？”（《荀子・大略》）此“吾友不如己有者”傳箋。自孔子觀之，取友之標準是道，唯道同者，始足以爲友。

又有加深者。《論語・陽貨》：“陽貨欲見孔子，孔子不見，歸孔子豚。孔子時其亡也，而往拜之，遇諸途，謂孔子曰：‘來，予與爾言。’曰：‘懷其寶而迷其邦，可謂仁乎？’曰：‘不可。’‘好從事而亟失時，可謂智乎？’曰：‘不可。’‘日月逝矣，歲不我與。’孔子曰：‘諾，吾將仕矣。’”孔安國注：“陽貨，陽虎也，季氏家臣，而專魯國之政，欲見孔子，使仕也。”又曰：“以順辭免害。”按“順辭”指孔子答以“將仕”。古代所謂“賢者”處世，或無意於人事，又欲“高尚”地活下去，於是外表隨順世俗，而内心保持方正，仿佛夏侯湛説的“潔其道而穢其迹，清其質而濁其文”（《東方朔畫贊》）。亦猶《周易・明夷》以社會昏暗，人命危淺，避世全身者，當“内文明而外柔順”，又《睽卦》所稱“惡人”雖不見而見之，“以避咎也”。老子憤世嫉邪，而曰：“呼我牛者，而謂之牛；呼我馬者，而謂之馬。”（《莊子・天道》）莊子處塵不染，乃言“順人而不失己”(《莊子·外物》),“外化而內不化”(《莊子·知北游》)。魯國三桓專政,公室微弱,當時,孔子非不欲仕,但不屑仕於季氏家臣陽貨,不敢嚴辭拒之,故順其辭,曰“將仕”,以爲一時之權變,欲以“免害”,非真將仕之也。傅玄《叩頭蟲賦》:“仲尼唯諾於陽虎,所以解紛而免尤。”誠哉斯言也。又《爲政》:“子曰:‘學而不思則罔,思而不學則殆。’”包咸注:“學不尋思其義,則罔然無所得。”按自學或問人,都須自己思考,方有所得。歷代學者曾談及思考對認識的效能。管仲曰:“思然後知。”(《管子·白心》)又云:“思索生知。”(《內業》)孟子曰:“心之官則思,思則得之;不思,則不得也。”(《孟子·告子》)荀子曰:“思索以通之。”(《荀子·勸學》)知見從思考得來,然“思”必先之以“學”。故本章言“學”,則與“思”並舉;曰“罔”,曰“殆”,爲“學”“思”孤立之弊。然孔子又曰:“吾嘗終日不食,終夜不寢,以思無益,不如學也。”(《衛靈公》)或以此不要“思”,而與“學”“思”結合之觀念矛盾,誤矣。孔子與弟子說“喪”,死不欲速朽;及見宋桓司馬爲石椁,三年不成,侈靡已甚,則曰“死欲速朽”,同一事也,隨情變之變而異其言以救弊,是爲“有爲之言”(《禮記·檀弓》)。可孔子謂“思”不如“學”,亦“有爲之言”歟!朱熹注一言破的:“此爲思而不學者言之。”《韓詩外傳》:“不學而好思,雖知不廣。”《抱朴子·博喻》:“學而不思,則疑閡實繁。”讀者參會。又《子路》:“子曰:‘善人爲邦百年,亦可以勝殘去殺矣。’”王肅注曰:“勝殘,勝殘暴之人,使不爲惡也。去殺,不用刑殺也。”按,善人,善治國者也。百年,謂歲月之久也。夫有國有家者,必善善,惡惡,發政施仁,則賞善、懲惡,或經百年之久,勝彼“殘暴之人”。雖施殺刑,足以警衆,使不爲惡,而殺刑遂去,是殺刑所以仁人,孟子指此爲“以生道殺人”,雖殺之,而民“不怨殺者”(《孟子·盡心》)。商鞅有言:“以殺去殺,雖殺可也;以刑去刑,雖重刑可也。”(《商君書·畫策》)諸家之説,皆《尚書·康誥》所謂"義刑義殺"。且刑有多種,"殺"爲其中之一。凡罪大惡極如桀、紂者,湯、武始殺之,而"殺"爲"德、禮"之布施,天下之大定。故芟鋤作奸犯科者之"殺"人,正是"以殺去殺,以殺刑之反(同返)於德,藉刑以去刑"(《商君書·開塞》),荀卿所謂"殺然後仁"(《荀子·臣道》)。以孔子爲祖師的儒家,以"殺"爲在"德"治過程中不得已而用之的手段,故萬一"殺"人,也有限度。《尚書·胤征》稱羲和淫亂,胤國之君受王命征伐,向兵宣言羲和當"殺無赦",然又鄭重告誡,只"殲厥渠魁",而"脅從罔治",不"以殺光爲好得很"。孔子見"遠人不服",非"殺光"了事,而是先"修文德以來之"(《季氏》);要是不"來",可能用刑,即使"殺"人,也不會"殺光"。季康子向孔子問政,開口便説"殺無道以就有道",企圖一味用"殺",不以教化爲先。孔子相機勸諭他以"德"化教民,將若"風行草偃",罪人得以改惡從善(《顏淵》);孟子願學孔子,輒曰唯不嗜殺人者能一天下(《孟子·梁惠王》);孔、孟固不主輕易"殺"人也。

又有補充者。《文心雕龍·才略》:"荀況學宗。"無注。按"學宗",謂學術的宗主。讀者理解,不宜止此,當進一步考究荀況的學術爲何在他所處的時代能成爲宗主?商鞅總結"湯武革命"(《周易·革卦》)的歷史經驗,曾有一段精辟的論述:"湯武既破桀紂,海内無害,天下大定,偃武事,行文教。"人主建立政權的全過程,約分任武、尚文兩個階段,有着先武後文的次第。人主以武力奪取天下以後,就得用文教來保守,賈誼因曰"取與守不同術"(《過秦論》)。戰國季世,西方的秦國,經過孝公、惠公、武王、昭王四代,創造統一六國的基礎。善繼善述的始皇,更有大一統的才略,很自然地任武,以李斯爲相,以韓非的法、術思想爲政。荀況的壽命很長,始皇兼並六國,他還活着,是個識時務的唯物主義者。他眼見秦國勝利之勢成,便研究秦國勝利後怎麽辦的問題,結果是尚文、崇儒,行"原先王、本仁義”(《荀子·勸學》)的“德治”。孔、孟之道在任武的階段迂遠而不切於事情(《史記·孟子荀卿列傳》),但在秦國統一天下時大有用處,這也就是商鞅所謂尚文時“能述仁文於天下”(《商君書·靳令》)。於是荀況非十二子,獨論儒道在政治上的效驗(《荀子·儒效》),否定秦昭王“儒無益於人之國”的論點,肯定秦四代法治的成就,反對秦將統一、不準備轉法爲儒、易武爲文的短處(《彊國》)。李斯問秦既統一將如何? 荀況毫不含糊地回答:“力術止,義術行。”(《彊國》)因此,荀況的學術是保守當時政權的理論,是適時的,爲有識者所推崇,在學術界最有威望,勢必成爲“學宗”。

韓非曰:“無參驗而必之者,愚也。”本文不憚辭費,無非詳實“參驗”鄭玄訓詁之該舊知新,足爲後進楷式。

《東岳論叢》1989 年第 1 期

兩漢學風述聞並序

——紀念鍾鍾山先生

説明 本文作者吴林伯先生是武漢大學教授，已屆高齡。此文是應本刊之請爲紀念鍾鍾山先生而作。因其學術性較强，特單獨刊出。

余以 1938 年秋入國立師範學院國文系，始從鍾鍾山先生游，先生許以"讀書種子"，余固不足以當之，而先生之殷望，乃迄於今弗敢忘。迨卒業，隨先生至貴陽之江大學任教。未幾，國難日深，先生應復性書院之聘，並紹介余及馬(一浮)、熊(十力)二氏之門，執贄稱弟子，蓋以聖人無常師，欲余"從師而不囿"也。逮抗戰勝利，先生出川，旅居海上，余即偕行、受業，前後親承先生音旨三十餘年。十力師每與人書，盛贊先生義理之精，誠哉斯言也。先生嘗謂余曰："世人或以漢、宋之學若水火相滅，非篤論也。夫有宋諸儒，率以秦漢經、傳爲根柢，晦庵教人誦習典誥及毛、鄭、服、賈箋注，沿波而討源，故其著述參伍因革，發揮旁通，度越庸流。"是以先生首以《易》《禮》《莊》《老》授及門諸子，樂道秦漢通人之素樸，痛惡俗士之浮詭，曰："學問之道無他，求其探賾索隱，鈎深致遠，觀其會通而已矣。斯兩京學風所以衣被百世，確乎其不可拔者也，汝其思之、識之，履而行之。"余以寡昧款啓之身，薦更憂患，學殖久荒，永歷年而無成。惟内省夙心，尚恪遵師訓，進德修業，俛焉日有孜孜，不知老之將至。先生之學，大而能博，難於遍觀盡識，余不能贊一辭。今南京師範大學編印紀念資料，應邀撰《兩漢學風述聞》，擬放顔回之“發”。文出余手，義自先生指歸。昔莊生昌言“以不惑解惑，復於不惑，是尚大不惑”，余於先生之誨見之矣。荀卿有言：“樹落則糞本，弟子通利則思師。”余雖未“通利”，而“思師”之情見乎文辭焉。

人們談到兩漢學風，便會聯想起《漢書·儒林傳》裏説的“樸學”，它的涵義，可用班固稱道河間獻王劉德“實事求是”(《漢書·景十三王傳》)的話來概括。顔師古將這句名言注釋爲“務得事實，每求真是”，恰好移作“樸學”的訓詁。“樸”言真也，學習一定要如此，纔可能達到不斷提高認識的目的。

我不同意把“樸學”局限在褒贊經古文學的小天地中。在我看來，凡屬“實事求是”的學者，都爲“樸學”派。倘若“沿波討源”(陸機《文賦》)，那末，他們係先秦優良學風的繼承、發展者。

孔子教誨子路：“知之爲知之，不知爲不知。”(《論語·爲政》)不懂就不懂，千萬不可裝懂。世人評他著《春秋》“信以傳信，疑以傳疑”(《穀梁傳》桓五年)；荀卿强調指出：“是是非非謂之知，非是是非謂之愚。”(《荀子·修身》)“知”還是“愚”完全決定於能否正確判斷“是”“非”。一切事物總有“信”有“疑”，追求真理的人斷言：“信信，信也；疑疑，亦信也。”(《荀子·非十二子》)即“信可信者，疑可疑者”，二者“意雖不同，皆歸於信也”(楊倞注)。而《周易·繫辭傳》的作者聲稱“聖人”作《易》，“仰觀俯察”，“探賾索隱”，“辨是與非”。諸如此類，都體現了“樸學”的科學態度。

兩漢學者非常珍視“樸學”，反對虚辭濫説。後漢“小學不修”，“好奇”之徒公然“詭更正文”，“以耀於世”。“五經無雙”的許慎，及時批判他們“巧説邪辭，使天下學者疑”(《説文解字叙》)；西京典校秘書的劉歆，痛惡有些走捷徑的經生“或不考情實”，“信口説而背傳記”，以致“專己守殘”，違失“聖意”(《移書讓太常博士》)，不像轅固教訓公孫弘的“務正學以言，無曲學以阿世”(《漢書·儒林傳》)。

兩漢不少“樸學”者所向往的，唯一是道義，遇事熟慮深思，要是持之有故，理得而心安，則居之不疑；不然，輒心誠求之，決不亂下結論。因此叔重詮叙文字，一般直抒所見，亦或己意和别説同出，用“一曰”標志，借供同志擇取、商兑。王逸作《楚辭章句》亦是如此。觀其序《大招》曰：“屈原之所作也。”緊接着説：“或曰景差。”乃以《大招》恐非屈原之作，最後歸總道：“疑不能明也。”又其序《惜誓》曰：“不知誰作也。”但有舊説，所以姑且存之：“或曰賈誼。”也歸總道：“疑不能明也。”

不難想象，“樸學”者存疑，不掩蓋疑，是爲了析疑，蓋因讀書、觀物，開始未知有疑，其次漸有疑，又其次疑不斷增加，能不被疑嚇倒而逃避，“度之以遠事，驗之以近物，參之以平心”(《荀子·大略》)，經過一番探索，疑將涣然冰釋。由疑到不疑，這種疑、信的辯證法則，“確乎其不可拔”(《周易·乾·文言》)。

難能可貴的是，“樸學”者領悟事物的孕育、演變，有着繼承、創新的統一規律。孔子肯定夏、商、周三代的禮制，彼此相“因”，而有“損益”(《論語·爲政》)。顯然，“因”是繼承，“損益”是去掉腐朽的糟粕，添入適時的因素。荀卿在政治上主張“法後王”，又提倡“循舊法，擇其善者而明用之”，豈非孔子“因”與“損益”觀點的運用？

“樸學”者中最能采摭、發揮孔、荀這種觀念的，要算揚雄。他有精微的闡述：“夫道有因有循，有革有化；因而循之，與道神之；革而化之，與時宜之。夫物不因不生，不革不成。”(《太玄·玄瑩》)任何事物的成長，全靠“因”“革”的結合。而且舊事物良莠不齊，自有可否，唯可則“因”之，否則“革”之(《法言·問道》)。於是他以爲“經莫大於《易》”，故依作《太玄》；以爲“傳莫大於《論語》”，故仿作《法言》。二書文義，實各有新色，非“成篇”的翻版。

此後，述作之尤長於“因”“革”的“樸學”者，莫若鄭玄。其《六藝論》曰：“注《詩》宗毛爲主；若毛義隱略，則更表明；如有不同，即下己意，使可識别也。”此《毛詩釋文》所引，全文已不可得而見。然雖是殘語，尚可略而詳也。玄爲經古文學家，治《詩》宗主毛《傳》，勢所必至；然究不爲《傳》所囿，而能鈎深致遠，觀其會通，發而爲《箋》，卓爾立家。鄭之所以能爲毛氏功臣者有三：

一曰補充《傳》義。《衛風・氓》：“載笑載言。”無傳，《箋》曰：“則笑則言，喜之甚。”《氓》又云：“亦已焉哉！”無傳，《箋》曰：“已焉哉，謂此不可奈何，死生自訣之辭。”《召南・羊羔》：“自公退食。”無傳，《箋》以此句顛倒叶韻曰：“猶退食自公。”

二曰加深《傳》義。《召南・野有死麕》：“有女如玉。”《傳》曰：“德如玉也。”《箋》曰：“如玉者，取其堅而潔白。”《邶風・柏舟》：“我心匪鑒。”《傳》曰：“鑒，所以察形也。”《箋》曰：“鑒之察形，但知方、圓、白、黑，不能度其真、僞；我心非如是鑒，我於衆人之善、惡、外、内，心度知之。”

三曰匡正《傳》義。《邶風・燕燕》：“之子于歸，遠于將之。”《傳》曰：“將，行也。”《箋》曰：“將，亦送也。”又《式微》：“式微式微，胡不歸？”《傳》曰：“式，用也。”《箋》曰：“式，發聲也。”

由此可見，毛、鄭俱以《詩》顯，《傳》《箋》並行，相得益彰，良非偶然。

此外，還有個别“樸學”者發言抗論，敢於冲破羅網，不顧衆人的非議。像武帝采納董仲舒之策略，獨尊儒術，而經藝遽興，蔚爲學宗。朝廷設官講授，莫之或違，殆韓愈所謂“曾經聖人手，議論安敢到”（《薦士詩》）也。孟子願學孔子，受業於子思的門人，爲仲尼死後儒家八派之一（《韓非子・顯學》）。可是鋭意辨通古今，成一家言的司馬遷爲之作《傳》，竟以其周游齊、梁，欲行唐、虞三代之道，同秦、楚、魏等國用商君、吴起、孫子以富國强兵的方針對立,“是以所如者不合”,直言儒術不可行於戰國,“則見以爲迂遠而闊於事情”(《史記·孟子荀卿列傳》),鑒精而議切,到今識者譽爲美談。

東漢士子“通侻”(《三國志·王粲傳》)如故。王充怪“世儒”以“賢聖所言皆無非”,而“時人不知難”,於是他“嫉虚妄”,特就《論》《孟》若干章加以剖判(《論衡》有《問孔》《刺孟》二篇),道人之所不敢道。

另外,“樸學”者多尊重他人學術成果。清章學誠嘗撰《言公》篇,盛贊古人之言所以爲公,非私據爲已有(《文史通義》)。蓋“賢聖”立言嚴人我之辨,我之言不得視爲人之言,人之言不得視爲我之言,若曰“言公”,其在兹乎?孔子見時人之妄作,於是斥“不知而作”,希望人各“多聞”“多見”(《論語·述而》)。又曰:“惡徼以爲知者。”(《論語·陽貨》)孔安國注曰:“徼,抄也。抄人之意以爲己有。”是“徼”謂剽賊,其被“大君子”不與也明矣。仲長統説:“天下學士有三姦焉……竊他人之記,以成己説,二也。”以竊言爲“姦”,豈但非“公”而已?所以《説文》博采通人賈逵、杜林之説,必皆注其姓氏也。

至於鴻篇巨制,非一人、一世之力能爲,賴後生踵而成之,則踵之者統標舊文,爲遣詞之便,不一一志其出處,並略加删潤,不全盤照搬,類似“探囊”“揭篋”。故司馬遷的《史記·自序》稱其父談作史,命子善續,揭示其書中有父文;班固的《漢書·叙傳》稱《史記》之涉漢世者,武帝“太初以後,闕而不録,故探纂前記”。他曾酌《史記》之文,“綴輯所聞”,自爲漢史之局部。倘譏馬遷、班固《史》《漢》爲盗襲,不免見笑於大方之家。

孟子曰:“君子深造之以道,欲其自得之也。”(《離婁下》)然“自得”不廢外力。孔子曰:“君子以文會友。”(《論語·子路》)以“友”相切磋,譬攻玉於他山之石。孔門教人維學與問,“問”非“友”不辦。

"樸學"者求其學居安資深,没有不取之於友的。"友"或以學相贈,不計爾我。"鄭玄欲注《春秋傳》,尚未成。時行與服子慎遇,宿客舍,先未相識。服在外車上,與人説己注《傳》意。玄聽之良久,多與己同。玄就車與語曰:'吾久欲注,尚未了。聽君向言,多與吾同,今當盡以所注與君。'遂爲服氏注。"(《世説新語·文學》)服氏受"友"之惠,不爲掠美。

更有不能已於言者,孔孟論學均尚"博""約"之統一,而"博""約"猶云"通""專"。"樸學"者之於學,復以圓通爲準;必專攻而後可。"專",指研究範圍。司馬遷遭李陵之禍不死,以秦、漢史爲專業,凡有關的六經、異傳、百家雜語,無不遍觀盡識。專而能博,博爲專制約,非泛覽無歸。專乃觀其會通,因此《史記》發軫高驤,卓出不凡。

經生中之"樸學"者,學極"通""專"之能事。多治一經,終身以之。雖兼習餘經,只爲旁通一經。因此,田何、施讎、孟喜、梁丘賀、京房治《易》,伏生、歐陽生、夏侯勝、孔安國治《書》,申公、轅固、韓嬰、毛公治《詩》,高堂生、孟卿、戴聖、戴德治《禮》,胡毋生、嚴彭祖、董仲舒、張蒼治《春秋》。諸家均可謂"通""專"典型。

孟子鑒於開明學者每爲時、爲事著述,所以强調讀書知人、論世(《萬章下》);孔子答子夏問,教人讀書之道:"天有四時,春、秋、冬、夏,風、雨、霜、露,無非教也;地載神氣,神氣風霆,風霆流形,庶物露生,無非教也。"(《禮記·孔子閒居》)他們認爲宇宙便是一部大書,其中包括社會與自然兩方面内容。孔子教弟子學《詩》曰:"小子何莫學夫《詩》?《詩》可以興,可以觀,可以群,可以怨;邇之事父,遠之事君,多識於鳥、獸、草、木之名。"(《論語·陽貨》)《詩》之内容,正具備社會、自然兩方面的知識。

孔子應機施教,出言簡括,而毛、鄭治《詩》,旁搜遠紹,訓義釋器，廣大悉備。故其《傳》《箋》包藴宏富，無異博物之書。

故其説動植，《豳風·七月》傳曰："蘩，白蒿也，所以生蠶。"《鄭風·將仲子》傳曰："檀，彊忍之木。"

又其説天文，《唐風·綢繆》箋曰："三星，謂心星也。三星在隅，謂四月之末，五月之中。心星在户，謂五月之末，六月之中。"

又其説地理，《小雅·巷伯》傳曰："北地寒而不毛。"《南有嘉魚》傳曰："江漢之間，魚所産也。"

又其説制度，《魏風·十畝之間》箋曰："古者一夫百畝。"《小雅·菁菁者莪》箋曰："古者貨貝，五百爲朋。"

又其説農業，《小雅·信南山》傳曰："豐年之冬，必有積雪。"《瞻彼洛矣》箋曰："瞻，視也。我視彼洛水，灌溉以時。其澤浸潤，以成嘉穀。"

又其説時事，《小雅·小宛》箋曰："衰亂之世，賢人君子，雖無罪，猶恐懼。"以傷黨錮之禍。又云："喻有萬民，不能治，則能治者將得之。"以嘆漢室將亡，而曹氏將得之。

又其説修詞，約有十端：

一曰顛倒。《周南·汝墳》："不我遐棄。"《箋》曰："知其不遠棄我而死亡。"以"不我"句顛倒，順言爲"不遐棄我"。《大雅·崧高》："謝于誠歸。"《箋》曰："誠歸于謝。"以"謝于"句顛倒。

二曰夸飾。《衛風·河廣》："誰謂河廣，一葦杭之。"《箋》曰："誰謂河水之廣與？一葦加之，則可以渡之，喻狹也。"以"一葦"句夸飾，極言河之狹。

三曰含蓄。《小雅·六月》："六月棲棲，戎車既飭。"《箋》曰："記六月者，盛夏出兵，明其急也。"《六韜》："冬夏不興師，所以兼愛彼民也。"《箋》以"六月"含盛夏興師，情狀緊迫之意。

四曰興寄。《小雅·谷風》："習習谷風，維風及雨，將恐將懼，維予與汝。”《傳》曰：“興也，風雨相感，朋友相須。”《箋》曰：“興者，風而有雨則潤，喻朋友同志，則恩愛我。”《傳》《箋》以詩人以風雨興寄亂世同志恩愛之情。

五曰重疊。《商頌·烈祖》：“嗟嗟烈祖。”《箋》曰：“重言嗟嗟，美嘆之深。”《周頌·有客》：“有客有客。”《箋》曰：“有客有客，重言之者，異之也。”

六曰安排。《小雅·出車》：“赫赫南仲，薄伐西戎，春日遲遲，卉木萋萋，倉庚喈喈，采蘩祁祁。執訊獲醜，薄言還歸。”《箋》曰：“伐西戎以凍釋時反，朔方之迭息戍役，至此時而歸京師，稱美時物，以及其事，喜而詳之也。”《箋》以南仲春日凱旋，情緒喜悦，詳陳事物，而文辭决定於内容。《出車》末章：“赫赫南仲，玁狁于夷。”《箋》曰：“此時亦伐西戎，獨言平玁狁者，玁狁大，故以爲始，以爲終。”《箋》以事有大、小，而記必以大者爲主，主、次必分明。

七曰假托。《大雅·蕩》：“文王曰咨，咨女殷商，曾是彊禦，曾是掊克，曾是在位，曾是在服。”《傳》曰：“掊克，自伐而好勝人也。”《箋》曰：“厲王弭謗，穆公朝廷之臣，不敢斥王之惡，故上陳文王咨嗟殷紂以切刺之。”《箋》以詩人不敢直指周厲王之淫侈，假托文王諫殷紂以諷刺之。

八曰交互。《小雅·楚茨》：“我黍與與，我稷翼翼，我倉既盈，我庾維億。”《箋》曰：“倉曰盈，庾曰億，亦互辭，喻多也。”《箋》以“盈”“億”分言“倉”“庾”，而意交互，實謂倉、庾之黍、稷，都積億而盈。

九曰提前。《大雅·江漢》：“淮夷來求。”《箋》曰：“王爲來求淮夷。”以賓語“淮夷”提前。《小雅·常棣》：“兄弟求矣。”《傳》曰：“求矣，言求兄弟也。”以賓語“兄弟”提前。

十曰探下。《七月》：“七月在野，八月在宇，九月在户，十月蟋蟀入我牀下。”《箋》曰：“自‘七月在野’至‘十月入我牀下’，皆謂蟋蟀也。”以“七月”三句主語皆爲“蟋蟀”，探下“十月”句而省。

以上不憚辭費，足徵“樸學”者毛、鄭專《詩》，誦習與《詩》有關的文字，自然、社會之書，淵洽仿佛胥臣、子産，雜而不越。使其《傳》《箋》精審，準的千載，嚮之泛以經生章句稽於名物，不統夫大義，可説是失其根本。

至若揚雄考天下之逸言，曲通萬殊，而爲《方言》；劉熙撰天地、陰陽、四時、邦國、都鄙、車服、喪紀，叙論指歸，而爲《釋名》；何休注《公羊傳》，以齊人語辨“伐”字音讀之長短（莊二十年注），高誘注《吕氏春秋》之“閔”（《慎行》），《淮南子》之“蛩”（《本經訓》）、“旄”（《墬形訓》），以音學區别三字聲氣之緩急；這乃是“樸學”者任力耕耨，學飽才富之成效。

總之，學之爲“樸”，博習爲先。東向不見西墻，一察不識大理，自然之勢也。

《尚書·僞周官》：“業廣惟勤。”勤是學習的重要條件之一。唯獨勤而後能持續，然而踐履並不容易。孔子的弟子雖有高足七十有二，可是魯哀公問弟子誰爲好學，孔子對以顔回，不及其餘（《論語·雍也》）。荀卿勸人學習，要求“鍥而不舍”，做到“真、積、力、久”，令“學至乎没而後已”（《荀子·勸學》）。

兩漢不少“樸學”者，的確發揚孔、荀勤奮治學的堅韌精神。比如路温舒幼年牧羊，取澤中蒲，用以寫書；董仲舒治《春秋》，專心致志，“三年不窺園”（《漢書》本傳）；匡衡勤學，“庸作以供資用”（《漢書》本傳）；夏侯勝與黄霸同繫獄當死，霸仍從勝受《尚書》於獄中（《漢書·循吏傳》）；王充家貧無書，常游洛陽市肆，閲所賣書（《後漢書》本傳）；鄭玄遭黨錮之禍，逃難注《禮》，黨錮事解，注《毛詩》《論語》，爲袁譚所逼，來至元城，乃注《周易》（《自序》）。他們處境雖窘，學習却堅定不移，故能探賾索隱，精解立家。

歌德叫人責備全靠自學者,斷言:“請教良師,才會成材。”(《歌德談話録》)其實我國的學者早就注意及此。韓愈説:“古之學者必有師。”(《師説》)荀卿曰:“學莫便乎近其人。”(《荀子·勸學》)“人”指可以爲師之賢士。

孔子“大而能博”(韓愈《送王秀才序》),轉益多師。他和道家有矛盾,仍適周問禮於老聃。而荀卿索性把尊師提到國家興衰的高度,曰:“國將興,必貴師而重傅;國將衰,必賤師而輕傅。”(《荀子·大略》)

兩漢的“樸學”者,非常重視師承,戴聖曰:“博習親師。”(《禮記·學記》)不“親師”,就不能“博習”。揚雄昌言師爲“桐子之命”,師是學生的生命,應該作“人之模範”(《法言·學行》)。師貴有“大知”,“小知之師亦賤矣”(《法言·問明》)。古語云:“一盲引衆盲,相牽入火坑。”故不僅師擇弟子,弟子亦要擇師。當世經生對此亦具眼識。伏生爲秦博士,文帝時年九十餘,老不能行,晁錯奉命往受之。《漢書》初出,大家未能讀到,馬融伏於閣下,從班昭受讀(《後漢書·班昭傳》)。鄭玄欲師馬融,馬門生徒甚衆,三年不得相見,乃依高足弟子傳授。服虔善《春秋》,將爲注,欲參考異同,聞崔烈集門生講《傳》,遂匿姓名,爲烈門人賃作食,每至講時,便竊聽户壁間(《世説新語·文學》)。

這些經生的共同特點,是學有專攻,而不自用,爲擴大視野,汲汲求師,覺得諷味前修遺言,不如親承時賢音旨,大師難得,則高山仰慕,撝謙自牧,終以請益、問難、解蔽、解惑,虚往而實歸。

古來學者最重基礎知識,八歲入小學,師傅教之六書,以識字之學爲小學。但作品篇章的通曉,不獨繫乎文字。早在孔門“文學”之士,便留意章句的研精。徐防曰:“臣聞《詩》《書》《禮》《樂》,定自孔氏;發明章句,始於子夏。”(《五經宜爲章句疏》)“夔”本爲樂官,世人或曰:"夔一,足。"是説像夔這樣高明的樂官,有一個就足够了。三字兩句,可是魯哀公讀爲一句,誤會夔衹有一隻脚,疑而問於孔子,孔子正讀答之(《韓非子·外儲説左上》)。斷句關聯文義,一至於此。則童子之師,授之書,而習其字與句讀,理所當然。

漢興,小學隨經術之尊而見重。蕭何草創法律,規定太史考試學童,諷誦九千字以上,纔能作史官。吏民向天子上書,字不端正,將被舉劾。石建爲郎中令,奏事下,"馬"字缺了一畫,唯恐處死。宣帝召通《倉頡篇》者,張敞從受之。平帝徵爰禮等百餘人,令説文字。班固志藝文,六經附以小學。且辭賦、小學,同源共流,司馬相如作《凡將》,揚雄作《訓纂》,賦家兼擅小學。唯是貫練《蒼》《雅》,總閱音義,積字成句,當無異流,特理不勝辭,墨采未能昭精。後漢小學轉疏,小學亡而賦不作,爲文宜略識字之説,遂蔚爲作者口實。及至乾嘉,經術、小學復並盛一時,讀書必先識字,殆成不易之定理,豈非兩漢"樸學"者珍視基礎知識之影響?

物有短長,質有優劣,"樸學"者也不例外。《易》之涵義,簡易居一。如毛公訓《詩》、安國傳《書》、鄭君釋《禮》,要約明暢,堪爲楷式。而秦延君注《堯典》,十餘萬字;朱普解《尚書》,三十萬言(《文心雕龍·論説》)。均不識"文約爲美"(《文心雕龍·銘箴》),不可爲訓。

孟子曰:"所惡於智者,爲其鑿也。"(《離婁下》)朱熹注:"小智之人,務爲穿鑿,所以失之。"董仲舒、劉向都以陰陽五行傅會灾異,以助人主威刑。餘波所及,則王莽鋭意篡漢,經生逢迎,竟以符命説莽應爲天子,導引巧慧之人,以讖緯解經,神化典誥,馳騁穿鑿,破壞形體。張衡、荀悦諸賢先後疾發其僻謬詭誕;劉勰按經驗緯,亦指其虚僞(《文心雕龍·正緯》)。

兩漢經生重師法,門户之見極深,枝葉荀卿,甘入樊籠,聞見短淺。孟喜傳《易》,不守師法,宣帝不准爲博士。鄭玄爲經古文家,囊括大典，不拘一隅，雖造詣超凡，學者猶病之。

先秦諸子，著述貴有新義，自開户牖，不蹈他人窠臼。陵夷至於《吕覽》，類多依采，草偃風從，每下愈况，漢代儒術既定一尊，經生尤不敢越世高談。陸賈述秦、漢之興亡，賈誼論時政之得失，要皆出入經義，他如淮南之雜糅，更斷然可識；劉向省《新語》而作《新序》，桓譚咏《新序》而作《新論》，也都屋上架屋，事事擬學，不免儉狹：一言以蔽之，都缺少創見，因循不自樹立。

1986 年 10 月 20 日於武漢大學

《文教資料》1987 年第 4 期

古籍箋注問題

一

最近，國務院科學規劃委員會成立了古籍整理出版小組，人民文學出版社也制定了刊行古典文學叢書規劃。這些措施，説明黨對祖國文化遺産的尊重；以厚今薄古爲方針，提供繼承發揚這份寶貴遺産的正確途徑。我認爲，爲了便利廣大讀者，任何古籍都應該采用新注。

不可否認，注的起源很早，像《周易・繫辭》《春秋左傳》都是注的雛型。直到漢代，注才正式成爲獨立文體。當時所謂"經學"，主要是注。之後，注便推廣於各個學術領域，讀者把它當做鑽研古籍的工具之一。歷代專家，也大都從事注的寫作，經典性的古籍，注竟多到千百種。但它們的缺點是很多的，具體地説，首先是雜糅。在階級社會裏，每種學術，都屬於一定階級或階層，彼此存在不可協調的矛盾，可是古代注家，不少强調"匯通"，異家别説，往往混爲一團。例如西漢劉向即以陰陽五行牽合《洪範》，後漢經生，又以讖緯附會群經，至於曹魏王弼的解《周易》，蕭梁皇侃的疏《論語》也都參入老莊。如此雜糅下去，自會降低注的科學性。

其次是外加。這和雜糅相似，而不同於雜糅的，乃是注者把某種東西外加到注裏去，存在别一種意圖。即封建統治者希望注能給他説教;兩漢以經取士,熱中利禄的"經生"注經,也就迎合君心,歪曲原意,恰如陳澧所説,鄭康成"以禮説詩"(《東塾讀書記》),《詩經》裏勞動人民描寫生産、愛情,反映統治階級殘酷剥削的詩篇,被披上了封建禮教的外衣,有時"拘於説禮"(同前引書),連字句也給改變了。至若後世什麽"欽定""義疏""正義"之類,更是統治集團有組織有計劃的集體製作。不難想象,御用的注家們,勢必以君之心,變經之意,不惜"便辭巧説,破壞形體",從而淹没經典的積極因素,當爲不言而喻的事實。

第三是繁瑣。無疑,談及注的繁瑣,不由的會聯想起漢代注家,因爲他們一則生在秦皇焚書、劉項争戰之後,書簡殘脱,異説紛紜的時期,二則"不思多聞闕疑之義,而務碎義逃難"(《漢書・藝文志》),於是繁瑣考證,蔚爲風尚,本來三言兩語即可結束,而却旁徵遠引,不憚辭費。像秦延君單解《尚書・堯典》篇目兩字,就多到十餘萬言,僅説《堯典》的"曰若稽古"一語,也用上三萬言,清朝的"漢學家",繼承了這種作風。覈實而論,其他箋注,也或多或少地沾染此病,仇兆鰲的《杜詩詳注》,便是一個例子。殊不知早在漢朝,就有學者反對。桓譚的及時揭露(《後漢書・桓譚傳》),班固"學者大患"(《漢書・藝文志》)的指斥,都是完全正確的。

第四是保守。從兩漢開始,注經先有"師法",而後"師法"之下再分家:今文之外,别立古文。仿佛"幹既分枝,枝又分枝"(《經學歷史》),學人"各有所執,乖戾分争"(《後漢書・范升傳》),株守一隅,互不相通,發展到盲從攻擊,他們"挾恐見破之私意,而無從善服義之公心"(劉子駿《移書讓太常博士》),因此,"或懷疾妬,不考情實,雷同相從,隨聲是非"(同前引書),甘心把自己幽囚在"師法""家法"的小天地裏,思想活動一天天地錮蔽,"學徒勞而少功,後生疑而莫正"。唐人注經,曲徇舊注,名爲"議疏",實則疏而不議,孔穎達主編的《五經正義》，基本闡述舊注，缺乏新意；朱熹注《詩》，不全信《小序》《傳》《箋》，特别是將男女相慕悦的抒情詩，從禮教的牢籠中透露出來，顯然是他進步的一面。但遺憾的是清代"經生"，發生了漢唐保守的毛病，"宗毛""宗孔"，充當臣僕，"注必兩漢"，消滅注的創造性，從而投合統治階級愚民政策，嚴重地阻礙了學術的發展。

第五是臆斷。過去個别注家，或者别有用心，或者有所不知，妄改原文，鄭玄爲了宣傳禮教，箋《詩》公然破字，上文已經指出。宋代王柏誣蔑《詩經》鄭衛風爲淫詩，也就任意改易；元代吴澄作《禮記纂言》，"顛倒割裂，使無完膚"(《經學歷史》)。總之，我國古籍，幾乎没有哪種不須校勘，而篇章殘錯的原因很多，私竄未嘗不是其中之一。無庸諱言，注家的臆斷，不但給古書帶來災難，而且爲讀者添上岩障。

我這樣説，並不等於不承認舊式箋注中間，還有某些值得接受的部分。以往的少數箋注，自成一體，獨具風格。大批評家劉勰肯定箋注爲論理文的一種，並揭示典型，他在《文心雕龍·論説》篇裏寫道："若毛公之訓《詩》，安國之傳《書》，鄭君之釋《禮》，王弼之解《易》，要約明暢，可爲式矣。"事實上，宋明箋注，同具簡括之美。像梁代皇侃的《論語義疏》、李唐李善的《文選注》，間或"發爲駢儷之文"，不能掃盡形式主義的色彩，畢竟寥寥無幾。

再説，魏晋宋明的箋注，不單純停留詁訓、器物的詮釋，如郭象的《莊子》注、朱熹的《四書集注》、程伊川的《易傳》等，都兼及思想、理論的引申發揮；尤其是北魏酈道元的《水經注》，既有江流的叙述，又有山陵、史跡、謡俗的記載，儘管注者仕於北魏，足迹未嘗一至塞外，故《水經注》中所載邊地諸水形勢，未能盡合；即如濡水之源流分合及所經郡縣，多有乖誤，只據傳聞，不免襲謬沿疑。然而結合資料，注意考訂，造語命詞，結構謹密，使注學術化、散文化的原則，誠然開啓了注的新紀元。

最後,古代有些注家,態度非常謹嚴;他們實事求是,决弗標新立異。劉勰聲稱:“品列成文,有同乎舊談者,非雷同也,勢自不可異也;有異乎前論者,非苟異也,理自不可同也。”也就是説,不問新、舊,但計是、非,李善之注《文選》,也是這樣,大凡“舊注是者,因而留之;其有乖謬者”,他“乃具釋”(《西京賦》薛綜注)。同時再三修訂,不自滿假,試看李濟翁《資暇録》,便知他有初注、復注,以至三注、四注。蘇子由注《老子》,也“自言晚年於舊注多所改定”。程子《易傳》脱稿,學生請授,仍説“更俟學有所進”。朱熹集注《四書》,字字稱量,深思熟慮。他們注的質量較高,是與謹嚴態度分不開的。

二

今天箋注古籍,要在舊有箋注基礎上提高一步。對這一問題,我有六點意見:

1. 從廣大讀者現有文化水平出發。目前知識青年,通過社會主義教育,普遍熱愛祖國文化遺産。不過他們閲讀古籍的能力,一般還低,迫切希望出版適合他們程度的注釋,换句話説,注釋要通俗一些。這裏,我們應該强調,通俗與否,是以廣大讀者現有文化水平做標準的。譬如陶詩常用《論語》中的詞意,在古直《陶詩箋》以前,很少注出,這不是注者不懂,而是没有注出的必要。因爲當時《陶詩注》的讀者——少數封建階級的知識分子,早就讀過《論語》。在他們看來,即使不注出,仍不失爲通俗。假使現在的知識青年讀了,就感到不通俗了。大概他們理想的注,就是生僻的詞句,都用現代的語言、符號,加以標識,義貴引申,聲用拼音,典故頂好簡化、語譯,同時指明典故所表達的意思。像庾信的辭賦,幾乎一句一典,如果單純簡譯故事，那麽，注將形成不同故事的積累，上下文的涵義，必然不會明朗。古代注家，曾在這些方面，作出一定成績，他們爲了通俗，采用以今語釋古語的“詁訓”方式，而且參用方言俗語，鄭玄注《三禮》、郭璞注《爾雅》、段玉裁注《説文》，都是突出的例子。

解放以來，在黨的領導下，有關同志，作了一些普及的注，但距廣大讀者要求，却還很遠。像人民文學出版社出版王瑶同志編注的《陶淵明集》，也許注者急於問世，或從個人水平着眼，我覺得有的注不够深透，如《命子詩》“重光”注：“重重叠叠，這裏有持續的意思。謂光榮相傳不絶。”語意含混不清。就標點、文勢觀察，前兩句即解“重光”，既欠妥當，末句已無着落。如果改爲：“重重叠叠，這裏有持續的意思。光，光榮，指陶家的。重光，是説陶家光榮，歷代持續不絶。”語意就深透了。《雜詩》“代耕”注：“代耕，食禄；仕宦所得收入。”語意也很含混。如果改爲：“代耕，是《禮記》‘禄足以代耕’一語的省略。古時官吏不從事生産勞動，單靠剥削來的俸禄生活，以俸禄代替耕種。這裏，代耕謂靠俸禄生活。”語意就深透了。《酬劉柴桑》“室”注：“室，妻子。”室爲什麽是妻子呢？如果改爲：“《左傳》上説，女有家，男有室，這裏室指妻子。”未讀《左傳》的人，就不致發生疑問了。《戊申歲六月中遇火》“華軒”注：“富貴者所乘的車。”學養淺的讀者可能這樣理解：“陶淵明歸田後，坐的不是富貴者的漂亮車子，生活比作官時樸素了。”如果在王注後接着説：“這裏代替富貴，具體指過去的禄位。”就不會發生誤會了。有的注不够通俗：如《癸卯歲始春懷古田舍》“緬”注：“藐遠。”不如改爲“深遠”。《咏貧士》“不遑”注：“不暇。”無妨改爲：“没有閑暇。”

《陶淵明傳》“還復著之”注：“仍復戴之。”頂好改爲：“還，復。還復，同義詞，就是再的意思。著，戴。之，牠，指頭巾。還復著之，是説陶淵明再把頭巾給郡將戴上。”此外，有的生字没注音：如婉孌、憔悴、頡頏、僶俛、逶迤等等。有的難詞未解釋：如空無、内疚、天道、天紀、愠、厄等等。一言蔽之，王注主要不是錯誤，而是不能滿足讀者大衆深入理解的要求。現在陶集新注，只此一種，擁有廣大讀者，盼望王瑶同志能利用餘暇，將注加寬加深。

2. 尊重古人勞動成果。古人箋注的勞動成就，我們應該尊重，既不能像復古者的全盤接受，也不能像剽竊者的占爲己有。關於後者確係剥削思想的表現。陸機直斥剽竊足以“傷廉愆義”(《文賦》)，劉勰以爲剽竊是“揭篋探囊”(《文心雕龍·指瑕篇》)的偷盜行爲。已出版的各種新注，部分甚至大部分掠古人之美的，不是没有。至於嚴重掠美的如譚正璧、紀馥華選注庾信詩賦，即其一例。就我初步檢查，譚、紀的“注”，絶大部分剽竊倪璠《庾子山集注》。有些“注”，差不多與倪注一模一樣，只是增省三數字，將倪注簡化，譯成語體罷了。比如，《小園賦》中的“况乃黄鶴戒露，非有意於輪軒；爰居避風，本無情於鐘鼓。”倪注：“言懿公好鶴，故鶴有乘軒，而黄鶴非有意於輪軒也；臧文不知，故祀爰居，而爰居本無情於鐘鼓也。以喻魏、周强欲己仕，而己本無情於禄仕也。”譚、紀注：“二句言懿公好鶴，非鶴自願；爰居避難，臧文仲不知，故饗之以鐘鼓，爰居本無情於鐘鼓也。喻魏、周强欲己仕，而己本無情於禄仕。”同文中的“烏何事而逐酒，魚何情而聽琴？”倪注：“喻己宜如飛鳥棲深林，當若遊魚潛重淵，今乃失其故性，非所樂也。”譚、紀注：“上二句意爲自己應如飛鳥棲深林，遊魚潛重淵，不願仕魏、周，而今事與願違，乃失其故性，非所樂也。”

類似的情况很多，爲節省篇幅，不再列舉了。

無庸諱言，譚、紀注與倪注之間，不能劃一等號。他倆不無些須創見。當然，沿用古注，只要是正確的，誰也不能認爲錯誤，而問題在於掠美。李善注《文選》倘用古注，必先標姓名。希望譚、紀兩君注意及之。

3. 結構特殊的字句，要用語法修辭分析。按字句是篇章組成的基本單位，須從訓詁、事理、結構三方面去領會。而領會結構，便須語法。古籍中爲普通讀者所難領會的特殊字句，主要不外五類：

一是方言。屈原“以楚辭發采”，《離騷》存在方言特徵，如説：“高余冠之岌岌兮，長余佩之陸離。”與普通話迥然不同，長和高爲兩形容詞放於句首，這是楚語慣例。岌岌、陸離，也都是形容詞，前者形容高冠，後者形容長佩，又因押韻，均移於句末。兩語若變成普通話，則爲：“余岌岌之高冠兮，余陸離之長佩。”注倘加上這番分析，自然容易懂了。

二是倒句。詩、賦、駢文作者，追逐聲律，往往顛倒字句，以致“上字而抑下，中辭而出外”（《文心雕龍・定勢篇》），不合正常語法規律。如孔稚珪的《北山移文》其中“塵游躅於蕙路，汙淥池以洗耳”兩句，如僅僅解説個别詞彙，無濟於事，必須着重指出倒句，如果順説，則爲“游躅塵於蕙路，汙洗耳以淥池”。就比較容易明白了。

三是詭奇。若干文士，愛好詭奇，魏晋南北朝作家可爲代表。劉勰“辭人愛奇，言貴浮詭”的嘆息，不是無的放矢。像魏太祖《祭橋玄文》説：“心存目想。”本不近乎情理，可是愛好詭奇的作者，居然因循不改。潘岳作《寡婦賦》完全照抄。蕭統寫《文選序》，也稱“心游目想”。注者對於這些詭奇語句，務必辨正。

四是錯綜。古人之文，誠有錯綜，《論語》把“迅雷烈風”錯綜爲“迅雷風烈”，《楚辭》把“吉日良辰”錯綜爲“吉日辰良”。這樣的錯綜還不複雜，不學古代語法的人，已覺難讀，至若《莊子・養生主篇》：“庖丁爲文惠君解牛……砉然嚮然，奏刀騞然。”砉然、嚮然、騞然三者都是奏刀的聲音，莊子置奏刀於三者之中，上下錯列，就很難讀了。注者要隨時説明。

五是變文。古人措辭，有變文一例，梁鴻本去吴國，而趙景真《與嵇茂齊書》却言："梁生適越"。"比目"本見於班固《西都賦》，"海若"本見於張衡《西京賦》，劉勰貪圖對偶，竟説："東都之比目，西京之海若"（《文心雕龍·夸飾篇》）。或者變吴爲梁，或者變西爲東，顛倒事實，注者應予指出。

4. 使原文由抽象到具體。古人寫作，有所謂"隱"，具體分析，有的"餘味曲包"，作藝術的含蓄；有的體裁限制，不便詳實叙述；有的畏懼謀害，不敢仗義直言。此等文詞，往往是作品精華，讀者最難理解，而又必須理解，除非知人論世，無從聲入心通。注者有責任進行探索，虚而實之，本隱以之顯。用事實參證理論，與繁瑣考據决不相干，它的突出效用，在使理論明確，加深印象。

5. 掌握整體觀點。注書和其他工作一樣，一定要掌握馬克思主義的整體觀點。我們注釋都得從整體出發，或從上下文觀察，或從前後段推斷，或從全篇考究，或從作者所有著作、實踐鑒别，或從别人有關作者的評議勘查。我常見某些注釋，孤立地看，似乎可通，如一聯繫整體，就齟齬難入了。我們知道，古人好用他家辭彙來表達自己的意思；我們不能説孔子贊揚虞舜，用了"無爲"一詞，就説孔子有道家思想；陶淵明在《歸園田居》詩裏用了"空無"一詞，就説陶淵明的基本思想是佛家的。相反的，我們要從整體求得"無爲""空無"的正確解釋。

我們運用整體觀點，會使注深刻。陶淵明《飲酒詩》："結廬在人境，而無車馬喧。""喧"字，古今的注，都没提及，也許注家們以爲没有注的必要吧！我認爲第一步應説明喧是喧嘩，謂車馬來往的頻繁，含有多的意思。那麽，"無車馬喧"，就是車馬來往的不多。接着還應指出淵明退歸田園"甘辭華軒"，一心"息交絶游"。"徵著作郎不就"，鄉居"未嘗有所造詣，所之，唯至田舍及廬山游觀而已"。由此可見淵明主觀上不屑再與世俗打交道了。不過他在實踐方面,却又委婉曲折。學會了阮籍的應付手段,而且在應付中,加强了諷刺性。淵明當時與世俗的交往,不是斷絶,而是減少。所以《酬劉柴桑》:"窮巷寡人用。"《讀〈山海經〉》:"窮巷隔深轍,頗回故人(如顔延年、殷景仁之流)車。"《歸園田居》:"野外罕人事,窮巷寡輪鞅。"曰"罕"、曰"寡"、曰"頗",正與"無車馬喧"相應。

整體觀點,也可運用於文章的結構、理論。普通讀者對於結構複雜的文章,經常搞不清楚,情節故事的綫索,也就摸不透。而字句艱深,内容富於理論的部分,更不能一以貫之。因此,我們作注,應該分析結構,疏通理論。

6.用馬列主義的觀點、立場批判。舊注釋者的觀點、立場,如不是馬列主義的,批判難免錯誤。新注必須着重用新的觀點、立場來批判。舊注的批判,當然也有正確的一面,主要指關於比較機械的事實、詞彙的辯駁。像陳琳《爲曹洪與魏文帝書》:"蓋聞過高唐者,效王豹之謳。"李善注引孟子:"緜駒處高唐而齊右善歌。"指出陳琳以"緜駒"爲"王豹"之誤。又陸機詩:"焉得忘憂草,言樹背與襟。"顔師古《匡謬正俗》根據《詩經·伯兮篇》"焉得萱草,言樹之背"兩句的《毛傳》説背指北堂,詩人原謂在北堂種植萱草,藉以忘憂,而陸機誤謂身體前後種植萱草。

有關哲理的文章,在簡明地闡述之後,特别需要批判,批判要儘量避免哲學上的術語,説莊子"反知",不如説否定客觀真理。《莊子·養生主篇》:"吾生也有涯,知也無涯;以有涯隨無涯,殆已;已而爲知者,殆而已矣。"六句毫無生字難詞,而寓意深微,不易通曉,極宜評述。我是這樣批判它的:莊子首先指出人生困苦在於有知,善於養生的人,便不要求知。又莊子所説的"知"實即對於現實事實的辨别,莊子認爲辨别牠們没有固定標準,辨别永遠得不出一致的結論，因此“彼亦一是非，此亦一是非”，各人關於是非的“知”，只是一種偏見，辨別無窮，知也無窮，若不停止，便將爲“知”所害，陷於困苦的境地，這是莊子抹殺求知的努力，否定客觀真理的唯心的謬論。

注者評述，還得掌握歷史唯物主義觀點，分清時代，陶淵明《五柳先生傳》裏的“無懷氏”“葛天氏”，王瑶同志注爲：“傳説中的古代帝王的名字。”倒不如説是“原始部落的酋長的名字”。須知“帝”是後世加上去的，我們學了社會發展史就不必再加了。余冠英同志注《詩經·生民篇》“載震載夙”一句：“震，娠也，就是懷身。夙，肅也，言謹守胎教。”按姜嫄生育后稷，係周民族的傳説，即有其事，亦必出於原始社會，那時哪有封建社會的“胎教”呢？“胎教”是漢代禮家之言，實距姜嫄甚遠。

三

目前廣大讀者，正渴望嶄新的箋注出現。我們應知嶄新的箋注者，除掉具備高度的政治水平，相應地要有相當充實的歷史、地理、科學、哲學、文藝、語法、修辭等知識。我盼望學養深厚的專家，多作些箋注工作。箋注古籍，是個複雜而艱巨的勞動過程。個別同志對箋注估計不足，以爲輕而易舉。也有少數同志以爲箋注不是“學術”，不屑去作，都是應該糾正的。

上述意思，是我箋注古籍的一些體會，有些同志們早已實踐了，有些不一定正確。現在，把它發表出來，歡迎大家批評。

《新建設》1958年第7期

附　编

嶔崎磊落一書生

陳書良

1978 年,我以一個搬運工人身份考取武漢大學,與今厦門大學易中天教授一起成爲吴林伯先生最早的研究生。吴先生給我們上小課,總是在他家的客廳。講課講到入神處,先生往往閉目而談,如入禪境。有次課後,師母留我吃飯,先生説起自己出身於貧苦農民家庭,從小篤志好學,1939 年考入國立師範學院(在湖南藍田)國文系學習,直至畢業,師從著名學者馬宗霍、鍾泰、駱鴻凱等。我告訴他,我的先外祖父劉永湘先生當年亦在藍田國師國文系任教,馬宗霍、駱鴻凱等先生與我家還是通家之好。他聽了十分驚喜,口裏喃喃自語:"因緣,因緣!"

有次飯後,我向吴先生訴説考研之不易。在長沙,我是以"反動軍官"之子、搬運工人的身份,頂着壓力參考的。湖南一些老先生如周秉鈞、馬積高、何澤翰先生再三勉勵我:"四人幫"粉碎了,上面政策開明了,就要勇敢地站出來響應,考就一定要考好!吴先生聽了,沉思良久,説:"天下事一樣,黨中央雖然决心撥亂反正,各地都還有人陰着對抗,當年他們憑'白卷'統治了學校,現在他們不願意將學校交還給真正的學術。那麽,我們就更要好好教,認真學,以實際行動與中央呼應。"類似這樣的話,吴先生説過很多。這樣的交流,這樣的在堅冰融化之時師生之交流,我以爲同樣是一種"因緣"。

有些淺人,總憑道聽途説,將吴先生説成食古不化、不問政治的迂朽之人。其實吴先生雖然不事鑽營、不懂官場,但他也有學術報國的一腔熱血,是一位愛國的正直的純粹的學者。

20 世紀 70 年代後期,武漢大學剛剛結束動亂,百廢待興;這時,吴先生鮮明地提倡“樸學”。這也招致了一些人的非議和詰難,甚至還有人因此嗤笑我和易中天。

“樸學”一詞當然出自《漢書·儒林傳》,諸儒注釋,明明白白。而吴先生提倡之樸學,我以爲内涵有二:一是强調從經學入手。這一點吴先生恪守他的本師馬一浮先生的教導。1957 年春,馬一浮先生至曲阜闕里朝孔,先生與同門高贊非請見,馬一浮先生問曰:“相别三年,汝治何學?”先生回答説:“研精《論語》。”馬一浮先生曰:“汝得讀書之次矣。”二是重在訓詁,實事求是。先生認爲“樸”之言實,實則不浮。如《文心雕龍義疏》是先生一生心血之最重要的結晶,其獨創的義疏體例,就體現了樸學之風。他説自己撰述《文心雕龍義疏》是“屬辭比事,能研諸慮,觀瀾以索源,援古以證今,樹骨於典訓,選言於宏富,術極數殫,終焉守故,而理物日新,必超前轍。”試讀《義疏》確實是以訓詁爲本,援古索源,下足了樸學功夫。

記得 1980 年,我快畢業,選報的畢業論文是《文心雕龍釋名》,亦即是對《文心雕龍》中有關理論術語的探究。在這之前,我遵照先生的治學途徑,對《文心雕龍》的七八個校注本進行了三次仔細校閲,寫出《文心雕龍校注辨正》,此文被上海《中華文史論叢》分三次刊登。吴先生很高興,認爲這是對我從訓詁考證入手的治學途徑的首肯。後來《文心雕龍釋名》延遷至 2004 年由日本首版,2007 年國内出版,先師已歿,我悲從中來,於是敦請同門方銘教授賜序,封面上亦標明吴門弟子,以示緬懷。

吴先生嘗自謙云唐以後的文學書籍,他祇讀杜甫和魯迅,實際上他博極群書,兼治佛道經典。有些人借機説他不準學生讀唐以後詩文,是誤解了他恐怕學生分心、强調先秦魏晋的良苦用心。其實吴先生是很通達的。1980年年末,我在吉林《社會科學戰綫》上發表了一篇對李商隱《無題》詩的箋釋,起初我還擔心先生會不高興,孰料先生讀完論文後,説:"你將義山詩'滄海月明珠有泪,藍田日暖玉生烟'釋爲上句寫女,下句寫兒,都是悼亡常用,没有扯上那些莫名其妙的美學意象,這就對了。"他高興地告訴其他老教授,還奬勵我一套乾隆年間精印東柯草堂刻本《李義山集箋注》。

吴先生生活儉樸,治學以勤,每日必健行數里,而後閉門讀書,手不釋卷。其《文心雕龍義疏》一百餘萬言,竟用毛筆小楷抄寫,有七稿之多,積稿達兩尺,此係我親眼見之,當時心靈震撼。他曾在《文心雕龍義疏·自序》中説:"不懼我書與糞土同損,烟燼俱滅;亦不冀君山復出,以爲絶倫必傳,好學修古,實事求是,鞠躬盡瘁,死而後已。"我以爲,這也是先生高尚學者生涯的寫照。

先生一生坎坷,以生許學,視權勢爲異途,棄名利如敝屣,本不應受世俗物累,但因正道直行,不識虚委,在"文革"中,以及"文革"後,常受到某些當途者的仇視,以致同事之中好學之士欲及門下拜,便招白眼,更有人必欲以打擊先生之氣節、貶低先生之成就爲樂事。白眼横加之時,惟蘄春黄焯教授,國學名家,深愛接之。吴先生之此種遭遇,令人唏嘘。故此,我畢業離校之際,行囊在肩,兩次拜别,又兩次重新叩見,放不下心來。而先生對我説的還是平時常説的那句話:"非議再多,堅定不移;處境再窘,堅定不移;困難再大,堅定不移。"並且握着我的手説:"與書良共勉。你放心去吧!"

1981年年底,我回長沙供職,十幾年來,我只看望過先師一次。我聽説,由於先生恪守"樸學"之道,被學術界的時尚之人視爲之異類,但他絶不"侮食自矜,曲學阿世",閉門著書成爲他對人生的最後一點希望。

1989年歲末,我接到先生從山東曲阜來諭,云:"吾門好學、能文章者惟賢,師母謝世,賢挽辭悽切,人到於今稱之。愚以七月南歸,決不復出,將息影湖山,以讀書爲務,伴奂優游,聊以終身。甚盼與我一聯,就賢與愚共學,愚嘗師事馬一浮、熊十力諸大師問故命意屬詞,當即交榮寶齋精裝,懸諸座右以自勵也。"讀信之餘,我體味出先生所處之逆境,幾次捧誦,泫然涕下。然而,由於冗務種種,我竟至今沒有交出先生之命題。這也成爲我的終生之憾。

四十年來,師訓一日不敢忘,師恩一日不敢忘。無論多麼闊氣的、名蓋宇内的大師向我招手示意,我都謝辭行弟子禮,因爲我的先生祇有一人,那就是宜都吴林伯教授。

《光明日報》2016年10月28日

慚　愧

易中天

先師吴林伯教授的遺著《文心雕龍義疏》終於由武漢大學出版社出版了。我收到這本書的時間,大約是前年教師節的前夕。捧着這部裝幀印刷精美的 101 萬字的巨著,内心不時涌起陣陣酸楚。

1978 年,我以同等學力考入武漢大學中文系,讀中國古典文學研究生。那時還没實行導師制,幾乎教研室的所有老師都給我們上課,講《文心雕龍》的便是吴林伯先生。教材則是油印本的《文心雕龍義疏》,是先生先寫在稿紙上,再請學校印刷廠的師傅用鐵筆和鋼板在蠟紙上刻出,一張一張印出來的。這樣的油印本,現在已經很少見了。如果保存至今,倒是個文物。

那時先生給我們的印象,是方正古板,不苟言笑,近乎迂腐。襯衫領口的風紀扣,從來就一絲不苟地扣着。上課時則永遠正襟危坐,一板一眼,咬文嚼字。説到得意處,便"目中無人"(也就是不看我們這些學生的意思),眼光投向遥遠的地方,使我們恍惚置身於魯迅先生筆下的三味書屋。現在想來,先生目光所及,大約是中國文化的深邃之處吧,但那時我們不懂。看來一個人要懂事,也真不容易!

更讓我們感到匪夷所思的,是有一次上課時,先生突然宣布他要到昆明去開會。這倒也没什麽稀罕。稀罕的是後面又緊接了一句:我要在飛機上大聲朗誦《文心雕龍》。我們那時雖然誰也没有坐過飛機,但也覺得這簡直就是不可思議的事情。然而看先生的神情,却是十二分的認真。後來先生是否當真這麽做了,我們誰也不敢問,想當然多半不會。不過我想,當先生"騰雲駕霧"之時,閉目默誦《文心雕龍》,則是完全可能的。

事實上《文心雕龍》不但是先生的至愛,而且簡直就是他生命之所繫。我甚至不知道先生的生活中除了《文心雕龍》還有别的什麽内容。先生不吸烟,不飲酒,常年茹素,不食葷腥,更無琴棋書畫之好、聲色犬馬之娱。除了研究《文心雕龍》,就是研究《文心雕龍》。唯一的運動是散步。飯,是從來不做的,到食堂買。師母在世時就吃食堂,師母過世以後就更是餐餐吃食堂。清湯寡水,淡而無味,但先生以爲飲食無非維繫生命,竟也滿足。後來,我從厦門回武漢看望先生,每每請先生就近在寶通禪寺吃一次齋菜,而且特地多點一些,打了包讓先生帶回。這在先生,便是難得的享受了。

然而席間所談,仍是《文心雕龍義疏》的修改和出版。

先生的心情我是理解的。因爲我不但知道這部著作在先生心目中的地位,也清楚它在學術上的份量。實際上先生這部書稿,我在20多年前就已通讀了一遍。1980年,我們開始做學位論文,研究生也都分配到各位老師門下。我選的題目是"《文心雕龍》的美學思想"。於是先生便正式成了我的導師,我則成了先生的"入室弟子",因爲從此我每天都要到先生家讀書。早上8點準時到,中午去食堂吃飯並回宿舍休息,下午再讀到5點。"課桌"是一小几,配一小凳,就設在先生書桌旁,你想開溜都不成。

正是在這幾個月裏,我讀到了《文心雕龍義疏》的原稿和全稿。原來,課堂上發的那個油印本,是先生從中節選出來又譯成白話文的。我讀到的,則是用文言文寫成的。所有的文字,都由先生親手一筆一劃工工整整寫在稿紙上。爲此,先生右手的中指和食指之間磨起了厚厚的老繭。以前,我們只知道工人農民是可敬的,因爲他們手上有老繭。現在我知道了,一個勤勉治學的人,同樣也是耕耘者。

吴林伯先生就是這樣一位耕耘者。他幾十年如一日地這樣耕耘着,却從不知道拿這些成果去换取功名。因爲疏於發表,他老人家直到退休前才評上教授。但是,當學生要寫作論文時,先生却毫不吝惜地將自己的成果和盤托出,任由選用。而且,怕你學不到他的真學問,還要叫你到家裏來讀。這是什麽精神?是以學術爲天下公器的精神,是以治學爲立身之本和以教學爲立人之本的精神。這種精神現在怕是和先生油印本的《文心雕龍義疏》一樣日見珍稀了。揖别先生後,我亦爲人師。雖然尚屬敬業稱職,但和先生比,却只有慚愧二字!

《政協天地》2004年第9期

我的老師吴林伯先生

方銘

已故武漢大學中文系教授吴林伯先生是20世紀經學、諸子、辭賦研究領域重要的學者，我曾有幸追隨吴林伯先生問學，今年正值吴林伯先生誕辰100周年紀念，以此小文表達對先生的敬意與懷念。

一、吴林伯先生的主要著作

吴林伯先生，1916年生，湖北宜都人，出身於農民家庭，因家貧，9歲才有機會接受啓蒙教育。吴先生篤志好學，15歲時，即能全部背誦四書、五經、《楚辭》等經、子、辭賦著作。因爲學習駢體文的緣故，對《文心雕龍》尤其喜愛，朝夕諷誦。1939年考入國立師範學院(校址在湖南藍田)國文系學習，師從著名學者馬宗霍、鍾泰、駱鴻凱等。大學畢業後，赴重慶，任重慶南開中學教員兼文科主任，從熊十力先生習佛學及玄學，後經熊十力先生推薦，1945年夏，辭南開中學教職，赴樂山書院，從國學大師馬一浮先生習儒學及漢魏文獻，並經馬一浮先生親教，選定以《文心雕龍》爲中心的研究方向。1947年後，至上海，先後任上海育才中學國文教員、中華教育社國學專修科主任兼教授、上海光華大學教授，1953年，光華大學等校合并，成立華東師範大學，吴先生改任華東師範大學中文系講師。1956年，吴先生受同門山東曲阜師範學院院長高贊非的邀請，出任山東曲阜師範學院中文系講師，並兼任古典文學教研室主任、院務委員會委員。1962 年返回家鄉，任宜昌師範專科學校中文系講師。1978 年調入武漢大學中文系，先後任副教授、教授，至 1986 年退休。嗣後，又任山東曲阜師範大學客座教授數年。1998 年 8 月在武漢大學病逝，享年 82 周歲。

吴先生一生著述甚豐，著作範圍包括經學、諸子以及《文心雕龍》研究，而以《文心雕龍》研究爲重點。已成書手稿包括《周易正義》等 27 種，其中《論語發微》由文化藝術出版社於 1989 年出版，《文心雕龍字義疏證》由武漢大學出版社於 1994 年出版，《莊子新解》《老子新解》二書由京華出版社於 1998 年出版，《文心雕龍義疏》由武漢大學出版社於 2002 年出版。《〈文心雕龍校注拾遺〉補正》部分原載《社會科學戰綫》1982 年第 3 期，後收入吴林伯先生手書 1984 年影印本《中日學者〈文心雕龍〉討論會論文》。這部影印本收録吴林伯先生所撰《〈文心雕龍校注拾遺〉補正》《〈文心雕龍義疏〉體例》《〈文心雕龍·序志〉義疏》《〈文心雕龍〉成書年代及其主導思想》《〈周易〉與〈文心雕龍〉》《〈文心雕龍〉與〈詩品〉》等論文，共影印 40 餘本，提供給 1984 年 11 月在上海召開的“中日學者《文心雕龍》討論會”的與會代表。另外，吴先生還撰寫和發表有數十篇以《文心雕龍》爲中心的研究論文，以及有關老莊異同、鄭玄訓詁成就、孔子商鞅文武觀異同流變等内容的論文。

《文心雕龍義疏》是吴先生關於《文心雕龍》研究的代表著作，從撰寫到成書前後 40 餘年，成書以後，又不斷更易，去舊布新。吴先生在《文心雕龍字義疏證》自序中説：“余齒在志學，便治《文心》，春秋非懈，但欲習其儷辭而已。迨入本師馬一浮先生之門，朝夕親承音旨，始知五十之篇，允爲論文之作。於是請益問難，載歷寒暑。雖謏聞陋見，未能知類通達，而簡練揣摩，要亦粗識微言；重以古、今舊説，義多不愜，唯恐是非無正，使天下學者疑；故搦筆和墨，撰述《義疏》，歷四十二年而定。”又在《文心雕龍義疏》自序中説：“余撰《義疏》，屢移寒暑，鎔意練詞，不知所裁，常恐醬瓿之譏；然知難而進，舊典攸昭，妙識所難，其易將至，先難後獲，自然之數也。且不遠千里，擇師而事，終入馬先生之門，執贄請爲弟子，親承音旨，不同研味遺言，探賾索隱，日不暇給，知至至之，欲與幾也。夫蘭爲國香，服媚彌芳，書亦國華，玩懌方美，簡練揣摩，恒久未已，若仲尼、伯玉之化，心向往之，去故取新，知進而不知退，旁通發揮，裒多益寡。稱物平施，始是而卒非，春秋非懈，俾學有輯熙於光明。”吴先生這些關於《文心雕龍義疏》寫作的緣起及甘苦之言，體現出吴先生在《文心雕龍義疏》一書中傾注的心血。

《文心雕龍義疏》作爲吴先生一生心血之最爲重要的結晶，其獨創的義疏體例，體現了鮮明的學術個性。吴先生在《文心雕龍義疏》緒論中説：“我注釋《文心》，根據讀者的要求以及個人的想法，制訂《義疏》的體例，就是每篇原文，分層排列，而每段後面的《義疏》內容，不外字詞的解説，大意的概括，文句的串講，思想理論的分析、評議。”吴先生把校勘、訓詁、層次分析、內容的解釋與理論的闡述結合起來，既具有傳統校注的特點，又囊括了吴先生對《文心雕龍》理論問題的深刻獨到的見解，而這些理論闡述，又深深地根植在對《文心雕龍》文本的精確把握的基礎上，眼界高邁，而又體現了樸學大師的堅實學養。

吴先生《文心雕龍義疏》特别注重理論與實踐的聯繫，這種聯繫，共有三個層次。一是結合作家、作品的實際。馬一浮先生在《通治群經必讀諸書舉要》中説：“集部之書，汗牛充棟，終身讀之不能盡。大抵唐以前别集無多，俱宜讀。唐、宋則擇讀大家，宜知流别，宜辨體制,宜多讀詩文評。文章不關經術者,不必深留意也。”吴先生嘗告訴我們説,馬一浮先生主張治學應以經學爲核心,出入諸子史記,人生苦短,不能花太多時間去讀那些無意義的書籍。吴先生讀書,嘗説唐以後的書籍,他衹讀杜甫和魯迅,實際先生博極群書,不僅對先秦漢魏六朝的著作無所不讀,無所不通,且熟稔於心,了然於口,了然於手,而且對佛學經、律、論都有深入研究,此既由於吴先生曾經親炙於由佛入儒的佛學大師熊十力先生,更由於經學大師馬一浮先生游歷歐美,出入儒釋道(學),而佛學與劉勰的親密關繫,使先生不能捐棄佛學典籍。

吴先生認爲,只有通讀先秦漢魏六朝的所有傳世著作,纔能洞察《文心雕龍》的理論體系和價值判斷。所以,他通過對劉勰《文心雕龍》的分析,得出劉勰論作家,必舉其文章中最優秀者,不在一處一一叙列此一特點,即理解劉勰《文心雕龍》,應該把全書看作是一個整體,把在不同地方的不同表述聯繫在一起,來考察他的觀點。

吴先生注意結合文學史的現實來討論問題。吴先生認爲,《文心雕龍》的許多篇章,都與文學史有關繫,有通史,也有專史,如《時序》是上古和中古的文學史,《明詩》是上古、中古的詩歌史,《詮賦》是先秦、兩漢、魏、晋的賦史,《樂府》是上古、中古的樂府史。瞭解文學史的真實面貌,對於正確理解劉勰《文心雕龍》的理論觀點、意義同樣非常重要。

吴先生同時也注意結合創作經驗。吴先生認爲,《文心雕龍》的許多理論概括,都是劉勰創作經驗的總結。吴先生工詩與駢體文,這些經驗,對他正確理解《文心雕龍》的文意,具有非常重要的現實作用。

《文心雕龍義疏》重視從總體出發,看問題的全面,不看問題的片面。吴先生認爲,劉勰有《春秋左氏傳》桓公三年杜預注所謂“互舉其義”的筆法，對一個作家，劉勰在這裏肯定，在那裏又有否定；闡述内容與形式的關繫，在這裏强調内容的重要性，在另一個地方，可能又只談論形式。這些都不是自相矛盾，而是體現了劉勰實事求是、就事論事、不虚美、不隱惡的特點。同一個詞語，不同的地方可能包含了不同的内涵，如《文心雕龍·原道》中的“道”，就有自然界規律、自然而然的創作規律、聖人之道三種不同内涵，如果不能分辨此種差異，就會導致牽强附會的毛病。吴先生認爲，劉勰《文心雕龍》的中心思想，是儒家思想，非此，無他。吴先生還强調要重視《文心雕龍》語言的特點，《文心雕龍》用駢體文寫成，結構特殊，或辭有顛倒交互，或有聲律、對偶的改易，或有互文，有的學者因爲不明乎此，竟然錯誤地指責劉勰《文心雕龍》犯了常識性或者知識性錯誤，那無疑是論者自己所犯的一個大錯誤。而有的學者抓住劉勰是佛教徒的歷史事實，不加分析，簡單地認爲劉勰的《文心雕龍》體現的是佛學思想，有的學者以調和論形式，認爲劉勰的思想是儒釋雜糅，或者儒釋道雜糅，顯然都是没有歷史的觀念，没有整體的觀念，没有辯證的觀念所帶來的錯誤。

吴先生强調抓住重點，突出《文心雕龍》作爲一部文學理論著作的理論特色，並且，把考鏡理論的源流，當作《文心雕龍義疏》的一個重要使命，凡是《文心雕龍》中涉及的重大理論問題，吴先生都一一辨析，並折其中。吴先生的這個工作，使我們對《文心雕龍》重要的命題有一個歷史的深度的把握。

吴先生《文心雕龍義疏》最重要的貢獻，還是在辨證原文和舊説的訛誤方面，這個成就，散見於整部書中，如《文心雕龍·原道》對“太極”爲“太古”的訓解，解決了近世學者受建立和西方有可比較的哲學體系的需要，想在中國哲學體系中尋找一種先驗唯心論的理論支點，因此把“太極”作爲“絶對精神”“上帝”“造物”的訛誤，還“太極”作爲時間至早的概念的本義，無疑是對一些一知半解的學者煞有介事的宏論的“棒喝”。又比如《辨騷》云“酌奇而不失其真”之“真”，唐寫本改“真”爲“貞”，以求訓“正”，使“奇”“正”對舉。吴先生舉《文選·古詩十九首》李善注“識曲聽其真”的“真，猶正也”，實不煩改字。又如《通變》曰“志合文則”，元本“則”作“財”，吴先生認爲“文則”本爲陳言，郭璞《爾雅圖贊》曰“時維文則”，其意是説修辭的規律。凡此種種，不勝枚舉。吴先生的這些真知灼見，不僅僅是解決了一個個文獻校勘方面的具體問題，同時也給我們文獻校勘工作提供了一個思想方法，就是我們今天傳世的文獻中的詞句與新出文獻的差異，不一定就是緣於傳世文獻的以訛傳訛，或者也存在新出文獻訛誤的可能性，所以，在這樣的時候，不一定着急去以新出文獻去判斷傳世文獻的是非，而應承認傳世文獻在傳播過程中保存下來，必然有其自身原因的歷史事實，這纔是科學的實事求是的態度。

吴先生所著《文心雕龍字義疏證》約 40 萬言，討論了接近 80 個《文心雕龍》中的重要理論概念。1994 年 12 月 29 日吴先生賜札諭我説：“《文心字義疏證》……亦愚用力之作，其中《指瑕》爲發憤之篇，《玄宗》尤師心之什，望賢注意誦習。”吴先生在《文心雕龍字義疏證》自序中説：“撰述《義疏》，歷四十二年而定。且思舍人書中術語，若文質、奇正、風骨、剛柔之屬，莫不括囊大理，包蕴宏富，共曉維艱，特修纂《疏證》；綜觀全文，兼采群籍，頗事校研，假以考鏡其因緣及流變與異同。每題一論，並聯繫作者、什篇、批評史等，體例、資材、詮釋，咸皆求新，俾自樹立，而不因循，知音君子，其垂意焉。”又在《文心雕龍字義疏證》跋中説：“1978 年秋，余自夷陵來漢，講授多暇，專精述作。迨《文心義疏》甫定，行復撰寫右書，越三載始成。昔戴氏製《孟子字義疏證》，民到於今稱之。然余非乘其體，特名同而實異者，蓋旁通發揮，博文、該情欲與《義疏》相得而益彰耳。是以屬辭比事,能研諸慮,觀瀾以索源,援古以證今,樹骨於典訓,選言於宏富,術極數殫,終焉守故,而理物日新,必超前轍。”《文心雕龍字義疏證》也是吴先生研究《文心雕龍》的又一體例創新之心血之作,是《文心雕龍義疏》之姊妹篇也。

吴先生《〈文心雕龍校注拾遺〉補正》是對《文心雕龍校注拾遺》的補正,吴先生在序中説:“東莞劉勰,深識文理,發言抗論,體大而慮周,探賾鈎湛,每舉事以類義,殆無字無來歷。昔黄氏疏證之,范君嫌其略而加詳,今楊公復補缺拾遺,嘉惠藝林,厥功甚偉。比年已還,余與武大二三子講《文心》,以爲参考要籍,故嘗諷籀再四,或有懷陳,爰書簡端,並師蕭《選》李《注》補正之例,裒而成册,都千餘事,大抵以補爲主,而正次焉。”吴先生高度贊揚黄叔琳、范文瀾、楊明照等學者對《文心雕龍》研究的貢獻,同時,對存在的不足,給予糾正。2001年楊明照在江蘇古籍出版社出版《〈文心雕龍校注拾遺〉補正》,2000年中華書局出版的楊明照修訂本《文心雕龍校注》,也吸取了吴先生的部分補正成果,如《正緯》之言“朱紫亂矣”,《通變》之言“夫青生於藍,絳生於蒨,雖逾本色,不能復化”,《鎔裁》之言“心非權衡,勢必輕重”等,吴先生皆已補出,楊明照新補,與吴先生的補正成果大同小異。楊明照先生没有吸取吴先生補正成果的部分,兩相比較,也多以吴先生的補正意勝,如《辨騷》云“漁夫寄獨往之才”,楊明照先生以淮南王《莊子要略》爲“獨往”言,又引《南齊書》《梁書》等,吴先生則説:“‘獨往’連文,始見於《莊子・在宥》……”又指出嵇康《兄秀才公穆入軍贈詩》、陸雲《泰伯碑》皆有言“獨往”,都早於楊明照先生所引諸書。

吴先生在《論語發微・自序》中説:“昔仲尼通治六經,自以熟知其故,並應機授教,語高而旨深;凡教育、政事、倫理、文學諸科,靡不畢具,包藴可謂宏富矣。門人相與輯而論纂,因名之曰《論語》。學者當先求之,庶幾能明六經之旨歸。"吴先生自云二十餘歲開始往來於川、湘、京、滬、齊、魯間,即首鑽《論語》,《論語發微》即爲吴先生一生鑽研《論語》的總結,該書對《論語》中前人時賢所未發掘之義理訓詁給予訓釋,切實做到了不剿説、不雷同,唯是是非非而已。吴先生以《論語·學而》之言"無友不如己者",皇侃《論語義疏》、《顏氏家訓·慕賢》、朱熹《論語集注》,皆以友不如己者,則無益而有損,非爲孔子本意,而發明道同爲友之旨,《荀子·大略》所謂"友也者,所以相有也;道不同,何以相有也"。道同,故可以取長補短,《論語·學而》所謂"過則毋憚改"。因此,"無友不如己者",當指善於發現朋友的優點,每一個朋友皆有優點。善於發現自己的不足,見賢思齊,見不賢而内自省。而《老子新解》《莊子新解》繼承鍾泰先生《莊子發微》之學術傳統,强調儒道一致之思想,並細繹莊子與老子由同而異之區分。以上諸書,皆發前人所未發,足以成一家之言,爲研究《論語》《老子》《莊子》之必讀參考書。

二、吴林伯先生的治學特點

吴先生恪守馬一浮先生治學路徑,强調從經學入手,而守專門之學。吴先生曾經撰有《馬先生學行述聞並贊》(畢養賽主編《中國當代理學大師馬一浮》,上海人民出版社,1992年),吴先生回憶馬一浮先生的教誨,提及馬一浮先生談論專門之學的重要,説:"學問之道,貴以專耳。爲專然後能集中精力,鑽研一點,深造自得;泛覽無歸,老而少功。乃如屈原、宋玉、司馬相如、揚雄、班固之徒,皆專攻辭賦;孔安國、服虔、包咸、鄭玄、馬融之屬,皆專攻經術。以其專心致志,切磋琢磨,衆隱盡變,故斐然成章,蜚聲翰林,藻耀而高翔,故文、筆之鳴鳳也。"吴先生受馬一浮先生啓發,而選定《文心雕龍》爲自己終身專攻,《馬先生學行述聞並贊》中又説:"西京經生,特重於專，其治《毛詩》，則或爲《雅》，或爲《頌》，相合而成，專之至也。陋儒記誦漫漶，博而不專，妄求遍物，而不知堯舜之所不能也。”自吴先生選定《文心雕龍》作爲研究對象，從此，緊緊圍繞着《文心雕龍》這個題目，遍考先秦漢魏六朝載籍，無所不讀，並深入研究，因而能深入理解《文心雕龍》這部有關先秦漢魏六朝文學理論的偉大著作的精粹，而取得重大成績。

吴先生崇尚《漢書·儒林傳》所謂“樸學”傳統，而謂“樸學”，即“實事求是”之學。吴先生特别强調《漢書·景十三王傳》中河間獻王劉德的“修學好古，實事求是”。吴先生嘗撰有《簡論兩漢之學風》一文，在我讀研究生的時候，還未曾刊布，曾以文稿示我，命我誦習，我曾手抄一遍。吴先生以爲，“樸”之言實，“實則不浮，云胡爲實？曰上山采銅，下井取礦，作文必讀文，著書必讀書，自感性到理性，由個體至總體，過此以往，語不虚設，春發其華，秋登其實，充盈而有光輝。且書不範圍於文字，自然、社會，亦皆書也。讀之未遍，妄下雌黄，紕繆差失，見笑大方之家。”吴先生又説，“不讀書而能研究著述者，蓋有之矣，余未之聞也”。《馬先生學行述聞並贊》回憶馬一浮先生教學生讀書法，“則開具群籍，兼經、史、子、集，並以六合之内，亦是一部大書，不可不讀。不讀破萬卷，下筆難以入神”。

吴先生信守《易·乾·文言》之言曰：“君子進德修業。”馬一浮《泰和宜山會語》之有《君子小人之辨》（《馬一浮集》第一卷，浙江教育出版社、浙江古籍出版社，1996 年），馬先生認爲教育的目的在於教人成爲君子，而馬一浮先生言君子小人之區别，一言而蔽之，曰：“君子、小人之用心其不同如此，充類而言之，只是仁與不仁，公與私之辨而已。”“君子之心公而恕，小人之心私而刻。”古今言君子、小人之區别，未有如馬一浮先生之深切著明，而又能得孔子之精核者也。《馬先生學行述聞並贊》記載，1957 年春，馬一浮先生至曲阜闕里朝孔,吴先生與同門高贊非請見。馬一浮先生問:"相别三年,汝治何學?"吴先生回答説:"研精《論語》。"馬一浮先生説:"汝得讀書之次矣。昔孔子通治六經,自以熟知其故,並授教二三子,語高而旨深,學者當先求之,庶幾能明六經之指歸。程子曰:'今人不會讀書,如讀《論語》,爲讀時是此等人,讀了後,又只是此等人,便是不曾讀。'此爲讀書痛下針砭。"吴先生問:"何以謂之讀也?"馬一浮先生概乎其詞,説:"讀書之道無他,求其反身修德,懲忿窒欲,布乎四體,形乎動静,履而行之,荀卿所謂'君子博學而日参省乎己,則知明而行無過矣'(《荀子·勸學》)者也。"先生因此明白"讀書必改變氣質,非徒記其文句以爲談資耳"。

吴先生在生活上極其節儉,但對學問却永遠不滿足。吴先生《文心雕龍義疏》成書後,除部分公開刊布外,另有油印本行世,作爲武漢大學研究生和本科生的教材,頗爲國内外學術界關注。1984年《光明日報》曾有專版介紹吴先生的研究成果,《文學遺産》雜志在1989年第4期也有報道,稱該書"頗爲國内外學術界關注",詹鍈先生著《文心雕龍義證》一書,當時未見吴林伯先生《文心雕龍義疏》出版,但也多次引用吴先生的《文心雕龍義疏》油印稿,這充分體現了詹鍈先生的學術境界和學術眼光,也可以證明吴先生《文心雕龍義疏》受同道的關注程度。吴先生在《馬先生學行述聞並贊》中説他完成《文心雕龍義疏》以後,"爲時流謬許,余以天道惡盈,不自滿假,盡力而爲,功庸弗怠","昔仲尼勉焉孳孳,鍥而不舍,行年六十而六十化,始時所事,卒而非之,學然後知不足;先生(指馬一浮先生)守範善道,至老不倦,日就月將,學有緝熙於光明;余師範賢聖,亦將行年七十而七十化,匡誤正俗,恒久以求真是"。因爲吴先生讀書著述,有高尚之目的,所以,《文心雕龍義疏》自序説:"不懼我書與糞土同損,烟燼俱滅;亦不冀君山復出,以爲絶倫必傳,好學修古,實事求是,鞠躬盡瘁,死而後已。”

吴先生治學,强調學術創新的價值,並把創新和恪守師法結合起來。先生多次提到熊十力先生和歐陽竟無大師的師生之争,熊十力先生是歐陽竟無大師的入室弟子,但是著《新唯識論》,與老師的意見相左,但這並不影響熊十力先生對歐陽大師的尊師感情。與此類似的,先生還以劉向、劉歆父子爲例,劉向是今文學者,而劉歆則服膺古文學。吴先生認爲,這種區别,不是背叛,而是追求真理,推動學術進步。吴先生在《馬先生學行述聞並贊》中論述創新的重要時指出:“夫鼎以去故,革以取新,革而應人,大亨以正,四時成而文明説,革之爲義大矣哉。”

吴先生是一位純粹的學者,一生追求,唯有讀書二字。我1984年入武漢大學,爲吴先生研究生,追隨先生學習先秦兩漢文學,當時齒不及二十,正是躊躇而多志之年齡,多旁騖,先生神智澄照,洞察入微,以我受“文革”殘酷迫害之一代人,經術淺薄,嘗以三十餘歲而辭南開中學教職,負書擔囊,徒步行至樂山烏尤寺復性書院晋謁馬一浮先生之事教我。吴先生並經常教導門人弟子説“爲山不虧一簣,窮理止諸自足”,宜“以高度韌性自勵”,“非議再多,堅定不移;處境再窘,堅定不移;工作再忙,堅定不移;困難再大,堅定不移;成績再好,堅定不移”。吴先生這樣教導我們衆弟子,而他更是身體力行。

1984年前後,吴先生年届古稀,孑然一人,生活儉樸,每日在公共食堂用餐。吴先生高度贊成20世紀30年代所提倡之新生活運動,並表示他一生以新生活運動的生活標準約束自己,不喝茶,不飲酒,不吸烟,多年每日以米飯爲食,輔以青菜,少食葷腥。吴先生也非常關懷弟子的生活起居,曾翻山越嶺,從他居住的武漢大學南三區散步到楓園我居住的宿舍視察,建議我多吃牛肉與羊肉,少吃猪肉,曾以“猪肉虚物,多食傷身”告誡於我。又因我是北方人,擔心我吃不慣米飯,還曾請人在漢口幫我買挂面。當時是計劃供應時代,要買米面這樣的東西,都是需要動用特别關繫的。

吴先生多年堅持每日散步,散步之時,必昂首挺胸,目不斜視。散步結束後則閉門讀書,手不釋卷。1979 年前,《文心雕龍義疏》一百餘萬言已經寫定,並經中國社會科學出版社審定通過,即將出版,但是吴先生仍然不斷修改,以毛筆小楷抄寫之《文心雕龍義疏》一百餘萬言,竟然有七稿之巨,即可見出先生執着態度之一斑。

吴先生明白讀書非爲讀書而已,而欲以養成君子,而吴先生執君子之業也,守君子之道,與人爲善,不與人爲惡。善修容儀,不内顧,不親指,不厲言厲色,泰然莊嚴,博覽古今,淡泊名利,不與世俗往來,在校園之中,遇見校系各級官員,必待對方致意,才以頷首回應。見諸弟子,莊嚴持重,偶有莞爾一笑。衆弟子稱呼吴先生必曰“先生”,不稱“老師”。吴先生與弟子告别,弟子鞠躬,吴先生也必定以鞠躬還禮,俯仰優雅從容。

吴先生一生手不釋卷,而讀書只讀早年所購綫裝書,吴先生説,好的綫裝書一是書的字大,便於閲讀;另外,便於批注。吴先生每讀書,必於書中留白處留下批注,多次誦讀,每有新見,則加新批注,有修改,則换一種墨水。翻開吴先生的藏書,五顔六色的批注撲面而來,而宣紙的不滲透的優點就顯示出來了。到了晚年,吴先生才開始整理批注,謄抄在稿紙之上。20 世紀中期以後,批判傳統的政治氣候和社會風氣,使吴先生的讀書習慣受到極大威脅。“文革”前後,吴先生住在家鄉宜昌,堅持撰述,其處境艱難,自是不難想象。據説有領導拿着吴先生的手稿譏笑,更有人以吴先生曾就學於復性書院,遂以吴先生爲“復興社特務”,而加以迫害。在武漢大學工作期間,吴先生正道直行,心之向道,從不與俗人周旋,作爲吴先生的弟子,我曾親耳聽見有人嘲笑吴先生與馬一浮先生一樣,是“冬烘先生”,也有人認爲吴先生的學術方法過時了,但吴先生堅定不移。幸有黄侃先生之侄國學名家黄焯先生關懷,才得以在“文革”後評爲副教授。吴先生身處如此環境,却泰然如常,如若不是吴先生道勝,則何以堪。

吴先生以經、子及《文心雕龍》教授數十載,門生私淑廣布,深受弟子愛戴。後期在武漢大學,及門弟子雖不多,然如厦門大學易中天教授、湖南社會科學院陳書良教授、湖北大學陳桐生教授等,皆學有大成,影響廣遠。我自 1987 年赴京謀食,生生不易,學業荒疏,先生修書,命我就近問學於王利器先生。1989 年冬,我因公事赴武漢,當日即叩先生,時先生因鼻疾新好,仍孤身一人,日日誦讀。臨别,先生步行數里,送我出武漢大學校門,諄諄叮囑,深以我的學業爲念,曰“困難再大,堅定不移”,揮手作别,燈影之下,煢煢孑立,使我頓生依依不舍之情。多年之後,每念及先生,便出現先生揮手當日之情景。1993 年,先生在信中提及來年將至北京開會,曰:“重見已不遠矣!”1994 年北京香山召開《文心雕龍》國際學術討論會,先生莅京,由於我行踪未定,竟錯失一謁之機會,及至先生離京數日,我始得知先生已經返回武漢。荏苒至 1998 年,忽接先生仙逝之報,從此天人永隔,竟無由再聆教誨。近年,我每赴武漢,必至先生故居樓下。先生故居雖已無人居住,先生之書稿遺物,仍然保存其中,佇立先生窗前,雖不再看見先生窗前的燈光,但仍能馳想先生之音容。

吴先生對現實社會之權勢人情,異常隔膜,但時事改易,人心叵測,吴先生一生坎坷,却仍始終不改志士氣質,高尚其志。吴先生生前家中廳堂之上,高懸馬一浮先生畫像,每至忌日,必作禮拜,數十年不輟,而對門人弟子,時時牽挂。吴先生一生的行止,以及對先生和弟子的情懷,秉持了中國傳統士人的氣概。吴先生去世之後,近些年，人們逐漸注意到了吴先生的治學方法的價值和學術成就的影響，吴先生在九泉之下，或許可以欣慰了。

選自《我的老師吴林伯先生與褚斌傑先生》，《華中學術》2016年第3輯

斯人已逝，風範永存

——懷念恩師吴林伯先生

趙仙泉

武漢大學中文系已故教授吴林伯先生，是秉持“樸學”與“考據學”的當代重要學者之一，也是我的恩師。我作爲他的學生應該秉承“薪盡火傳”的古訓，理應通過語言文字將先生傳遞給我的精神之火發揚光大，給今天的學子們予以某些啓迪。雖然先生的名字不如演藝明星那麽如雷貫耳，但在學術界他是學風純正的泰斗，是具有古風的學者。與日漸猖獗的“學術腐敗”者、論文剽竊造假者、欺世盜名者相比，他無疑是十分珍稀的學術楷模，值得後人仿效與學習。這也是我寫這篇紀念文章的初衷。

吴林伯先生與我的師生之情，始於我在本科學習階段選修他的“文心雕龍研究”課程。他的那種嚴謹治學的風格對我打下學術根底有直接的影響力。他主張認真閲讀原著、旁徵博引、舉一反三，反對望文生義、根據第二手資料輕率地下結論。我的學習筆記獲得先生好評，他開始有意栽培我這個新苗。我也時常到先生的家裏去討教。除了學問，先生的一些做人觀念也使我受益匪淺。他把物質利益看得很淡，教導我在任何環境下都要堅定不移地執著於學術。1983年大學畢業前夕，我報考了他的研究生，開始走向學者之路。

可是，這次“考研”使我遭遇了人生的一次挫折。我只好聽從畢業分配到了長江邊的沙市工作，擔任市委黨校的教師。臨别武大，吴先生給我題寫了留言:“天行健,君子以自强不息。”在我自認爲被“流放”的日子裏,吴先生與我保持通信聯繫,不斷給我打氣。其中,他在 1983 年 9 月 10 日寫給我的信中説:“上月廿七日信收讀,知道你近來的心情。其實,在我這飽經風霜的人看,你目前的情况並不特别差,起碼比我的處境好些吧!可是我照常讀書、研究、著述。關於治學和處世的話,我都給你講了,臨别時,爲你寫的那句名言,千萬不要忘記。根據我的體驗,一個人只要立志、努力、有恒,什麼困難也能克服。暑假中,我去青島開會,旅途很辛苦,但我在車船、旅舍,堅持重温《穀梁傳》,不讓時間白白浪費掉……”我那時已下定决心考上研究生,通過艱苦的努力,一年後我終於以優異的成績被録取,仍然師從吴先生。

1984 年 9 月 10 日,吴林伯先生召集我與方銘、陳桐生、陳洪波、曹耘、陶佳珞六位新入學的研究生談話,提出治學“十準則”“十注意”“八功夫”“五堅定”,作爲我們這些研究生一生遵守的治學信條與規範。他的學術思想、治學原則與方法,至今仍然具有繼承、堅持的價值,特别是對於急功近利、只求數量不求質量的學術浮躁風氣,不啻爲“鎮静劑”與“清醒劑”。

十準則:其一,崇德。治學目的是追求真理,爲人類作貢獻;要堅持真理,嚴辨是非。其二,務本。要忠實、熟悉、消化原始材料;要過好先秦學術關,要讀自然與社會類書。其三,尊師。要做到求師、擇師、尊師。尊重師法,尊重師説,糾正並發展師説,即“正誤、加深、補遺”。其四,及時。四十歲以前打下深厚基礎。《禮記·學記》云:“時過然後學,則勤苦而難成。”其五,隆積。重視積累,學風端正,範圍確定。其六,自得。要自學、自主、自立。其七,撝謙。發揮謙虚精神,實事求是。其八,博約。要當專家,不當常識家,圍繞研究範圍而達到通與博。其九,克勤。要勤奮,堅韌。其十,循序。由淺入深,由近到遠,由低到高,循序漸進。

十注意:一是要有哲學家的眼光;二是要理論聯繫實際;三是要糾正原著本身及其解説的錯誤;四是要從整體着眼;五是要考察理論的源流;六是要重視語言特點;七是要有創新意識,善於補充加深;八是要抓住重點,綱舉目張;九是要尊重别人的勞動成果;十是要突出"論"字,有思辨性。

八功夫:一是"抄",抄寫原著及其有關精華,加强記憶,加深理解。二是"點",要學會標點古籍。三是"背",在理解的同時背誦。四是"注",即注解。五是"譯",即古文今譯。六是"問",即研討。七是"論",即論述。八是"作",即寫作。

五堅定:一是非議再多,堅定不移;二是處境再窘,堅定不移;三是工作再忙,堅定不移;四是困難再大,堅定不移;五是成績再好,堅定不移。

最後,研究學術的總綱則是"端正學風,明確範圍,專攻一點,持之以恒"。

上述觀點與要求,是吴林伯先生畢生遵循的準則與治學經驗。從某種程度而言,就是他的學術"信仰"與信念。可以看出,他並不是一個"刻板""僵化"的學者,而是相當有現代意識。比如,他堅持社會科學、人文學科研究的哲學家視野,也强調"譯""論"與"寫"的功夫,不主張"述而不作",認爲學者的本領要全面、完整。

當然,吴林伯先生最看重的是忠實於原著以及注釋的功夫,認爲這是做學問的基本功。他反對當學術"浪子"和"二道販子"。讀原著,要讀"全本",不能衹讀"選本";要從整體上掌握,不能衹瞭解局部。比如研究《文心雕龍》《詩經》《論語》等,就必須讀懂讀通全書全文,才有資格寫研究論文。也不能衹通過閲讀别人的論文來做研究,當"搬運工"。尤其是不要被一些時髦的、似是而非的學術名詞所左右，寫虚張聲勢的論文。

在“讀研”期間我們幾個同學經常在吴先生家裏上課，頗有“私塾”風範。他老人家字字句句教我們研究《文心雕龍》《論語》《孟子》《莊子》《周易》等典籍，我們壓根兒就没心思去追逐金錢，真正是遠離世俗，只以學問爲樂。

有一次我與先生單獨相處時，他給我講了他與因腦溢血而早逝的夫人的故事，講到動情的時候他流淚了，我感到先生是一個非常重情的人。在老年喪偶的日子裏，他克服了許多生活上的困難，堅持進行學術研究，著述立説。數十年如一日的治學，他留下的是豐碩的精神果實。生前他先後出版了《文心雕龍字義疏證》《論語發微》《老子新解》《莊子新解》等專著，另發表了大量學術論文。1998年先生因鼻咽癌辭世，享年82歲。他留下了數百萬字20餘種專著的手稿，涉及先秦群經諸子、兩漢辭賦、魏晋南北朝文論、駢文以及玄學、佛學。2002年“武漢大學學術叢書”將他100多萬字的《文心雕龍義疏》以精裝出版，流傳後世。

我至今依然保留着吴先生當年寫給我的八封書信，儘管我從一個城市搬家到另一個城市，從一個工作單位跳槽到另一個單位，不知拋棄了多少“家當”，但我始終把這些勵志論學的信帶在身邊。它們是無價之寶，在我的人生歷程中已成爲精神的活化石。

尊敬的吴先生，您在天堂還好嗎？

本文部分内容發表於《光明日報》2016年10月28日

清芬滿庭憶先師

陳桐生

1984 年,我在安徽師大中文系當了兩年半助教之後,考入武漢大學中文系,攻讀中國古代文學碩士研究生,我的導師是吴林伯先生。

第一次見到吴先生是在面試場合。那一天,68 歲的吴先生上身穿了一件質地很好的黑色毛料中山裝,下身是一條深藍色的長褲,衣服熨得很平,能清楚地看出褲綫,脚上是一雙擦得錚亮的皮鞋,看來老先生非常重視這次面試,像是出席重要會議一樣。他給人的第一印象是身板筆挺,面目清癯,精神矍鑠,面帶笑容,頗有仙風道骨之姿。吴先生雙目細長,看人炯炯有神。同門方銘當時是一位年僅 20 歲的帥哥,他最欣賞吴先生的鼻子,説吴先生鼻子很長,很直,鼻梁高聳。可以想見,年輕時的吴先生,一定是一個標準的美男子。

作爲入門弟子,吴先生爲學爲人的點點滴滴,滿庭的清芬,都深刻地印在我們的腦海裏,成爲人生永久的珍貴記憶。

吴先生是講師道尊嚴的嚴師。從我們入學之初,吴先生就强調要尊師。他所説的尊師,主要有兩項内容:一是要遵從師法;二是要講禮貌。吴先生説,一個師傅一個法。他給我們逐字逐句地講《文心雕龍》《莊子》《周易》,都是講他的一家之言。當然,遵從師法不是不要創新，吴先生心目中的創新是弟子發揮師説。吴先生非常重視弟子之禮。他曾經以熊十力爲例，説熊十力招收弟子時，弟子要向熊十力磕頭，熊先生坐在椅子上，認真觀察弟子們磕頭時的表情，看看哪些弟子是發自内心的尊師，哪些弟子是在敷衍了事。吴先生對我們説："現在弟子不需要向先生磕頭了，但鞠躬還是要的。"所以，我們在與吴先生分手時，都要對吴先生恭恭敬敬地鞠上一躬，吴先生也會嚴肅認真地給我們回禮。我們剛入學時，喊"吴老師"，吴先生糾正了我們的叫法，他説，幼兒園的老師是"老師"，小學老師也是"老師"，研究生應該稱導師爲"先生"。從那以後，我們便改口稱"吴先生"。非常有意思的是，後來我到霍松林先生門下讀博，鑒於吴先生的先例，我喊導師爲"霍先生"，霍先生糾正説："北方人稱'師'，南方人稱'先生'，你們還是稱'老師'吧！"從此以後，我們就稱導師爲"霍老師"。這大概也是"一個師傅一個法"吧！吴先生要求弟子尊師，他自己率先垂範。吴先生家裏，挂有一張兩尺高的白髮長鬚的老者照片，那就是近現代有名的大儒馬一浮。1988年，吴先生應邀到曲阜師大講學，我送他上火車，吴先生隨身携帶的只有馬一浮先生的像框，那種情景，至今歷歷在目。正因爲吴先生强調尊師，所以我們在入學後一年多的時間内，很怕吴先生，在導師面前非常拘束，不敢多説一句話。當然也有例外，同門中最不怕吴先生的是趙先權（仙泉）。那時候，我們是到吴先生家裏上課。他到吴先生家的第一件事，就是上厠所。回到學生宿舍，我們對先權打趣説："你吃了豹子膽，居然敢到吴先生家上厠所！"其實，與吴先生相處久了，他的師道尊嚴就會慢慢消融。先權是武大的本科生，吴先生給他上過課，師生之間早就熟悉，這是他不怕吴先生的原因。我們與吴先生相處久了，也就漸漸不怕他了。

吴先生應該是二十世紀最用功、最勤奮的學者，没有之一。吴先生學歷非常顯赫:他先後從佛學大師熊十力學佛學,跟儒學大師馬一浮學儒學,又向著名道家學者鍾泰學《莊子》。他的學問不僅得力於名師指點,更重要的是來自吴先生長期的勤學苦讀。他幾十年如一日,青燈黄卷,手胼足胝,孜孜矻矻,披卷苦讀,没有星期天,没有節假日,一心撲在學問上。有一次,他對我們説,他從來不看電影,因爲他沉浸在古代文獻中,根本就看不懂現代的電影。强健的體質爲吴先生勤奮治學創造了條件。我們讀研時,吴先生已經六十多歲,但他每天仍能圍繞東湖,慢跑十里。他對我們説:"我感覺自己的身體與中年人没有兩樣。"1986 年,吴先生患鼻咽癌,他的體質才慢慢變差。早在青年時代,吴先生就確定以治《文心雕龍》作爲自己的專業方向。《文心雕龍》是南朝齊梁時期劉勰的一部文章學著作,一共五十篇,論述了關於文章學的四十多個重要理論問題,評論了從上古到齊梁一百多位作家,全書用駢體寫成,近四萬字。《文心雕龍》之前的先秦兩漢魏晋文獻,大約有一百多種。爲了讀懂《文心雕龍》,吴先生對《文心雕龍》以前每一部文獻,都作了認真研究,對其中的重要古籍還寫成了研究專著。他研究《文心雕龍》的方法是,《文心雕龍》中這一個字,最初出於哪一部文獻,原始意義是什麽,《説文》是怎麽定義的,《爾雅》是如何解釋的,《毛傳》是怎麽講的,漢晋注釋名家又是怎麽説的,這個字在《文心雕龍》之中,準確的涵義是什麽。吴先生的學問,是聚沙成塔,一點一點積累起來的。記得有一個星期天,我在校園碰到吴先生,他很高興,對我説,今天發現《文心雕龍》一個詞語是出自《戰國策》。吴先生的學力有多深厚呢?讓我隨手舉個例子吧:這次出版的《吴先生學術論文集》之中,收録了一篇文章《〈文心雕龍校注拾遺〉補正》,這是吴先生的一篇會議論文。《文心雕龍校注》是清代學者黄叔琳的力作,四川大學著名學者楊明照寫了《文心雕龍校注拾遺》,這是楊先生的成名作,也是代表作。吴先生在黄叔琳、楊明照的基礎上，爲校注、拾遺補正了兩百多條。爲學術名著補正，這需要多大的底氣啊！

吴先生治學，采用的是樸學方法。“樸學”一詞出於《漢書·儒林傳》，指質樸之學，其精神是“實事求是”。到清代，樸學成爲一種治學方法，特點是重證據，無徵不信。研究古文，先從語言文字訓詁入手，從字到句，從句到章，從章到篇。不做天馬行空、大而話之的學問。二十世紀八十年代正處於“方法熱”的時代，當時國外各種研究方法紛紛傳入，有所謂“老三論”（系統論、信息論、控制論）、“新三論”（耗散理論、協同論、突變論），還有神話原型方法、結構主義方法、精神心理分析方法、形式主義叙事理論、人類學方法等等。這些國外研究方法的傳入，對於糾正二十世紀五六十年代單純運用庸俗社會學和階級鬥争方法的傾向是很有意義的，但是也存在一哄而上、生吞活剥的毛病。很多人拿到一個新方法，就生搬硬套，運用新方法，却得不出新成果。在這種“方法熱”環境氛圍下，吴先生堅持運用樸學方法，就顯得有些不合時宜。記得當時武大有老師就公開對我説，你們應該從吴老師那裏獲得資料，不能學他的方法，他的樸學方法過時了。1985 年，《武漢大學報》有一位記者，看到吴先生幾十年辛勤治學，非常感動，就寫了一篇報道《吴林伯研究〈文心雕龍〉取得重要成果》，發表在《光明日報》上。學校領導看到了這個報道，便登門慰問，準備給吴先生提供一些支持。後來聽人説，有人吹冷風，説吴先生那些東西都過時了。學校支持的事，最後也就不了了之。雖然被人冷語中傷，但吴先生並不氣餒，仍然堅持治學。

細火慢炖，不急於出成果，是吴先生治學的一個特色，這也是最能體現吴先生意志和毅力的地方。吴先生苦讀幾十年，但是在六十歲以前，他並没有發表多少論著，他的論著大都是以手稿形式存在。吴先生在宜昌師專退休的時候，是講師職稱。後來調入武漢大學，要申報副教授。聽武大同學説,吴先生申報副教授時没有論文,怎麽辦呢? 他把油印本《文心雕龍義疏》拿給黄焯先生看。黄焯先生是民國國學大師黄侃的侄子,當時是二級教授,在武大中文系一言九鼎。黄焯先生看了《文心雕龍義疏》油印本後説,這個水平,評副教授足够了。就這樣,吴先生評上了副教授。我們可以設身處地,换位思考一下,如果换了一個人,六十多歲還是講師,還没有發表論著,那可能就不會再追求學問了。因爲人生價值是多元的,除了學問之外,還有其他可以追求的東西。但是吴先生並不因此放棄自己的學問追求,絲毫不改初心。吴先生的論著,大都是在六十多歲以後發表的,他出版了《論語發微》《文心雕龍字義疏證》《莊子新解》《老子新解》四本著作,還發表了幾十篇學術論文。吴先生的學術代表作《文心雕龍義疏》,是在先生去世之後出版的。

吴先生篤於伉儷深情。我没有見過師母,因爲在我入學的前一年,師母因患腦溢血而突然去世。師母仙逝,這是對吴先生的很大打擊。聽説師母一生無怨無悔,全力支持吴先生做學問。在三年饑荒時期,大家都吃不飽,師母寧願自己喝米湯,也要把米粒留下來給吴先生吃,真是患難見真情。吴先生一生苦讀,這與師母的理解與支持是分不開的。1985 年清明節,我陪同吴先生,步行二十多里,到武漢公墓祭奠師母。在滿山遍野亂墳堆當中,吴先生終於找到了師母的墳塋,獻上一束鮮花,兩行老泪從臉上滚落而下,這是我第一次看到吴先生流泪。後來,吴先生又續娶了一位夫人,由於兩人性格難以磨合,没有過多久就分手了。此後吴先生再也没有續娶。

吴先生的一生,堪稱是獻身學術的一生,可以用“蠟炬成灰泪始乾”來形容。吴先生的學術成就是逐步被人認識的。到了暮年,有一些日本、韓國學者,仰慕吴先生之名,不遠萬里,到武漢大學拜吴先生爲師。在吴先生仙逝 18 年之後,2016 年 10 月 28 日的《光明日報》以整整一個版面的篇幅，刊載《經學大家吴林伯》的系列文章。聽説在先生家鄉宜都縣，還設立了吴林伯先生紀念館。這些，都是對吴先生在天之靈的最好告慰。

珞珈山問學已經過去三十多年，當年入門弟子，如今或届知天命之歲，或進入垂垂老年，但幾十年前吴先生對我們的教誨，仍深深地銘刻在我們心中。記得幾年前，詩人仙泉寫過一篇博客文章《吴先生，你在天上好嗎》，仙泉的思念，其實也是吴門弟子的共同心聲。

探賾索隱　篤實精深

——吴林伯先生《文心雕龍義疏》讀後

陶　然

劉勰的《文心雕龍》是我國現存最早的自成體系的文學批評專著。《文心雕龍》論及的問題相當廣泛，幾乎涉及了文學創作和文學評論的所有問題，博大精深，因而在中國文學史上占有極其重要的地位。歷代史志都有關於它的著録，亦有許多學者對它進行疏證和校釋，專題研究論著非常多，已形成了一門"《文心雕龍》學"（即"龍學"）。然而，由於《文心雕龍》術語繁多，語言艱深，藴意宏富，衆多注家的詮釋多有參差歧異，有的注釋甚至與劉勰的原意相違，令當今讀者和研究者難以通解。最近，武漢大學出版社出版了已故吴林伯教授的學術專著《文心雕龍義疏》（武漢大學學術叢書）。這部專著引證的材料十分豐富，論析相當深入，且條理分明，對於明辨是非，糾謬歸正，把握《文心雕龍》的大旨要義，無疑是有極大的幫助的。

吴林伯先生是國内外知名的"龍學"專家。吴先生 1916 年出生在湖北省宜都縣一個農民家庭。他自幼好學，早年畢業於國立師範學院國文系，後入復性書院，師從國學大師馬一浮和熊十力，"執贄請爲弟子，親承音旨"①。1978 年，吴先生調入武漢大學中文系任

---

①吴林伯：《文心雕龍義疏·自序》，武漢大學出版杜 2002 年版。

教，講授先秦兩漢文學。他在指導研究生之餘，潛心鑽研，經常抱病工作，春秋非懈，發表了數十篇學術論文，出版了《文心雕龍字義疏證》《論語發微》和《老子新解》等學術專著。吴先生國學功底深厚，於經史子集無不熟諳，尤精研《文心雕龍》。撰寫《文心雕龍義疏》一書，屢移寒暑，歷四十餘年而定。這部著作凝聚着吴先生畢生的心血，體現了一個學者篤志治學、鍥而不捨的精神。遺憾的是，吴先生未能等到自己這部最重要的著作問世便病逝了。

百萬言的《文心雕龍義疏》，集校注、解説、評析於一體，系統而全面地闡述《文心雕龍》的文學理論觀點，同時也表達了吴先生自己對我國先秦至南北朝文學發展史的諸多見解。《文心雕龍義疏》的體例，雖與以往的《老子義疏》和《莊子義疏》有相同之處，如每篇原文分段排列，每段後面先解説字詞，再串講文句，概括大意，然後作思想理論的分析和評議（這種體例很便於古籍閲讀能力不强的中青年讀者閲讀和理解），但在化繁難爲通俗的同時，作者尤注重嚴辨詞語的界限，考鏡理論源流，辨正原文及其舊説的訛誤，並對劉勰未評的作者和分析不深的論點給予了補充和深化。這不僅有助於讀者準確理解劉勰的文學思想、文學理論，起到“澄清是非”的作用，而且有助於讀者振葉尋根，觸類旁通，全面瞭解某一文學概念和文學理論的來龍去脉。

吴先生在《緒論》中談到撰寫此書時所注意的十個方面的問題。我認爲這些也就是吴著的寫作特點，現結合著作分述如下：

一、從廣大讀者現有的水平出發。對於《文心雕龍》這樣一部用駢文撰寫的“體大慮周”“無字無來歷”的著作，現在的中青年讀者要讀懂是較困難的。因此，吴先生對《文心雕龍》中的術語、典故均用白話講解，未使注釋成爲古文的堆積，增加讀者的負擔。

二、理論結合實際。這裏指的是在闡述劉勰的文論思想的時候，作者視野開闊，總是聯繫時代背景和文壇的實際情況，聯繫作家作品和文學史，聯繫豐富的創作經驗。《義疏》每篇第一段文字均爲解題，首先讓讀者明了當時的社會歷史狀況以及文壇的實際情況，以便讀者透徹瞭解劉勰的觀點，以及所言之事的來龍去脉。

三、辨正原文及其舊説的訛誤。吴先生主張做學問要獨立思考，嚴辨是非，不盲從，不輕信。他認爲劉勰雖然是我國古代卓絶的文論家，但這並不説明劉勰的著作中就不存在訛誤。例如，劉勰在《知音》中言秦始皇囚繫、毒死韓非，漢武帝不重用司馬相如是"貴古賤今"，作者認爲這一説法是不正確的。秦始皇毒死韓非是因爲秦始皇爲李斯等人的讒言所惑；而漢武帝則本來就不曾想過要重用司馬相如這樣的"言語侍從之臣"，只是要他幫閑而已。這樣的解釋的確令人信服。又如，談到南北朝文學離不開"玄"，舊説多認爲"玄"即"虚"，"玄論"即清虚之論，且老、莊並稱，言老、莊思想爲典型的虚無主義。作者則認爲，《老子》原於《易》，老子論"正反""有無""奇正""陰陽和合化生萬物"，主張"治人事天"，"奇正治國用兵"，其思想"篤實而有輝光"，"字裏行間，决無虚無"。而莊子之學，初與老子同，而後異變，由篤實變爲虚無，故老、莊以同而異，不能合稱。由是"玄"有虚、實二義，先實而後虚。莊子以後，虚、實並見。魏晋時虚勝於實，其流弊則是"忘懷國是"，"恣縱荒穢"。劉勰認爲東晋玄言詩賦無異於"柱下""漆園"之義疏，吴先生則認爲此"是不識二子之殊分也"。這些見解是很有見地的。

四、注意從整體出發。吴先生認爲，由於受到駢文體裁的局限，劉勰的論述不可能像散文那樣條分縷析，其一個觀點常出現於諸篇之中，有時一個術語在不同的地方有不同的含義。例如，"文質"在

《文心雕龍》中就有不同的含義:有時指文章的内容和形式,有時指辭采的華麗與樸素。從整體上串講、闡發,有利於讀者融會貫通。

五、考鏡理論源流。例如對“文”“道”“文質”“風骨”“因革”“奇正”和“通變”等重要術語,以及由此涉及的理論問題,吴先生都作了極爲詳細的解釋,旁搜遠紹,沿波討源,對其來源、引申義以及在多種典籍中的具體含義,一一道來,對前人的諸解説一一作出評判,凡誤者正之,淺者深之,是是而非非,使讀者對這些概念能有一個透徹的理解。

六、嚴辨詞語的界限。《文心雕龍》中有的詞語在不同處有不同的含義,如果讀者不嚴加鑒别,就容易發生誤解。故吴先生在《義疏》中非常注意詞語的辨析。例如,“辭人”一詞,《物色》曰“古來辭人,異代接武,莫不參伍以相變,因革以爲功”,吴先生認爲此處泛指歷代優秀作者;而《物色》又云“辭人麗淫而繁句”,《序志》云“辭人愛奇,言貴浮詭”,《定勢》云“自近代辭人,率好詭巧”,吴先生認爲這幾處的“辭人”均指追求形式主義的作者;而《辨騷》中“是以枚賈追風以入麗,馬揚沿波而得奇,其衣被辭人,非一代也”中的“辭人”,吴先生則認爲指的是兩類賦家,一是指枚乘、賈誼等現實主義賦家,一是指司馬相如、揚雄等形式主義賦家。如果對類似詞語不嚴加辨析,一般讀者就會産生理解上的困難和誤識。

七、重視《文心雕龍》語言的特點。劉勰是非常講究辭章的,聲律、對偶、互文等修辭手段,在劉文中比比皆是,而《文心雕龍》又是用考究的駢文寫成的,具有很高的審美價值。吴先生注意到這一點,因而注意對原著的語法修辭予以解釋。例如,《神思》:“子建援牘如口誦,仲宣舉筆似宿構。”吴先生指出,此爲互文見義,實説曹子建、王仲宣作文,援牘、舉筆,都如口誦,似宿構,非常敏捷。又如《知音》："無私於輕重，不偏於愛憎。"吴先生認爲前一句僅爲比喻性的陪襯，實説論文不要在愛憎上有偏頗，好比稱物不要在輕重上有私心一樣。這種説明可以使讀者避免誤解原著的意思。

八、補充《文心雕龍》未評的作者，加深劉勰分析不深的論點。《才略》是劉勰的作家論，品評了歷代著名文士的才氣。然而劉勰對陶潛却未置一詞。什麽原因呢？有人説是因爲劉勰輕視陶潛的詩文，吴先生則認爲此説非也；又有人認爲是因爲劉作完成時陶集尚未編成，劉勰未見陶集，無從評議，吴先生則認爲此説也不對，並對這兩種觀點予以駁斥，指出劉勰對所謂"近代"即劉宋、蕭齊的作者均不直接評議，而采用隱射的手法，多泛論而未明指，這是爲了回避恩怨，明哲保身。在《才略》義疏中，吴先生對陶潛的思想和作品進行了簡要的評議。

九、抓住重點。《文心雕龍》五十篇，内容非常豐富，但重點在《原道》《徵聖》《宗經》《辨騷》《神思》《體性》《風骨》《通變》《情采》《物色》《時序》等篇。《義疏》對重點篇章重點講解，深入研究，突出劉勰文藝思想的核心部分，使讀者能很好地掌握原著的要核。

十、突出理論。吴先生注意從理論的高度釋詞闡義。例如，《才略》："荀况學宗，而象物名賦。"意謂荀况當時被尊爲學術宗主，其品物之賦文質相稱。如果解釋僅停留於此，讀者也許就會知其然而不知其所以然。吴先生從分析荀况的政治思想入手，結合當時的時代趨勢，詳細説明了荀况成爲當時學術宗主的原因。這就有助於讀者深刻領會原著的思想。

《義疏》的上述特點，决定了它非熟諳經史子集、訓詁學者莫能爲。吴先生始終堅持熟悉、忠實、鑽研、消化第一手資料的原則，若不得已采用第二手材料，則必擇其善者而從之，治學態度十分嚴謹。

當然,《義疏》也略有欠缺,如尚未能吸收"龍學"研究中某些有價值的新觀點。但是,這絲毫不會降低它的學術價值。它的出版一定會對"龍學"研究產生推動作用。從這部大著中,我們可以感受到吴先生一絲不苟的學術精神,厚實非凡的學術功底,而這正是當今學界一些"做學問"者所缺乏的。

《長江學術》2002 年第 3 輯